EINE STADT ERZÄHLT

Große Reihe Band 1

SIEGFRIED WEYR

WIEN

MAGIE DER INNEREN STADT

PAUL ZSOLNAY VERLAG
WIEN · HAMBURG

Das Vorsatzpapier zeigt einen Ausschnitt der Vogelschau Wiens, Kupferstich von Daniel Huber, 1774 (Historisches Museum der Stadt Wien)

Umschlag und Einband: Doris Bernatzik
Druck und Bindung: Wiener Verlag
Printed in Austria
ISBN 3-552-02035-7

Inhalt

Bilderverzeichnis

Quellennachweis:

1: Kunsthistorisches Museum Wien; 2, 3, 6, 7, 11—14, 17—23, 25, 26, 29, 32: Bildarchiv der Österr. Nationalbibliothek Wien; 4, 5, 8—10, 15, 16, 24, 27, 28, 30, 31: Privatarchiv Siegfried Weyr.

Von den Römern zum „Dritten Mann"

In dieser uralten Stadt Wien, die der erste Bezirk, die „Innere Stadt", ist, steckt jeder Fleck voll von Erinnerungen, Tragödien, Komödien, voll der ewig erschütternden Dramatik des sich stets wiederholenden und sich doch stets erneuernden Lebens.

Die Magie der Geschichte ist von den bezaubernden architektonischen Formen und den wüsten Ausgeburten ärgster Baumeisterphantasie, die gassenauf, gassenab in bunter Reihe aufeinanderfolgen, nicht zu trennen. Alles das ist „Wien", eine Dichtung der Wirklichkeit ohnegleichen, ein ebenso makabres wie elementares Symbol des unerbittlichen Schicksals.

Seltsam wirr verlaufen die Straßen rund um den Hohen Markt, eng und winklig führen sie dort zu einem steilen Abhang, über den zahllose Stufen emporklettern, sind hier wieder abschüssig und eng. Die älteste erhaltene Kirche Wiens, die Ruprechtskirche, wurde durch die Bomben des Zweiten Weltkriegs aus ihrem dunklen Winkel hervorgerissen. Nun steht sie, freilich an drei Seiten von hohen Häuserfronten umgeben, knapp an dem Steilhang, der zum Kai abfällt, wieder so da, wie sie wohl in grauer Vorzeit über die Wasser der Donau und die Fischerboote wachte. Heute fließt dort unten der Donaukanal, das Bild hat sich verändert, aber der Anblick der Ruprechtskirche ergreift uns Vorüberhastende nicht minder als unsere Vorfahren.

Um diese Kirche herum gab es einst lauter „Höfe": den „Gamingerhof", den „Seitenstettenhof", den „Pempfingerhof", den „Berghof", auf dessen Boden die Bombenruinen des Palais Sina standen, jenes Palais', das Hansen, der Erbauer des

Parlaments, in der Gründerzeit als seltsam-bizarren pompejanischen Traum erstehen ließ. Es ist heute im Zug des Wiederaufbaus durch einen großen modernen Bau am Hohen Markt ersetzt. Vom „Berghof" hat schon Jansen Enikel, bekannt als Jans Enenkel, der früheste Wiener Lokalschriftsteller, im 13. Jahrhundert erzählt, er sei das älteste Gebäude Wiens gewesen:

> Wien was ê ein heidenschaft — und het an liuten
> niht die Kraft.
> Wan da niht was ein hof lac — er was ein heiden
> der sin pflac.
> der hof wart der Perchhof genannt — der ist noch
> manigen wol bekant...

Daß vormals die Römer in Wien waren, daß die Stadt Vindobona hieß, wußte der Enenkel nicht. Was er da von Heiden sagte, bezieht sich auf ganz andere „Heiden". Nicht auf jene, die dem kapitolinischen Jupiter Weihrauch, Schweine, Schafe und Rinder opferten, denn erst Jahrhunderte später wurde Wiens römische Vergangenheit der Humanisten entdeckt.

Vor mehr als einhundertfünfzig Jahren ließen die hochwürdigen Herren von Seitenstetten ihren Gamingerhof umbauen, und dabei gruben die Arbeiter hinter St. Ruprecht zwei Kapitelle aus, sowie Ziegeln der römischen Legion 10 B und der dreizehnten Legion, ferner die Tonröhre einer römischen Zentralheizung und ein Stück römischen Stampfbodens mit schwarzen Kalksteinwürfeln, die in eine dreizehn Zentimeter hohe Zementschicht eingelegt waren. Die gelehrten Herren des Biedermeier verzeichneten all das mit säuberlich zugeschnittenem Gänsekiel in einem Protokoll, und die hochwürdigen Herren brachten alle diese Dinge per Achs in das Stiftsmuseum von Seitenstetten, wo sie heute noch liegen. Generationen hindurch hat sich niemand mehr um sie gekümmert, bis erst in unseren Tagen eines der beiden Kapitelle Karl Öttinger zu einer ebenso interessanten wie überzeugenden Erkenntnis führte, einer Erkenntnis, welche die jahrhundertelange Nacht, die über Wiens frühmittelalterlicher Geschichte lag, wie mit bengalischem Feuer erhellt.

Das kleinere der beiden Kapitelle sieht für den Laien wie eine rechte Pfuscherarbeit aus. Es ist samt dem aus einem Stück mitgearbeiteten Säulenteil achtzehn, beziehungsweise fünfundzwanzig Zentimeter hoch, Teil irgendeiner Kleinarchitektur, vielleicht eines Fenstersäulchens, vielleicht eine Arkatur. Möglicherweise wurde es für einen Altartisch oder einen Baldachin verwendet. Es ist aus dem sogenannten Sieveringer Schleifstein, einer Sandsteinart, gearbeitet. Dieser kleine Steinklotz dürfte ein Dokument sein, das sehr vieles bezeugt. Er ist weder spätantik noch frühchristlich, sondern stammt aus dem frühesten Mittelalter Wiens.

Er ist ein recht plumpes Stück, nachlässig und barbarisch gearbeitet. Jede klare Form ist zersetzt. Die der byzantinischen Spätantike nachgeahmten Dekorationsdetails bestehen aus einem rohen Lappenkranz, einer leeren Oberzone mit sinnlos hingesetzten Halbkugeln. Diese Schmuckteile sitzen locker und stückweise wie verstreut nebeneinander, quellen rund, lappig, konvex hervor. Schwächlich entartete Voluten und ein degenerierter Eierstab krönen das Ganze. Das hat jemand gemacht, der die antiken Vorbilder nicht verstand oder nicht verstehen wollte. Nur Stücke, die irgendwann um 700 n. Chr. herum entstanden sind — es gibt ihrer nicht viele — zeigen eine entfernte Verwandtschaft mit diesem Fund.

Dieses Kapitell muß im späten 6. oder 7. Jahrhundert verfertigt worden sein. Der Stein aus dem Gamingerhof steht in seiner dumpfen Schwere Arbeiten aus dem slowenisch-kroatischen Gebiet östlich der Adria nahe. Es sieht also aus, als ob in jener grauen Zeit, von der wir fast nichts wissen, hier am steilen Donauabhang zum Salzgries einst irgendein

Bau primitiv-pompöser Großartigkeit gestanden sei. Zweifellos waren es Zeiten von einer Wildheit und Barbarei, wie man sie in der Geschichte südafrikanischer Kaffernstaaten finden mag, daran gemessen die Schädelkönige von Benin gewaltige Kulturträger waren.

Wahrscheinlich haben die rätselhaften Baumeister dieses rätselhaften Baues ein römisches Gebäude benützt oder erneuert.

Das jedoch war die Zeit, in der Wien wahrscheinlich die Hauptstadt eines großen, längst versunkenen Slawenreichs war, von dem wir aus der uralten Chronik Fredegars wissen, einer Geschichte, so romantisch, blutig und märchenhaft, wie es nur die Wirklichkeit sein kann. Hören wir ihn selbst, wie er — in der Übersetzung O. Abels — von 623 bis 624 n. Chr. folgendes berichtet:

„Damals verband sich ein gewisser Samo, ein geborener Franke aus dem Senonagischen Gau [man nimmt an, daß es sich um Sens in Frankreich handelt], mit mehreren Kaufleuten und zog in Handelsgeschäften zu den Slawen, die man Wineder nennt. Die Slawen hatten damals bereits angefangen, sich gegen die Awaren, die den Beinamen Chunen führten, und deren König Gagan zu empören. Schon von alten Zeiten her wurden die Wenden als sogenannte Befulci gebraucht, so daß, wenn die Chunen gegen irgendein Volk zogen, sie selbst sich vor dem Lager aufstellten, die Wenden aber kämpfen mußten. Siegten nun diese, so rückten die Chunen vor, um Beute zu machen; unterlagen jedoch die Wenden, so sammelten sie, auf der Chunen Hilfe gestützt, neue Kräfte. Darum wurden sie Befulci von den Chunen genannt, weil sie vor ihnen einherzogen und im Treffen einen doppelten Kampf bestanden. Jedes Jahr kamen die Chunen zu den Slawen, um bei ihnen zu überwintern; dann nahmen sie die Weiber und Töchter der Slawen und schliefen bei ihnen, und zu den übrigen Mißhandlungen mußten die Slawen den Chunen noch Abgaben zahlen. Die Söhne der Chunen aber, die diese mit den Weibern und Töchtern der Wenden erzeugt hatten, ertrugen endlich diesen Druck nicht mehr, verweigerten den Chunen den Gehorsam und begannen, wie schon erwähnt, eine Empörung. Wie nun das wendische Heer gegen die Chunen auszog, so begleitete jener Handelsmann Samo dasselbe. Da erprobte sich dessen Tapferkeit gegen die Chunen auf eine wunderbare Weise, und eine ungeheure Menge Chunen fiel durch das Schwert der Wenden. Als diese nun die Tapferkeit Samos erkannt hatten, wählten sie ihn zu ihrem König, und er herrschte 35 Jahre lang glücklich. Mehrere Schlachten lieferten die Wenden unter seiner Regierung gegen die Chunen, und jedesmal blieben sie durch sein Verdienst Sieger. Samo hatte 12 wendische Weiber, mit denen er 22 Söhne und 25 Töchter erzeugte. Im Jahre 631 bis 632 wurden die in Samos Reiche handelnden Kaufleute von den Slawen, die den Beinamen der Wenden führen, umgebracht und ihres Vermögens beraubt. Das war die Veranlassung des Zerwürfnisses zwischen dem Frankenkönig Dagobert und dem Slawenkönig Samo. Dagobert schickte den Sycharius als Gesandten zu Samo mit der Forderung, wegen des von den Seinigen an den fränkischen Handelsleuten verübten Mordes und Raubes einzuschreiten, wie es die Gerechtigkeit erheische. Da Samo den Sycharius gar nicht sehen wollte und ihn nicht vor sich ließ, so kleidete sich dieser nach slawischem Brauch und erschien so mit seinem Gefolge vor Samo und tat ihm alles kund, was ihm aufgetragen worden. Aber Samo machte, wie es die heidnische und hochmütige Weise solcher Menschen ist, nichts von dem, was die Seinen verbrochen hatten, wieder gut und verstand sich nur dazu, daß um dieser und ähnlicher zwischen beiden Teilen ausgebrochener Streitigkeiten willen ein gegenseitig gerichtliches Verfahren eintrete. Sycharius stieß hierauf in der Weise törichter Gesandter Schmähworte, die ihm nicht aufgetragen waren, und Drohungen gegen Samo aus, daß nämlich Samo mit seinem ganzen Volke Dagobert dienstbar zu sein habe. Schon verletzt, erwiderte der König: ‚Das Land, das wir innehaben, und wir selbst sind Dagoberts, jedoch nur im Falle er Freundschaft mit uns bewahren will.' Sycharius sprach: ‚Es ist nicht möglich, daß Christen, die Knechte Gottes, mit Hunden in Freundschaft leben.' Und Samo dagegen: ‚Wenn ihr die Knechte Gottes seid und wir die Hunde Gottes, so ist es uns erlaubt, wenn ihr unaufhörlich gegen seinen Willen tut, euch zu beißen.' Und bei diesen Worten warfen sie den Sycharius hinaus. Wie das Dagobert erfuhr, ließ er aus ganz Auster ein gewaltiges Heer gegen Samo und die Wenden ins Feld rücken und in drei Abteilungen gegen sie ziehen. Zur gleichen Zeit machten auch die Langobarden, von Dagobert geworben, einen feindlichen Einfall ins slawische Gebiet. Die Slawen rüsteten sich hier und an anderen Seiten zum Widerstand, aber das alamannische Heer unter Herzog Crodobert erfocht an der Stelle, wo es einfiel, den Sieg über sie; ebenso siegten die Langobarden; und beide, Alamannen und Langobarden, führten eine ungeheure Menge slawischer Gefangener mit sich fort. Als sich aber die Austrasier [Franken] an die Belagerung der Wogastisburg machten, wo sich die Hauptmacht der streitbaren Wenden befand, kam es zu einer dreitägigen Schlacht, in der ein großer Teil von Dagoberts Heer durch das Schwert fiel, worauf sie alle ihre Zelte und was sie hatten, in Stich ließen und nach Hause flohen. Seitdem fielen die Wenden oftmals verheerend in Thüringen und die übrigen Gaue des Frankenreichs ein. Ja sogar Dervanus, der Herzog der Surbier, eines Volkes von slawischem Stamme, welches seit alters zum fränkischen Reich gehört hatte, fiel zu Samo ab. Jenen von den Wenden über die Franken erfochtenen Sieg trugen übrigens die Slawen nicht sosehr durch ihre Tapferkeit davon, als wegen der Betörung der Austrasier, welche den Dagobert

haßten, weil sie beständig von ihm ausgeplündert wurden."
Bis zum Jahre 660 herrschte Samo, der einstige Christ, glücklich über sein großes Reich, nach seinem Tode aber zerfiel es jäh, und die Awaren wurden wieder die Herren.
Zweifellos kam der Kaufmann Samo die Donau entlang oder auf der Donau ins Slawenland, denn der Überlandhandel zwischen dem Frankenreich und dem byzantinischen Osten lief über diesen Weg. Byzantinische Münzfunde in Wels, Linz, Lorch und Wien beweisen es. In der Jakobergasse im ersten Wiener Bezirk hat man eine 582 geprägte Münze des Kaisers Tiberius II. Konstantinos gefunden. Dieser Samo war ein Großunternehmer, ein Fernhändler, der mit Luxuswaren handelte, viel riskierte, aber ungeheure Gewinne machen konnte. Er gehörte einem wagemutigen, jeder Gefahr trotzenden, waffengewandten Menschenschlag an, und daß ein solcher Mann König dieses für den Westen damals noch exotischen Barbarenlandes werden konnte, erscheint ganz einleuchtend.
Daß jede Kunde von Samo für mehr als ein Jahrtausend erlosch, ist durch den Umstand zu erklären, daß seine Slawen heidnische Barbaren waren, die weder lesen noch schreiben konnten. Nichts blieb von ihm als ein paar Sätze auf altem Pergament, das irgendwo in einem Klosterwinkel verstaubte, und die Sage von einem Heiden am Hohen Markt, die uns Jan Enenkel berichtet. Auch der Name Samos war ihm nicht mehr bekannt. Und doch war es ein großes Reich gewesen, das wohl von Böhmen bis zur Adria reichte.
Slowenen waren es, die vor 1300 in Niederösterreich saßen. So manche slawische Orts- und Flußnamen sind bis auf den heutigen Tag gekommen wie Melk, Mank, Mödling, Perschling, Döbling, Währing, Lainz, Rodaun, die Liesing, die Als. Ein dichter Kranz von Grabensiedlungen und Flachorten mit slawischen Namen umgab das weitere Stadtgebiet Wiens. Muß da die Mitte nicht auch ein Slawenort gewesen sein?

Der slowenische Name der Stadt Wien beweist es. Wien heißt slowenisch „Dunaj", also Donau. Der Name ist uralt, den Strom selbst haben die Slowenen später Donava, Donova und Detschnava genannt. Daß außerdem die Ungarn Wien einen eigenen Namen gegeben haben, „Becs" (am Rand, am Steilrand), spricht ebenfalls dafür, daß Wien auch zur Magyarenzeit ein Ort von Bedeutung war.
Der Name „Dunaj" scheint demnach ein eindeutiger Beweis für die Existenz Wiens in den beiden slawischen Jahrhunderten dieses Gebiets zu sein. Er zeigt aber auch, daß „Dunaj" eine besondere Bedeutung gehabt haben muß, daß hier die führende, die stärkste Position an dem ganzen damals von den Slawen besiedelten Uferraum beiderseits der Donau lag. Der „Berghof' war zweifellos eine für jene unsagbar primitiven Zeiten mächtige steinerne Burg mit einem heidnischen Herrn, der neben ihr das erste kleine Wien des Mittelalters gegründet haben wird, und nach dessen Tod irgendwann die Christen kamen und St. Ruprecht bauten.
Die römischen Ruinen Vindobonas standen Jahrhunderte hindurch; noch im 13. Jahrhundert ragten die Mauern der Legionäre, ihre Türme am Graben in den Himmel. Man weiß, daß in jenen dunklen Zeiten dasjenige, was noch von römischen festen Plätzen stand, in erster Linie zu Königssitzen wurde, daher ist es sehr wahrscheinlich, daß der Franke Samo, nach dem Muster seiner merowingischen Könige in Frankreich, hier an der Donau ebenfalls im Besitz der alten Veste war, die mitten in seinem weiten Königreich lag.
Die neuere Forschung ist der Meinung, daß der Schwerpunkt von Samos Reich im Marchfeld lag. Ist es wirklich glaubhaft, daß es das zu jener Zeit ständig Überschwemmungen

Bernardo Belotto, genannt Canaletto: Die Freyung 1760

Hoff } dicti . a . Templum S.
ua B. V. Mariae ex aere .
c . Scala S. Mariae .

Prospect deß Wienerischen Plazes, der Hoff genandt . a. St. Maria am Hoff und PP. So
Profeſs Hauß . b. Die Marianische Säule von Metall . c. Das Bürgerliche Zeughauß . d. Di
Kirche . e. St. Mariä Stiegen .

ausgesetzte Floridsdorf war oder was damals an dessen Stätte stand? Mußte ein Mann wie Samo, dessen Reich von Böhmen bis Krain, von der Traun bis zum Plattensee reichte, nicht einen von der Natur und alter Befestigungskunst doppelt verstärkten Mittelpunkt gehabt haben? Seine Hauptgegner waren die Franken in Deutschland und die Ungarn. Der Hohe Markt bedeutete für ihn wirklich Mitte, „Zentrum". Öttinger führt überzeugend aus: „Gerade für Samo mußte eine Feste an dieser Stelle als Mittel- und Schlüsselpunkt seines Reiches von besonderer Wichtigkeit sein. Er als großer Stratege mußte wissen, daß in der Donaulinie bei Erholung seiner beiden Hauptgegner auch die Hauptgefahr lag, der nur eine Hauptfeste entgegenwirken konnte, wie denn auch sein Reich nach seinem Tode hier auseinanderbrach. Er wußte aus dem westfränkischen Reich, was römische Mauern und Städte und was Festungen in Stein wert waren. Wie wäre bei den Awaren mit ihrer östlichen Steinbaufeindlichkeit, bei ihrer Gewohnheit an Moosburgen und Erdschanzen, der völlig moderne Typus der Wiener Berghofburg und ihrer Curie leicht zu erklären? Woher endlich hatte Samo die Künstler, die ihm seinen Hof zu erbauen oder auszuschmükken hatten, eher rufen sollen als von jenem Südrand seines Machtbereichs gegen die Adria hin, wo die Berührung mit der antik-byzantinischen Kulturwelt die Voraussetzungen zur Erfüllung eines solchen repräsentativen Auftrages und Anspruches allein bot, wie es jenes Kapitell aus dem Boden der Wiener Burg nahelegt? So steht das erste Kunstdenkmal des mittelalterlichen Wien als lapidares Dokument neben dem Namen Dunaj und der Burg, die ihn trug... Mit dieser Hypothese erklären sich ... alle Argumente für eine überragende Stellung Wiens im slawischen 7. Jahrhundert, die

Am Hof um 1730. Im Vordergrund Moritatensänger

wir aus dem Namen, der Art dieser Burg selbst, aus dem Vorhandensein einer repräsentativen Steinarchitektur und aus der Überlieferung Enenkels zogen."

Nach Samos Tod vollzog sich zweifellos ein Ereignis von der Dramatik Shakespearischer Trauerspiele. Wir wissen nichts darüber, aber mit der Herrschaft der Slawen war es nun zu Ende. Um 700 herum scheinen die Baiern wieder ins Land gekommen zu sein und von der Traun bis zum Tullnerfeld alles an sich gebracht zu haben. Sie stießen wohl bis zum Wienerwald vor. Die Awaren hinwiederum steckten das alte Westpannonien ein. Es war eine Völkerkatastrophe weitesten Ausmaßes: Die Nordslawen wurden für immer von den Südslawen getrennt. Und diesmal waren die Awaren mit den eigenen Frauen und Kindern gekommen. Man hat genug Awarenfriedhöfe in der Wiener Umgebung gefunden, die das bestätigen. Doch auf dem Boden der Inneren Stadt ist bis jetzt nichts dergleichen ausgegraben worden. Wahrscheinlich sind Bedeutung und Erinnerung des Wortes „Dunaj" nach wenigen Generationen verschwunden. Ein kleines elendes Dorf — die „Reststadt" um die Peterskirche herum — dürfte nach dem Ende der Herrlichkeit des „Berghofes" alles gewesen sein, was die Zeiten überdauerte. „Vendomina", wie sein Name war, ist in der slawischen Form „Vednja" (in fast allen slawischen Sprachen wird Wien ähnlich genannt, siehe tschechisch „Videň") geblieben. Anno 791 haben die einrückenden Heersäulen Karls des Großen den Namen übernommen. Bis spätestens 881 ist daraus „Wenia" geworden, und daraus entstand schließlich „Wien". Man nimmt an, daß der Berghof in der Katastrophe von Samos Reich ausbrannte und seine Bewohner ausgerottet wurden. Er blieb als leeres Gemäuer stehen. Reste der alten keltisch-römischen Bevölkerung von einst, Überbleibsel der vielen während der Völkerwanderung durch das Land ziehenden Germanenvölker und am Leben gebliebenen Slawen dürften in dem Winkel zwischen Wildpretmarkt und Eisgrübel unter den mongolischen Herren das gleiche Helotendasein geführt haben. Daß Samo, der christliche Franke, Heide geworden war und zwölf Frauen genommen hatte, steht wie ein Symbol für den niederösterreichischen und Wiener Raum: Schon damals war die Wienerstadt ein Schmelztiegel der Völker.

Auch in den epischen Zeiten der frühen Babenberger und ihrer wahrscheinlichen Vorgänger in Wien, der Sieghardinger Grafen, war der Berghof wohl ein fester Herrensitz, bis die landesfürstliche Herrlichkeit auf den Hof zog und die alten, sozusagen „ärarischen“ Baulichkeiten anderen Verwendungen überließ. So wurde später einmal der „Pempfingerhof“ zur ersten Wiener „Judenschul“. Wahrscheinlich war es der große, mächtige Slom, der erste jüdische Wirtschaftsführer in der Geschichte unserer Stadt, der den Pempfingerhof erhielt. (Heute steht die von Kornhäusel in der Biedermeierzeit erbaute Seitenstetten-Synagoge an seiner Stelle.) Slom war der Münzmeister Leopolds V. Tragisch, blutig hat Slom geendet.

Der Berghof stand noch bis in die Barockzeit. Im 14. Jahrhundert war er ein populäres Wirtshaus, ein stark besuchter Belustigungsort. Im 17. Jahrhundert wurde das zweifellos verworrene Durcheinander von Baulichkeiten aus allen Zeiten demoliert, und man hat hier zweistöckige Häuser an seiner Stelle errichtet. Im Jahr 1801 wichen sie einem Neubau, der sich dann zur Gründerzeit in das Palais des griechischen Barons Sina verwandelt hat, dessen Ruinen den melancholisch-romantischen Hintergrund für den berühmten Film „Der dritte Mann“ bildeten.

Um den Hohen Markt herum ist dann die Innere Stadt entstanden. Aus ihren Grundrissen spricht noch immer die uralte Zeit, in der die Stadt gewachsen ist, von dem Rasterschema des Legionslagers an, das — zwar stark verzogen — noch immer in den heutigen Gassen zu erkennen ist. Wien ist der Typus einer organisch gewachsenen und gewordenen Stadt. Jede Gasse und jeder Platz der Inneren Stadt ist 800, 900 Jahre alt, manche sind noch viel älter. Und jeder Weg durch den ersten Bezirk ist auch ein Weg in die Vergangenheit.

Freistatt für Lebendige und Tote

DIE FREYUNG

Die Freyung wirkt noch immer wie eine große Theaterdekoration, mag man gegen den Heidenschuß oder zum Palais Kinsky blicken. Natürlich sah es hier vor hundert Jahren noch großartiger, geschlossener aus. Wenn man die Freyung überquerte, glaubte man, im nächsten Augenblick Prozessionen, Aufzüge, Paraden, mächtige Finali zu erleben, Prozessionen und Paraden, die nie kamen. Aber die Bühne für sie schien aufgebaut. In den letzten sechzig bis achtzig Jahren wurde viel demoliert, und die hinreißenden Alt-Wiener Häuser, die hier standen, sind zum Teil durch langweilige Bauten ersetzt worden; dennoch ist der großartig beschwingte Rhythmus des Platzes bis zum heutigen Tag erhalten geblieben. Etwas unregelmäßig Bewegtes, Nervöses liegt über der Freyung. Etwas wie eine Erwartung, die sich nie erfüllt. Sie ist wie ein prächtiger Auftakt zum Wunder des Platzes Am Hof, zur seltsamen Gewalt des Grabens.

„Ante scotos" heißt die Gegend auf Pergamenten Anno 1267 und 1272. Über hundert Jahre saßen zu jener Zeit die Schottenmönche, die aus Regensburg gekommen waren, schon hier, vor einer Stadt, die wahrscheinlich noch größtenteils aus Holz erbaut war. Sie waren Vorposten am Rand aller Kultur, welche die „Schotten" mitgeschaffen haben. Angeblich kommt der Name Freyung von der Freistatt, die Herzog Heinrich Jasomirgott, wie das so üblich war, dem Kloster vor der in jener Welt noch recht zweifelhaften Justiz gewährte. Übrigens hat erst Laz 1564 von der „Vriung" geschrieben.

In der Mitte des Platzes war bis zum Beginn des 19. Jahrhunderts ein breiter Stein zu sehen. „Zu den Schotten am Stein" wurde er genannt. „Der kommt heilig zu den Schotten am Stein", sagten die ganz alten Wiener von einem Saufaus, der sein Hab und Gut vertat, was soviel hieß, als daß er bestimmt auf dem Pranger landen, wenn nicht sogar noch schlimmer enden würde. Wie ein düsterer Schein bricht durch die Wolken der Zeit die Mär, daß einer vor siebenhundert Jahren den Johannes Parricida, den Mörder König Albrechts I., auf dem Stein hat sitzen sehen; als er aber mit Gewaffneten zurückkam, um ihn zu ergreifen, war er verschwunden. Und wieder schließt sich das Gewölk der Jahrhunderte.

Übrigens hatte die ganze Gegend mehrere Namen. Bei der Renngasse hieß sie „Auf'm Bühel", bei der Strauchgasse „Auf'm Mist", denn dort flossen der Ottakringerbach sowie ein Arm des Alserbaches tief eingeschnitten zur Donau. Allen Mist hat man hier abgelagert, denn das Gebiet lag v o r der Stadt. Aber noch 1560 hat Kaiser Ferdinand I. angeordnet, daß die Gerber und Schmiede hier ihren Abfall wegzuschütten hätten.

Ungefähr an der Stelle, wo heute das Haus Nummer 7 steht, war einst der Schottenfriedhof, dicht mit rauschenden Bäumen bestanden, in denen die Vögel so schön sangen, daß es hier durch die Jahrhunderte „Zum Vogelsang" hieß. Eine seltsame Vorstellung, Poesie dicht neben dem Mist — aber so war es eben im Mittelalter. Wo heute der Austriabrunnen steht, war eine Kapelle, der Karner, 1310 erbaut, eine Stiftung des Jakob Chrut. „Daß man den Charner, des man gedacht hat ouf dem freithof dessaelben Gottshauses ... besingen soll alle tag..." Wenn die Verwandten des Stifters zum Jahrestag kamen, mußte sie das Kloster samt ihren Pferden abends und morgens verköstigen.

Im Jahre 1529 — schon war das Luthertum in die Stadt gedrungen — verlor der Karner seine religiöse Bestimmung und wurde zum Pulvermagazin. Und „Pulverturm auf der Schottenfreyung oder dem Schottenpuehel“ hieß er nun hundert Jahre hindurch, bis er über vieles Bitten der Schotten 1648 demoliert wurde.

Im Jahre 1683 hat man dort 2000 Gefallene begraben, hauptsächlich Angehörige des Regiments Starhemberg; 1764 wurde der Friedhof aufgelassen und in die Währingerstraße, ungefähr in die Gegend der Sensengasse, verlegt.

Jedes Haus, das auf der Freyung steht, hat seine alte Geschichte. Vom Einserhaus, dem einstigen Admonter Hof, berichtet schon eine Urkunde aus dem Jahre 1298; 1456 überantworteten die Admonter das baufällige Gebäude dem Hans Aschpeckh und seiner Frau Barbara. Er mußte sich verpflichten, das Haus wieder in guten Stand zu setzen, Dachung und Rinnen zu erneuern, Fußböden zu legen und innerhalb von sechs Jahren eine Stube und Kammer dazuzubauen, „mit Ausladung und Kreuzvenstern“, die Rauchfänge zu erheben und die Stallungen wiederherzustellen. Zwölf Jahre durfte er ohne Mietgeld darin wohnen, dann hatte er jährlich drei Pfund Wiener Pfennig zu zahlen, sowie dem Abt und seinen Leuten, wenn sie nach Wien kamen, Wohnung und Stallung bereitzuhalten. Übrigens ist der Admonter Hof mit den drei kleinen Häuschen, die ebenfalls auf dem Grund standen, noch durch eine Menge Hände gegangen. Im 17. und 18. Jahrhundert hat er Grafen und Fürsten gehört, bis ihn 1846 Franz Munsch, damals der größte Wiener Hotelier, kaufte und demolieren ließ, um hier ein Hotel zu errichten. Daraus wurde nichts, und ein Jahr später errichtete hier Graf Hardegg sein Palais nach den Plänen Romanos: ein nüchterner Zweckbau, der nichts mehr vom Charakter eines Palais an sich hat.

Gegenüber dem Einserhaus erhob sich einst zwischen dem Tiefen Graben und der Renngasse ein Gewirr alter Häuser, das Canaletto auf seinem Bild von der Freyung um 1760 ganz entzückend dargestellt hat. Hier stand auch das Haus „Zum goldenen Straußen“, in dem während des 17. Jahrhunderts mehrere Künstlergenerationen gewohnt haben. Auch das gleichnamige Gasthaus befand sich darin. Es hat in der Geschichte Wiens eine Rolle gespielt, die heute vergessen ist, ebenso vergessen wie der erste soziale Aufstand im Wien der neueren Zeit: der große Schusterkrawall.

Das Leben der Wiener Arbeiter in der Barockzeit war sehr schwer. Sie werkten von vier oder fünf Uhr früh bis sieben Uhr abends. Am „guten“ Montag, am Samstag, an Badetagen wurde in der Regel einige Stunden früher Feierabend gemacht. Zum Frühstück und zur Jause durfte je eine Viertelstunde, zum Mittagessen eine Stunde Pause gemacht werden. Im Jahr 1583 betrug der Wochenlohn sechs Kreuzer, den geschickte Arbeiter mit Trinkgeldern bis auf einen halben Gulden, dreißig Kreuzer steigern konnten. Der Wochenlohn der Schuster war 1630 auf zwanzig Kreuzer gestiegen. Daß bei solchen Verhältnissen die Zahl der „blauen“ Montage — zum Verdruß der Meister — nicht abnehmen wollte, versteht sich. Wie die Lehrzeit, die vier bis sechs Jahre dauerte, verlief, kann man sich vorstellen. Natürlich war es den Lehrjungen untersagt, Gold oder Silber zu tragen, das Haar zu pudern, sich einen Zopf oder Haarbeutel zu frisieren, den Rock offen zu tragen — wenigstens der erste Knopf oben sollte zugeknöpft sein —, sich einen Degen umzuschnallen, zu tanzen oder zu spielen, spazierenzufahren, die Gesellen zu duzen, auch sollten sie „des frauenvolcks so auf die ein als die andere weis sich enthalten“. Woraus das Ideal der damaligen Jugend sichtbar wird: sich als „Gawlier“ aufzuspielen. Interessant übrigens das Verbot, die Gesellen zu duzen. Wie man doch auf der untersten Sprosse der sozialen Leiter auf Respekt und Abstand hielt!

Die „Schuhknechte“, wie die Schustergesellen hießen, müssen unter Karl VI. ein unruhiges Volk gewesen sein, das sich von den Meistern nicht länger kujonieren lassen wollte. Sie verlangten auch einen gewissen Einfluß auf die Gebarung der aus ihren Beiträgen geschaffenen „Gesellenlade", die von den Meistern verwaltet wurde, ferner die Befreiung von dem Zwang, in den von der Zunft gehaltenen Herbergen einzukehren. Es läßt sich denken, was dort an Verpflegung, Unterkunft und Bespitzelung geboten wurde. Und als Hauptsache: die Abschaffung des sogenannten Abschiedzettels, der beim Austritt aus einer Werkstätte ausgefolgt wurde und ohne dessen Besitz kein Schuhknecht anderswo aufgenommen wurde.

Da die Meister die Forderungen schroff ablehnten, traten die Schuhknechte im Oktober 1721 in den Streik. Sie schufen sich vor allem „Winkelherbergen", von denen der „goldene Strauß" die besuchteste war. Am 21. Oktober erschien ein Hofdekret mit schärfsten Drohungen gegen die Schuhknechte.

Die Schuhknechte aber griffen die Werkstätten an, ohrfeigten die Meister, plünderten die Geschäfte besonders verhaßter Scharfmacher, die Rumorwache schoß, das Stadtguardiaregiment aber schaute zu. Die vielen Soldaten, die sich bei ihrer kümmerlichen Löhnung in Schwarzarbeit als Schuster fortbrachten, sympathisierten mit den Streikenden, sahen zu, als ein Rumorhauptmann mit seinen Leuten von den Schuhknechten attackiert, mit Steinen beworfen und beschossen wurde. Lang hielt sich der Aufstand nicht. Die Schuhknechte wurden schließlich in Massen verhaftet und zwei der „Übeltäter" öffentlich gehängt; die Arretierten mußten der Hinrichtung zusehen. Viele von ihnen wurden zur Schanzarbeit in die ungarischen Festungen geschickt, die Namen von Flüchtlingen wurden an den Galgen geschlagen. Schließlich kehrte der größere Teil der Aufständischen zur Arbeit zurück, ein kleinerer Teil verließ Wien.

Der Regierung aber war der Schreck in die Glieder gefahren. Nach einiger Zeit wurden alle Beschränkungen wegen des Arbeitsantritts beseitigt, und vier ältere Gesellen durften an der Verwaltung der gemeinsamen Unterstützungslade der Schuhknechte teilnehmen. Welch ein Bild muß der „Goldene Strauß" in jenen Tagen geboten haben! Wie werden sich all die „Jauner" und „Landstörzer" den Schuhknechten angeschlossen haben! Die Wiener Straßen müssen ein wildromantisches Bild geboten haben...

All die alten Häuser wurden 1845 demoliert, ein Neubau entstand, den jedoch die Eskomptegesellschaft 1871 abreißen ließ. Ihr Neubau wurde 1914 durch das jetzt noch bestehende Gebäude im pompösen „Geheimratsstil" ersetzt.

Zwei aristokratische Palais beherrschen die Freyung, das Palais Harrach und das Palais Kinsky, obwohl letzteres zur Herrengasse gehört. Das Harrach-Palais hatte durch die Restaurierung von 1845 viel von seinem Barockcharakter eingebüßt. Die unter Aufsicht des Bundesdenkmalamts durchgeführte Restaurierung der Front hat den barocken Charakter wieder stärker betont.

Unwahrscheinlich wie ein Traum steht in seiner lichten Schwerelosigkeit noch immer das Meisterwerk da, das Hildebrandt 1713 bis 1716 für den Grafen Wierich Daun gebaut hat, die dreißig Meter lange Front des Palais Kinsky.

Die Geschichte der Wiener Bauten ist durch Skandale akzentuiert. An den Aufruhr um das Looshaus am Michaelerplatz kann man sich heute noch erinnern. Der Aufruhr, den die Erbauung des Hauses Freyung 7 vor fast 200 Jahren hervorrief, ist in Vergessenheit geraten.

Die Schotten ließen damals das Prioratshaus von Andreas Zach errichten: Eine kühne Tat. Zach hat darin die seit 1740 erkennbare Neigung zu einfacherem, zweckvollerem, nüchternerem Bauen verwirklicht. Der wegen der gleichförmigen Behandlung der Geschosse und der Abrundung der

Ecken als „Schubladkasten“ verspottete Bau, bei dem der Architekt bewußt auf eine Palastfassade verzichtete, stellt die Wende vom Barock zum Klassizismus dar. Ein klares, schönes Werk, erster Versuch, Größe mit Annehmlichkeit zu verbinden. Einsam und kühn steht das Haus da und gehört zu den beherrschenden Elementen der ehrwürdigen Freyung.

Weltbühne vor der Herzogsburg

AM HOF

„Brr“, machte der Kutscher, und der Omnibus hielt. Aus der Finsternis tauchte eine struppige Gestalt in Uniformmantel auf und klirrte mit den Sporen. Ich machte große Augen, als Kind, vorn im Omnibus, neben dem Kutscher, die Füße im Stroh. Eisenketten rasselten, das Vorspannpferd war angeschirrt, die Schmetterlingsbrenner der Gaslaternen flatterten rötlich am Beginn des Heidenschuß, und mit der Handpeitsche knallend schwang sich der Struppige in den Sattel. „Hüa“, schrie der Kutscher, und auch er knallte mit der Peitsche. Ich jauchzte laut. „Behave yourself“, sagte die englische Gouvernante streng.

Die drei „Bräunl'n“ zogen an, der Dampf aus ihren Nüstern stieg in die kalte Winternacht empor, Funken stoben von den geschärften Stollen des Vorreiterpferdes, das den Omnibus den steilen, vereisten Hang des Heidenschuß zur Höhe des Hofes hinaufzog.

Ah, wie herrlich war die Fahrt: Hätte sie doch länger gedauert! Wie im Märchen war es. Die Pferde schnaubten, immer wieder knallten die Peitschen. Der Vorreiter zog eine Flasche „Unblachten“ aus dem Röhrenstiefel und tat einen Zug. Hurra — wir waren oben, und in gestrecktem Galopp polterte der Omnibus über den Hof bis zur Irisgasse, wo der Vorreiter abstieg und sein Pferd loshakte.

Vor der Hauptwache blies der Hornist getragen ... Tah-tah-ta-ta-ta-tah ... die ersten Takte des Zapfenstreiches. Fernhin dehnte sich in feierlicher Weite ein ungeheurer Platz —

ungeheuer wie die ganze Welt der Großen für das Kind. Hoch über den dunklen Häusern zeichnete sich vor dem zarten Düsterrot des Nachthimmels die Madonna auf ihrer Säule vor ihm ab. Es sei der Widerschein der vielen Gaslaternen in der k. k. Haupt- und Residenzstadt Wien, war dem Knaben erklärt worden, und ein Leben lang sollte ihm der Düsterhimmel immer wieder vor Augen stehen, wenn er den Hof überquerte.

Und in der Tat, fremd, groß und seltsam weitet sich der Platz „Am Hof“ mitten in der Inneren Stadt, ein Platz aus einer ganz anderen Welt, aus uralter Zeit. Ein Waffenplatz, auf dem sie Turniere ritten, das letzte 1490 vor dem ungarischen König Matthias Corvinus, der sich, vor Gichtschmerzen immer wieder laut aufbrüllend, auf Brokatkissen hatte hertragen lassen. Denn Wien, das war seine Stadt, die Stadt seines ephemeren Reiches, das so bald wieder wie eine Seifenblase vergehen sollte.

Dort, wo sich heute an dem vormaligen „Palast“ der niederösterreichischen Eskomptegesellschaft seit 1913 die Aufschrift „Länderbank“ befindet, stand die erste Burg, die Burg der Babenberger. Dort haben sie wahrscheinlich zum erstenmal das Nibelungenlied deklamieren gehört. Vor eleganten Ministerialen in langen, Frauenkleidern ähnlichen Gewändern, Kränze auf wallendem Blondhaar und in modisch gezierter Haltung mögen die Dichter gesessen sein, die dem Herzog Ruhm sprachen. Reinmar der Alte, der von der Vogelweide und die edlen Herren werden nicht gewagt haben, sich zu räuspern, bis der letzte Vers verklungen war, denn am Babenbergerhof hielt man auf Geistigkeit und Anstand. Wehe, wenn einer laut aufrülpste oder aufschnarchte vor den Ohren einer der byzantinischen Kaisertöchter, die so oft hier lebten, Herzogskinder gebaren und mit allen Wohlgerüchen Arabiens parfümiert die Messe hörten.

Um die Stadt herum war die Welt wild und rauh — wie

schrecklich die Düsternis des Wiener Waldes von damals, in dem sich die Bären herumtrieben! Und in der kleinen, noch meist aus Holz erbauten Stadt sprossen gerade hier „Am Hof“ zarte Blüten des Geistes. „Das ist der wunnigliche Hof ze Wienne“, hat der von der Vogelweide geseufzt; und diese romanische Burg mit den engen Toren, dieser klobig und schwer gebaute Palas mit seinen kleinen Fenstern und schmalen Treppen war über die Jahrhunderte hinweg die erste Inkarnation der geistigen Regsamkeit dieser Stadt, wie sie sich dereinst wieder Mittelpunkte in einem Café Griensteidel, einem Café Zentral, einem Café Herrenhof schaffen sollte...

Wir wissen wenig darüber, wie die Herzogsburg ausgesehen hat. Vier Türme soll sie gehabt haben, und sicher war ihre Innenausstattung herrlich. Sicher waren hier Perlen der romanischen Kunst vereint, wahrscheinlich auch erlesene byzantinische Werke, aber alles ist verkommen, wahrscheinlich als altmodisches Zeug auf Dachböden gestellt worden und verdorben. Verdorben wie die St. Pankratiuskapelle, die sich dort erhob, wo sich die Zentralbank deutscher Sparkassen 1913 die derbe Front ihres neuen „Palais“ von Hoppe und Schöntal bauen ließ. Nach dem Bankrott der Zentralbank sind dort die „Vaterländische Front“, dann die nationalsozialistische Gauleitung eingezogen, jetzt sitzt ein Bundesministerium in dem Haus.

Die St. Pankratiuskapelle war die Hofkapelle der Babenbergerburg. Wie herrlich mag sie dieser hochkultivierte Hof ausgestattet haben, und wie erbärmlich ließen sie die nachfolgenden Generationen zugrunde gehen! Auf Wolmuets Plan von 1547 ist die Kapelle bereits in ein Haus verbaut, und am 14. Januar 1575 haben im Auftrag des Rates der Stadt Wien die Steinmetzen Leonhard Perger und Wolf Pieringer sowie der Zimmermeister Hans Pieringer die Pankrazkapelle „beschaut“ und berichtet: „...dasz solches Kirchl, an dem Ort der thurm ist, keinen rechten grund hat und von der Erden ausz nur auf Schwibbogen, die auch all zerkloben, aufgesetzt. So ist der hölzerne Boden im kirchl auch nichts wert und samt der kapelln mit russ überzogen und so unsauber durch einen öhler, der darin kerzen gemacht haben soll, zugerichtet worden."

Im selben Jahr hat der Schottenabt, dem die Kapelle gehörte, den Bischof von Wien um die Transferierungsbewilligung der Kapelle gebeten, was der Bischof abschlug. Man hört nie mehr etwas von der St. Pankratiuskapelle. Welch herrliche Fresken, welch wunderbare Plastiken da zugrunde gegangen sein mögen!

Die Babenberger sind ausgestorben. Was wohl aus den Schätzen der Burg geworden ist? Die Münze kam hinein, dann schenkte der habsburgische Herzog Albrecht die alte Burg den Karmelitern, die ihre Kirche daneben um 1400 fertiggestellt hatten, eine gotische Hallenkirche „mit viel Heyltumb und klaynat". Man weiß, daß sie schöne Glasfenster hatte. Als die Glaubensspaltung auch nach Wien übergriff, sind Kloster und Kirche buchstäblich verkommen. Schließlich gab es in dem ganz großen Kloster nur noch einen einzigen Mönch. In der Kirche predigten die protestantischen Prädikanten und forderten vom Rat der Stadt Wien, daß er ihnen das Geld für die schwarze Leinwand ersetze, mit der sie die „Götzenbilder" auf den Altären hatten überziehen lassen. Der Rat überwies ihnen das Verlangte. Die kirchlichen Zustände im Wien der beginnenden Renaissancezeit müssen chaotisch gewesen sein. Das Kloster — die alte Herzogsburg — war auf einmal voll von Wohnparteien, die keine Miete zahlten, und aus der Kirche wurde ein Magazin. Die Jesuiten, die Ferdinand I. in die alte Burg setzte, haben Wien schließlich wieder für den Katholizismus gewonnen und die Herzogsresidenz von einst zu einem geistigen Zentrum gemacht. Ihre Schule und ihr Schultheater gehören zu den größten Leistungen des Wiener Barock. Wieviele von uns, die in der Jugend das Durchhaus des alten Kriegsministeriums benützten, haben wohl daran gedacht, daß in diesem Hof die ersten Vorstellungen des Jesuitentheaters stattfanden? Nach der Aufhebung des Jesuitenordens ist der „Hofkriegsrat", das spätere „Kriegsministerium", in den alten Bau gezogen, bis er 1913 unter der Hacke der Demolierer verschwand.

Die Häuser wechselten, der Platz jedoch blieb und war durch die Jahrhunderte hindurch großartige Bühne des Wiener Lebens. Komödie und Tragödie wechselten auf ihm in bunter Folge.

Bis zum Ende des 14. Jahrhunderts war er ein Platz feudalen Charakters. Die Waffenhandwerker sitzen um ihn herum, und die Pergamenter. Nur langsam entwickelt er sich zu einem großen Marktplatz, wo zwischen Michaelis und Martini (25. September bis 11. November) der in Wien eingeführte Landwein verkauft wird, während nebenan noch der Wämserverkauf stattfindet, die unter dem Harnisch getragene Bekleidung. Bald eröffnen auch die Haubenmacher, später auch die Käufel, Joppner, Mäntler und die Gewändler ihre Verkaufshütten. Die ganze gotische Konfektion und der Altkleiderhandel konzentrieren sich Am Hof, wo aber auch Fische und Krebse verkauft werden. Es riecht oft übel hier, der „Krebsenrichter" geht streng zwischen den Krebsenbauern herum und läßt die „umbgestandenen und crepirten Krepsen" in die Donau werfen. „Krewsler" nennt das Mittelalter diese Verkäufer, und da sie späterhin auch noch andere Lebensmittel führen werden, bleibt ihnen der „Krewsler"-

„Prospect deß Grabens" um 1724

Prospectus ad FOSSAM FORI vulgò AD FOSSAM. a. Statua S.S. Trinitatis. b. Templum S. Petri. c. Capella S. Georgii. d. Aula Freisingensis.

Prospect deß Grabens. a. Die Heil. Dreyfaltigkeit Säule von Marmor. b. die St. Peters Kirch. c. St. Georgen Capelle. d. der Freysinger Hoff.

FERDINAND PABST.
JOHANN MARIA FARINA
SALON

Name, woraus dann „Greisler“ geworden ist, der wienerische „Gemischtwarenhändler“.
Zwischen dem Geschrei und Geschacher ließ ein wunderbarer hochgotischer Brunnen seine Wasser spielen. Heute weiß man nicht, wie er aussah, aber er war sicher sehr schön, denn Wolfgang Schmälzel hat noch 1547 über ihn geschrieben:

> Nachdem kham ich an Hoff hinauff,
> Da steht ein trefflich schöner Prunn,
> Das Gold gliestert dran wie Sunn,
> Künstlich von Quaderstein gepawt,
> Des ganzen plaz ein zier und schein...

Zwischen all dem Handeln, Feilschen und Treiben liebte man es, von Fall zu Fall die hohe Justiz agieren zu lassen. Im Jahr 1463 wurden hier nach dem Verrat Holzers an Albrecht VI. Stadträte und Wiener Bürger geköpft, und 1595 fand mit der Hinrichtung des Grafen Ferdinand von Hardegg eine ganz groß aufgezogene Staatsaktion statt. Er hatte die Festung Raab „ohne die höchste Noth“ den Türken übergeben, und der erbitterte Kaiser Rudolf II. wollte ein Exempel statuieren. Der hochgeborene Graf kam als erster an die Reihe, zweiter war eine bürgerliche Canaille, der Festungsbaumeister von Raab.
Von seinem Bruder Ulbrich auf den Richtplatz begleitet, bestieg der Graf die mit schwarzem Tuch bedeckte „Bühne“; schon dieser Ausdruck läßt den Schaustückcharakter dieser Schaueraktion erkennen, die sich ganz in den Formen einer Shakespearischen Szene abspielt. Zeremoniös nimmt der Graf von seinem Gefolge Abschied, tritt vor und beteuert in

Das „Jungferngassel“ am Graben zur Zeit des Spätbiedermeier

kurzer Ansprache seine Unschuld. Er bittet die aufmerksam lauschenden Zuhörer um ein Vaterunser. Wie tragisch muß das Gebet über den weiten, menschenerfüllten Platz geklungen haben! Die kaiserlichen Fußknechte mit angeschlagener Arkebuse auf der Gabel, die angezündete Lunte um den Arm gewickelt, werden es ebenso gebetet haben wie die Krebsenbauern und der Freimann. Der Graf entblößte eigenhändig Hals und rechten Arm, kniete auf dem vorbereiteten Samtkissen nieder und küßte noch einmal das Kreuz, das ihm der hochwürdige Herr vorhielt. Nun legt er die rechte Hand auf den Block, der Scharfrichter tritt mit zwei Henkersknechten vor, macht seinen Diener, und einer der Knechte legt ein scharfes Eisen auf das schmale weiße Aristokratengelenk. Schon schlägt der zweite Knecht mit einem Hammer auf das Eisen, die zarte Hand mit den vielen Ringen fällt zu Boden, und im selben Augenblick schwingt der Freimann wie einen flammenden Blitz das goldfunkelnde Richtschwert, das die erlauchte Hardeggsche Familie für diesen Zweck hat schmieden lassen. Der Kopf kollert herunter, Blut spritzt nach allen Seiten, und aufschreit das Volk vor Bewunderung über des Freimanns Kunst. Der kopflose Leib bleibt einige Sekunden aufrecht knien, dann sinkt er nach vorn. Die schwarz-gelb geflammten Trommeln der Fußknechte dröhnen einen dumpfen Wirbel. Flennend und jammernd sind die Hardeggschen Diener in schwarzer Livree auf die Bühne gestiegen, der zweite Teil des Schauspieles beginnt. Hoch emporgehoben tragen die Diener einen herrlichen Sarg, in den sie den entseelten Leib, das bleiche Haupt, die blasse, blutbespritzte Hand legen. Ein von sechs Pferden gezogener Leichenwagen ist vorgefahren, Windlichter werden angezündet, obwohl es heller Tag ist, die Wappenschilder sind umflort, und langsam ordnet sich die ganze Hardeggsche „Freundschaft" zum Trauerzug. Erst als der Zug den Heydenschuß hinunter verschwunden ist, geht das Trauerspiel, das nun zu einem grotesk-schauerlichen Satyrspiel wird, weiter. Der Baumeister wird heraufgeführt. Er ist dick, hat einen kurzen Hals und schnauft. Die Hand fliegt ihm sofort herunter, aber dann schlägt der Scharfrichter zweimal zu tief, der Kopf ist nicht abgelöst, das Blut rinnt in Strömen, der Sterbende röhrt wie ein geschlagener Ochse. Das Volk, jäh enttäuscht, läßt Steine auf den Freimann regnen. Die Pikeniere fällen ihre sechs Meter langen Lanzen nach allen Seiten. Eilig wird der verstörte Henker mit seinen Knechten fortgebracht.

Solches und noch mehr hat der Hof gesehen. Zwei Jahre später rädert man hier die Führer des niederösterreichischen Bauernaufstandes und schneidet einigen Dutzend Bauern Nasen und Ohren ab. Sie haben gegen das Bauernschinden des Adels rebelliert, hochgeborene Herrschaften umgebracht, die Abtei Lilienfeld geplündert, und dafür werden sie „zum Tanz aufgestutzt“, wie ein Hausherr unter schallendem Gelächter im Publikum ruft. Die Wiener haben die „G'scherten“ nie leiden können. Der Witz gefällt ihm selbst so gut, daß er sein Haus am Petersplatz „Zum Bauerndantz“ nennt und darauf das Nasen- und Ohrenabschneiden groß abmalen läßt. Das goldene Wiener Herz konnte auch recht blutig sein...

Rasch — über die Jahrhunderte hinweg — ein anderes Bild. Zweihundertfünfzig oder mehr Jahre später: Hof der alten Herzogsburg, des einstigen Jesuitenprofeßhauses, nun „Kriegsgebäude“. (Heute sind dort die Bankbeamten fleißig an den Kassenschaltern tätig.)

Welch ein Gedränge und Geschrei! Kein Wort versteht man an diesem trüben Oktobernachmittag des Jahres 1848. Man kann sich nicht rühren, so voll ist der Hof von Leuten in Spenzern und von „Kappelbuben“. Eben haben sie ein paar feine Herren aus einer Tür in den Hof gedrängt. Als die Menge einen alten Mann zwischen den jüngeren entdeckt, gellt ein Aufschrei: „Der Latour, der Latour, der schwarzgelbe Hund..." Viele schreien auf ungarisch. Und schon schlägt einer dem alten Herrn den Zylinder vom Kopf; die jüngeren Herren in Taillenröcken und mit Backenbärten sehen ganz verstört drein. Es sind Reichsratsabgeordnete. Unter einem Gitterfenster bleiben die Herren schließlich stehen, denn sie können nicht weiter. Man reißt den alten Mann an seinen pomadisierten Haaren. Vergeblich hält er sich die Hände vors Gesicht. Bald bluten ihm die Finger von den vielen Schlägen. Da haut ihm einer mit dem Hammer über den Kopf: tödliche Schädelbasisfraktur. Ein Kerl in einem grauen Rock zieht dem Kriegsminister und Theresienritter einen Pioniersäbel über das Gesicht. Das Geschrei auf ungarisch wird lauter. Einer sticht Latour ein Bajonett in die Brust. Die Herren mit den Backenbärten verschwinden entsetzt. Und schon haut man auf den Grafen Latour, der zusammengesunken ist, von allen Seiten ein. Er spürt es nicht mehr, er ist schon tot, rührt sich nicht mehr. Sie hängen ihn an einer Schnur am Fenstergitter auf, die Schnur reißt, und sie schleppen die Leiche auf den Hof hinaus. Dort hängt ihn einer mit aufgekrempelten Hemdärmeln und in „quadrallierten" Hosen mit zwei zusammengeschnallten Militärmantelriemen an einen großen Gaskandelaber. Die Grenadiere auf der Hauptwache stehen mit ihrem Hauptmann wie Marionetten da und sehen zu.

Viele Stunden hing der tote Latour am Gaskandelaber vor der Hauptwache gegenüber der Nuntiatur. Der Leichnam wies schließlich Dutzende von Einschüssen auf. Anfangs im Frack, dann in Hemd und Unterhose, schließlich nackt, nur mit Socken an den Füßen, hing er so, von immer stärker anschwellenden Massen umtobt: der erste Ausbruch sadistischer Massenhysterie in Wien, von dem wir ausführliche Kunde haben. Sechs Monate später, im März 1849, hat man zwei Schneider und einen Zimmermaler als Mörder Latours gehängt.

Auf das alles und noch viel mehr hat die bronzene Madonna seit bald 300 Jahren von der hohen Säule hinunter geblickt. Um sie herum dröhnte einmal im Jahr die „große Scharwacht", da alle Tamboure der Wiener Garnison zu Füßen des Denkmals die Scharwacht schlugen, in dankbarer Erinnerung daran, daß einst, als die Schweden vor Wien standen, der Erzengel Raphael vom Himmel stieg und im Generalszelt des kaiserlichen Lagers in der Brigittenau die Alarmtrommel rührte und damit einen geplanten Überfall der Schweden rechtzeitig „avetieret" hatte. Im Fackelschein, unter dem Gedröhn der Trommeln ging es dann durch die Straßen und über die Basteien Wiens, in allen beleuchteten Fenstern knieten die Bürger und beteten den Rosenkranz. Für die aus den Betten gerissenen Kinder war es die größte „Hetz". Kaiser Joseph soll — wie es heißt — die Scharwacht abgeschafft haben.

Ebenfalls einmal im Jahr — am Osterdienstag — zog der „Bäckeraufzug" an der Mariensäule vorbei. Voran zu Pferd die feschesten Bäckergesellen, als türkische Paschas und Spahis verkleidet, dahinter lärmte türkische Musik, worauf die „Bäcken" gravitätisch hinter der Bäckenfahne und dem Innungsbecher paradierten. Wenn sie ihren Spruch vor des Bürgermeisters Dienstwohnung Am Hof vorbrachten — dem Unterkämmereramt, jenem Teil der heutigen Feuerwehrkaserne, den die amerikanischen Bomben zerstörten und der jetzt wieder sauber aufgebaut ist —, hatten sie schon einen tüchtigen Rausch sitzen, denn vorher war man von Backhaus zu Backhaus gezogen. Der „Eipeldauer" hat in einem seiner Briefe an den „Herrn Vettern in Kakran" den Aufzug anschaulich geschildert. „Am Osterdienstag ist z'Wien ein groß Spektakel gewesen. Da haben d'Becken ihrn Einzug g'halten; und a sind alle Fenster voll Köpf' g'steckt, weil's nur alle Jahr einmahl so ein Einzug sehn. Ich hätt nicht g'wußt, daß das Becken sind, wenn ich nicht d'silberne Weinkannl als große Flecken g'sehn hätt; denn sie haben alle Federhüt aufm Kopf, ein große Spadi an der Seiten ghabt, und frisiert sinds g'wesn wie d'Kawilier ... Wie d'Leut sagen, so solln d'Wienerbecken es entdeckt habn, wie d'Türken vor hundert und mehr Jahren sich wie d'Erdmäus in d'Wienerstadt habn herein grabn wolln; und, wenn das wahr ist, so verdienen's freylich die Ehr, daß man ihnen so ein Einzug halten laßt: aber ich zweifl gar nicht, daß's wahr ist, denn sie haben sogar beym Einzug so ein G'sicht gmacht, als wenn's gleich wieder mit den Türken raufen wollten. Und wie der Einzug vorbey war, so haben's ihre Madl im Fiakerparutsch abgholt, und haben's auf ein Tanzsaal gführt, und haben durch drey Tag hintereinander nicht als g'essen, g'trunken und g'tanzt ..."

Die Bäcken konnten sich Am Hof überhaupt viel herausnehmen. Zu jeder Zeit — so war es ihr Privileg — konnten sie Am Hof „Kegel scheiben", weil sie 1683 so tapfer gefochten hatten. Aber sie übertrieben das Privileg. Einmal rollte eine Kegelkugel in die Kirche „Zu den neun Chören der Engel", und von da an war es aus mit dem Privileg.

Noch viel könnte man darüber berichten, was auf dem Hof alles passiert ist. Wie Anno 1848, vom März angefangen, gerade auf diesem Platz immer etwas los war. Pettenkofen hat ein schönes Blatt von der Szene lithographiert, als am 13. März die Kürassiere in ihren weißen Mänteln auf die Zivilisten einhieben ...

Wie oft und wie wundervoll adjustiert sind die Bürgerregimenter in Dunkelblau und Mohrengrau mit Riesen-Bärenmützen oder geschweiften Tschakos über den Hof paradiert! Wie wild und verwegen ist es doch bei der Irisgasse, die einstmals despektierlich „Hundsfottgässel" hieß, zugegangen, wenn im Fasching hier die ledigen Burschen das „Adam-und-Eva-Spiel" aufführten! Sehr populär in der Sprache, wie etwa in einem der früheren Jesuitenstücke vom Sündenfall, in dem es hieß:

Blitz! Üble Zeitung! Der Apfel is' g'fressen.
Die Everl, die hat sich die Goschen verbrennt...

Die Keuschheitskommission war jedes Jahr über das „Adam-und-Eva-Spiel" außer sich, und schließlich hat Maria Theresia die Aufführungen verboten.

Bis vor ungefähr neunzig Jahren war der Hof einer der schönsten Plätze Wiens, wundervoll einheitlich in seiner architektonischen Harmonie, obwohl seine Bauten in ihren damaligen Formen meist zwischen 1700 und 1800 entstanden waren. Zwei Wohnhäuser von Lukas von Hildebrandt waren darunter; sie stehen heute noch. Das eine, Am Hof Nr. 7, gehört jetzt der städtischen Feuerwehr. Das andere, Nr. 12, ist ein mit blutiger Hand arisiertes Judenhaus. Sein letzter jüdischer Hausherr war Eschlein, „der Jud von Dreskirchen"; man weiß nicht, was aus ihm geworden ist, ob er auf der Weißgärberlände verbrannt ist oder sich 1421 am Schulhof umgebracht hat. Herzog Albrecht schenkte das Haus „mitsambt dem garten daneben und dem zuhewsl hinden daran" dem Jannsen von Puchheim, der es schleunig einem „pekchen" verkaufte. Zu Beginn des 18. Jahrhunderts hat es dann Lukas von Hildebrandt in seiner heutigen Form erbaut. Mit den beiden nebeneinanderliegenden schön geschwungenen Erkern ist es eines der entzückendsten barocken Bürgerhäuser Wiens. Photographien, die um 1858 aufgenommen wurden — zu einer Zeit, als man noch eine Stunde exponieren mußte —, vermitteln einen Eindruck von einzigartiger Schönheit. Mit der Demolierung der Häusergruppe an der Ecke Heidenschuß—Am Hof begann das Unglück. In dem langweiligen Reißbrettstil von 1860 erstand dort die alte Creditanstalt mit den unorganisch angeklebten Plastiken Hans Gassers. Daß die von den Bomben übrigge-

lassenen Trümmer abgetragen und durch ein gutes modernes Haus ersetzt wurden, ist freilich kein Trost für den unwiederbringlichen Verlust, den unsere Urgroßväter auf dem Gewissen haben.
Den zweiten Faustschlag in das Idyll des Hofes führte die Makartzeit, die 1883 an Stelle der Ledererhof-Häuser einen „Prachtbau“ hinsetzte. Leider haben ihn die Bomben nur unwesentliche beschädigt, er ist uns nach Abschlagen der aufgeklebten Ornamente mit seinen unglücklichen Proportionen erhalten geblieben. Im Jahr 1913 folgte die Errichtung der beiden anderen schon erwähnten Bankpaläste, und die Zerstörung des architektonischen Gesamtbildes war vollendet. Den Renaissancebau des Kattus-Hauses und das Collalto-Palais haben die Bomben unversehrt gelassen. Einzig und allein die Kirchenfront Carlones, so wirkungsvoll und eigenartig auf das innigste mit dem Platz verflochten, hält den Torso des Hofes zusammen. Noch immer ist es ein von zitterndem Glück erfülltes Erlebnis, den Platz zu betrachten, über dem auf dem First der wiederhergestellten Feuerwehrkaserne von Anton Ospel die Statuen der Beständigkeit und der Tapferkeit residieren.

Galantes Leben, Hausmeister und ein versoffenes Genie

DIE NAGLERGASSE UND DIE BOGNERGASSE

Schleicht sich der „Gasseltiger" durch die Naglergasse, ist es, als spüre er noch einmal den eiskalten Odem der Vergangenheit. In meiner Kindheit war's in der Bognergasse nicht viel anders. Wie seltsam krumm verlief sie doch! Aber sie war vielgestaltig mit ihren vielen Auslagen, den Tausenden schönen Dingen darin. Auf der andern Seite dräute die hohe Klosterfront des k.u.k. Kriegsministeriums. Der Verkehr aber brauste durch die Bognergasse. Der Omnibus rollte dröhnend daher. Die Fiaker machten nur „Purr" und waren vorüber, der Dienstmann zog ein Handwägelchen, und der Strom der Passanten riß nicht ab.

In der Naglergasse war es still und einsam, so wie heute. Eine dicke Hausmeisterin führte vielleicht den Mops einer Gnädigen „äußerln" — oh, damals gab es noch Möpse! Ein seltsam griesgrämiges Hundegeschlecht voll stiller Würde, das, wie es heißt, seither ausgestorben ist. Galante Damen blickten manchmal aus verschwiegenen Fenstern auf die Naglergasse hinunter; sie hatten ein Samtband um den Pfirsichhals, ihre Frisuren waren hoch aufgetürmt.

Heute ist das alles verschwunden. Hochmoralisch ist die Naglergasse, von der Bognergasse gar nicht zu reden, die architektonisch eine der langweiligsten Gassen der Inneren Stadt geworden ist, seit man um die Jahrhundertwende alle ihre alten Häuser demolierte. Was man an ihre Stelle hinstellte, ist Zeitgeschmack der Jahrhundertwende und hat eine uns heute grotesk-komisch anmutende Blüte getrieben: die „altdeutsche“ Burg mit Söllern, Erkern und Türmchen an der Ecke der Bogner- und Irisgasse. Als man die Fundamente aushob, kamen Ziegel der X. und der XIII. Legion zutage. Nur ein einziges der „neuen“ Häuser der Bognergasse, das aber auch schon ein halbes Jahrhundert alt ist, besteht vor der heutigen Kritik. Es ist Nummer 9, ein sezessionistischer Bau mit einer Dreifensterfront. Glatt, schlicht, wenig Dekor, unten strecken zwei geflügelte Kolo-Moser-Damen ihre Arme zu einem geschmackvoll unauffälligen Sonnenblumenfries empor; alles in Mosaik. Auch dieses Haus zeugt vom Geist der neuen Zeit, die sich aber nur langsam durchsetzen konnte, denn noch herrschte die Devise des Abgeordneten Bielohlawek: „Wann i a Büachel siach, hab' i scho' g'fressen.“

Nur ein Teil der Naglergasse steht noch so da wie in der Barockzeit, und wenn man in ihr eine halbe Stunde auf und ab gegangen ist, die Linien studiert und sich an die ebenfalls noch ganz barocken Gerüche gewöhnt hat, kann man sich eine Vorstellung vom alten Wien machen.

Zu Beginn der Naglergasse herrscht auf der Seite der ungeraden Hausnummern noch der Nachmärz, auf der gegenüberliegenden die banalen Hinterfronten der Bognergasse. Auf der Front des „Stiebitzhauses“ sieht man noch hoch oben eine alte Krönung Mariens. Die Front der ungeraden Nummern dürfte dem Verlauf der alten römischen Stadtmauer folgen, die bis tief ins Mittelalter hinein erhalten blieb, so daß es zuerst nur auf der Seite der geraden Nummern Häuser gegeben hat, kleine Häuser, deren Format bis in die Barockzeit und noch später nachgewirkt hat. Eine Geschichte, die um 1800 spielt, läßt uns das ahnen. Lebte da im Hause Bognergasse 7, „Zum Totenkopf“ hieß es gar schauerlich, ein Hausmeisterehepaar in einer Wohnung, die so klein war, daß nur das Ehebett hineinging. Wollte sich einer anziehen oder ausziehen, mußte er die Tür aufmachen. Kein Wunder, daß der Hausmeister soff wie ein Loch, und kein Wunder, daß ihn im Schlaf der Schlag traf. Im letzten Schnaufer streckte er sich, gab der schnarchenden Gattin einen Puff, daß sie aufwachte und laut schimpfte, der Kerl okkupiere das ganze Bett. Und auf einmal bemerkte sie, daß er tot war, schon steif. Da erschrak sie nicht wenig. Sie leerte die Weinflasche, die der B'suff immer neben sich stehen hatte, packte den Toten und lehnte ihn mit Anstrengung an die Tür. Am Morgen schrie sie aus dem Fenster, daß er tot sei, daß die „Totentrager" kommen sollten. Die „Totentrager" kamen und pumperten an die Tür. Wo der Tote sei?

„Der Tote steht hinter der Tür", röhrte sie im Bett. „Tragt's 'n furt. Jetzt is' Platz, jetzt g'freut mi' mei' Bett!"

Was soziale Zustände erhellt und ahnen läßt, wie die „Bagasche" im alten Wien wohnen mußte.

Am 11. Mai 1809 krepierte um Mitternacht auf dem Dachboden des Totenkopfhauses eine französische Granate und verletzte ein Stubenmädchen schwer. Um Mitternacht? Auf dem Dachboden? Nun, die „Dienstmenscher" hatten Anno dazumal keine „Liegerstatt" in der Wohnung der Herrschaften, sondern bekamen zum Schlafen nur einen Strohsack auf dem Dachboden.

Zu Beginn der Naglergasse ist es übrigens noch immer ein bißchen gespenstisch, vor allem, wenn man in die Körblergasse, die erste Seitengasse zur Linken, einbiegt, die vielleicht zwei Meter breit ist und zum Unterwerk der städtischen Elektrizitätswerke in der Neubadgasse führt. Ein hallender Durchgang öffnet sich zur Wallnerstraße. An der Stelle des „Neubades" steht das Haus mit den summenden Transformatoren. Oh, war das ein schickes Etablissement, war das ein Nepplokal, dieses „Neubad" — vor etwa achthundert Jahren!

Dazumal hat es noch keine Kaffeehäuser gegeben. Die Wirtshäuser waren primitiv. Schick waren nur die Bäder, die man tagsüber besuchte. Nachtlokale gab es noch nicht, denn es gab noch keine ausreichende Beleuchtung. Des Nachts auf der Straße zu gehen war lebensgefährlich. Es gab weder Straßenlaternen noch Polizei. In das „Neubad" kam der Herzog höchstpersönlich, um zu baden. Eine Verkaufsnotiz vom 6. Juni 1323 besagt: „Jans Perchtold des Murren Sohn und dessen Hausfrau Kunigund verkaufen den hintern Teil ihres Hauses in der Walchstraße [Wallnerstraße] zu Wien, daz da stozzet an des Hertzogen padstuben." Fünfzig Pfund haben sie dafür bekommen. Wir wissen, daß das „Neubad" die vornehmste und frequentierteste Badstube war, und wahrscheinlich hat der „Freudenleere", als er im 13. Jahrhundert „Der Wiener Meerfahrt" verfaßte und lästerlich über ein Bad schimpft, das „Neubad" gemeint, wenn er schreibt: „In selbiger guter Wienerstadt — Da gibt's ein Bad, vor diesem hat — Man mich gar oft wohlmeinend gewarnt, — Dortweil ein Fremder so umgarnt, — Daß er wie aus der Mutter Schoß — Der Kleider und des Silbers bloß — Wer dem Bad in die Hände fiel — Der kommt gewiß an dieses Ziel, — Er habe wenig oder viel." (Im damaligen „Wienerisch" hat das so gelautet: „... in derselben guten stat — man vindet einer hande bat — daz han ich dicke wol gehort — da man unz den lezten ort — einen unbekannten maschire bloz gemachen kan — des silbers und der kleider — pfendet man ihn beider. Swer dem bade volgen wil — dem wird gesezzet an das ziel — er habe wenic oder vil.")

Der Tannhäuser, ein Dienstmann Friedrichs des Streitbaren, hat sich vor 800 Jahren ebenfalls bitter beklagt, wie einen das Wiener Leben zugrunde richte, mit den schönen Weibern, den Leckerbissen am Morgen und „zweimal in der Wochen baden". Hat man doch im Bad auch gespeist und getrunken, und elegante Damen waren ebenfalls immer da, wie sie die Mutter geboren hatte. Es war ein einträgliches Geschäft,

Bader zu sein. Lesen wir doch am 22. Januar 1405: „Bruder Arnold von Sehausen, Prior der geistlichen Herren vom Kloster unsrer Frauen Brüder, gelegen in der herzogen hof [heutige Länderbank] des ordens von dem Berg Carmelo und dem Convent daselbst ... vermacht Niklas der pader die padstuben, die da leit hinder sand Pangratzen ze Wienne und heizzet der Hertzogin padstuben ... dasz sie dafür im Kloster einen Altar bauen, ein ewiges Öllicht vor diesem brennen und einen guten Grabstein über sein Grab legen sollen ..." Übrigens besitzen wir eine fast lückenlose Liste der Besitzer des Neubades vom Beginn des 16. Jahrhunderts an. Sie sei hierher gesetzt, um einmal etwas von alten Wiener Namen zu erfahren. In der ersten Hälfte des 16. Jahrhunderts gehörte das Bad dem Bürger Georg Weninger. Das war die Zeit, da die Lues mit der Gewalt einer akuten Seuche wütete und zum Tode führte. Man holte sie sich sehr oft in den Bädern, in denen der Begriff Hygiene noch ganz unbekannt war. Im Jahr 1546 wurde das Neubad vom Bader Hans Mayr und dessen Frau Magdalene erworben, 1551 ist Mayr schon Witwer. Ihm folgte Jakob Mayr. Von diesem kaufte Hans Hirner das Bad 1557, dem 1559 Wolfgang Hierner folgte, dessen zweite Frau Katharina das Bad 1567 dem Bader Georg Elhinger verkauft hat. Dessen Witwe Rosina heiratete den Bader Heinrich Jettl und ließ ihm das Bad 1572 überschreiben. Als auch dieser starb, hat die unverwüstliche Rosina den Bader Mart Seifert geheiratet, aber auch den hat sie überlebt und die Badstube 1591 ihrem Schwager Peter Seifert verkauft. Nach dessen Tod erbte sein Vetter Georg Seyfridt, Bader in Preßburg, das Etablissement und verkaufte es 1622 dem Bader Hans Prenzinger und dessen Frau. Prenzingers dritte Frau, Maria Magdalena, erbte es 1652 nach ihm und überschrieb es 1662 ihrem neuen Ehemann, dem Bader Martin Hollerieder. Dieser wieder überlebte die Maria Magdalena, heiratete wieder und vermachte das Neubad seiner Witwe Margaretha Juliana und seinen Kindern. Durch Vergleich kam die Tochter Maria Elisabeth in den Alleinbesitz. Sie ließ ihren Gatten, den Bader Augustin Leichnamschneider (er hieß wirklich so; übrigens gab es auch im Rokoko eine berühmte Musikinstrumentenmacherfamilie Leichnamschneider in Wien) 1710 mit „an die Gewer" schreiben. Von 1731 an war er Alleinbesitzer. Nach seinem Tod erwarb der Apotheker Johann Michael Pauerspach auf dem Weg der Versteigerung 1755 die Badstube, die als solche anscheinend schon längere Zeit nicht mehr verwendet worden war. Bis 1885 ist das alte Gemäuer noch gestanden, dann wurde es demoliert, und es entstand ein Neubau im Stil der Makartzeit, den 1914 die Elektrizitätswerke der Gemeinde Wien kauften. Das also ist die Geschichte des „Neubades".

Die nächste schmale Seitengasse ist der Haarhof. Schief führt das Gäßchen abwärts zur Wallnerstraße. Vielleicht ist es die letzte Erinnerung an den Stadtgraben der uralten Stadtmauer aus der Römerzeit. Einst hat man hier Flachs (Haar) verkauft. Der „Haarhof" bestand aus vierzehn Häusern, winzigen „Kaluppen". Fürst Esterhazy hat 1806 alle demolieren und in sein großes Palais einbauen lassen. Im Jahr 1814 wurde der romantische, heute noch bestehende Esterhazykeller eröffnet.

In dem winzigen Haus Naglergasse 11 und Haarhof 2 hat, als es noch ein Barockhaus war, ein merkwürdiger Mensch sein Leben beschlossen: der Freiherr Rudolf Schmidt von Schwarzhorn, ein baronisierter Bürgerlicher, Schweizer aus dem Aargau. Sein Vater, ein kaiserlicher Offizier, fiel in einem der zahllosen unglücklichen Türkenkriege Rudolf II. Das Kind, das bei ihm war, nahmen die Türken gefangen und verkauften es als Sklaven. Der kaiserliche Botschafter in Konstantinopel handelte den Knaben ein, weil er ein so guter Zeichner war. Um eine lange Geschichte kurz zu erzählen:

Schmidt wurde schließlich selbst kaiserlicher Internuntius und Großbotschafter in Konstantinopel und ein reicher Baron. Er ging dann nach Wien zurück, um seiner Passion zu leben, der Malerei. Bis zum 12. Februar 1667 hat er in diesem Haus seiner Leidenschaft gefrönt, dann ist er gestorben, ein alter Herr von siebenundsiebzig Jahren. Er ist ein neuer Beweis dafür, wie im alten Österreich dem Aufstieg der Begabten aus dem Volk keine Grenzen gesetzt waren.

„Zum Einsiedler“, „Zum goldenen Pflug“, „Zur Stadt Mainz“, „Zum gulden Kampl“ hießen einige der Barockhäuser, die von der Naglergasse 13 an heute noch stehen und eine so starke Stimmung hervorrufen.

Naglergasse 6 ist zugleich das Haus Bognergasse 5, das Stiebitzhaus, bekannt seit dem Biedermeier. Im Jahr 1619 machte der Handelsmann Johann Camel aus Brünn hier eine Gewürzkrämerei auf, „Zum schwarzen Kamel“ genannt. Daß einer von den ganz großen Wienern hier im obersten Stock des alten Hauses gewohnt hat, das 1901 demoliert wurde, wissen nur wenige. Freilich, er war ein versoffener Kerl, hat sich wochenlang nicht gewaschen, und als Messenhauser, damals noch Deutschmeisteroffizier, mit ihm einmal Arm in Arm über das Josefstädterglacis spazierte, wurde Messenhauser zum Regimentsrapport zitiert und vom Oberst angebrüllt, weil er sich öffentlich in Uniform mit einem „dekorumswidrigen Zivilisten“ gezeigt hatte. Dieser Zivilist war Ferdinand Sauter, jener Mann, mit dem die moderne Lyrik Wiens beginnt, und dessen „Gassenlied“ so frisch klingt wie am ersten Tag.

Auf der Gassen schaut der Dichter
Gern die wechselnden Gesichter,
Bringt in Reime die Grimassen
Auf der Gassen, auf der Gassen!

Auf der Gassen waltet Gleichheit
Zwischen Armut, zwischen Reichheit;
Arme betteln, Reiche prassen
Auf der Gassen, auf der Gassen!

Auf der Gassen ist kein Bleiben,
Nur ein rastlos Rennen, Treiben,
Dränget, die sich lieben, hassen
Auf der Gassen, auf der Gassen!

Auf der Gassen prangt das Neue,
Daß es sich am Wechsel freue;
Lustig wimmeln bunte Massen
Auf der Gassen, auf der Gassen!

Auf der Gassen rollen Leichen,
Die kein hartes Herz erweichen;
Sonderbare Menschenrassen
Auf der Gassen, auf der Gassen!

Auf der Gassen unter Weinen
Trennt ein Sohn sich von den Seinen;
Ach, du letztes Schmerzumfassen
Auf der Gassen, auf der Gassen!

Auf der Gassen lärmen Buben,
Purzelnd aus den Schulenstuben,
Ob der Weisheit, die sie fraßen,
Auf der Gassen, auf der Gassen!

Auf der Gassen klingt die Zither
Abends unter manchem Gitter,
Ach, du traurig-dummes Passen
Auf der Gassen, auf der Gassen.

Dieses Gedicht ist vor mehr als hundert Jahren geschrieben worden. Zum erstenmal in der österreichischen Lyrik ist hier die Stadt das Thema. Es ist eine in gewissem Sinn moderne Lyrik, die aus der romantisierenden Poesie der Zeit herausragt wie ein Fels in flacher Landschaft, Werk einer jener verbummelten genialen Begabungen, wie sie in Österreich als tragisch-erschütternde Schicksale immer wieder vorkommen. Der letzte von ihnen war Peter Altenberg.

Ferdinand Sauter stammte aus der Provinzintelligenz, aus dem Salzburgischen, wohin die Familie zur Zeit des Hochbarock aus Schwaben gezogen war. Sein Vater war Jurist, Landgerichtsvorstand, Pflegskommissär und Truchseß am Land- und Pflegegericht Werfen. Er starb früh und hinterließ eine neurasthenische Gattin mit vielen Kindern; aus allen wurde etwas „Rechtes", nur nicht aus dem Ferdinand. Der verstarb in Jammer, Elend und Not. Die „soliden" Sauters kennt heute kein Mensch mehr, nur der „versoffene Poet" ist berühmt geworden...

Ferdinand Sauter war ein Muttersöhnchen, verzärtelt, verwöhnt von einer Mutter, die ihn mit Affenliebe überschüttete und aufzog. Er wollte natürlich nicht lernen, trat in der fünften Klasse aus dem Gymnasium aus, um „Handlung zu erlernen". Mit 16 war er Kommis in Wels, mit 21 Kommis in Wien. Schon tief melancholisch, todunglücklich und verbittert schrieb er: „Leider wählte ich diesen Stand in einer Zeit, wo mir die reifliche Überlegung fehlte, und es fiel auch niemandem bei, mich prüfen zu helfen oder nur zu widerraten."

Im Jahr 1825 kam er nach Wien, das er in seinem Leben nur noch zweimal verließ, um Verwandte zu besuchen.

Er war Kommis in der Papierniederlage der Papierfabrik Kleinneusiedel im alten Schönbrunnerhaus auf den Tuchlauben, hatte es also nicht weit zur Bognergasse, auch nicht weit ins „Silberne Kaffeehaus", und gehörte bald dem Bohemekreis um Schubert und Moritz von Schwind an. Eine übermächtige Leidenschaft zur Braut seines Bruders machte den Neurotiker noch unglücklicher, trieb ihn wahrscheinlich zum Suff und in die Wirtshäuser, die sein Zuhause wurden. Man muß sich die damaligen Wirtshäuser recht primitiv vorstellen, Tischtücher gab es selten. Der Kreis um Johann Nepomuk Vogel im Wirtshaus „Zur Stadt Belgrad“ (heute Ecke Josefsgasse und Auerspergstraße), später bei der „Dreifaltigkeit“ (Ecke Neustiftgasse und Mechitharistengasse) nahm ihn ebenfalls auf. Sauter begann schon früh zu schreiben, die Biedermeierzeitungen druckten immer wieder etwas von ihm. Das tröstete den Kommis mit den „verhatschten“ Stiefletten. Konzentration und Charakterstärke fehlten ihm sein ganzes Leben lang, den Problemen des Lebens gegenüber versagte er. Als er nach vierzehn Jahren den Posten in der Papierhandlung verlor — eine neue Leitung duldete sein ewiges Zuspätkommen nicht länger —, stand er vor dem Nichts, hatte er doch die Erbschaft nach seinem Onkel längst vertan. Schließlich verschaffte ihm Halm einen Posten als Diurnist bei der „Österreichischen Brandschaden Assecuranz Gesellschaft“ (später „Donau“), mit 300 Gulden Jahresgehalt, das später auf 500 Gulden erhöht wurde. Dort hat er bis zu seinem Tode Polizzen geschrieben. Er stand um acht Uhr morgens auf, frühstückte in einem Kaffeehaus, überflog die telegraphischen Depeschen und hinkte in seine Kanzlei. (Ein gebrochener Fuß war schlecht zusammengeheilt.) Mittags speiste er im Michaeler Bierhaus, begab sich dann ins „Café National“, später wieder in die Kanzlei, aus der er um fünf Uhr ins Kaffeehaus zurückkehrte. Dort fand er meistens Freunde, die ihn nach Lerchenfeld begleiteten. In der „Blauen Flasche“ in Lerchenfeld, im alten „Klosterhof“ zu Weinhaus, beim alten Gschwandtner, beim Grünbeck in Hernals verging das Leben eines der begabtesten Wiener Dichter. Dort improvisierte er Gedichte, wenn ihm einer ein Glas Wein zahlte, unter unwürdigen Umständen. „Ferdl“, hieß es da, so ist uns überliefert, „Ferdinand, da, da is’ a Zwei-Gulden-

Wein, jetzt was Unterspickt's! Aber was Stark's! Uns kann's net gnua stark sein!"
Aufsprang der verkommene Dichter, vom heiligen Wahn erfüllt, und deklamierte, aber die „Freunderln" zogen ihm gern den Sessel weg, und wenn er sich wieder setzen wollte, fiel er hart auf den schmutzigen Wirtshausboden, von dem er sich in seinem Rausch kaum mehr erheben konnte. Unzählige seiner Verse sind verlorengegangen, er hat sie nicht aufgeschrieben. Diejenigen, die er aufschrieb, stehen oft auf der Rückseite fettfleckiger Speisenkarten. Zahllose dieser Zettel sind für immer verschwunden.
Früh gealtert, mit einer Glatze, ungewaschen, schmutzig und von entsetzlicher Furcht vor der Cholera erfüllt, wankte er durch seine letzten Jahre, eine der bekanntesten Wiener Figuren. Viele seiner Gedichte sagen uns heute in ihrer Zeitgebundenheit wenig, aber einige sind unsterblich.
Am 25. Oktober 1854, einem Sonntag, war er bei einer der wienerischsten gesellschaftlichen Verpflichtungen, bei dem Leichenbegängnis eines an der damals grassierenden Cholera verstorbenen Freundes. Dann ging's ins Wirtshaus, wo einem Arzt auffiel, daß Sauter immer unruhiger wurde, daß er das Lokal des öfteren verließ, nach seinem Wiedererscheinen ein Pulver ins Weinglas schüttete, es rasch austrank. Der Schweiß stand ihm auf der Stirn, er saß da und verfiel sichtlich.
„Was fehlt, Sauter?" fragte man ihn. Er seufzte tief und stöhnte: „Mein Gott, mir is' soviel schlecht, ich hab' einen entsetzlichen Durchfall, und da hat mir der Doktor Doverische Pulver verschrieben; weil i' aber an Heurigen trinken möcht, so nimm i's halt mit ihm." Und er sank zusammen.
In sein klägliches Zimmer gebracht, lallte er nur; um elf Uhr mußte man ihn ins Cholera-Notspital bringen. Um zwei Uhr war er tot. Die Redaktion des „Anderer" zahlte „die Leich". Er war in völliger Armut gestorben.

Auf seinem Grab im Hernalser Friedhof steht der Grabspruch, den er kurz vor seinem Tode für sich verfaßt hatte:

Viel genossen, viel gelitten,
Und das Glück lag in der Mitten;
Viel empfunden, nichts erworben,
Froh gelebt und leicht gestorben.
Fragt nicht nach der Zahl der Jahre.
Kein Kalender ist die Bahre,
Und der Mensch im Leichentuch
Bleibt ein zugeklapptes Buch.
Deshalb, Wanderer, zieh doch weiter,
Denn Verwesung stimmt nicht heiter.

Hauptschlagader einer Stadt

DER GRABEN

Noch immer ist er eine sonderbare Straße. Seine Ausmaße sind eigenartig. Dreihundert Meter lang, zweiunddreißig Meter breit. Irgendwie merkt man, wenn man ihn entlangspaziert, daß da etwas nicht stimmt. Er ist ein zugeschütteter Graben, der Graben der römischen Festung Vindobona, und ein kleiner Bach entsprang einst ungefähr dort, wo die Pestsäule steht, plätscherte die jetzige Rotenturmstraße entlang, in die Donau hinein.

Düstere Festungslandschaft. Mauer mit Zinnen und Türmen aus rauhen Quadern. Ganz unten an der Ecke war das Festungstor, dort, wo heute die Tuchlauben beginnen. Es sollte lange stehen bleiben, bis in die Barockzeit hinein.

Der Graben war bis ins 19. Jahrhundert ein Straßenplatz. Von seiner Längsseite zweigen fünf schmale, rippenförmige Gassen ab, die miteinander langgezogene, schmale Rechteckblöcke bilden (Seiler-, Spiegel-, Dorotheergasse, Bräunerstraße, Habsburgergasse). Dieses Grabenviertel läßt eine Siedlungsform erkennen, die in Mitteleuropa bei Städtegründungen aus dem 12. Jahrhundert häufig festzustellen ist, wie denn der Verlauf von Straßen heute für ein gut lesbares Geschichtsdokument genommen wird, das oft überraschende Auskünfte gibt, wenn alle sonstigen Quellen schweigen.

Der alte Enenkel erzählt, daß ein Teil des Lösegeldes, das Richard Löwenherz zahlen mußte, um aus dem Verlies zu kommen, für die Stadterweiterung verwendet wurde, bei der der Graben zugeschüttet worden ist. Die moderne Ver-

gleichsforschung bestätigt das in großen Zügen, denn die Entstehung des Grabens dürfte vor 1200, sicher aber in die zweite Hälfte des 12. Jahrhunderts zu setzen sein.
Auch der mittelalterliche Graben, der ganz als Platz wirkt, begann als Marktplatz. Unter Rudolf dem Stifter berichten die ersten Dokumente etwas von den „Bäckentisch' am Graben". Sie standen vor dem Freisingerhof (heute Graben 29), allmählich zogen auch andere Lebensmittelhändler her. So kamen die Fleischhauer. Sie saßen westlich von den „Brotbäcken" auf dem „Fleischgraben", und es gibt noch Rechnungen von 1444 über „Ausgaben auf die Fleischpenkh, die man aus den Brottischen am Graben gemacht". Eine Zeitlang hatten die „Eipeltauer" (Leopoldauer) die „Gerechtigkeit", jeden Samstag hier offenen Markt mit frischem Schweinefleisch zu halten, und noch lange nachdem die Bäkker vom Graben abgezogen waren, stand hier das Kreuz, an welches sie — der Bäckerverordnung von 1635 zufolge — „gespannt" wurden, wenn sie betrügerische Gewichte verwendet hatten. Ebenfalls in der Nähe des Freisingerhofes waren die Mehlmesser eingenistet, und „Melzeyl" am Graben" hieß es hier hundert Jahre lang bis zum Dreißigjährigen Krieg. Im Jahr 1621 kamen auch die Eierhändler her, 1700 die Kräutler. Kurz, es gab hier in der Inneren Stadt so etwas wie einen Naschmarkt in Verbindung mit einer Art Prater, denn seit 1702 hauste hier auf diesem Platz die unverläßliche Fortuna in den „Glückshäfen". Das waren Holzbuden, in denen man alle möglichen schönen Sachen sehen konnte. In der Mitte war ein Drehfaß, aus dem man Nummern ziehen und sein kleines Glück machen konnte. Bis 1772 wurde auch der Christkindlmarkt auf dem Graben abgehalten. Schon 1600 war den „Peckn, Lebzeltern und Zuggerpachern" gestattet worden, zu Weihnachten hier Hütten aufzustellen. Mit einem Wort, der Graben war durch die Jahrhunderte hindurch ein Ort, an dem immer etwas los

war, besonders für die Kinder und die „kleinen Leut“. Unter Kaiser Josef wurde das anders. Die „schöne Welt“ begann hier zu promenieren, die „Aufgeklärten“ zeigten sich dem Publikum und sich selbst in eleganten Modekostümen. Es gab eine Zeit, in der es schick war, am Graben in Kleidern von einer Farbe zu erscheinen, die den kuriosen Namen „Floh im Milchfieber“ hatte. Im Sommer standen auf dem alten Pflaster „Limonadehütten“, und die Schöngeister kamen sich sehr weltstädtisch vor, wenn sie dort Mandelmilch, Eis oder Limonade schlürften. Manchmal spielte ein Quartett auf, denn ohne „Musi“ ging es auch schon im alten Wien nicht. Die „Grabennymphen“ erschienen in den neuesten Roben, und keine Reisebeschreibung Wiens läßt sie unerwähnt. Im 19. Jahrhundert änderte sich das.

Der Graben ist eine Straße, der einige Hausnummern fehlen, weil man einmal den Stock-im-Eisen-Platz einbezogen und es sich dann wieder anders überlegt hat. Jedenfalls trägt das heutige Gesicht dieser Straße die Züge der Gründerzeit. Nur ein einziges Barockhaus ist stehen geblieben, Nummer 11, eine wahre Perle der Architektur. Lukas von Hildebrandt hat es 1720 an der Ecke Dorotheergasse als Palais Bartolotti von Bartenfeld gebaut. Die verhältnismäßig schmale Grabenfront fällt durch das zarte Detail der Fenster und durch sehr schöne Stuckarbeit auf. Zwischen den beiden mittleren Fenstern des ersten Stockwerks steht in einer Nische eine bezaubernde Madonnenstatue mit dem Jesuskind. Die eigenartig geschwungene Fassade zieht sich weit in die Dorotheergasse hinein. Die Geschichte des Hauses erzählen wir später, wenn wir in die Dorotheergasse kommen. Das schöne Haus gehörte 1766 dem Dr. Pilgram, „k.k. Astronom“, dem Schöpfer der „Bauernregeln“ — auf die noch heute viele Landleute schwören —, der es bis zum Baron brachte. Es gab schon einige erstaunliche Karrieren unter Maria Theresia! Heute steigen viele Wiener bei der Pilgrambrücke und der Pilgramgasse im V. Bezirk um und aus, und so ist der Dr. Pilgram zu einer gewissen Unsterblichkeit gelangt, aber wahrscheinlich weiß kein Mensch mehr, was hinter „Pilgram“ steckt.

In der Gründerzeit begann man die wunderbaren alten Häuser am Graben nacheinander zu demolieren. Was da in den siebziger, achtziger, neunziger Jahren der Spitzhacke zum Opfer fiel, ist unglaublich. Der alte Graben war architektonisch ein wahres Juwel. Die erhaltenen Ansichten lassen Bauten von ungewöhnlicher Schönheit erkennen. Wehmütig blättert man in den alten Grundbüchern, liest von den Menschen und Schicksalen, die einst hier saßen. Manchmal läßt eine trockene gesellschaftliche Eintragung ein ganzes Menschenleben in seiner tragischen Problematik sehen. So die Grundbucheintragung vom 30. August 1514, die sich auf das Haus, das an Stelle der heutigen Nummer 13 stand, bezieht, den jetzigen Generalihof.

„Joan Falkh, römisch kaiserlicher Majestät Secretari“, heißt es, „hat verkauft den Teil eines Hauses gelegen am Graben mit ain Teil zunagst weilent Wolfgang Kalhers seligen Haus an Ulrich Kranacher und dessen Hausfrau Margarethe. Dieses halbe Theil gehörte ehemals Christianen Gundackherin, Falks Hausfrau, die emaln den hochgelehrten Bernharden Perger, päpstlicher rechten licenciaten seligen auch elich gehabt hat, die aber wegen ihres unordentlichen lebens das sie wider den Stand der Ehe genommen, offenen Ehebruch begangen und ihr daher der Hausanteil entzogen wurde.“

Hier, in dem 1896 demolierten Haus, befand sich auch in den vierziger Jahren des vorigen Jahrhunderts das Bank- und Wechselhaus Sothen. Sothen ist eine der merkwürdigsten Figuren der Wiener Lokalgeschichte. Er war der Herr des Kobenzl, der letzte Gutsherr, der das Gut 1855 um

130 000 Gulden kaufte. Er war der Geizteufel in Person, eine Figur aus Balzacs „Comédie humaine", und spielte eine Rolle in der österreichischen Finanzgeschichte. Er erfand das Lotteriespiel auf Promessen und Ratenbriefe. In einer kleinen Trafik im Collalto-Palais Am Hof begann Sothens Karriere, die ihn bald auf den Graben brachte. In den siebziger Jahren kaufte er die Unionbank, das Bankhaus Sothen. Längst saß er als „Baron Sothen" in ihrem Verwaltungsrat, denn er hatte sich damals bereits bei einem sächsischen Großherzog den Freiherrntitel gekauft. Sothens Aufstieg hatte für die alten Wiener stets etwas Märchenhaftes an sich. Er war der König des Ägyptischen Traumbuchs, sein „Glück" war sprichwörtlich. Im Alter erzählte er einmal, daß ihm bereits in den vierziger Jahren das Promessenspiel monatlich 20 000 Gulden netto brachte. Bei seinem Tod hinterließ er ein enormes Vermögen. Er brüstete sich angeblich einmal, er habe einen Fonds gestiftet, aus dem 15 000 Jahre lang Seelenmessen für ihn gelesen werden könnten.

In den fünfziger und sechziger Jahren erzählten sich die Wiener, daß er den Grund zu seinem Vermögen zu jener Zeit gelegt habe, da es noch keine Telegraphen gab. Damals konnte man, wenn in Linz um zwölf Uhr mittags die Lottoziehung stattfand, in Wien noch bis zum Abend bei Sothen Nummern setzen. Man raunte, er habe in allen Landeshauptstädten Vertraute gehabt, die ihm mittels Brieftauben die gezogenen Nummern sandten, die er dann selbst setzte. Weiters habe er analphabetische alte Weiber beschwindelt, wenn sie einen Ambo oder Terno gemacht hatten, habe ihren Gewinn selbst eingestrichen, kurz, es gab keine Schlechtigkeit, die unsere Urgroßeltern dem Sothen nicht zugetraut hätten.

Im Nachmärz stellte er sich mit dem Gendarmenregime ausgezeichnet, errichtete eine Reihe militärischer Stiftungen, und obwohl er nie zur „ersten Gesellschaft" gehörte, war er doch ein großer Mann. Seine Angestellten zitterten vor ihm, mußten doch bezeichnenderweise alle Beamten seines Bankhauses am Graben abends beim Weggehen ihm und seiner Frau die Hand küssen. Auf dem Kobenzl schlug sein Geiz die absonderlichsten Kapriolen. Zur Erntezeit saß er mit einem Marinefernrohr auf dem Balkon des Schlosses, des späteren Hotels, und beobachtete seine Schnitter. Wischte sich einer den Schweiß ab oder tat einen Schluck aus dem Wasserkrug, machte Sothen auf der neben ihm liegenden Lohnliste einen Strich. Bei der Auszahlung wurde dann dem Betreffenden etwas abgezogen, so daß der elende Taglohn von vierzig Kreuzern oft auf zwanzig, ja zehn Kreuzer sank. Kein Wunder, daß ihn alle seine Angestellten haßten, und als eines Tages ein Spenglermeister, der für eine Dachreparatur hundert Gulden zu fordern hatte, mit der Bezahlung jedoch ständig vertröstet wurde, Sothen in seinem prächtigen Salon mit Ohrfeigen traktierte, kam dem Baron kein Mensch zu Hilfe, so verzweifelt er auch schrie. Sein grotesk-schauerlicher Tod paßt so gut zu diesem Leben, daß man die abgerundete Komposition des Schicksals bewundern muß: Eines schönen Tages, als der Geizhals seinen Morgenspaziergang machte, trat sein Förster — er führte den ominösen Namen Hittler — auf ihn zu und bat mit zitternder Stimme um Gehaltserhöhung. Er bekam 30 Gulden 50 Kreuzer im Monat und hatte fünf Kinder. Damit kam er jedoch bei dem Baron an den Richtigen.

„Ist Er besoffen?" pfauchte ihn der Dicke an, puterrot im Gesicht. „Mensch, ja, was glaubt Er denn? Hinausschmeißen werd' ich ihn! Morgen früh muß das Häusel von den fünf Bankerten leer sein!" Und er hob den Stock gegen den Verzweifelten.

Es war ja wahr, der arme Förster lebte im Konkubinat. Bei seiner Bezahlung hatte er nie das Geld für die Trauung sparen können. Das wußte Sothen recht gut.

Zwei Stunden später kehrte der Dicke befriedigt zum Meiereigebäude zurück. Es war, wie gesagt, ein schöner Tag, dieser 10. Juni 1881. Die Vögel sangen, und die Wiesen dufteten herrlich. Eben trat er in den Hof, denselben, den man heute durchschreitet, wenn man vom Restaurant zum „Himmel" geht, als er in einer Ecke den todblassen Förster stehen sah. Schon wollte er den Mund öffnen, als der Förster das Gewehr an die Schulter riß und anschlug. Krach — ein Schuß, aufheulend brach der Baron in die Knie, raffte sich mühsam auf und wollte flüchten. Zwei, drei Schritte tat er, dann sank er in die Arme der Kuhmagd, die aus dem Stall gelaufen kam. Und noch einmal ein Krach und ein Blitz. Das Blut des Barons spritzte in hohem Bogen über das Mädchen. Der zweite Schrotschuß hatte ein fausttiefes Loch in Sothens Brust gerissen. Er wimmerte laut: „Muß ich sterben? Muß ich sterben?" Der Förster war verschwunden, wie vom Erdboden verschluckt. Fünf Minuten später war Sothen tot.

Ein Aufschrei der Erleichterung ging durch das Grinzinger Tal, als die Tat bekannt wurde. Der unglückliche Förster war zur nächsten Wachstube in Döbling gelaufen und hatte sich gestellt. Als aber die Zeitungen von der namenlosen Not seiner Familie schrieben, sammelten die Wiener Geld, und in drei Tagen waren einige zehntausend Gulden beisammen, das Schicksal der fünf Kinder gesichert.

Fürchterlich aber sollte Wiens Totengericht über Sothen einsetzen, als der Tag der Beerdigung anbrach. Der prachtvollste Leichenwagen der „Entreprise des pompes funèbres" wurde auf den Kobenzl gefahren. Unzählige Vorreiter, Lichterträger, Schildträger in schwarzen Livreen wimmelten herum. Erlesene Rappen mit nickenden Federkronen stampften den Kies vor dem Schloß. Außer den nächsten Verwandten hatten sich keine Trauergäste eingefunden. Das Volk von Wien jedoch hatte sich erhoben. Die Leser des Ägyptischen

Traumbuchs kamen, die Lotterieschwestern, die Wallfahrer zum Agnesbründl, all die „klanen Leut'", die bittere Tränen über die fünf Kinder vergossen, keine aber über den Geizteufel.

Zu Tausenden und Abertausenden zogen sie seit dem Morgengrauen durch Grinzing. Aus ganz Wien kamen sie zu Fuß — der Stellwagen vom Hof nach Grinzing fuhr nur jede Stunde —, marschierten zum Schloß hinauf, hielten den Weg zum „Himmel" besetzt. Die Polizei schätzte die Massen auf 20 000 Menschen.

Sie waren in erbitterter Stimmung. Alle Wiesen waren überfüllt, alle Felder zertreten, und die Straße zum „Himmel" war von einem dichten Spalier gesäumt. Auf den Bäumen hingen Trauben von Menschen, die abwechselnd Spottlieder sangen oder sich mit Ziehharmonikaspielen die Zeit vertrieben. Als die Einsegnung in der Schloßkapelle zu Ende war, konnte sich der Trauerzug erst in Bewegung setzen, als berittene Polizei einen Weg durch die Massen gebahnt hatte. Die Erbitterung war so groß, daß die Witwe in ein versperrtes Gemach in Sicherheit gebracht werden mußte.

Der Trauerzug brauchte zwei Stunden bis zum „Himmel". Immer wieder geriet er ins Stocken. Die Menschen wollten nicht Platz machen. Von allen Seiten hagelte es Schimpfworte, Pfiffe, Flüche, Erdschollen polterten auf den Sarg. In den zeitgenössischen Polizeiberichten heißt es, daß noch nie ein so schrecklicher und einmütiger Ausbruch der Volkswut in Wien zu bemerken gewesen sei. Als man endlich bei der Grabkapelle angelangt war, die sich der Baron in echtester „Nordbahngotik" hatte erbauen lassen, machten die Leute Miene, den Leichenwagen umzuwerfen. Im letzten Augenblick konnte sich die Polizei dazwischenschieben. Schnell wurde der Sarg in die Gruft gebracht, die letzten Gebete gesprochen, und alsbald schloß sich die Tür für immer hinter dem, was an Johann Karl Sothen sterblich gewesen war.

Eduard Hittler, der Förster, wurde zum Tode verurteilt, von Kaiser Franz Josef aber zu zwölf Jahren Kerker begnadigt.

Zahllos und sonderbar sind die Schicksale, die all die verschwundenen Häuser am Graben einst in ihren Mauern bargen.

An der Stelle der heutigen Häuser Nummer 14 und 15 standen früher verschiedene Bauten, und in der Renaissancezeit, Anno 1566, wurde hier ein ganz wunderbares Haus erbaut, „das Arkadenhaus am Graben". Auch das wurde 1873 unbarmherzig demoliert. Im 16. Jahrhundert waren dort Arrestlokale des Stadtgerichts gewesen — dieselben Räume dienten einige Jahrhunderte später der Musikalienhandlung Diabelli als Magazin.

Auch das berühmte Café Taroni befand sich in dem Haus. In der Biedermeierzeit trafen sich dort nur die feinsten Leute, später bekam das Lokal den Namen „Zum Jüngling" und war nicht mehr ganz so fein. Im Revolutionsjahr 1848 war es das Lokal der „Schwarzgelben", im Nachmärz der Italiener.

An der Stelle des heutigen Hauses Nummer 16 stand in der Zeit der Gotik zweihundert Jahre lang das städtische Brothaus, später ein Spiel-, Tanz- und Schankhaus zweifelhaften Rufes. Im Jahr 1774 richtete hier der französische Koch Antoine Villars ein exklusives Speise- und Wohnetablissement ein, großartig möbliert; nur die erste Gesellschaft verkehrte hier, und 1800 stieg Lord Nelson, der mit dem Ehepaar Hamilton reiste, dort ab. Ganz ungeniert fuhr der Sieger von Abukir mit seiner schönen Geliebten und ihrem gehörnten Gemahl, Lord Hamilton, durch Europa. Die „erste Gesellschaft" übersah es, hatte er doch die Franzosen geschlagen.

Ja — und dann erstand noch ein anderes Institut von Weltruf in diesem Haus, das Schneideratelier Gunkel. Kaum jemals hat es wieder einen Schneider gegeben, der in ganz Europa solchen Ruf genoß. Ranftl hat uns ein Porträt von ihm hinterlassen, das eines träumerischen Intellektuellen. Gunkel hatte Anatomie studiert und modellierte zunächst seine Kunden in Wachs mit den von ihm entworfenen „göttlichen" Fracks. Moltke hat in seinen Briefen ein anschauliches Bild von Gunkel gezeichnet:
„Ich verfügte mich", schreibt der spätere Sieger von Sedan, „zu ihm behufs Consultation *en fait de toilette*. Nachdem er einen prüfenden Blick auf meinen Anzug geworfen, wünschte Herr von Gunkel zu wissen, bei wem ich arbeiten ließe. Ich nannte Kley in Berlin. ‚Nicht übel', sagte der Künstler, ‚aber ganz verfehlt.' Er wünschte, mich dunkelgrün zu sehen, benachrichtigte mich, daß eine weiße Weste tragen eine Art Wahnsinn sei, und daß es nur eine allein seligmachende schwarze Krawatte gebe."
Von Gunkel ist auch jene köstliche Fiakeranekdote überliefert, daß sein Privatfiaker, als der Herr von Gunkel den Wagen bestieg, ihm einen weiße Faden vom Ärmel nahm mit den Worten: „Entschuldigen, Euer Gnaden; Euer Gnaden haben hier einen Kanzleispritzer."
Das Haus Graben 20 ist gleichzeitig Naglergasse 1, heute ein uninteressanter Bau. Vor zirka 250 Jahren beherbergte es die Gastwirtschaft „Zum guldenen Lämbl", dessen Wirt den geradezu Nestroyschen Namen Stephan Hirneis führte. Am 18. August 1703 brach in seinem Lokal der „Lakaientumult" aus, der uns schattenhaft-undeutlich, aber doch erkennbar aus dem amorphen Gedränge der längst verschollenen „Dienstbotenbagasche", wie man damals sagte, eine Figur heraufbeschwört, die farbiger und dramatischer ist als der ganze „liebe Augustin". Die Lakaien des Hochadels waren eine verwegene, oft verzweifelt kühne Gesellschaft,

die meist viel von der Welt gesehen hatte und die Bürgersleute nicht ausstehen konnte. Die Herrschaftsdiener, die Läufer, die Sänftenträger gingen gern ins „Goldene Lämbl“, schwadronierten großartig, wie sie es den Herrschaften abgeguckt hatten, pflegten sich nur mit den Namen ihrer Dienstgeber anzureden, kannten alle, auch die intimsten Geheimnisse der erlauchten, durchlauchtigsten, hochfürstlichen Gnaden. Kein Skandal feudaler Retiraden und Schlafzimmer, den sie nicht hohnlächelnd weiterklatschten. Großartig in die knalligen Farben seines Herrn gekleidet, von Goldborten strotzend, präsidierte in den gewölbten Räumen des Wirtshauses Jakob Bock, ein Neger. Ein Hamburger Kaufmann hatte ihn einst in Ägypten gekauft, nach Hamburg gebracht, von wo ihm der intelligente Junge, sowie er herausgebracht hatte, daß es in Europa keine Sklaverei gab, entlaufen war. Nun stand er zynisch, raffiniert, der Schwarm aller Kammerkätzchen — es gab noch keine Rassenvorurteile —, an der Spitze einer bunten, ewig aufgeregten Lakaienschar. Bock scheint eine Art Anarchist gewesen zu sein, soweit es die lückenhafte Überlieferung erkennen läßt. Der Kommandant des Stadtguardiaregiments, des obersten Sicherheitsorgans, wußte das. Wien war schon immer ein großes Tratschnest. Und er wußte auch, daß Bocks „Freunderln“ sein Haus — es scheint das des Marchese degli Obizzi gewesen zu sein — in der Currentgasse stürmen wollten.

Plötzlich erschien die Rumorwache im Wirtshaus und wollte den Schwarzen arretieren, aber die Leibhaiducken und Leibhusaren der Herrschaften säbelten den Patrouillekommandanten nieder; er blieb tot liegen. Die „Rumorwachter“ rannten davon, und die Lakeien feierten ihren Sieg mit einem großen Gelage. Im Morgengrauen fand man dann Bock sinnlos betrunken und schnarchend zwischen den Hütten der Glückshäfen am Graben. Flugs lud man ihn auf die Spontons von zwei Korporalen und trug ihn auf die Hauptwache hinter der Peterskirche, von wo man ihn alsbald in das Malefizspitzbubenhaus überführte. Als er ernüchtert war, machte man ihm in einem Tag den Prozeß und hängte den bestürzten, verzweifelten Neger im Hof des Hauses, während die rasenden Lakaien die Hauptwache am Petersplatz zu stürmen suchten. Dreihundert Mann der Stadtguardia mußten unter Trommelgedröhn heranmarschieren. Das erste Glied gab Feuer, fiel auf das Angesicht, das zweite Glied gab Feuer, fiel auf das Knie, das dritte Glied gab Feuer, und die Pikeniere fällten die vier Meter langen, schwarz gestrichenen Lanzen. Aber schon waren die Lakaien davon, nur Tote und Verwundete zurücklassend. Der „Lakaientumult“ war aus, Jakob Bock tat seine letzten Zuckungen.

Der Naglergasse gegenüber standen mitten am Graben zwei Häuser. Sie stammten noch aus dem Mittelalter und wurden das Schallenberghaus und das Hirschenhaus genannt. Das erstere stammte noch aus der Frühgotik und gehörte der großen Familie der Zucksschwert. Welch prachtvoller Name — das ganze schwertklirrende Mittelalter steckt in ihm. Der letzte Zucksschwert wird 1444 genannt. Die seltsamen Gebäude wurden 1840 demoliert. Das enge Gäßchen, das sie von der Grabenseite der heutigen Ersten Österreichischen Sparkasse trennte, hieß Paternostergässel. Mit dem Elefantenhaus, das den Ostabschluß des Grabens gegen den Stock-im-Eisen-Platz bildete, machten sie den Graben zu einem sonderbaren langgezogenen Platz. Das Elefantenhaus — längst war die Inschrift auf ihm nicht mehr zu lesen, von dem darauf gemalten Elefanten nichts mehr zu sehen, jener Inschrift, die einst erzählte: „Dieses Tier heißt ein Elephant

Blick in die Bognergasse des Vormärz

Nosocomium ex Fundatione D. D. Biliot et Hoffmann pro infirmis pauperibus in platea à Cantoribus dicta. a. Ædificium Comitis de Rothal.

Die Biliothische und Hoffmanische Stifftung vor arme francke Persohnen in der Singer Strassen. a. Das Gräffl. Rothalische Gebäude.

— Welches ist weit und breit bekannt — Seine ganze Größe, also Gestallt — Ist hier gar fleißig abgemallt — Wie's der König Maximilian — Aus Hispanien hat bringen lan — Im Monat April is fürwar — Als man zelt 1552 Jar.“ Das Elefantenhaus wurde in den siebziger Jahren demoliert, und mit ihm verschwand auch das Schlossergassl, wie die Front gegen den späteren Aziendahof hieß.

Das zweite alte Haus am Graben ist das der Sparkasse, 1835 bis 1839 von Pichl errichtet, also ein richtiger Biedermeierbau. In seiner gemütlichen Sachlichkeit nimmt es sich in der reduzierten Pracht des Grabens noch immer seltsam aus. Auch diese Front bestand einstmals aus reizenden Barockhäusern, in die sich erst spät — 1775 — das kolossale Zinshaus des Herrn von Trattnern schob, der das seltsame uralte Chaos des Freisingerhofes so spät demolierte. Hier sollte auch Mozart einmal wohnen, das berühmte Restaurant „Zur Tabakspfeife“ florieren, Severin von Jaroszynski aus den Armen der Krones heraus arretiert werden. Welch ein Skandal! Ein „Graf“ und der Verehrer der populärsten Schauspielerin ein Raubmörder. Seit der Biedermeierzeit haben sich die Lokalhistoriker noch immer nicht darüber beruhigen können. Erst 1911 wurde der Trattnerhof demoliert. Was war das doch für ein edles und schönes Gebäude!

Wieviel wäre noch von ihm zu erzählen, vom Graben, von den Brunnen, die auf ihm plätscherten, vom mittelalterlichen „Löwenbrunn“‘ angefangen, von den Brunnen, die roten und weißen Wein versprühten, wenn die Erbhuldigungsprozession über den Graben zog, von den vielen sonstigen Prozessionen. Unvergeßlich, wenn die „Banda“ neben der Pestsäule anschlug, die Töne des „Gott erhalte“ zum Himmel

„Die Biliothische und Hoffmannische Stifftung vor arme krancke Personen in der Singer Strassen“ um 1730

zitterten, der goldene Glaswagen mit dem Kaiser nahte, der zur Fronleichnamsprozession nach St. Stephan fuhr... Heute, da so etwas nur noch im Film denkbar ist, überkommt den Greis bei diesen Erinnerungen jäher Schwindel — und noch immer ist es derselbe Kaiser Leopold aus Stein, der da nobel lässig zu Füßen der Dreifaltigkeit betet. Derselbe, derselbe...

Der Graben — er ist wahrhaftig ein Weg zurück, ganz tief hinab in Österreichs Vergangenheit, und nie kommt man auf seinen Grund...

Von wehrhafter und stiller Frömmigkeit

DIE SINGERSTRASSE

Der Name der Singerstraße scheint schon vor fast 700 Jahren auf einem Pergament auf, und damals war sie bereits eine alte Straße. In ihrer heutigen Form sind die Häuser kaum älter als 300 Jahre.

In sehr alter Zeit kamen die Regensburger in plumpen Kähnen die Donau herabgefahren, ins Kolonialland, in die Kolonialstadt Wien. Noch war der Strom die einzige große, bequeme Verkehrsstraße. Längst waren im österreichischen Land die meisten Römerstädte versunken, nur hier und da standen noch starke „Heidenmauern", in deren Schutz vielleicht da und dort die Jahrhunderte hindurch das Leben kläglich gefristet worden war. Nun aber regte sich allenthalben ein neues Dasein, und kühne Burschen in Bayern gingen nach Osten, nach Wien.
Seit 1150 kamen viele aus Regensburg und seiner Bannmeile nach Wien gezogen. Auch in Sünching bei Regensburg, das heute ein Dorf von viertausend Einwohnern ist, gab es solche Wagemutige. Und in der Singerstraße ließen sich die Weber, Färber, Filzer aus Sünching nieder. Sie haben nicht gesungen, und mit Gesang hat die Singerstraße nichts zu tun gehabt. Sünchingerstraße wird sie schon 1276 genannt, und im Mittelalter hat man sie Sundigerstraße, Sinchingerstraße, Suningerstraße, Synyngerstraße, Synnigerstraße, Sunyngerstraße, Sunigerstraße, Sünigerstraße, Siningerstraße, Syni-

gerstraße geschrieben. Das letzte Stück der Singerstraße bis zur Seilerstätte hieß übrigens „Vilzaere Strazze“ und war bis in die zweite Hälfte des 19. Jahrhunderts das „Filzgassel“.
Diese Singerstraße muß man sich von Holz- und Fachwerkhäusern gerahmt vorstellen, es wird hier mörderisch gestunken haben, und gebrannt hat es oft. Im Jahr 1276 brannte fast die ganze Singerstraße, 1326 standen gleich zwei Drittel der Stadt in Flammen, und vier Jahre später reichte eine Feuerhölle von der Herrengasse bis zur Singerstraße. Feuer war eine Katastrophe, der der mittelalterliche, ja noch der barocke Mensch hilflos gegenüberstand. Von 1400 an sind die Häuser der Singerstraße in immer größerer Zahl aus Stein gebaut worden, aber noch zu Beginn des 18. Jahrhunderts gab es hier Holzhäuser.
Sogar heute liegt über der Singerstraße eine Atmosphäre der Altertümlichkeit und Ferne. Die modernen Menschen, die in ihr hausen und arbeiten, wirken irgendwie verloren und fehl am Platz zugleich. Feindlich und fremd starren die alten Mauern, Portale, Fenster und Balkone auf diejenigen herab, die innerlich kaum mehr eine Beziehung zu Geist und Form uralter und alter Zeit haben, die noch immer in der Singerstraße lebendig sind. Viele Schicksale und Geschichten sind mit den Häusern, der Straße verwebt, manche verbürgt, manche legendär wie die Mär vom Grafen von Leiningen und dem Ritter Kranich, die wohl eine Erfindung der Romantik ist. Vielleicht birgt sich aber auch in ihr alte Überlieferung. Zur Zeit Rudolfs von Habsburg sollen abends der Graf von Leiningen und der Ritter Kranich, das nackte Schwert in der Hand, denjenigen Wiener Bürgern aufgelauert haben, die „ottokarisch“ gesinnt waren und sternhagelvoll aus dem Met- oder Weinkeller nach Hause wankten; sie sollen ihnen mit einem raschen Hieb den Kopf vor die Füße gelegt und die Leichen dann an der Ecke der Blutgasse und

der Singerstraße zusammengeschleppt haben, die Köpfe sauber auf die Brust gesetzt. Welch eine Verzweiflung das am Morgen gab! Femrichter lange vor jedem Femgericht, passen diese beiden Gestalten in ihren langen, frauenhaften Röcken, mit dem langen, seidenweichen Haar, das ihnen bis auf die Schultern fiel, die blutgierigen Klingen in weißen Scheiden am roten Wehrgehänge bergend, gut in die düstere Stimmung, wenn man nach Mitternacht diese Ecke passierte.

Noch vor siebzig Jahren standen am Beginn der Singerstraße schöne alte Häuser, dort, wo heute ein „Prachtbau“ im Pseudo-Renaissancestil den „Stock-im-Eisen“-Platz und den Anfang der Singerstraße beherrscht. Wielemans hat ihn in den achtziger Jahren erbaut. Bomben und Granaten haben allen angeklebten Zierat heruntergeschlagen, darunter auch den Makartjüngling in einer Nische, der kokett einen goldenen Becher balancierte. Denn der „Prachtbau“ war an Stelle eines alten Hauses errichtet worden, das „Zum goldenen Becher“ hieß und mit seinem Namen eines jener mittelalterlichen Rätsel aufgibt, das man nicht lösen kann. Das Haus „Zum goldenen Becher“ war sehr alt, seit fast 600 Jahren sind uns die Namen seiner Hausherren bekannt. Der erste war Anno 1377 Albert Schuzzler, 1402 war es Simon der Zinngießer, und 1592 kam der goldene Becher an die Hauswand, zur Erinnerung an das düstere Drama des wilden Bäckerjungen, das eine Generation der andern flüsternd weitererzählte. Wie am 27. Juni 1549 die Fronleichnamsprozession von St. Stephan ihres Wegs dahinwallte, unter Weihrauchwolken, Glöckchenklang und Fanfarengeschmetter. Murrend standen die Lutheraner am Graben herum, ballten die Fäuste und fluchten auf die „papistischen Greuel“, denn im damaligen Wien stand die Glaubensspaltung auf ihrem Höhepunkt. Durch alle Familien ging der Riß wegen der alten und der neuen Lehr’.

Da sprang plötzlich Johann Hayn, ein „Beckerjung, aus

Franken gebürtig", aus der Menge. Fanatisch glühten seine Augen; zwischen den städtischen Trabanten durchschlüpfend erfaßte er den Priester mit dem hochwürdigsten Gut, warf ihn mit einem Stoß zu Boden. Im weiten Bogen klirrte die Monstranz auf das Pflaster, und laut fluchte der Hayn den „Belialspfaffen" und „Götzendienern", wie es die lutherischen Prädikanten in ihren Predigten Sonntag für Sonntag taten. Man kann sich die Szene vor den spitzgiebligen Häusern des noch vorwiegend gotischen Wiens nicht wild genug vorstellen. Die Menge schrie auf und griff an die Schwerter. Umständlich erzählte später die in Stein gehauene Inschrift: „Anno Domini 1549, am achten Tag des heil. Fronleichnamsfestes, ist durch einen Gottlosen einem Priester in der Prozession das hochwürdige Sacrament unversehens aus den Händen gerissen worden und an diesem Ort mit erschrecklicher Gotteslästerung auf das Erdreich geworffen worden, um welche grausame Tat ihme Zungen und Hand abgehauen, folgends zur Richtstatt geschleift und daselbst lebendig verbrennet worden. Dies ist andern zur Warnung als Gedächtnus hier gesetzet."

Die Tafel wurde jedoch vor dem Haus Am Graben Nr. 10 errichtet, denn dort geschah es. Wieso die Überlieferung diese Schreckenstat dem Haus „Am alten Roßmarkt" — so hieß der „Stock-im-Eisen-Platz" bis zum Ende des 17. Jahrhunderts — angelastet hat, ist eines der vielen lokalhistorischen Rätsel, ebenso wie aus der Monstranz ein goldener Becher wurde. Aber erschütternd genug bleibt diese Geschichte eines hemmungslosen jugendlichen Fanatismus, ob sie sich nun am Graben oder am alten Roßmarkt zugetragen hat. Blutige, düstere Schatten, die im Lauf der Jahrhunderte zu Schemen verdämmert sind. Die Wiener haben sich ein Jahrhundert später kaum mehr Gedanken darüber gemacht. Im 19. Jahrhundert hat das Renommee der „Schönen Wienerin" jede historische Erinnerung verblassen lassen, denn die „Schöne Wienerin" war das mondäne Modengeschäft der Madame Schoberlechner im Goldenen-Becher-Haus, die 1804 zum erstenmal eine „wächserne Puppen" in die Auslage gestellt hat, angetan mit der „neuesten Mod'", und es hat dort Auflauf über Auflauf gegeben. Von weit her, von Preßburg und Krems, sind die Leute „im Kutschierwagel" hergefahren, um sich die wunderschöne Puppe anzuschauen...

Heute weiß kaum jemand mehr von der „Schönen Wienerin", nichts von dem unglücklichen Bäckerjungen, den sie blutüberströmt, ohne Hände, unartikuliert aus dem verstümmelten Mund heulend, auf einer Kuhhaut, die einem Pferd an den Schwanz gebunden war, zum Verbrennen auf die „Gänsweid'" (die heutige Weißgärberlände Nr. 2—10) schleiften. Kaum jemand weiß mehr von der Madame Schoberlechner, wohl aber von ihrem berühmten Sohn, dem Opernsänger Franz Schober — den „lechner" hat er sich abgezwickt —, dem ersten Schubertsänger.

Und so hebt also die Symphonie der Singerstraße an.

Unter den Häusern der Singerstraße befindet sich ein architektonisches Juwel, das zu den schönsten Palästen unserer Stadt zählt, das Haus Nummer 16, das Palais des Herzogs von Ratibor, besser als Palais Bräuner bekannt, obwohl es diese Grafenfamilie nur wenige Jahre besaß. Noch steht das Haus fast so, wie es vor zweihundert und mehr Jahren aussah. Nicht als Haus einer hochgräflichen Erlaucht erbaut, sondern als das eines reichen Bürgers, des Stadthauptmanns Johann Christian Neupaur. Er war Architekt, ein Schüler Fischer von Erlachs des Älteren, und soll nach Fischers Tod das Palais Rofrano — heute Auersperg — fertiggebaut haben. Das Ratibor-Palais in der Singerstraße ist eine der glänzendsten Schöpfungen des Wiener Barock, in der monumentalen Wucht seiner Konzeption kaum übertroffen. Aber — man weiß bis auf den heutigen Tag nicht mit Sicherheit, wer es gebaut hat. Die vierstöckige Anlage weist gegen die Straße zu elf Fensterachsen auf. Die prächtige Portallösung in der durch die drei mittleren Fenster der beiden unteren Geschosse gegebenen Breite wird, wie Grimschitz anführt, in ihrer mächtigen Wirkung ergänzt durch die in glänzender Linienführung komponierte Bekrönung des Mittelfensters im Hauptgeschoß. Das halbkreisförmig geschlossene Haupttor und die mit ovalen Fenstern gekrönten Nebentore werden von vier Telamonhermen flankiert, die über dem Portalgesimse reichen bildhauerischen Schmuck tragen. Besonders bemerkenswert sind die über den beiden mittleren Atlantengestalten befindlichen figuralen Kompositionen, die durch die Wahl ihres Vorwurfs: Herkules und Antäus einerseits, Äneas und Anchises andererseits, auffallend an den Palast Prinz Eugens in der Himmelpfortgasse (Finanzministerium) erinnern.

Der großzügige Luxus, das Stiegenhaus durch einen herrlichen Kamin heizen zu lassen, dessen Relief von Matthäus Donner, Raphaels Bruder, stammt, charakterisiert Stil und Ausmaß des großartigen Neupaur, den anscheinend der Bau dieses Palais' in enorme Schulden verstrickt hat, klagt er doch später in einem Gesuch „...so manches geführtes größeres gebaue in Ewigkeit nicht veralinieren könnte, also wodurch ihm der nervus umb ferner alte Gebäu zu erheben benommen würde..."

Nur bis zur Liliengasse hat man in den letzten Zeiten die Häuser demoliert. Vom Hotel Royal mit seinen siebzig Zimmern haben die Flammen nichts übrig gelassen, nichts von der berühmten Konditorei, und jede Erinnerung an das „Raubergassel", das einst im Zickzack durch diesen Häuserblock zum Stephansplatz führte, ist schon vor Generationen verschwunden. Aber sonst ist die Flucht der alten Straße unverändert geblieben.

Groß, klotzig und weit klaftert das Deutsche Haus vom

Stephansplatz herüber in die Singerstraße 7, mit großen Höfen und vielen Erinnerungen. Die Schatzkammer des Deutschen Ordens befindet sich hier, eine Kirche steht mitten im Haus, die Elisabethkirche, die kleinste Pfarrkirche Wiens. Ihr Sprengel umfaßt nur das Kommendehaus des deutschen Ritterordens, nur die Ordensgeistlichen und die im Hause wohnenden Laien, die Angestellte des Ordens sind, sowie deren Familienangehörige. Manchmal sind es nicht mehr als zwanzig Seelen. Feinfühlig ist die gotische Kirche in der Barockzeit dem großen Umbau eingegliedert worden. Nur wenige kennen ihr wappenbedecktes Innere, wo der spätere letzte „Deutschmeister", wie man den Großmeister des deutschen Ritterordens auch nannte, der Erzherzog Eugen, das Idol aller Damen zur Makartzeit, ganz mit samtgefüttertem Eisen gepanzert auf den Knien lag und schwor: „Ich, Eugen, Erzherzog von Österreich und königlicher Prinz von Ungarn, entheiße und gelobe Keuschheit meines Leibes und Ehelosigkeit, auch ohne Eigentum zu sein, gehorsam Gott und Marien und Ihnen, Meister des Ordens des Deutschen Hauses und Hospitals zu Jerusalem, daß ich gehorsam sein will bis in meinen Tod."

Worauf ihm geantwortet ward: „Ihre Bitte ist erhört, doch verspricht der Orden nichts als Wasser, Brot und demütige Kleidung. Wird Ihnen etwas Besseres, so danken Sie hiefür Gott, St. Marien und dem löblichen Orden."

Vorbei, vorbei die Ritter in Weiß, das schwarze Kreuz auf der Brust (das 1813 Friedrich Wilhelm III. von Preußen zum Vorbild für das „Eiserne Kreuz" nahm), die Kanonenstiefel aus Lackleder an den Beinen, den weißen Mantel malerisch umgehängt, den federngeschmückten Kalabreser in der Hand. Einmal im Jahr erblickte sie so die Wienerstadt, wenn sie in der Fronleichnamsprozession hinter dem Kaiser einherschritten.

In einem der Höfe des Deutschen Hauses heißt es auf einer

Marmortafel: „Mozart wohnte im deutschen Hause vom 16. März bis zum 2. Mai 1781." Schändliches Datum, schändliche Erinnerung an Wolfgang Amadeus' tiefste Erniedrigung.

Im Gefolge seines Brotgebers, des Salzburger Fürsterzbischofs Hieronymus Graf Colloredo war er im Deutschen Haus eingetroffen, und noch steigt einem vor Unwillen das Blut ins Gesicht, wenn man den Brief liest, den er nach diesem 2. Mai 1781 seinem Vater geschrieben. Fünfundzwanzig Jahre war er alt und hatte schon Unsterbliches geschaffen.

„Als ich zu ihm hinaufkam", hastete Mozarts Rabenfeder über das Papier, „so war das Erste: ‚Wann geht er, Bursche?' Ich erwiderte: ‚Ich habe wollen heute Nacht gehen, allein der Platz war schon verstellt.' Da gings in einem Odem fort, ich sei der liederlichste Bursch, den er kenne, kein Mensch bediene ihn so schlecht, er rate mir, heute noch wegzugehen, sonst schreibt er nach Hause, daß die Besoldung eingezogen wird. Man konnte nicht zur Rede kommen, das ging fort wie ein Feuer. Ich hörte alles gelassen an, er lügt mir ins Gesicht, ich hätte fünfhundert Gulden Besoldung, hieß mich einen Lumpen, Lausbuben, Fex — oh ich möchte Ihnen nicht alles schreiben. Endlich, da mein Geblüt zu stark in Wallung gebracht wurde, so sagte ich: ‚Sind also Euer Hochfürstliche Gnaden nicht zufrieden mit mir?' — ‚Was, er will mir drohen, er Fex, o er Fex. Dort ist die Thür, schau er, ich will mit einem solchen elenden Buben nichts mehr zu thun haben.' — Endlich sagte ich: ‚Und ich mit Ihnen auch nichts mehr.' — ‚Also geh er', und ich im Weggehen: ‚Es soll auch dabei bleiben, morgen werden Sie es schriftlich bekommen.' "

Und im Nu ist Mozart mit Mantelsack und Reisekoffer die Treppen hinuntergepoltert und als Zimmerherr ins Haus „Zum Auge Gottes" — heute Petersplatz 8 — gezogen. Zu den Weberischen...

Auch Pietätloses gibt es hier in der Singerstraße, wie man am Beispiel von Nummer 13 und 15 studieren kann. Dort steht in einem kleinen gepflasterten Hof neben dem Koloniakübel eine Art Kapellchen, um einen rotgestrichenen Stein angeordnet, auf dem in Weiß geschrieben steht: „Anno Domini 1652 ist diese Kirchen sampt dem Thurm new erpawt worden." Und das ist alles, was von der Nikolauskirche und dem Kloster geblieben ist. Am 10. November 1275 sind sie geweiht worden. Wie viele Gebäude gab es doch auf diesem Areal, das uns heute so klein vorkommt! Kirche und Prälatur, Noviziat, ein „geräumiger Kreuzgang", Speise- und Krankensaal, dreiundvierzig Wohnzellen, den Klostergarten mit einer „Einsiedelei". Welch eine Vorstellung, eine „Einsiedelei" mitten im Herzen der Stadt, Garten und Gärtchen und stilles Leben! Bunt und aufregend waren die Schicksale dieses Klosters. Bald hausten Nonnen hier, bald Mönche, die theologische Fakultät hielt hier Vorlesungen ab, und der erste Theologiedoktor der Wiener Universität, Bruder Andreas aus Heiligenkreuz, wurde hier Anno 1385 promoviert. Der längst im Schatten der Geschichte verschwundene St. Georgsorden residierte hier. Die Säle und die Einsiedelei verödeten und verfielen. Immer wieder kamen andere Orden und andere Menschen, und im 17. Jahrhundert baute man die Kirche neu auf. Schließlich zogen die Klarissinnen ein. Sie hausten hier bis zur Zeit Kaiser Josefs II., als 1782 das Kloster aufgehoben und samt der Kirche demoliert wurde. Das wundertätige Madonnenbild „Maria Heil der Kranken" kam zu den Franziskanern nach Maria-Enzersdorf. Ein Zinshaus entstand. Mit welch barbarischer Rücksichtslosigkeit die „Aufgeklärten" dabei umgingen, ist noch heute zu sehen: Der Boden des Hausflurs ist mit den zerbrochenen Grabplatten verstorbener Nonnen gepflastert, auf denen Jahreszahlen und verstümmelte Namen zu erkennen sind.

Wieviel Dienste, Jahrestage, ewige Messen hängen an fast

allen Häusern der Singerstraße! Die Verröchelnden haben sie auf dem Totenbette zitternd gelobt, mit spitzen Federn auf Pergamente niederschreiben lassen, Pergamente, in denen wir es noch heute lesen können. Aber, ach, was wurde aus den Gelöbnissen? Nur wenige Generationen lang wurden sie gehalten. Wie bald waren sie vergessen, wie schnell wurde das Haus verkauft, der „Dienst" aufgelassen — und niemand mehr weiß von Angst und Pein der armen Menschen, die sie stifteten.

Wirr durcheinander stehen die sieben Häuser des Fähnrichshofs (Singerstraße 9 und 11). Jeder Stiegenaufgang im Hof trägt eine andere Hausnummer. Man merkt das Durcheinander der Baudaten und Bauherrn. Im großen und ganzen gehen die sieben Häuser, so wie sie heute dastehen, auf das 17. Jahrhundert zurück. Wenzel Müller, der berühmte Raimund-Komponist, hat hier gewohnt. Wie oft mag der Dichter des „Verschwenders" durch das winzige Durchhaus, das von der Blutgasse durch den Hof in die Singerstraße führt, gekommen sein. Hier gab es ein richtiges Künstlercafé, denn Kaffeesiederei gehört seit Kolschitzkys Zeiten, der ebenfalls einmal hier residiert haben dürfte, zur Tradition des Fähnrichshofes, 1539 „bei dem Fendrich" genannt und 1566, „vorn zur rechten, da der Fendrich angemalet", erwähnt. Woraus auf eine schön gemalte Renaissancefront und auf die Richtigkeit der Überlieferung zu schließen ist, daß hier der Sammelplatz einer Bürgerkompanie war.

Zu Beginn des 19. Jahrhunderts hatte hier der sehr bekannte Kaffeesieder Franz Zehetmayer sein Lokal. Unter dessen Nachfolger Karl Bogner versammelte sich hier täglich zwischen fünf und sieben eine Künstlertafelrunde, der Franz Schubert, Moritz von Schwind, Bauernfeld und Feuchtersleben angehörten. Schwind malte für das Kaffeehaus ein Schild — einen Türken und eine Türkin —, mit dem er Schulden getilgt haben soll. Als Schubert gestorben und

Schwind nach München übersiedelt war, ging es mit dem Kaffeehaus bergab. Die Lakaien der umliegenden herrschaftlichen Palais trafen sich hier. Aber Bogner brachte das Lokal wieder hoch, mietete den ersten Stock hinzu, und das Café wurde zur Schachspielerzentrale. Später trafen sich hier die stellenlosen Dienstmädchen, die in den vielen Dienstvermittlungsbüros ringsherum Posten suchten (für sieben Gulden Lohn und drei Gulden „Nachtmahlgeld" im Monat). Dann entstand ein neues Kaffeehaus mit einem pompösen Namen, später eine Bar. So abwechslungsreich ist das Leben in alten Gewölben.

Vom frivolen Leben zu Buß und Reu

FRANZISKANERPLATZ

Der Franziskanerplatz wird vom gewaltigen Mosesbrunnen Fischers beherrscht. Mit verhaltener Geste scheint Moses dahinzuschreiten, wie es im Exodus heißt: „...und der Herr sprach zu Moses, geh vor dem Volk her und nimm mit dir den Stab, womit du den Fluß geschlagen, nimm ihn in deine Hand und gehe..." Monumentale Falten eines antikischen Gewandes umwallen ihn, tragischer Ernst zeichnet das erhabene Gesicht. Die Statue wurde 1798 aufgestellt, und man hat sich die Verschönerung des Platzes etwas kosten lassen, denn „die von Wien" haben am „4. Jenner 1799" dem Herrn „akademischen Rath und Professor der bildenden Künste Fischer für die Verfertigung der aus weichem Metall gegossenen und auf dem neuen Springbrunnen am Franziskanerplatz bereits aufgesetzten Statue, die den Moses vorstellt ... 900 Gulden aus der Kasse gegen Quittung verabfolgt." Um den Brunnen brannten auf vier schwarz-gelb gestrichenen Pfosten vier Öllampen, und ein schwarz-gelb gestrichenes Schilderhaus stand daneben, in dem ein kaiserlicher Grenadier über die Statue wachte.
Heute drängen sich parkende Autos um die schöne klassizistische Statue, füllen den alten Platz bis an den Rand, und um ihn herum schimmern die Leuchtreklamen aller möglichen Nachtlokale und Vergnügungsstätten. Zwischen uralten Häusern, Bauten und Kirchen summt der nächtliche Vergnügungsbetrieb der Stadt.
Der Franziskanerplatz ist einer der wenigen geschlossen er-

halten gebliebenen Plätze Wiens, Hunderte Male dargestellt in Gemälden und Radierungen. Freilich ist in ihm nichts mehr von dem ganz alten Wien, das einst hier eines seiner merkwürdigsten Gebäude besaß, von dem kein Stein geblieben ist: das Seelhaus der „puessenden Frauen", an dessen Stelle das Franziskanerkloster steht.

Mit der Sinneslust des Mittelalters war es eine seltsame Sache. Unkeuschheit war eine Todsünde, aber Frauenhäuser hat es in Wien schon in uralten Zeiten gegeben. Sie gehörten zu den frühesten „Stadtwerken", standen draußen vor der Stadt in der Gegend des heutigen Theaters an der Wien, am „Frauenfleck", und waren ein städtischer Betrieb: das „hintere" und das „vordere" Frauenhaus. Das „hintere" soll ein großartiges Gebäude gewesen sein, aus dem die Janitscharen 1529 eine Zitadelle machten, um die sie mit den „frumben Landknechten", den spanischen „tercios", blutig kämpften.

Man weiß nicht viel über den Betrieb der Häuser; man weiß von einer „Frauenmeisterin" und einem „Frauenrichter", und daß ein Jude, wenn er sich hineinwagte und man ihn erkannte, bei lebendigem Leib verbrannt wurde.

Schon 1305 errichteten fromme Wiener und Wienerinnen ein „Seelhaus" für jene „freien Frauen", „schönen Frauen", „freien Töchter", „Hübschlerinnen", die ihren Lebenswandel aufgeben und in die bürgerliche Gesellschaft zurückkehren wollten, wobei interessant ist, daß in den alten Pergamenten niemals schimpfliche, herabsetzende Bezeichnungen zu finden sind, denn die eben erwähnten Bezeichnungen waren in keiner Beziehung diffamierend gemeint. Johann Kronstorfer, Nikolaus Krähoffer und Albrecht Voben stifteten die größten Summen für das Seelhaus, und 1384 bestätigte Herzog Albrecht III. „mit dem Zopf" die Stiftung und befreite das Haus von allen Steuern, Mauten, Zöllen und Lehen. „Ewichlich ein solich haus darin alle die frown ir wonung und behawsung haben sullen, die aus dem gemaynen freyn leben, dazoas [das besser] haiszet ein venchnuz [gefängnis] leibes und sels, denn ein freyheit, aus irn sünden in puzzundes leben getretten habendt..."

Die ehemaligen „freien Frauen" trugen eine eigene Tracht, mußten nur das Gelübde des Gehorsams, nicht aber der Keuschheit und der Armut ablegen, unterstanden einer Oberin, Vikarin und Saalmeisterinnen, die den Schlafsälen für je zehn Frauen vorstanden und „Regelschwestern" des längst verschollenen Ordens der Magdalenitinnen waren. Sie selbst hießen „Büßerinnen".

Im Handumdrehen wurde das „Seelhaus" durch Stiftungen und Erbschaften ungemein reich. Die schönsten Weingärten in Grinzing und Nußdorf gehörten ihm, ein großer Garten in der heutigen Leopoldstadt, den die Frauen während der schönen Jahreszeit eifrig benützten. Natürlich hatten sie sich auch eine stattliche Kapelle gebaut, die dem heiligen Hieronymus geweiht war. Jeden Morgen „nach der Prim" mußten sie kniend ein Paternoster und ein Ave Maria herunterbeten, täglich nach dem „Fronamt" oder der letzten heiligen Messe zu Lob und Ehren unserer lieben Frau ein „Salve Regina" singen, ferner an den Todestagen aller möglichen Stifter ihrer im Gebet gedenken. Es war also keine besonders schwere Buße, die diese Damen für ihr galantes Leben zu leisten hatten, zumal sie jederzeit heiraten durften. Und es ist verbürgte Tatsache, daß die Büßerinnen im gotischen Wien die begehrtesten Ehefrauen waren.

„...item welche derselben frowen einen fromen man nemen will, die sol man darzu finden, und nicht hindern. Item wer auch also aine nemen wil, aus welch zech der ist, dem sol

Franziskanerkirche und Kloster „vor die büssende Weibs-Personen gestiftet", um 1740

a
b
c
d
e
Templ. S. HIERONYMI et Monasterium, olim inhabitatum à piis fœminis pœnitentibus, sed
A.o 1589 PP. Minores observantes S. Francisci obtinuerunt. a. Monast. PP. Francisc. b. Domus Schmut-
teriana. c. Domus Præpositi Capit. Cathedr. d. ædificium Comitum à Sonnau. e. Domus Abyschiana.
Die Kirche und Closter St. Hieronymi vor die bussende Weibs-Personen gestifftet A.o 1589. aber
denen PP. Franciscanis Minor. Observ. übergeben. a. Das Franciscaner Closter. b. Das Schmutterl.
Hauß. c. Dom-Probstl. Hauß. d. Graffl. Sonnauische Gebäu. e. Abyschische Hauß.

nyemen khein widersprechung, oder irrung daran tun. Und sol auch derselbe des gentzlich unentgolten beleiben an seinen Rechten in der Zech... Item wer die frawen unpillich betruebet oder leidigt in khain weis, den sol man an leib und gut darumb pessern..."

Allerdings erzählt Äneas Sylvius, daß eine Büßerin, die in ihr früheres Leben zurückfiel, in die Donau geworfen wurde, die Todesstrafe für Frauen im Mittelalter. Was man aber nicht gar so streng gehalten haben wird, denn man kennt ein Schreiben des römischen Königs Friedrich von 1450 an „die von Wien", worin er ersucht, die aus dem Seelhaus entflohene Martha Elbl, der nach ausgestandener Gefängnisstrafe die Stadt verboten worden war, wieder nach Wien zurückkehren zu lassen...

Im Jahr 1476 bauten die Büßerinnen die Kapelle zu einer schönen spätgotischen Kirche mit vielen Altären aus, von der noch einige Reste in der heutigen Franziskanerkirche stecken. Im Jahr 1480 erlaubte der Kaiser den Büßerinnen, ihren Eigenbauwein mit offenem „Zeiger" und vom Zapfen in ihrem Haus auszuschenken. Man kann sich denken, wie hoch es da zugegangen sein wird. In den Jahren 1437 und 1455 bauten sie sich neue Schlafhäuser, und ein großer Garten, der bis zur Seilerstätte reichte, rauschte unter ihren Fenstern. Mit der Reformation zerfiel alles. Bei der Visitation von 1543 fand man außer der Meisterin Juliana Kleebergerin noch acht Frauen vor. Die Kleebergerin schloß die Geschichte des Seelhauses mit einem Skandal ohnegleichen ab. Sie war längst die Geliebte des Klostergeistlichen Laubinger geworden, mit dem zusammen sie Klostergut verkaufte und verpraßte. Es war eine unvorstellbar wirre Zeit, eine Zeit innerlicher Zersetzung, in der die mittelalterlichen Menschen

Hof von Grillparzers Wohnhaus, Ballgasse 4

uns heute oft geradezu grotesk anmutende Dinge taten, wie die „Eheschließung" des Laubinger, die er dank seiner priesterlichen Gewalt an sich selbst und der Kleebergerin vollzog, indem sie gemeinsam je eine Hälfte einer Hostie kommunizierten und dann öffentlich als Mann und Frau lebten. Man kann sich die Eheszenen in den gotischen Gewölben gar nicht genug realistisch vorstellen. Die übrigen acht Frauen mischten sich giftig und neidisch ein. Einige trugen dem Geistlichen zu, wie es die Kleebergerin hinter seinem Rükken trieb, daß sie ihre Liebhaber heimlich durch die Klosterpforte einließ. Anscheinend beruhte das auf Wahrheit. Der Priester raste vor Eifersucht und belegte alle jene, die zu seiner „Frau" hielten, mit dem Kirchenbann. Das Ganze muß ein schauerliches, sexuell betontes Durcheinander gewesen sein. Das Verschwenden des Klostergutes hielt jedoch das Paar zusammen, und als beiden schließlich der Boden unter den Füßen zu heiß wurde, planten sie ihre Flucht.
Die Domherren von St. Stephan, denen das alles hinterbracht wurde, ließen das Paar plötzlich um Mitternacht ausheben und in den Turm werfen — worauf der damals überwiegend protestantische Rat von Wien derartigen Protest erhob, daß die Kleebergerin in das Seelhaus zurückkehren durfte. Von ihrem „Gemahl" hat man allerdings nichts mehr gehört.
Die Kleebergerin starb einige Jahre später und wurde großartig beigesetzt. Im Jahr 1566 aber klagt der „Hofmeister" Hans Tiem über „allerley Leichtfertigkeit, Unzucht, Trunkenheit und Völlerei" im Seelhaus. Die Klostergüter waren schon fast alle vertan, und am 29. April 1571 gab es keine „Regelschwester", keine Büßerin mehr im Hause. Das weitläufige Gebäude stand lange Zeit leer. „Die von Wien" hielten eine Zeitlang eine Erziehungsanstalt für bürgerliche Mädchen darin, bis 1589 der Kaiser die Franziskaner mit den Worten einwies: „Da der Puessenden Weiber Orden zu St. hieronimus durch Absterben derselben in abnehmen

khumben, und den Franciscaner Brüdern das Gottshaus S. Nicolaj wegen Zuenemung des Convents zu eng und zur verrichtung Ires Gottesdienstes vil unbequemlich und ungelegen sey, sol das Kloster zu S. hieronimus samt dem Pfarrheusl in der Weichenburg den Franciscanis eingeräumbt und gegen das Gottshaus S. Nicolaj ausgewechselt werden.“

Fünfzehn Priester und fünf Laienbrüder zogen ein. Sie errichteten hier eine der Glaubensburgen, von denen aus die Wiedereroberung des fast zur Gänze protestantischen Wien für den Katholizismus gelang. Sie erbettelten beim hohen Adel 50 000 Gulden und bauten eine neue Kirche.

Der gotische Stil war bereits unmöglich geworden. Der begabte Dilettant P. Bonaventura Daum dürfte hier ein barokkes Gemenge aus gotischen Resten und süddeutscher Schreinerrenaissance gebaut haben. Als die Kirche 1611 vollendet war, besaß sie auch ein Gnadenbild, die „Madonna mit der Axt“ aus Grünberg in Böhmen, von dem bis zur Zeit Josephs II. viele Gebetserhörungen verzeichnet wurden. Das Gnadenbild war mit zahllosen Silberbrokatgewändern bedeckt. Bis 1784 hatten sich darum 11 966 Kleinodien angesammelt, die aus Gold, Silber und Edelsteinen bestanden. In diesem Jahr ließ der Kaiser die Statue entkleiden, die Brokatgewänder um 999 Gulden und die zerbrochenen Votivgaben um 24 167 Gulden 39 Kreuzer versteigern. Was für Kunstwerke da wohl zugrunde gegangen sein werden! Heute steht die entzückende Holzstatue aus der Spätgotik in ihrer ursprünglichen Bemalung auf dem Hochaltar.

Nach der Errichtung der Kirche bauten die Franziskaner ihr originelles Kloster, das auf der Straßenseite ursprünglich keine Fenster hatte, wie aus Salomon Kleiners Stich von 1730 ersichtlich ist. Nur Kreise und über Eck gestellte Quadrate belebten die Front. Nichts von der Außenwelt drang ins Kloster. Innen gab es herrliche Gärten. Den Franziskanern war das Gegenüber zur Gänze durch das uralte gotische „Öllersche Stiftungshaus" verstellt, das den ganzen Franziskanerplatz füllte. Im Jahr 1621 erreichten sie vom Kaiser Ferdinand II. die Demolierung des alten Kastens, weil „in unser allhie bei St. Hieronymo New erbauten Khirch ist däglich ein grosser Concurs zum Gottesdienst, nit allein von gemeinen Leuthen, sondern auch vielen fürnemen Herrn und Frawen des Landts, fast alle Pottschaften fremder Fürsten und Pottentatten außer der Zeit zu welcher Sie ir kay. Mayst. aufwartten, und gehn Khirchen beglaitten, gedachte Khirchen besuchen. Und vor denselbigen ist kein geräumtes spatium für die Wägen und Pferdt grosser Herrn und Frawen, sondern nur gar eine enge Gassen, welche ein einziger Wagen also ausfüllt, daß man weder hin noch wider gehn und khumen khan, darnacher geschichts, das man gar weit von der khirchen in ander gassen von den Ross und Wägen mueß absteigen, und mit hin und wieder schlieffen Zwischen den Rossen und Wägen sich mit grosser Gefahr, von den Rossen geschlagen, getretten, oder gepissen zu werden, in die Khirchen schlueffen und dringen muß..."

Der reizende Platz wird heute von Häusern der josephinischen Zeit und des Klassizismus gebildet. Vor Nummer 6 hatten zu Kaiser Josephs Zeit die „Landkutschen" ihre „Ausspannung". De Lucca hat damals in „Wiens gegenwärtigem Zustand unter Josephs Regierung" notiert: „Dieser bedient man sich bei Reisen, die über 5 Meilen Wegs gehen. Man fährt mit ihnen 100 und auch mehr Meilen weit. Reisende thuen gut, wenn sie von dem bedungenen Fuhrlohn die Hälfte bey ihrer Abfahrt und andere bey der Ankunft an den bestimmten Orth entrichten. Die Auswahl der Landkutschen ist groß. Man findet sie in Carntnerstraße Nr. 994 und Weyburggasse Nr. 452."

Das Fünferhaus mit dem überbauten Schwibbogen in die Ballgasse, der für den Eindruck des Platzes so wesentlich ist, hat vor vielen Jahrhunderten einer Leuchte der Wiener medizinischen Schule, dem Dr. Johann Tichtl, gehört, der die Krankheiten aus dem Uringlas diagnostizierte und aus einem in Grein geborenen Habenichts nach seiner Promotion im Handumdrehen der angesehenste Arzt der Stadt wurde. Eine Traumkarriere. Offenbar verstand er es, sich in Szene zu setzen: Die Patienten besuchte er stets von drei Apothekern begleitet. Für die Visite verlangte er einen ungarischen Goldgulden, nahm aber auch Naturalien. Zwölfmal war er Dekan der medizinischen Fakultät und las als Professor jahrelang über Avicenna. Im Düster der Stephanskirche hat er viele Ärzte zum Doktor promoviert, umgeben von den Fakultätsgenossen in feierlichen Talaren. Der bebende Doktorand empfing von ihm die Doktor-Insignien: ein geöffnetes und wieder geschlossenes Buch als Symbol des Studiums, einen Kuß als Ausdruck der kollegialen Eintracht, das Birret oder den Hut als Zeichen der Freiheit und Würde. Nachdem der Doktorand dem Doktor Tichtl vorher zehn ungarische Goldgulden eingezählt hatte...

Wie Einkommen und Praxis des Dr. Tichtl gestiegen sind, ersieht man aus seinen Eintragungen, die 1477 eine Jahreseinnahme von 186 Gulden notieren, 15 Jahre später, Anno 1492, aber auf 1520 Gulden gestiegen sind. So hat er sich denn auch ruhig für 20 Gulden ein rotes, mit Marderpelz verbrämtes Gewand aus Schamelot geleistet. Rot bedeutete damals die Höhe der Eleganz.

Ein Gulden hatte damals 60 Kreuzer. Für 3 Gulden konnte man sich 1482 in Wien 84 Kilo Schweinefleisch oder 56 Kilo Kalbfleisch, 40 Hühner oder 2550 Eier kaufen, jedoch nur 5 Kilo Raffinadezucker, bestenfalls 10 Kilo Mandeln oder 12 Kilo Rosinen. Woraus man sich ein Bild von den enormen Einkünften des Dr. Tichtl machen kann, der uns das alles in einem genau geführten Tagebuch hinterlassen hat, in dem er aber leider nichts von seinen Heilmethoden berichtete. Er starb zwischen 1501 und 1506.

Ballspiele der Liebe

BALLGASSE

Im Mittelalter hatte sie keinen eigenen Namen, sondern hieß „bey der Himmelpforten ze Wyenne auf der Hulm“. Hulm bedeutete eine Art Tümpel. Durchschreitet man die Gasse heute, so hat man noch immer den Eindruck uralter Tage. Und doch stammen die meisten Häuser erst aus der Zeit Kaiser Josephs, sind Miethäuser, die an Stelle des abgerissenen Himmelpfortklosters und seines Gartens errichtet wurden. Eines Gartens? Man will es gar nicht glauben, daß in der Umgebung dieser Backsteinschluchten einst ein Garten geblüht hat. Sogar ein Garten von ansehnlichen Ausmaßen. Im Zweierhaus lebte im 16. Jahrhundert als Hausherr der berühmte Kartenstecher und Maler Augustin Hirschvogel, und viel, viel später war hier das Bierhaus „Zum alten Blumenstöckel“, dessen Bier in ganz Wien einen fabelhaften Ruf hatte. Es war so stark, daß die Biergläser an der Tischplatte kleben blieben. Drei Sorten wurden ausgeschenkt: „Bairisch“, „Kaiserbier“ und „Jedleseer“ mit einem besonders hohen Hopfen- und Malzgehalt. Diese Namen sind ganz vergessen, und doch war „der Stoff“ so gut, daß hier der erste Sitz der berühmten „Ludlamshöhle“ war. Das heutige Haus stammt aus dem Jahre 1832.
Auch das Achterhaus steht auf dem einstigen Areal der Himmelpforte, war jedoch schon im 16. Jahrhundert Privatbesitz, und zwar war es eines der drei Wiener Ballhäuser, in denen das von den Kavalieren Ferdinands I. aus Spanien eingeführte Ballspiel, ein Vorläufer des Tennis, eifrig gepflegt

wurde. Im Stammbuch des Freiherrn Johann Bernhard von Hofkirchen findet sich die Darstellung des Inneren eines Ballhauses mit einem eben im Gange befindlichen Spiel, ungefähr aus dem Jahr 1610. Sie zeigt einen reitschulähnlichen Raum, durch dessen Mitte ungefähr in Manneshöhe ein schmaler Netzstreifen wie eine schwebende Wand gezogen ist. Der Standplatz der Spieler an den zwei gegenüberliegenden Wänden ist durch je einen den Estrich entlang gezogenen schwarzen Strich vom übrigen Fußboden abgegrenzt. Alle vier Seiten sind anscheinend von einem Gang umgeben. In den kahlen Mauern sind ebenerdig einige Fenster für die Zuschauer angebracht, und an der Eingangsseite sehen wir Logen, die von eleganten Herrn in der Tracht des beginnenden 17. Jahrhunderts besetzt sind. Die großen Fenster in der Höhe des ersten Stockwerks dürften mit Netzen verhängt sein. Ein Spieler in violettem Anzug steht fast an die Mauer gelehnt und erwartet mit einem sonderbar geformten Racket den schwarzen Ball, den sein schwarz gekleideter Gegner jenseits des Netzes eben herüberschickt. Zwischen beiden, dem Beschauer den Rücken zukehrend, steht ein Dritter, der mit der Hand das Zeichen zum Losschlagen geben wird.
Im Lauf des 17. Jahrhunderts kam das Ballspiel aus der Mode, und die Ballhäuser dienten den umherziehenden Schauspielertruppen zu Theatervorstellungen. Im Jahr 1658 nahm die Stadt Wien das Ballhaus in Pacht und vermietete es an italienische Komödianten. Im Jahr der Türkennot 1683 war es ein Sammelspital. Die auf den Straßen herumliegenden Kranken und Verwundeten wurden durch die Leute des „Barausleihers“ Zeislmauer aufgeklaubt und hierher ins „Ballhaus bei den Franziskanern“ gebracht. Anfang des 18. Jahrhunderts wurden hier komische Opern aufgeführt, und in der ersten Hälfte des 18. Jahrhunderts wurde das Haus „der bürgerlichen Tischler Herberg“. Die Aufschrift ist noch heute über dem Haustor zu sehen. Ihren Namen hat

die Ballgasse nach diesem Haus. Das Einserhaus ist ein freistehendes, von drei Gassen umsäumtes Haus, das bis 1782 ein Teil der Himmelpforte war, worauf Ghelen nach der Demolierung den Bauplatz kaufte, sich ein Haus darauf baute und das „Wiener Diarium" dort druckte.

Zwischen 1823 und 1826 wohnte hier Marie von Smolenitz, Tochter aus sehr feinem Haus. Die Fenster der Wohnung ihrer Eltern gingen in die Ballgasse. Gegenüber wohnte Grillparzer, hochberühmt und von allen Frauen umschwärmt. Kokett, wie die schöne Marie war, ein richtiges „Luder", wickelte sie Grillparzer, der sich damals nicht wenig mit seiner — ach, so prüden — Kathi Fröhlich herumärgern mußte, vollkommen ein.

Wie schreibt er doch: „...nie habe ich dich verstanden. Als du in deiner ersten Jugendblüte, halb Kind und halb Mädchen, mir bestimmt warst, mir, durch den ersten Eindruck meiner armen Wesenheit auf mein unschuldiges Herz und du oft lange am Fenster stehend, eilig zurückwichest, so oft ich in das meinige trat, glaubte ich in diesem Ausweichen ein Merkmal des Widerwillens zu erblicken, Thor, der ich war..."

Marie von Smolenitz war ein höchst raffiniertes Persönchen und wußte genau, was man braucht, um Männer einzufangen. Sie wurde Gegenstand einer der glühendsten Leidenschaften des Dichters. Schon um die Wende des Jahres 1825 zu 1826 lohte sein Empfinden in folgenden Versen auf: „Der Himmel läßt in Tropfen sich hernieder / Die Erde wallt in Düften ihm entgegen / Und weich ausbreitend ihre matten Glieder / Empfängt ihr Schoß den zeugungswarmen Regen." Kann man deutlicher sein? Bald sollte er notieren: „Ich weiß ein Haar, das ist so schwarz — Ich weiß ein Aug, das ist so groß — Ich weiß ein Herz, das ist so süß — Ich weiß ein Bett, das ist so weich — Und eine Frau, die ist so schön — Dünkt mir doch, all mein Lebtag — Hab ich nur sie, nur sie gesehn."

Jahrlang sollte ihn diese Leidenschaft unbarmherzig schütteln. Er durchschaute Marie, konnte aber nicht von ihr loskommen. Und eine wilde Liebesgeschichte sollte hier in der Ballgasse beginnen. Sie wurde die Seine, gehörte aber auch vielen anderen. Und tückisch aufrichtig quälte sie ihn damit. „Zu alle dem, was du wohl weißt, so schwer auf mir liegt, kommt nun, daß ich dich untreu glauben muß. Du maltest neulich, als wir, Karten in der Hand, scheinbar spielend einander gegenüber saßen und dein Knie so lange zögerte, den gewohnten Gruß zurückzugeben, du maltest ein großes lateinisches ‚S' auf das neben dir liegende schwarze Täfelchen; und zugleich sprach dein Mund denselben Buchstaben aus. Ich kenne den Namen, dessen Anfangsbuchstabe dieses ‚S' ist. Oder wolltest du mich nur quälen, indem du den falschen Verdacht mir in die Seele schleuderst? Oh, du bist boshaft, boshaft, ich habe das oft erfahren..." So ließ sie Grillparzer tanzen. Stieß ihn von sich, zog ihn wieder an, gewährte ihm alles.

Und der Berauschte taumelte hin und her, schrieb: „...und so, gemischt aus Wonne und aus Grauen, stehst du, ein Todesengel, neben mir. Ein Engel zwar, doch auch ein Tod zu schauen. Und wer da lebt, der hebe sich von dir." Und unter dem Titel „Sinnpflanze": „Sieh, wie sich die Blumen freun! Alle öffnen ihre Blüten in der Sonne warmem Strahl, du allein nur bleibst verschlossen? Bist du fühllos? Freust dich nicht? Fühllos nun gerade nicht! Will mich wohl auch wieder öffnen, nur hat mich, eh du gekommen, tastend eine Hand berührt."

Schließlich erwartete Marie von Smolenitz ein Kind von Daffinger, dem berühmten Maler. Sie heiratete ihn. Entschwand sie also aus Grillparzers Leben? Weit gefehlt. „Vor Tisch bei Fröhlichs, nach Tisch bei Daffinger", hieß es bereits 1829 wieder in seinen Notizen. „Nachmittags bei Daffinger. Die Frau wunderschön... Entweder ihre Unbefangenheit ist wahr, und dann hat mein vorschneller Unsinn das einzige verscherzt, was mich aus meiner gegenwärtigen widerlichen Lage vielleicht noch hätte reißen können; oder es ist Lüge, und dann freilich ist alles in Ordnung... Nachmittags bei Daffinger. Die Frau schön, schön, schön..." Es kam so weit, daß Daffinger sich 1831 scheiden lassen wollte. Er beruhigte sich aber wieder. Und im Oktober 1832 schrieb Grillparzer: „Vorgestern kam Daffinger und holte mich ab, den Schiedsrichter zwischen ihm und seiner Frau zu machen, von der er auf immer sich zu trennen im Begriffe stehe. Ich ging hin, zu ihr, die mir selbst einmal sehr wohlgefiel und die mich damals vielleicht geliebt hat. Die Ursache des gegenwärtigen häuslichen Zerwürfnisses aber ist — ein neuer Liebhaber. Je nun, ich habe kein Recht, mich darüber zu beklagen. Ich war auch gleichgültiger, als mir lieb ist, obgleich damals, als sich mein Verhältnis mit ihr zerschlug, es mir schwer aufs Herz fiel, schwerer, als ich nach dem Grad meiner Neigung zu ihr glaubte. Es war eben die Trennung von dem letzten wohltuenden Lebensgefühl. Ich setzte der Frau den Kopf zurecht, las dem Mann ein Kapitel, versprach in ihrem Namen Aufgeben der Liebschaft, mit der es übrigens nicht viel auf sich hatte, versöhnte das Ehepaar... Und ging endlich wie ein Komödien-Vormund, in der ich noch vor Jahr und Tag selbst der Liebhaber war, und die nämlichen Trennungsvorbereitungen um meinetwillen erlebt hatte."

Dieser Blick in die glühenden Leidenschaften der Wiener Biedermeierzeit, den ein Spaziergang durch die alten Gassen eröffnet, läßt diese alte Zeit als gar nicht so hausbacken scheinen, wie wir glauben. Auch in Wien ging es so zu wie in Balzacschen Romanen, und die lieblichen Frauen, die uns auf den alten Miniaturen auf Elfenbein oder Schwanenhaut heute noch immer so reizend ansehen, hatten es faustdick hinter den Ohren.

Als würdige alte Dame starb Marie von Smolenitz 1880 im

Alter von zweiundsiebzig Jahren. Wenn man an den altersgrauen Mauern der Ballgasse vorbeispaziert, im Hof des Grillparzer-Hauses steht, so will man es gar nicht glauben, daß einst flüchtige Schritte über die Wendeltreppe eilten, der Tür zu, hinter der ein glühender Liebhaber wartete. Ja, hintergründig und leidenschaftlich war auch das alte Wien schon...

Düsterer genius loci

RAUHENSTEINGASSE

Die Rauhensteingasse läuft als Häuserschlucht ohne eigenes Gesicht von der Weihburg- zur Himmelpfortgasse. Die meisten Häuser stammen aus der josephinischen Zeit, sind aber uninteressante Zweckbauten, die in Proportion und Entwurf banal wirken. Parkende Autos stehen dicht gedrängt, überall hört man Schreibmaschinen klappern.

In der Spätgotik hieß das Ganze hier „In der Weihenburg", im 16. Jahrhundert „Bei der Himmelpforten". Erst seit dem Jahre 1722 kam der Name Rauhensteingasse auf. Das war, als man das „Malefizspitzbubenhaus" im Geschmack der Zeit großartig und pompös an der Stelle des heutigen Zehnerhauses errichtete. Hier hatte es schon lange Kriminalbetrieb gegeben: 1445 stand schon das „Schergenhaus", und hier im „Rauhenhaus" hängte man 1485 den früheren Bürgermeister Lorenz Haiden, angeblich wegen Unterschlagungen. Aber ob in jener unruhigen, wilden Zeit nicht die Politik dahintersteckte? Hier folterte man die armen Sünder; ihr Gebrüll und Geschrei erstickte wohl in unterirdischen Gewölben. Wie ein Blitz beleuchtet das Treiben die kurze Nachricht von dem armen Weib, das sich 1603 in den Hausbrunnen stürzte, als man es zur Folter führte. Sie war der Zauberei angeklagt, und man gönnte ihr kein Grab, sondern packte den Leichnam in ein Faß und warf ihn in die Donau, damit sie nicht in Wiener Erde verfaulte, die Todsünderin. Es läßt sich vorstellen, welch ein altes gotisches Durcheinander dieses Gebäude war! Schließlich wurde den Herren mit den großen Perücken das Amtieren doch zu viel, besonders als nach dem großen „Schusterkrawall“ von 1721 jeder Raum in der schrecklichsten Weise überfüllt war. Ohne großes „Kriminal“ war das Regieren in der alten Zeit ebenso undenkbar wie heute, und daher bauten „die von Wien“ ein neues „Amtshaus“, was aber nicht leicht war, denn jeder, der sich mit derartigem „unehrlichen“ Zeug einließ, machte sich selbst unehrlich. Daher „wurden den 14. Aprill nach Kayserlich- und Landsfürstlichem Befehl, daß man allhiesiges Amts-Hauss wiederum neu aufbauen solle, von einem Löblichen Stadt-Magistrat alle diejenigen Handwercks-Leute, welche zu einem Hauss-Gebau vonnöthen, Meister und Gesellen, nach vorhero geschehener Erinnerung, auf das hiesige Rath-Hauss beruffen, von daraus der Unter-Richter Herr Vinzenz Melchior Nussdorffer, sich mit ihnen in Ordnung zu gedachtem Ambt-Hauss verfühget, allda er ein Decret vom Magistrat vorgelesen, vermöge dessen keiner dem andern etwas, bey Leibes-Straff, vorstossen solle.

Nach diesem hat erstlich erwehnter Unter-Richter, folglich jeder Meister, hernach aber die Gesellen, jeder mit seinem Werckzeug etliche Streich an das Ambt-Hauss gethan und nachdeme schon vorhin die wegen Halsbrechenden Process darinnen gefangen gelegene in das Zucht-Hauss, die an minderen Processen aber allda in Verhafft gewesene, in das Rumor-Hauss mit guter Wacht zur Versicherung überbracht worden, auch die darinnen wohnende Gerichts-Leute sich daraus anderwärtig hinbegeben hatten, solcher frey und ehrlich gesprochen, und sofort zu dem neuen Gebaue der Anfang gemacht worden.“

Es entstand ein seltsam düsteres, echt barockes Gebäude, dessen Front fast zur Gänze von einem enormen Bild von Golgatha mit dem Heiland, den beiden Schächern, der heiligen Maria, der heiligen Magdalena und dem heiligen Johannes eingenommen war, was die „gerechte“ und die „unge-

rechte" Strafe symbolisieren sollte. Das Ganze baute sich auf einem Berg roh zubehauener Steine auf, durch deren Mitte eine mit Eisenplatten bedeckte Tür führte. Alle Fenster waren vergittert, und die kahle Front trug einen Quaderverputz. Der erheblichste Teil dieses Gebäudes waren die großen unterirdischen Marter- und Kellergewölbe, welche sich unter der Erde über den Umfang des Hauses hinaus erstreckten. Dieses Amtshaus war nach einer „sonderbaren Erfindung" gebaut. Die meisten Kriminalgefangenen wurden unter der Erde in abgesonderten Kerkern verwahrt, welche „zur besseren Sicherheit" mit dicken, harten Pfostenbrettern vertäfelt waren. Das heißt, daß die armen Teufel ihre Zeit in ewiger Finsternis verbrachten, der sie nur entrissen wurden, wenn sie zu Folterungen gebracht wurden. Diese waren ebenso raffiniert wie schrecklich, und ganz Wien erzählte sich zitternd die grauenhaftesten Geschichten darüber.
Unter Kaiser Joseph wurde das Gebäude demoliert. Kein Stein blieb übrig. An seiner Stelle entstanden Zinshäuser. Als Mozart auf seiner ewigen Flucht vor den mieteeintreibenden Hausherrn in jenes Haus, das an der Stelle des heutigen Achterhauses stand, einzog, war von den Schreckensmauern nichts mehr vorhanden. Mozarts finanzielle Lage war damals, Ende der achtziger Jahre des 18. Jahrhunderts, sehr im Argen. Immer wieder kamen Klagedrohungen. Als er einmal nach Salzburg fahren wollte, fing ihn ein Gläubiger vor dem Wagen ab und ließ ihn so lange nicht aus, bis er ihn bezahlt hatte. Nachfolgender Bettelbrief, den Mozart an den Kaufmann Michael Puchberg gerichtet hat, charakterisiert die quälende Atmosphäre seiner letzten Lebensjahre: „Verehrungswürdigster Ordensbruder — liebster, bester Freund: Die Überzeugung, daß Sie mein wahrer Freund sind und daß Sie mich als einen ehrlichen Mann kennen, ermuntert mich, Ihnen mein Herz ganz aufzudecken und folgende Bitte an Sie zu thun. Ich will ohne alle Ziere-

rey nach meiner angeborenen Aufrichtigkeit zur Sache selbst schreiten.

Wenn Sie die Liebe und Freundschaft für mich haben wollten, mich auf 1 oder 2 Jahre mit 1 oder 2tausend Gulden gegen gebührende Interessen zu unterstützen, so würden Sie mir auf Acker und Pflug helfen; Sie werden gewiß selbst sicher und wahr finden, daß es übel, ja ohnmöglich zu leben sey, wenn man von Einnahme zu Einnahme warten muß. Wenn man nicht einen gewissen, wenigstens den nöthigen Vorrath hat, so ist es nicht möglich, in Ordnung zu kommen. Mit nichts macht man nichts. Wenn Sie mir diese Freundschaft thun, so kann ich primo (da ich versehen bin) die nöthigen Ausgaben zur gehörigen Zeit, folglich leichter entrichten, wo ich itzt die Bezahlungen verschieben und dann eben zu unbequemster Zeit meine ganze Einnahme oft auf einmal hinausgeben muss. Secundo kann ich mit sorgenlosem Gemüth und freyem Herzen arbeiten, folglich mehr verdienen. Wegen Sicherheit glaube ich nicht, daß Sie einigen Zweifel haben werden. Sie wissen so ungefähr wie ich stehe — und kennen meine Denkungsart. Wegen der Subscription dürfen Sie keine Sorge haben; ich setze nun die Zeit um einige Monathe mehr hinaus; ich habe Hoffnung, auswärtig mehrere Liebhaber zu finden als hier.

Nun habe ich Ihnen in einer Angelegenheit, die mir sehr wichtig ist, mein Herz ganz sehen lassen, folglich als ein echter Bruder gehandelt. Aber nur gegen einen ächten Bruder kann man sich ganz heraus lassen. Nun sehe ich mit Sehnsucht einer Antwort, aber wirklich — einer angenehmen Antwort entgegen. Und weiß nicht; ich kenne Sie einmal als den Mann, der so wie ich, wenn er anderst kann, seinen Freund, aber wahren Freund, seinen Bruder, aber ächten Bruder gewiß unterstützt. Wenn Sie vielleicht so bald nicht eine solche Summe entbehren könnten, so bitte ich Sie, mir wenigstens bis morgen ein paar hundert Gulden zu

lehnen, weil mein Hausherr auf der Landstraße so indiscret war, daß ich ihm gleich auf der Stelle (um Ungelegenheiten zu vermeiden) auszahlen mußte, welches mich sehr in Unordnung gebracht hat. Wir schlafen heute das erstemal in unserm neuen Quartier, allwo wir Sommer und Winter bleiben; ich finde es im Grunde einerley, wo nicht besser; ich habe ohnehin nicht viel in der Stadt zu thun und kann, da ich den vielen Besuchen nicht ausgesetzt bin, mit mehrerer Muße arbeiten. Und muß ich Geschäfte halber in die Stadt, so führt mich jeder fiacre um 10 Kreuzer hinein. Um das ist auch das Logis wohlfeiler, und wegen Frühjahr, Sommer und Herbst angenehmer — da ich auch einen Garten habe. Das Logis ist in der Waringerstrasse, bey den drei Sternen, Nr. 135. Nun nehmen Sie meinen Brief als das wahre Zeichen meines Vertrauens gegen Sie und bleiben Sie ewig mein Freund und Bruder W. A. Mozert.
P. S. Wann werden wir denn wieder bey Ihnen eine kleine Musique machen? Ich habe ein neues Trio geschrieben."
Puchbergs eigenhändige Notiz auf dem Brief: „Den 17. Juny 1788 200 Gulden gesendet."
Schneidet einem dieser Brief nicht noch heute ins Herz? Dieses Genie so bitten und flehen zu sehen!
Hier in der Rauhensteingasse, wo heute der 1847 im pompösen Stil des spätesten Vormärz erbaute Mozarthof steht, wohnte er in dem zweistöckigen Haus Nr. 934, „Zur blauen Kugel", einem kleinen, 1778 erbauten Gebäude. Seine Wohnung lag im ersten Stock, im Ecktrakt. Das Haus sprang vor, und ein Fenster seines Sterbezimmers ging in die Himmelpfortgasse, zwei in die Rauhensteingasse. Hier starb Mozart.
Und hier spielte sich auch die berühmt gewordene gespenstische Szene ab, die, mag sie auch die natürliche Erklärung gefunden haben, uns doch erschauern läßt:
Eines Tages erschien ein Herr in Grau bei dem leidenden

Meister und bestellte eine Totenmesse. Größtes Geheimnis müsse über allem walten, er dürfe es ja nicht wagen, nach dem Namen des Auftraggebers zu forschen. Fünfzig Dukaten wurden ihm auf der Stelle ausgezahlt, mehr noch versprochen. Das war noch vor Vollendung der „Zauberflöte". Mozart verschob die Arbeit, und als er wegen der „Titus"-Aufführung nach Prag reiste, stand der graue Herr plötzlich wie aus dem Boden gewachsen vor ihm und drängte. Entsetzt versprach Mozart eheste Lieferung, und als er wieder in Wien war, machte er sich an die Arbeit. Seine letzte. Die ewige Geldnot lastete schwer auf ihm, er fühlte sich sehr krank. Damals, im September 1791, hat er, wahrscheinlich an Daponte, folgenden erschütternden Brief geschrieben: „Werter Herr! Wohl würde ich ihrem Rathe Folge leisten, aber wie soll mir das gelingen? Mein Kopf ist verstört, nur mit Mühe halte ich mich aufrecht, und meine Augen können das Bild jenes Unbekannten nicht los werden. Ich sehe ihn ständig vor mir, er bittet mich, bedrängt mich und fordert ungeduldig die Arbeit von mir. So setze ich sie fort, weil mich das Komponieren weniger ermüdet als die Ruhe. Sonst brauche ich ja vor nichts mehr zu zittern. Ich fühle nach meinem Zustand, daß die Stunde schlägt; mir ist bestimmt zu sterben. Ich bin am Ende, bevor ich mich meines Talents erfreuen durfte. Das Leben war doch so schön! Meine Laufbahn begann unter so günstigen Voraussetzungen! Aber man kann sein zugeteiltes Schicksal nicht ändern, kann sich die Tage nicht zumessen, muß sich darein fügen, wie es der Vorsehung gefällt. So schließe ich meinen Grabgesang ab, ich darf ihn nicht unvollendet zurücklassen. Mozart."

Im Dezember starb er. Die Diagnosen seiner Ärzte schwankten zwischen Gehirnhautentzündung, Frieselfieber und Wassersucht. Es war schwer, ihn ins Bett zu bringen. Und er komponierte unentwegt weiter. Am Nachmittag seines letzten Tages wurde ihm offenbar klar, daß er das Requiem nicht werde vollenden können, er begann hemmungslos zu weinen.' Dieses Schluchzen würgt einem im Hals. Es ist einer der erschütterndsten Augenblicke in der ganzen Geschichte der Menschheit. Diese hilflose Verzweiflung des Genies!

Roland Tenschert berichtet über das Ende: „Des Künstlers jüngste Schwägerin leistete in den letzten Tagen der ratlosen Gattin Konstanze tatkräftigen Beistand. Als sie am Abend vor der Katastrophe wieder erschien, sagte Mozart: ‚Ach gut, liebe Sophie, daß Sie da sind. Sie müssen heute noch dableiben. Sie müssen mich sterben sehen. Ich habe schon den Totengeschmack auf der Zunge, und wer wird dann meiner lieben Konstanze beistehen, wenn Sie nicht hierbleiben?' Nochmals kehrten des Kranken Gedanken zu der unvollendeten Totenmesse zurück. Süßmayr wurde genau angewiesen, wie die fehlenden Teile auszuführen seien. ‚Hab' ich es nicht gesagt, daß ich dieses Requiem für mich schreibe?' Als man auf Weisung des Arztes dem Sterbenden kalte Umschläge um den Kopf gab, verlor er das Bewußtsein. Seine Fieberphantasien beschäftigten sich immer noch mit der zu vollendenden Komposition. Mit aufgeblasenen Backen suchte er den Paukenklang nachzumachen. Gegen Mitternacht erhob er sich noch einmal, blickte starr umher und sank mit zur Wand gewandtem Gesicht zurück."

Er starb um 1 Uhr früh am 5. Dezember 1791.

Im Hause war fast kein Geld. Der Baron van Swieten, ein reicher Mäzen, riet der vollkommen kopflosen Konstanze, das Begräbnis möglichst billig zu machen. Ein Kondukt dritter Klasse für 8 Gulden 36 Kreuzer, ein Leichenwagen um 3 Gulden. Es herrschte schreckliches Wetter, Schneetreiben mit Regen. Schließlich ging niemand mehr mit zum St. Marxer Friedhof, und so weiß man bis heute nicht genau, wo Mozart begraben wurde. Der Sarg verschwand in einem Schachtgrab.

Zweihundert Gulden waren im Haus, auf 400 Gulden wurden die Möbel geschätzt, und 3000 Gulden Schulden hat Mozart hinterlassen. Das war das Ende eines der großartigsten Menschen, die je gelebt haben.

Das Geheimnis des Bestellers erwies sich als Farce. Ein absonderlicher Graf Franz von Walsegg hatte das Requiem für seine verstorbene Gattin bestellt. Es war von jeher seine Gewohnheit, bei namhaften Musikern Kompositionen zu bestellen, die er in seiner Privatakademie aufführen ließ, worauf die Musiker und Zuhörer ihm als angeblichem Komponisten applaudierten. Zerfließend vor Glück pflegte er sich dann zu verneigen.

Mozart hat von seiner Wohnung aus nichts mehr von dem uralten Himmelpfortkloster gesehen, das einst seiner Wohnung gegenüberstand. Kaiser Joseph hatte es 1783 aufgehoben. Von den 67 Nonnen wählte ein Dutzend die Rückkehr in die Welt. Im Jahr 1784 war alles niedergerissen, und ein neues Miethaus stand an der Stelle der Klosterkirche.

Wanderweg für fahrend' Volk

KÄRNTNERSTRASSE

Schon war die Pionierzeit vorbei, die Wienerstadt immer reicher geworden. Die „Zuagrasten" saßen in großen, stattlichen Höfen und schöpften den Rahm ab, zum Ärger der „Bodenständigen". Achthundert Jahre lang ging das so. Und die Holz-„Chaluppen" wurden schon hie und da durch einen Fachwerkbau, ja manchmal sogar durch ein Steinhaus ersetzt. Damals, in der Ottokarischen Zeit, legten „die von Wien" den Fernstraßenzug der Kärntnerstraße an, jenen Straßenlauf, der an der Donaulände begann, durch die heutige Rotenturmstraße am Lugeck und an St. Stephan vorbei und dann zur Wieden, dem Wienerberg nach Venedig führte. Im Jahr 1257 wird die Kärntnerstraße zum erstenmal genannt, aber sie dürfte schon Ende des 12. Jahrhunderts entstanden sein und die alte römische Hangstraße am Ostrand des Wienerwaldes abgelöst haben. Die Fuhrleute kehrten schon früh hier in der Kärntnerstraße ein, und noch im 18. Jahrhundert klagen die Frommen, daß „im Wilden Mann die Grätzer Landgutscher und Villacher Fuhr Leuth" einkehren, die sich durch besondere Grobheit und greuliches Fluchen auszeichneten.

Die ganz alten Wiener werden sich noch erinnern, daß es in der Kärntnerstraße immer Hotels gegeben hat. Den „Wilden Mann" hat man schon 1878 demoliert, den „Erzherzog Carl" kennen noch viele. Er hieß erst seit 1806 so, und der Eipeldauer hat sich nicht wenig über den Betrieb mokiert: „Da kann man öfters noch um ein Uhr z'Mittag an den Tischen solche Gabelfrühstücker sehen. Schon im Vorhaus steht in ein gläsern Kasten eine ganze Credenz von kalten Speisen und Torten und gesulzten Fischen und Pasteten und Austern und Bachereyen, und da wassern einem die Zähn schon, bevor man noch in die Speiszimmer eintritt..."

Das war der letzte Ausklang des einstigen großen Verkehrsstroms nach Venedig. Im Vormärz war der „Erzherzog Carl" ein sehr beliebtes Lokal. Der Maler Daffinger schimpfte dort einmal beim Essen über die Polizei, und schwupps, saß er drei Tage im Arrest. Grillparzer aber, der an seinem Tisch gesessen war und beifällig zugehört hatte, bekam einen Verweis, weil er Daffingers „freche" Äußerungen mit Beifall aufgenommen und damit eine „schlechte Gesinnung" bezeigt hatte.

Nichts ist mehr vom „Erzherzog Carl" da, der Anno 1945 ebenfalls in Rauch aufging, wie die meisten ausgebrannten Häuser der Kärntnerstraße, die von fremden und von bodenständigen Plünderern im Chaos des Kriegsendes angezündet worden waren. Von wegen der Hetz — die Bomben hatten nämlich auf der Kärntnerstraße wenig angerichtet.

Im übrigen war die Kärntnerstraße durch all die Jahrhunderte eine brave bürgerliche Wohnstraße gewesen, auf der es allerdings oft hoch herging. So auch schon vor achthundert Jahren, als der verschrobene Ulrich von Liechtenstein auf seiner „Venusfahrt" (er ritt wie ein Transvestit in Frauenkleidern durch die Welt und turnierte alle Gegner der Frau Venus nieder) auch in Wien eintraf und, wie es heißt, die Kärntnerstraße herabgezogen kam. Von Venedig kommend, ganz in weißem Samt und mit hundert Knappen, auch in Weiß, die hinter ihm einherritten. Die Wienerinnen müssen außer sich vor Entzücken gewesen sein, hat doch der Minnesänger gedichtet:

Die vrowen waren wol gekleit,
Ze Wienen, do ich zuo in reit,
die gazzen waren alle vol
von vrowen daz tet mir so wol
daz ich davon wart hochgemuot.

Nur drei alte Bauten gibt es noch in der Kärntnerstraße: Das Einundvierzigerhaus, niedrig, anheimelnd, entzückend in seinem josephinischen Zopfstil, wie es sich die Karolyi bauen ließen. Dann Nummer 35, das Eckhaus an der Johannesgasse, ein spätmärzlicher Zweckbau von 1839. Achthundert Jahre lang hat das Haus an dieser Stelle denselben Besitzer gehabt — die Malteser, bis sie es im 20. Jahrhundert verkauft haben; schon 1258 ist ihnen einmal das Haus abgebrannt. Der dritte alte Bau ist die entzückende kleine Malteserkirche, verhaltene schlichte Gotik innen, außen die etwas präpotente Empirefront.

Das ist alles, was von der alten Kärntnerstraße geblieben ist, die der heutige Wiener nur als elegante Geschäftsstraße kennt. Seit der Gründerzeit gibt es straßauf, straßab immer nur Schaufenster und wieder Schaufenster.

Rasch die Geschichte eines Mieters, der einmal in der Kärntnerstraße wohnte, vor mehr als 130 Jahren, in einem längst verschwundenen Haus, Nummer 33, dem anderen Eckhaus der Johannesgasse. Theodor von Frimmel hat diese Geschichte vor vielen Jahren in einem Band der Publikationen des Altertumsvereines erzählt. Sie muß zu Michaelis 1824 gespielt haben. „Als Mieter für die Wohnung im 4. Stockwerk, welche einige Fenster in die Johannesgasse hatte, meldete sich Beethoven, welcher dann auch mit seinem Neffen und seiner Haushälterin die Wohnung bezog. Nicht nur der Neffe, sondern auch die Haushälterin wurden vom Meister schlecht, ja roh behandelt, ganz abgesehen davon, daß der taube Meister ganz unmenschlich in das (vermutlich verstimmte) Klavier hineindrosch... Nanette Kletschka, später Gemahlin des Hofantiquars Riegel, war damals ein junges Mädchen. Sie erzählte späterhin oft, daß sie sich an jene Invasion durch Beethoven wohl erinnere. Auch einzelnes war ihr im Gedächtnis geblieben. Zum Beispiel der große Schalltrichter, den Beethoven über seinem Piano aufgestellt hatte, ferner, daß sich die übrigen Hausbewohner über die neuen Mietsleute beschwerten, endlich auch an die Art und Weise, wie die Kündigung geschah. Nachdem sich Beethoven in kürzester Zeit im Hause sehr unbeliebt gemacht hatte, rief endlich Frau Kletschka (die Hausbesitzerin) ihre Tochter herbei und sprach: ‚Nanette, jetzt gehst hinauf und sagst dem Narren auf!'"

Wie das Leben des Genies in jenen Tagen aussah, macht übrigens ein Beethovenscher Brief aus Baden deutlich, der kurz vor dem Einzug in dieses Haus geschrieben worden sein dürfte. Er ist an den Musikverleger Haslinger gerichtet: „Liber Tobias", heißt es darin, mit der Originalorthographie des Meisters wiedergegeben: „Ich bitte Sie innigst, sogleich in das Haus in der johannesgasse, wo wir hinziehen, fragen zu lassen, ob Karl gestern und heute dort geschlafen, und wenn er zu Hause ist, diesen Zettel im sogleich übergeben zu lassen, wo nicht ihn der Haumeisterin allda, um ihn zu übergeben, zu hinterlassen — Seit gestern ist er Von hier, und ist heute Abends sammt der Haushälterin noch nicht da, ich bin allein mit einer Person, die nicht reden, nicht lesen und schreiben kann, und finde außer dem Hause kaum zu essen — Karln mußte ich schon von hier abholen einmahl in Wien, denn wo er einmal ist, ist er schwer wegzubringen, ich bitte mir hieher gleich zu berichten, was möglich ist, die paar Täge hätte ich gern hier noch ruhig Zugebracht, leider werde ich wohl wieder wegen ihm in die Stadt müssen, übrigens bitte ich Sie niemanden etwas wissen zu lassen, Gott ist mein Zeuge was ich schon durch ihn ausstehen mußte — ist beim Hausmeister in der Johannesgasse keine Auskunft Zu erhalten, so schicken Sie nur auf die Landstraße, wo ich wohnte, um beim Hausmeister zu fragen, wo die Frau von Niemez wohnt, um allda zu erfahren, ob er dagewesen sein oder hinkomme, damit sie ihn gleich hieherweise."

Zwischen den siebziger und den neunziger Jahren des 19. Jahrhunderts wurde diese alte Kärntnerstraße demoliert, und an ihre Stelle traten lauter „Prachtbauten". Architektonisch ist es nicht zu beklagen, daß so viele von ihnen im letzten Krieg verschwunden sind, aber großartige Bauten hat es auch in der alten Kärntnerstraße nicht gegeben. Alle Häuser waren jedoch von angenehmen Proportionen, schlicht und sachlich, richtige alte Wohnhäuser, mit denen die siegreiche industrielle Revolution allerdings nichts anzufangen wußte. Typisch für ihre neue Baugesinnung ist das Equitablehaus am Beginn der Kärntnerstraße, in dessen Ecke der rätselhafte „Stock im Eisen" eingebaut ist.

Der große Baukomplex des Bürgerspitals und später der seines ungeheuren Miethauses beherrschten die Jahrhunderte hindurch den ganzen unteren Teil der Kärntnerstraße. Heute weiß das wohl kein Mensch mehr. Die Führichgasse, die Maysedergasse, die Tegetthoffstraße und ihre vielen Häuser haben die Erinnerung daran überdeckt, obwohl einst ein einziges Haus von der Kärntnerstraße bis zum Lobkowitzplatz reichte. An das alte St.-Clara-Kloster, das zuerst hier stand, ist jede Erinnerung geschwunden, obwohl es einmal ein sehr nobles Kloster für „Hilflose und verlassene adelige Witwen und Jungfrauen" war. Auch viele Mitglieder des allerhöchsten Erzhauses, die keinen Mann finden konnten, lebten vor sechshundert Jahren hier. War das Kloster reich!

Natürlich schenkte es auch Wein aus. Aber obwohl hier strenge Regeln herrschten — größte Schweigsamkeit gehörte zu ihnen —, machte der Sittenverfall der spätgotischen Zeit auch hier nicht halt. Man weiß, daß bei der großen Klostervisitation des Jahres 1528 in St. Clara festgestellt wurde, daß eine Nonne niedergekommen war. Der Bischof war machtlos, das Kloster unterstand ihm nicht. Dieselbe Klostervisitation hat damals viel Skandalöses im Wiener Klerus festgestellt; der Prior der Karmeliter saß wegen Ehebruchs im Universitätskarzer, der Schottenabt mußte zurücktreten, weil er seiner Freundin 2 Pfund Wiener Pfennig in der Woche verehrte und mit den Klostergeldern unordentlich gewirtschaftet hatte, und dergleichen mehr. All das hat bekanntlich dazu beigetragen, Wien für hundert Jahre protestantisch zu machen. Als 1529 die Türken kamen, flohen die Nonnen von St. Clara. Sie kehrten nicht mehr zurück. Das „Bürgerspital" vor dem Kärntnertor, das die Türken niedergebrannt hatten, wurde ins Clara-Kloster verlegt, ebenso auch ein „Kotter" für Irrsinnige. Wie die Zustände in diesem Bürgerspital beschaffen waren, kann man aus einer städtischen Beschwerde von 1550 ablesen, die lamentiert, daß die Spitalsarmen von der medizinischen Fakultät gar nicht mehr besucht werden, ja, die Stadt wolle sogar einen Arzt bezahlen. Worauf die Fakultät verlegen antwortete, sie würde ja gern die Armen um Christi willen besuchen, doch fehle ein Ordinationsraum, und der Arzt müsse sich von Leuten umringt in einer dumpfen Stube aufhalten, was für Personen, die so üblen Geruch nicht gewöhnt seien, einfach unerträglich sei. Die Armen erhielten außerdem unter dem Vorwand, das Spital sei mittellos, die verordneten Medikamente nicht ausgefolgt, es geschehe nicht, was der Arzt verordne, und die Kost sei für Schwer- und Leichtkranke die gleiche. Welche Zustände!

Die „Kindlbethstuben mit vierundfünfzig Betten so zuweylen gleichwohl noch zu wenig", wird in einer alten Notiz geklagt, „allhier befinden sich die ledigen, schwachen Menscher, so von allen Orthen fast der Ganzen Welt herkommen, und wenn selbige niederkommen, werden sie darinnen vier Wochen lang im Kindbeth erhalten, nachmals aber mit ihren Kindern wiederumb abgeschaffet..."

Kaiser Joseph ließ das Bürgerspital demolieren und das „Bürgerspitalzinshaus" mit 10 Höfen, 20 Stiegen und 220 Wohnungen erbauen. Es trug 90000 Gulden Zins im Jahr, wurde jedoch schon 1874 wieder abgerissen.

In dieser Gegend des Kärntnertortheaters — genauer gesagt, an der heutigen Stelle Kärntnerstraße 38 — befand sich auch das legendäre „Komödienbierhaus", von dem der „Eipeldauer" lakonisch berichtet: „Dort finden sich auch d'Impresari ausn Provinzstadteln ein und suchen sich von der Theaterwaar' aus, was brauchen können. Da wird aber vorher im Vorhaus die Probroll' g'spielt, und da tritt der eine als Hamlet und ein andre als Octavia auf, und ein andrer laßt seine Stimm' als Hausmeister im neuen Sunntagskind hören, wenn's dann in der Probroll' b'stehen, so wird bey einer Maß Bier der Contrakt geschlossen, und darauf fahrt der Impresari mit sein Hamlet und seiner Octavia auf'n Laterwagen wieder ham."

Helden und sonstige Soldaten

WALFISCHGASSE

Sie ist eine alte Gasse, die Walfischgasse, aber fast nichts von ihren alten Häusern ist geblieben. In der Gründerzeit hat man ihren Verlauf geändert, als man die alten Festungsmauern abriß, die sie entlang gelaufen war. Heute stehen noch drei oder vier Häuser aus ihrer älteren Periode, von denen man eines vor nicht allzulanger Zeit demoliert hat, das Palais Erdödy, zur Kongreßzeit von Karl von Moreau für die Esterhazys gebaut, ein Juwel von einem Empirepalais.

Im Jahr 1372 gehörte das Haus, das damals hier stand, Jakob dem „Pantsneyder". Die Bandschneider waren seltsame Handwerker, die zur Melancholie neigten. Sie machten die schmalen und breiten Holzreifen (pant) für die Weinfässer, und auch die Bänder, die zum Einschlagen der Warenballen verwendet wurden, alles aus dünnem Holz. Es war ein einförmiges Gewerbe, bei dem man leicht ins Spintisieren und auf abwegige Gedanken kam, wie im 15. Jahrhundert, „mert, pantsneyder vor dem Werdertor", der bei seiner langweiligen Arbeit sein Herz an die Frau eines Donaufischers verlor. Daraus entstand eine wilde Liebesgeschichte, an der die andern „pantsneyder" so sehr Anstoß nahmen, daß Bürgermeister und Rat den Mert in den Kärntnerturm warfen und ihn nur gegen Verweisung aus der Stadt und Gelöbnis, die schöne Fischerin nie wieder zu sehen, herausließen. Der Kärntnerturm war ein riesiger, viereckiger Turm, der stärkste der ganzen gotischen Stadtbefestigung, und er stand dort, wo heute Nummer 2 der Walfischgasse, gleichzeitig Kärntnerstraße 51, steht. Den heutigen „Prachtbau" ließ der Bankier Todesco 1864 an Stelle des barocken Kärntnertors von L. Förster erbauen und den großen Ballsaal von Rahl ausmalen.

Die Barone Todesco, die von dem Mailänder Juden Hermann Todesco abstammten, der zu Beginn des 19. Jahrhunderts den Wollhandel in großem Maßstab einführte, sind ausgestorben. In den sechziger und siebziger Jahren führten sie jedoch ein großes Bankhaus, dessen Chef, Eduard Todesco, 1869 die Eiserne Krone II. Klasse bekam, wodurch er Baron wurde. Er hatte kolossale Zuwendungen an den Albrechtsfonds gemacht, einen von Erzherzog Albrecht gegründeten Fonds, der Offizieren in Geldverlegenheiten Darlehen zu lächerlich niedrigen Zinsen gab.

Baron Eduard Todesco, Direktor der Nordbahn, der stets die Fremdwörter durcheinanderbrachte, war ein in ganz Wien bekanntes Original. Man erzählte sich, er habe eines Tages auf der Börse gesagt, er müsse nachmittags wegen seines Magens „einen Arzt insultieren", und ein andermal, er werde „eine Explosion in einen Kurort unternehmen". Einen andern Börsenbaron, den Freiherrn von Königswarter, apostrophierte er mit den Worten: „Hören Sie, mein lieber Herr von Königswarter, Sie haben mir eine Zigarre operiert, die einen entsetzlichen Arheuma hat."

Heutzutage muten diese Anekdoten etwas naiv an, dazumal erschienen sie jedoch als Gipfel des Humors, und das damalige Wiener Witzblatt „Floh" führte eine ständige Rubrik mit Todescos Aussprüchen.

Wie weit diese Publicity von Todesco absichtlich gefördert wurde, weiß man heute nicht mehr, jedenfalls kann man in den damaligen Zeitungen immer wieder Notizen über ihn finden. Als sein Sohn einen schweren Reitunfall hatte, standen Bulletins über dessen Befinden in den Blättern, sowie daß Ministerpräsident Fürst Auersperg, Feldzeugmeister Ritter von Schmerling, der spanische Gesandte, Präsident Boschan, Graf Attems, Graf Zichy und weiß Gott wer noch, persönlich im Palais Todesco vorgesprochen hatten. Als der junge Baron genas, erfuhr man, der behandelnde Professor Pitha habe vom glückstrahlenden Vater ein Honorar von 100 000 Gulden erhalten. Später ließen sich die Todescos taufen, heirateten vielfach in den österreichischen Uradel ein. Heute weiß kaum jemand noch etwas von den Todescos.

Man muß sich vorstellen, wie das Palais Todesco noch vor hundert Jahren in einsamer Großartigkeit über dem Bauplatz der Oper und des Heinrichshofs thronte und auf das reizende altbarocke Kärntnertortheater an der Stelle des heutigen Hotel Sacher niederblickte. Und des Nachts bezeichneten die rötlichen Schmetterlingsbrenner der Gaslaternen den Lauf der leeren Ringstraße, über die die Glöckchen der Pferdebahn dahinklingelten. Weg waren die Basteien mit ihren entzückenden alten Häusern, weg das alte und das neue Kärntnertor, weg das liebe alte, so unendlich schöne Wien. Fast fünfzig Jahre dauerte es, bis die alten Festungsgründe verkauft waren. Im Sommer 1911 wurde der kleine Grundstreifen vor der zur Demolierung bestimmten Heumarktkaserne, auf dem teilweise das Konzerthaus steht, als letzter verkauft. Insgesamt haben die Basteien und das Glacis 220 Millionen Goldkronen eingebracht. Als man 1858 mit der Regulierung begann, verlangten die sporenklirrenden Generale aufgeregt, daß der Josefstädter Paradeplatz — heute steht dort das Rathaus — bestehen bleibe und eine zweite Kaserne an der Donau erbaut werden müsse. Es entstand die Rudolfskaserne — heute Rossauerkaserne genannt —, die durch ein wunderliches Schicksal noch immer existiert, letzter Rest des Nachmärz. Die Ringstraße wollten die Generale so angelegt haben, daß sie von befestigten Punkten aus mit Kanonen bestrichen werden konnte. Deshalb sollte die Rudolfskaserne von einem Graben umgeben, mit einem Vorwerk und Kanonenständen versehen sein. Von da bis zum Paradeplatz war ein ausschußfreier Raum offenzuhalten, um die Ausgänge der Alser- und der Josefstädterstraße unter Feuer halten zu können. An Stelle der beiden Hofmuseen sollte das Generalkommando und der Palast der Arcierenleibgarde gebaut werden, beide Gebäude kanonenbespickt. Und auch auf dem Schwarzenbergplatz war ein Fort geplant. Nach Solferino fielen diese blutrünstigen Pläne wie Kartenhäuser zusammen.

An der Stelle des Palais Todesco stand einst, wie gesagt, der alte Kärntnerturm, dessen letzte Reste 1671 abgerissen wurden. Es muß ein kolossaler Bau gewesen sein, der viele Stockwerke unter die Erde reichte. Zum erstenmal wird er 1296 in einer Urkunde erwähnt. Er war nicht nur ein Stück der mittelalterlichen Befestigung, sondern auch der große Kerker von Wien. Schon Albrecht I. schrieb auf steifes Pergament, daß „die von Wien" Bürgerssöhne, welche durch ihren Umgang mit gemeinen Frauen Ärgernis erregten, hier ins Verlies werfen sollten (war doch der „Frauenfleck" nicht allzuweit entfernt). Und dabei war es damals „pschütt" (chic), daß die Söhne der reichen Erbbürger, parfümiert und bekränzt, mit den „schönen Fräulein" umfiedelt und umgeigt durch die Badstuben zogen!

Im 15. Jahrhundert gab es viele Kriege, und „die von Wien" sperrten auch Kriegsgefangene in den Kärntnerturm und ließen sie hungern, daß ihnen die Schwarten krachten. Der römische König Albrecht II., der ihnen seine Gefangenen zur Aufbewahrung übergeben hatte, schrieb den Wienern am 11. Dezember 1438 aus Breslau, daß sie seinen Gefangenen „zu morgen und zu abent nur ain essen und wasser ze trinkchen geben, darumb sie in groß plödikeit und in gross swechung, ja vielleicht vor hunger sterben möchten, was mir ser unfüglich wer, nahdem vil gute gefangene under in sein...

den Gefangenen ist mit Essen notdürfticlich vorzuesehen und in underweil wein oder pier zu trinkchen zu geben, damit sie von spies wegen nicht in plödikeit oder krankheit khomen." Man kann sich die Zustände vorstellen, wenn der König persönlich eingreifen mußte!
Im Jahr 1463 waren die Wiener böse auf Kaiser Friedrich III. In den ewigen Bürgerkriegen fingen sie dem Kaiser die Söldner des Herrn von Grafeneck weg, der auf der Seite des Kaisers stand, und warfen sie mit Hauptleuten und Rottenführern in den Kärntnerturm. Es war Winter; Heizung gab es im Turm nicht, alles fror erbärmlich. Im untersten Gewölbe, in ewiger Finsternis, saßen die Hauptleute, in den Stockwerken die Rottenführer und auf dem Dachboden die neunzig Knechte. Täglich zogen andere Bürger am Eingang des Turmes als Wache auf und brachten den Gefangenen den dürftigen, elenden Fraß. Durch die Spalten der Dachziegel sahen die Knechte, wie ihre Wächter oft sternhagelvoll bei vollen Weinkannen um das Nachtfeuer saßen, sich in hellen Mondnächten in pelzgefütterte Mäntel gewickelt ums Feuer herum schlafen legten und oft schon fortgingen, bevor die Ablösung kam. Als zu den Weihnachtsfeiertagen der beißende Frost die Wächter nachts immer wieder in eine etwas abseits vom Turm stehende Holzhütte trieb, rissen die Knechte die Strohunterfütterung der Dachziegel heraus, drehten daraus ein Seil, das sie mit ihren Gürteln befestigten, und ließen sich daran in das untere Stockwerk hinab, wo sie durch die Fenster zu den Rottenführern krochen. Hier durchbrachen sie den Fußboden, holten die Hauptleute aus dem Verlies und entsprangen um drei Uhr früh aus dem Turm, indem sie sich an dem Strohseil, das sie an einem großen Geschütz befestigt hatten, ins Freie hinabließen, worauf sie eilig in das schweigende, noch stockdunkle Land hinein entflohen. Als ihnen die schläfrigen Wächter um neun Uhr morgens das Frühmahl bringen wollten und die Besche-

rung erblickten, erschraken sie so sehr, daß sie schleunigst ihren Spuren im Schnee folgten und ebenfalls entflohen, denn sie ahnten, was ihnen blühte.

Was hat doch der Kärntnerturm alles gesehen: Hieronymus von Prag, der Genosse Hus', saß hier und entfloh ebenfalls. Die sieben Studenten waren hier gefangen, denen die „Genennten" 1451 den Kopf vor die Füße legen wollten, als sich aus einer unbedeutenden Streiterei eine wahre Schlacht zwischen Studenten und Bürgern entwickelt hatte, die sich von der alten Universität über die Wollzeile bis in die Riemergasse zog. Den sieben waren die Schwerter aus der Hand geschlagen worden, und das wütende Volk hatte sie zur städtischen Schranne am Hohen Markt geschleppt, wo der Stadtrichter Panheimer ihnen sofort den Kopf abschlagen wollte. Mit Müh und Not redete ihm das der Stadtrat Neuperg aus, worauf sie ins unterste Verließ des Kärntnerturms geworfen wurden. Mit einem wütenden Protest schloß daraufhin der Rektor die Universität und wollte mit seinen Studenten und Professoren auswandern. Da erschraken „die von Wien" denn doch sehr und gaben klein bei.

Welche Fülle von abenteuerlichen Gestalten und Schicksalen wittert da um Mitternacht um das Palais Todesco, welch nicht abreißender Geisterzug schlingt sich um den heute so banalen Bau! Hier hat 1529 der Sultan Soliman immer und immer wieder angreifen lassen; vom heutigen Café Pöchhakker her feuerten seine Riesenkanonen ohne Unterbrechung, immer wieder explodierten hier Minen, aber die dreitausend schwäbischen Landsknechte des Feldobristen Eck von Reischach hielten eisern aus und schlugen auch den letzten, den schrecklichen Generalsturm des Sultans ab. Kein Mensch, der heute dort vorüberhastet, denkt an die Reihen der Jani-

Die Kärntnerstraße um 1890

Templum S. ANNÆ A°. 1415. pro peregrinis extructum, et ab Imp. Ferd. II. A. 1626. Domui Probationis Soc. Jes. concessum.

St. Annæ Kirchen samt dem Novitiat derer PP. Soc: Iesu A°. 1626. von Kayser Ferdinan: II. überlassen.

tscharen, die unter ihrem schrecklichen Allahhu-Geschrei von der Stelle des Heinrichshofs über das Gelände der heutigen Oper anstürmten. Eine kleine, ganz schwarz gewordene Tafel hoch oben am ersten Stock des Palais Todesco an der Ecke der Walfischgasse erinnert daran. Kein Mensch kann auch nur ein einziges Wort davon entziffern.

An den früheren Verlauf der Walfischgasse, die schon seit alten Zeiten nach einem Hausschild, Jonas mit dem Walfisch, so hieß, erinnern nur noch die Häuser Nummer 5, 7 und 9. Im übrigen steht die ganze Gasse auf der alten Festungsmauer, auf der einst die „Soldatenquartierhäuseln" des Stadtguardiaregiments standen, in denen die Soldaten bei ihrer elenden Bezahlung von einem Gulden monatlich und einem „Label" Kommißbrot täglich ihr erlerntes Handwerk frei ausüben durften, auch Wein ausschenken konnten und gefällige Mädchen hielten. Die junge Maria Theresia schaffte das ganze Regiment, das bei der zweiten Türkenbelagerung 1683 fünfzig Prozent seines Standes verloren hatte, samt seinen skandalösen Sitten ab. Das Neunerhaus, das von der Krugerstraße in die Walfischgasse reicht, wurde, wie erwähnt, demoliert. Hier wohnte 1683 Wiens Verteidiger Starhemberg, im Haus „Zur weißen Lilie", das seiner Frau Helene Dorothea gehörte; ein „z'widerer", verschlossener Geselle, der hier qualvolle Tage und Nächte durchlebte, denn der Fall von Wien stand auf des Messers Schneide. Johann Sobieski, König von Polen, fuhr am 13. September 1683 mit seinem Sohn in Starhembergs „Kobelwagen" vor und nahm hier sein erstes Essen in Wien ein. Die Stadt Wien hatte das Haus für ewige Zeiten von allen Steuern befreit, aber 1690 haben es ihr Starhembergs Kinder verkauft; als er 1701 im

St.-Anna-Kirche und Noviziat der Jesuiten, 1730

Wiedener Freihaus starb, bestimmte er 750 Gulden für 1500 Seelenmessen.

An den unregelmäßigen Verlauf der Gasse infolge der Stadterweiterung erinnert heute nur noch eine plattformähnliche unregelmäßige Erweiterung vor dem Pavillon, in dem seit vielen Jahrzehnten immer wieder ein Nachtlokal untergebracht ist.

In die fragwürdige Herrlichkeit der „Prachtbauten" aus der Gründerzeit schlugen 1945 Bomben ein. Nummer 6 brannte aus, aber in seinem Luftschutzkeller blieben 4 800 Menschen am Leben; das Achter-, Zehner-, Zwölferhaus hatten ein ähnliches Schicksal. Das Einserhaus brannte damals völlig aus. Heute ist es wieder aufgebaut, aber der Makartstil Ludwig Tischlers, in dem es 1886 an Stelle eines Biedermeierhauses aufgebaut wurde, ist noch immer unverkennbar. Hier war das berühmte, unvergeßliche Café „Zum Fenstergukker", das Offizierskaffeehaus der ausgehenden Monarchie bis 1914. Hier traf man stets Offiziere aus allen Garnisonen der Monarchie. Ein berühmter „Hurenstrich" führte hier generationenlang vorbei, um die Jahrhundertwende von der grotesk elefantenhaften Gestalt des „Sperrschiffs" beherrscht, einer käuflichen Dame von zweihundert Kilo Lebendgewicht. Sie verdiente enorm. Ihr Ruf drang bis Stambul und Bagdad.

Großgrundbesitzer, ein großer Sieger und ein Tunichtgut

KRUGERSTRASSE

„Pitrolfs haus des pecken, daz da lit in der Chrugstrazze", sagt die verblassende Schrift auf einem alten Stück Pergament vom 13. April 1298. Die ältesten Zeilen, die von der Krugerstraße berichten. Was „Krugerstraße" bedeutet, weiß man bis heute nicht, alle Erklärungsversuche haben sich als müßiges Geschwätz erwiesen, wie ja die meisten mittelalterlichen Gassennamen kaum zu enträtseln sind.

Heute ist die Krugerstraße ein verkehrserfülltes, lärmendes Gäßchen, das von der Kärntnerstraße zur Seilerstätte führt, am Abend aber eine stille, romantisch beleuchtete Bühne der Venus vulgivaga.

Krugerstraße Nummer 3, im sezessionistischen Stil 1904 erbaut, beherbergte einst die mondänste Wiener Bar. Vor ungefähr fünfzig, sechzig Jahren war es ungemein „pschütt", mit seiner Dame im Humpelrock dort den Fünf-Uhr-Tee zu nehmen. Himmel — wie schick wir dort erschienen! Im scharf auf Hüfte geschnittenem „Chesterfield", den Zylinder mit den fünf Reflexlichtern auf dem Kopf, eine kleine „Marechal Niel"-Rose im Knopfloch und diskret nach Juchtenparfüm duftend. Wenn man sich zum erstenmal als Einjähriger in der dunkelblauen Attila der Kaiserhusaren dort zeigte, die klirrenden Sporen an den hohen Lackstiefeln, höllisch darauf achtend, daß man nicht über den langen Säbel fiel...

Vorbei, verweht, vergangen.

Hier wohnte einst ein Millionär. In taillierter „Schecke“, hauteng anliegenden Hosen, das eine Bein rot, das andere grün, an allen Ärmelnähten klingende Schellen, den Kinnbart in zwei Enden ausgezogen, mit sorgsam gebrannten Haaren und parfümiert ging er durch Wien. Alle Welt lauschte entzückt, wenn er die Kärntnerstraße heruntergeklingelt kam. Die „geknäufte“ Gugel, die Kapuze mit dem Schulterkragen, halb zugeknöpft, so daß nur ein Auge herausblickte, und der Schwanz der Gugel schweifte lang nach — so muß man sich den Hausherrn von Nummer 3 vorstellen, den Paul Würffel, den großen gewaltigen Herrn, vor 550 Jahren einer der reichsten Männer Wiens. Stadtrichter, herzoglicher Münzanwalt, Ratsherr, oberster Amtmann, Münzmeister, Spitalsmeister, der erste von der Gesamtheit der Wiener Bürger gewählte Bürgermeister. Ha — war der reich: Fünfundzwanzig Häuser gehörten ihm in der Stadt, Äcker und Weingärten am Nußbach, im Lerchenfeld, in Sievering, Währing und Grinzing. Er verkaufte Kleider und betrieb eine Wechselbank beim Stefansfreithof, er verlieh Geld und hatte achthundert Pfund Schulden. Er war ein ganz großer Herr, dieser „Wiener Erbbürger“, von dem nichts geblieben ist als sein Name auf vergilbten Rechnungen und Quittungen. Die letzte Würffelin starb 1523, Dorothea hieß sie. Waren das mächtige Herren, diese Erbbürger, deren Familien wahrscheinlich vor achthundert oder neunhundert Jahren die Wienerstadt erst zu einer richtigen Stadt machten und deren Familien fast alle schon vor der ersten Türkenbelagerung ausstarben. Sie arbeiteten nichts, waren nur Großgrundbesitzer. Wer erinnert sich noch heute ihrer? Nicht ein Knöchlein ist von ihnen geblieben.

Zwischen den Häusern der Makartzeit stehen einige Barock- und Biedermeierbauten, meist in schäbiger, recht ramponierter Verfassung. Auf Nummer 13 hat Beethoven gewohnt, nachdem er in der Johannesgasse „die Aufsag'“ bekam.

Heute steht ein Post- und Telegraphenamt an dieser Stelle. Auf der rechten Stiege, im zweiten Stock, verbrachte Beethoven den Winter von 1824 auf 1825.

Wie erschütternd, liest man in Rellstabs Erinnerungen von einem Besuch bei ihm: „Mein erster Blick traf auf ihn. Er saß nachlässig auf einem ungeordneten Bette... Den Brief von Zelter hielt er in der einen Hand, die andere reichte er mir freundlich entgegen, mit einem solchen Blick der Güte und zugleich des Leidens, daß plötzlich jede Scheidewand der Beklemmung fiel und ich dem im tiefsten Verehrten mit der ganzen Wärme meiner Liebe entgegenschritt. Er stand auf, reichte mir die Hand, drückte sie herzlich und sagte mir: ‚Sie haben mir einen schönen Brief von Zelter gebracht! Er ist ein würdiger Beschützer der Kunst.‘ Gewohnt, selbst weiterzusprechen..., fuhr er fort: ‚Ich bin nicht ganz wohl, ich bin recht krank gewesen. Sie werden sich schlecht mit mir unterhalten, denn ich höre sehr schwer.‘ So saß ich denn neben dem kranken, schwermütigen Dulder. Das fast durchwegs graue Haar erhob sich buschig ungeordnet auf seinem Scheitel... Die Züge erschienen auf den ersten Blick wenig bedeutend. Das Gesicht war viel kleiner, als ich es mir nach den Bildnissen vorgestellt hatte, nichts drückte jene Wildheit, jene stürmische Fessellosigkeit aus, die man seiner Physiognomie geliehen, um sie in Übereinstimmung mit seinen Werken zu bringen... Seine Farbe war bräunlich, doch nicht jenes gesunde, kräftige Braun, sondern mit einem gelblich kränkelndem Tone versetzt; die Nase schmal, scharf, der Mund wohlwollend, das Auge klein, blaßgrau, doch sprechend. Wehmut, Leiden, Güte las ich in seinem Angesicht; doch, ich wiederhole es, nicht *ein* Zug der Härte; einer der mächtigen Kühnheit, die den Schwung seines Geistes bezeichnet, war nur vorübergehend zu bemerken...“

Schräg gegenüber, mehr der Kärntnerstraße zu, steht Nummer 6. Nur mühsam erkennt man die Proportionen eines spätbiedermeierlichen Zweckbaues. Es ist 1839 entstanden, hieß einst „Zum grünen Säbel" und war lange ein Hurenhaus. Sein Hausherr war von 1885 bis 1906 Georg von Schönerer. Ein Kerl, der als Bub nicht gut tat, aus der Realschule flog, nichtsnutziger Sohn eines Millionärs, des Matthias von Schönerer, der die ersten Eisenbahnen in Österreich gebaut hatte. Der Georg ging durch Handelsschulen und landwirtschaftliche Akademien. Man muß wissen, was das damals, in den sechziger Jahren, bedeutete, wenn ein Sohn aus so gutem Hause nicht imstande war, die Matura zu machen. Im Jahr 1869 kaufte ihm der schwerreiche Papa das Schloß Rosenau bei Zwettl, und als „Schloßherr von Rosenau" kam dieser Georg, der sein ganzes Leben lang nie gearbeitet hatte, in die Politik. Als Mitglied des alten österreichischen Reichsrats ließ er seine Stimme für den Anschluß an Deutschland und gegen die Juden erschallen, bis er in der Nacht vom 9. auf den 10. März 1888 mit einer Horde von dreißig Mann in die Redaktion des „Neuen Wiener Tagblatt" in der Rotenturmstraße einbrach, das kurz vorher ein Extrablatt mit der falschen Nachricht vom Tode Wilhelms I. gebracht hatte. (Der Kaiser starb erst einige Stunden später.) Der Überfall entwickelte sich so wie fünfzig Jahre später die „Nacht der langen Messer".

Es war gegen halb ein Uhr nachts, als Schönerer, einen Schlagring in der Rechten, in der Redaktion erschien und befahl: „Man soll die Türen besetzen! Niemand einlassen! Zigarren aus dem Maul!"

Die fünf Redakteure und die Telegraphistin des Nachtdienstes sprangen auf, Schönerer aber brüllte: „Wenn uns ein wütender Hund überfällt, schlagen wir ihn nieder. Die Juden haben uns schon genug angetan. Wir haben es ertragen, jetzt aber verletzten sie uns in unseren heiligsten Gefühlen. Sie können nicht einmal den Tod unseres erlauchten Kaisers erwarten! Der Tag der Rache ist gekommen, heute wird der Anfang gemacht. Juden in die Knie!"

Die fünf Redakteure setzten sich verzweifelt zur Wehr. Bald strömte ihnen das Blut über das Gesicht. Die Telegraphistin, Cäcilie Jaczko, die entfliehen wollte, wurde mit dem Ruf: „Zurück, wir schonen auch die Judenweiber nicht!" daran gehindert. Erst als die Schritte der aus dem Erdgeschoß heraufstürmenden Setzer hörbar wurden, lief Schönerer eilig davon, während seine Spießgesellen schrecklich verprügelt wurden. Einer der fünf Redakteure war der bekannte Wiener Lokalschriftsteller Eduard Pötzl, der Schöpfer des „Herrn von Nigerl" und Vater des berühmten Psychiaters Pötzl.

Im Mai wurde Schönerer zu fünf Monaten schweren Kerkers, zum Verlust des Adels und der bürgerlichen Rechte verurteilt. Kaiser Karl gab ihm dreißig Jahre später den Adel zurück. Heute denkt niemand mehr an jene schauerliche Nacht, in der sich bereits alle Elemente abzeichneten, die zwei Generationen später Europa ins Unglück stürzten.

Ja — woran einen alte Häuser erinnern können...

Wenige Schritte weiter stand das schon erwähnte, jetzt demolierte Palais Erdödy. Es wurde vor mehr als 150 Jahren an der Stelle des Hauses gebaut, in dem Starhemberg 1683 wohnte.

Hierher also kam König Sobieski zum Mittagessen. Man muß sich nur die damalige Stimmung vorstellen. Wien war um ein Haar der Katastrophe entgangen. Schwer wird der korpulente polnische König in seinem goldbrokatenen Gewand orientalischen Schnittes ausgestiegen sein, und in der Einfahrt wird Graf Starhemberg, mit dem Menjoubärtchen auf der Oberlippe, den Stadtrat und das Stadtgericht — ganz in Schwarz und mit langen Löwenperücken — dem König der Polen vorgestellt haben, der sich in fließendem Latein mit ihnen unterhielt.

„Der Stadtmagistrat hat denen bürgerlichen Becken anbefohlen vor den König und seine Hofbediente ... weißes Brot zu backen und vormittag noch zu liefern... An der Tafel saßen Ihre Majestät oben an, Ihro churfürstliche Durchlaucht in Bayern auff der Rechten, der Fürst von Anhalt auf der linken Seiten, an Chur-Bayern der königliche Printz, nach ihme die zwei polnische Ober- und Unterfeldherrn und noch zwei andere Magnaten, der einer in Teutschen Kleidern; denen folgte der Graf von Schaffgottsch, an dem zwey Pohlnische, der Reichs-Unter-Cantzler, der Fürst Lubomirsky und Ihro Exzellenz der Comendant... Das Traktament an Speisen und Konfekt ware stattlich und allerley Wein und Bier vorhanden."

Flog das Gerücht herein in das getäfelte Gemach, der Türk' habe sich zum Widerstand gestellt, „deswegen auf Befehl Ihre königlicher Majestät die beiden Unter- und Ober-Feldherrn von der Tafel eylends aufstunden und davon ritten, die haben nachgehends Ihro königliche Majestät erinnern lassen, daß es nichts seye..."

Wie eine Momentaufnahme wirken diese Zeilen aus einem aufgeregten, zerschossenen Wien, in dem die meisten Häuser noch eng, steil und hoch aus der gotischen Zeit dastanden, durch dessen übelriechende Gassen die eisengepanzerten polnischen Husaren mit den enormen Flügeln am Rücken klirrten, denen Mann, Frau und Kind offenen Mauls nachstaunten, als seien sie Wesen aus einer anderen Welt...

Das letzte Haus in der Krugerstraße gegen die Seilerstätte zu ist das Neunzehnerhaus, ein alter, stattlicher Bau. Nur die schmale Front schaut in die Krugerstraße. Ein schöner, schlichter Bau des 18. Jahrhunderts, an dessen Stelle einst die „alte Gußhütte" stand, in der das am 14. März 1707 gegründete „Versatz- und Fragamt" sein erstes Quartier bezog. Der k. k. Kameralhauptbuchhaltungsraitrat Daniel Edler von Zepharovitsch erbaute später das noch heute stehende Haus, das Erzherzog Karl im Jahr 1805 kaufte und in dem er dann viele Jahre wohnte. Betonte Geste dieses unvergeßlichen Mannes, der in einem schlichten Haus in der Wienerstadt lebte, vor dem sich nach der Schlacht bei Aspern die Wiener zu Tausenden versammelten, um den Helden hochleben zu lassen, der als erster Napoleon geschlagen hatte. Und dies in einer von den Franzosen besetzten Stadt! Die Franzosen haben sie nicht gehindert.

Sie alle bauten an der Monarchie

ANNAGASSE

Die Annagasse ist die einzige alte Wiener Gasse, die fast unversehrt erhalten blieb. Nur zwei Häuser an ihrem Anfang stammen aus der Architekturepoche, die sechzig und mehr Jahre zurückliegt. Sonst ist hier alles beim alten geblieben. Wie verzaubert geht man durch die Annagasse. Sie besitzt eine Reihe von schönen Fassaden, die sich dank der leichten Krümmung des Gassenverlaufs zu einem geschlossenen Bild zusammenfügen. Hier sind Haustypen vom 16. bis zur ersten Hälfte des 19. Jahrhunderts vertreten, so daß die Annagasse ein Entwicklungsbild des Wiener Hausbaues bietet, wie man es sonst nirgendwo mehr in der Inneren Stadt findet.
Natürlich ist die Annagasse eine uralte Wiener Gasse, die — 1342 zum erstenmal erwähnt — ursprünglich „Pippingerstraße" hieß, nach dem großen Bürgergeschlecht der Pippinger, das in grauen Zeiten, vor ungefähr 750 Jahren, erwähnt wurde und 1401 mit Niclas dem Pipping ausstarb.
Fast von allen Häusern kennen wir, auf Pergament gekritzelt, die Namen des ersten und der folgenden Hausherren, von denen nichts als der Name geblieben ist und die in der engen Schecke („Jacke" leitet sich davon ab), dicht mit Knöpfen besetzt — manchmal waren es „sechs Schock" Knöpfe —, zur Bewunderung des Volks durch die Gasse daherkamen, in der es gewöhnlich furchtbar stank und sich grunzende Schweine suhlten. Später werden sich die eleganten Hausherren vorgesehen haben, daß ihre langen „ausgezaddelten" seidengefütterten Ärmel nicht im Dreck nach-

schleiften. Die Beine in engen grellbunten „Beinlingen", setzten sie ihre Schritte mit Vorsicht, bestanden doch die „Beinlinge" aus einzelnen Teilen, die Hose als Ganzes war noch nicht erfunden, und immer wieder wurde über die mangelhafte Verhüllung der Scham „vorn und hinten" Klage geführt. Als dann der lange Mantel, der „Tappert", Mode wurde, entfiel der Grund zur Klage.

Wir wissen nicht, wie die Annagasse damals ausgesehen hat, ob es in ihr Holzhäuser bis ins 15., ja 16. Jahrhundert gegeben hat, wie das von anderen Gassen berichtet wird, Fachwerkhäuser, die vielleicht mit Stroh gedeckt waren.

Ein großes, prächtiges altes Haus eröffnet die Annagasse von der Seilerstätte her. Es gehörte einst, wie schon erzählt, dem Sieger von Aspern, Erzherzog Karl. In diesem Haus kam sein Sohn, Erzherzog Albrecht, zur Welt, dessen Bronzedenkmal auf der Albrechtsrampe vor der Albertina steht. Dieses Denkmal ließ ihm Kaiser Franz Josef errichten, der von ihm, dem Senior der Familie, viel ausstehen mußte. Denn Franz Josefs Politik war Erzherzog Albrecht, dem Sieger von Custozza — *de facto* hat sein Generalstabschef John die Schlacht gewonnen — immer zu liberal.

Wes Geistes Kind Erzherzog Albrecht war und wie sich die Clique, die er repräsentierte, die Welt dachte, geht anschaulich aus nachfolgender Stelle seines Briefes an den Generaladjutanten, Graf Crenneville, hervor: „Die Dynastie, das Herrscherhaus, muß durch eine breite Kluft von allen Untertanen getrennt sein; keiner der letzteren darf in äußeren Ehren, und wenn er noch so hoch gestiegen wäre, dem jüngsten Mitglied des Hauses gleichgestellt werden. Das Herrscherhaus hat seine eigenen Gesetze in dem gemeinsam vereinbarten Familienstatut. Der Kaiser ist das Oberhaupt der Familie, deren Gerichtsherr, der Souverän, die Mitglieder müssen ihm Gehorsam, Ehrerbietung zollen, seine getreuesten Diener sein, überall den Untertanen mit dem besten

Beispiel vorangehen; selbst Untertanen im eigentlichen Sinn des Wortes sind sie nicht, können sie nicht sein, weil jeder von ihnen das Anrecht auf den Thron in festgesetzter Reihenfolge hat. Eben diese Reihenfolge bestimmt den Rang unter den einzelnen Mitgliedern. Im übrigen und gegenüber den Untertanen sind sie in Bezug auf die ihrer Geburt anklebenden Ehren gleich, und nur die Majestäten stehen hoch über diesem Niveau... Die große Maria Theresia, diese feine Menschenkennerin, an deren Nachlaß von Liebe ihrer Völker wir noch zehren, wußte sehr gut, warum sie ihre Familie so hoch als möglich stellte, ihr dadurch Achtung und Ansehen in der ganzen Welt verschaffte, durch die solidarische hohe Stellung die Schwächen der einzelnen möglichst der unmittelbaren Anschauung des Volkes wie der zersetzenden Kritik entzog und dadurch der Nimbus ihrer Familie selbst um viele Stufen höher stieg in den Augen ihrer Völker. Ihr genialer Sohn, Josef II., wollte nur aus sich als Mensch geachtet und geliebt sein.
Er vergaß, daß kein Thron sich ohne Nimbus erhalten kann, und starb gebrochen nach zehn Jahren, das Reich in Gärung, teilweise in Aufruhr. Sein Ausspruch, daß Er sich als den ersten Beamten des Staates ansehe, spukt zum größten Nachteil noch in vielen Köpfen. Wäre ohne die bisherige hohe und unbestrittene Stellung des Herrscherhauses eine dreizehnjährige Regierung des Kaisers Ferdinand denkbar gewesen? Nicht ein Jahr hätte sie dauern können.
Der Bau einer Monarchie, welche Jahrhunderte noch dauern soll, muß eben so eingerichtet sein, daß sich schwächere Kräfte, wie sie eben nach der Natur der Dinge vorkommen müssen, erhalten können. Darnach müssen Institutionen bestehen, und vor allem der Dynastie im äußeren Auftreten ihre ganz exzeptionelle Stellung streng gewahrt und dadurch zwischen dem Monarchen und den Untertanen eine unüberbrückbare Kluft erhalten werden."

Die Nummer 3a der Annagasse ist die St. Annakirche, eine kleine, schmale Kirche. Außen ist die gotische Grundhaltung noch erkennbar, während im Inneren der ganze Goldschauer des Hochbarock aufglänzt.
Abseits und still liegt diese schöne Kirche, in der, einem Privilegium Maria Theresias zufolge, heute noch französisch gepredigt wird. Und doch sind es nur wenige Schritte bis zum brausenden Großstadtleben der Kärntnerstraße.
Im Jahr 1320 hat eine fromme Matrone hier eine kleine Kapelle und ein Spital für Pilger gebaut. Welch eine Oase des Friedens in jener brutalen, menschenleeren Welt das gewesen sein muß! Hundert Jahre später hat die Elisabeth Wartenauerin alles vergrößert, eine richtige Kirche gebaut, und nach abermals hundert Jahren sind die Nonnen von Sanct Clara eingezogen. Das war in der unruhigen, krawallierenden Reformationszeit, in der niemand mehr daran dachte, in einen Orden einzutreten, und so sind die Clarissinnen, die sechzehn Köpfe stark eingezogen waren, 1544 auf zehn, 1557 auf sechs, 1566 auf drei zusammengeschrumpft. Man muß sich nur vorstellen, wie schauerlich es gewesen sein muß in dem großen, verödeten Kloster, der leeren Kirche mit ihren vielen Herrlichkeiten! Die Äbtissin muß schrecklich gewirtschaftet haben, denn 1568 wurde sie eingesperrt. Nach zwei Jahren ließ man sie frei, nahm ihr aber die Vermögensverwaltung. 1570 starben die letzten drei Nonnen, nur die Äbtissin Regine Halbpergerin blieb übrig. Man schickte sie bald weg, sie mußte ins Jakoberkloster ziehen und dort den Tod erwarten. Hierher jedoch kamen die Jesuiten, die auch alle Einkünfte des ausgestorbenen Klosters einheimsten und 1627 hier ihr großes Noviziatshaus eröffneten.
Nun kam wieder Leben herein. Das Kloster wurde zum theologischen Zentrum für Österreich und Ungarn; hier wurden die Kämpfer der Kirche herangebildet, welche die verketzer-

ten Länder der alleinseligmachenden Kirche zurückgewannen. Eine geistige Kriegsschule sondergleichen. Bis 1773 der Blitz der Auflösung des Jesuitenordens niederfuhr und josefinische Beamte sich in dem riesigen Kloster breitmachten. Es kamen Normal- und Hauptschule, Realschulen und Lateinschulen, für kurze Zeit auch die orientalische Akademie herein; 1786 aber zog die Akademie der bildenden Künste ein und blieb bis 1877. Waldmüller hat hier studiert.

Tief in den ungeheuren Kellern eröffnete Daum 1838 den umfangreichen Vergnügungsbetrieb des „Neuen Elysiums", einer Kombination von Grottenbahn, Tanzsaal und Wirtshaus, wo es hoch herging. In den Erinnerungen der alten Wiener lebt das „Elysium" als ebenso verruchter wie gemütlicher Ort weiter.

Das Kloster, das bis zur Johannesgasse reichte, wurde 1887 demoliert. Im Jahr 1894 ließ der bekannte „Adabei" der Makartzeit, der Sportsman und Faiseur Viktor Silberer, den riesigen Annenhof in „altdeutschem" Stil erbauen, in dem sechzig Jahre lang das Wiener Nachtleben von Pleite zu Pleite wankte. Welche Namen: „Chapeau rouge", „Max und Moritz", „Tabarin"... Und die Prozession der Prostituierten zog generationenlang die Annagasse hinauf und hinunter. Was hat sich da nicht alles vor der altersgrauen Kirche, den altersgrauen Häusern zugetragen, welch nimmer abreißender Schnitzlerscher Reigen!

Das Zweierhaus, an der Ecke der Kärntnerstraße, das älteste und niedrigste Haus dieser Luxusrevue, steht im großen und ganzen noch so, wie es 1700 Adam Anton Grundemann von Falckenberg aufgeführt hat. Im 19. und 20. Jahrhundert wurden seine frühbarocken Formen etwas geändert, 1833 ein dritter Stock aufgesetzt, seit 1885 gehört es den Esterhazys. Heute prangt es in frischem Kaisergelb, die Sonne funkelt fröhlich in seinen unregelmäßigen Hof hinein.

So reiht sich ein altes Haus an das andere, bis an den Rand

gefüllt mit Schicksalen und Erlebnissen. Das Zehnerhaus, ein „Neubau" aus der Zeit des Kaiser Franz, gehörte in den vierziger Jahren den Batthyanys. Hier erfuhr die Mutter des revolutionären ungarischen Ministerpräsidenten Batthyany 1849 die Nachricht von der barbarischen Hinrichtung ihres Sohnes. Er hatte sich, um dem Galgen zu entgehen, den Hals durchschnitten, und man schleppte ihn blutüberströmt und röchelnd vor ein Hinrichtungspeloton und erschoß ihn. Hier, im Zehnerhaus, mag die rasende Mutter ihren berühmten Fluch gegen Franz Josef und seine Familie ausgestoßen haben, in dessen Erfüllung — wie die alten Köchinnen raunten — Kronprinz Rudolf sich durch den Kopf geschossen hat, Kaiserin Elisabeth das Herz mit einer zugespitzten Feile durchstoßen wurde...

Wolken am Horizont

JOHANNESGASSE

Seidenblau der hohe Herbsthimmel; ganz in Goldocker glänzt der Kärntnerring; fast keine Blätter mehr auf den Platanen aus der Zeit des Bürgermeisters Zelinka. Breit der Asphalt, auf dem einst der Korso wogte, den Theo Zasche gezeichnet hat. Jetzt ist hier vormittags alles leer, nur eine hochgewachsene Dame schiebt einen türkisblauen Kinderwagen in Stromlinienform vor sich her. Ein warmer Flauschmantel aus den Ateliers der Wiener „Haute couture" wirft seine schweren Falten um sie. Auf einmal erstarren die zwei jungen Gardeschützen vor dem Grand Hotel, dem diese Kassandra zusteuert. Eilig fingern sie an der Drehtür, damit Mutter und Kind in die heiligen, jedem Wiener verbotenen Sowjethallen einfahren können. Bürgerin hin, Genossin her, höre ich förmlich aus dem Lachen der fröhlichen Jungengesichter unter den mausgrauen Pelzmützen heraus...
Weiter auf dem einsamen Korso, die Sonne ist so schön, alles ist so frisch, ist wie ein Neubeginn, als mich eine vornehm näselnde Stimme aus dem Träumen schreckt. Eine alte, ganz alte Frau ist's, in einem dünnen Sommermäntelchen: „Ach, bitte, nehmen Sie es mir nicht übel..." Große dunkle Augen blicken mich an. Junge Augen in diesem Greisinnengesicht. Ach — und ein schäbiges Samtband um den faltigen Hals.

Der Stephansplatz um 1614 mit Prozession und Bildmedaillons von Kaiser Matthias und seiner Gattin Anna von Österreich

MATTHIÆ·I·ROMANORVM IMPERATORI SEMPER AVGVSTO ETC:

Schlanke, von der Kälte blaue Hände, verunstaltet von Arthritisknoten, strecken sich mir entgegen. „Durch diese Finger sind einmal Millionen gerollt..."
Teufel, welch neuer Trick, denke ich mir und greife in die Tasche — als ich mit Entsetzen die Prinzessin X erkenne. Sie ist es — Traum meiner Kindheit, seit mich der berühmte Onkel im Fiaker zur Kaiserparade mitnahm. Wie lange ist das her? Ein halbes Jahrhundert? Noch länger?
Nebenan in der Wagenburg hielt die Equipage mit den Isabellenpferden, und auf dem Bock stand die Prinzessin X. Schön wie ein Traum. Der Onkel sagte mir ihren Namen. Ein Haufen eleganter Gigerl, unsagbar „pschütt", umgab sie. Alle sprachen französisch. „Monseigneur", sagte sie zu einem Blonden.
Das machte mir Eindruck, und als Graf Goluchowski, der Minister des Äußeren, das große Rennglas umgehängt, vorbeischlenderte, sprach er lange mit ihr. Sie lachte viel. Welch himmlisches Lachen! Ich hör's noch jetzt. Seine Exzellenz geruhte auch den Onkel anzusprechen, gab mir sogar die Hand... oh, solche Kindheitserinnerungen vergißt man nicht. Sie ist es, sie ist es... Ich erstarre, vergesse den „Trick", stopfe alles Geld aus meinen Taschen in die zitternde Greisinnenhand und entfliehe entsetzt und vernichtet.
Alles ist Glas, Nickel, und hauchdünn sind die Stühle. Himmlischer Kaffeeduft in diesem neuen Espresso, in dem ich mich verkrieche, um den Schreck zu überwinden. „Ägyptische Baumwolle", „Neskaffee" und „ein echter Biedermeierschreibtisch, mindestens dreihundert Jahre alt", höre ich vom Nebentisch. Elegant wie aus dem Modejournal sitzen die Herren an den schimmernden Tischchen. Gesichter wie von

Der Stephansplatz um 1875 mit Blick über das Gebiet der alten Brandstatt

Tigerhaien über der haarscharf gebügelten Eleganz göttlicher Gabardinehosen. Herein wischt durch die Plexiglastür ein süßes Frauenbild in purpurgefärbtem, mit schneeweißem Vlies gefüttertem Ledermantel. Als sie sich aus ihm schält, steht sie im schicksten „Tailormade" da wie eine lebendig gewordene Seite der „Vogue". Welch eine Frisur! Welch eine Figur! Graziös setzt sie sich, ein Bild der Eleganz, neben den Haifisch, die langen Finger — Hände einer gotischen Madonna — mit blutroten Nägeln schütteln eine Chesterfield aus dem Päckchen, und die blutroten Lippen flöten: „Hearst dar, bist du a' bleedar Hund, Schurl! Schick'st mi' außa zu dera alten Bisgurn, de hat jo goar ka War..." Kein Ausweg aus dem Wien des Dritten Mannes? Ich flüchte, biege um eine Ecke, quere hier eine Straße, passiere dort ein Durchhaus, und endlich nimmt mich die Stille einer uralten Gasse auf. Ich stehe in der Johannesgasse. Ich bin nach Wien entkommen, meinem Wien.

„Hofkammerarchiv" steht an einem Haustor, das ich öffne. Ich stehe in einem Hof. Eng, hoch und schmal, wie von Spitzweg gemalt. Wo sind die Kakteen in den Fenstern? Ah — nein, das hier ist, was vom „Klein Mariazeller Hof" blieb. Richtig. Und hier über der Gewölbtür, die zum „Hofkammerarchiv" führt (klingt das nicht wie erfunden?), ist das gotische, so naive, reizend gespreizt-bewegte Relief eingemauert, das sich ein verschollener Hausherr 1482 meißeln ließ. Und mit einem Schlag ist es wieder da, das versunkene, das mittelalterliche Wien. Stefan von Hohenberg war's, ein großer Herr, ein Millionär nach unseren Begriffen, Erster Kämmerer des Herzogs und Hofkanzler. Er hat dieses Gebäude, heute Johannesgasse Nummer 6, dem „Haus von Sand Mareinzell", dem längst verschollenen Kloster von Klein-Mariazell im Triestingtal bei Altenmarkt, der Muttergottes geschenkt.

„... dadurch ich ihrer Guttat auch theilhafftig werd, nachdem

Sy dis ohn aufhaltung leiblicher Nahrung nicht verbringen möchten... hab ich dem bemelten Gotteshaus geben und gib Ihnen mein Haus ze Wienn, eines in der Johannesstrassen, zunächst des edlen Balthasar Schifft-Hauhs, das ledig und frei ist von allem Dienst, das auch in der Pippingerstraße, zunächst des Bern Hauhs, das hinten an das ehegemelt mein Haus stoszt und darzugebrochen, dasz alles ein Haus ist..." Und im tausendfaltigen Klerikergewand, der Tracht des gotischen Intellektuellen, kniet der Stefan von Hohenberg, ein Modell seines Hofes in Händen, vor der Madonna. Zu Füßen sein Wappen mit dem feuerschnaubenden weißen Panther, umgeben von einem modischen Gefolge, alle in weitfaltigem Mantel: auch ein Zwerg ist darunter. So schickte es sich für einen großen Herrn. Schriftbänder, die man nicht mehr lesen kann, flattern über ihnen. Süß wie eine junge Bauersfrau thront die Muttergottes mit dem Kind unter einem Baldachin der verworrenen Fischblasengotik, während der Abt von Klein-Mariazell, Mönche und Nonnen demütig auf der anderen Seite harren. Und unten am Rande singt es noch immer mit Silberstimmen: „Recordare virgo mater, dum steteris in conspectu Dei, ut loquaris pro nobis bona." (Erinnere Dich, jungfräuliche Mutter, wenn Du im Angesicht Gottes stehst, Fürbitte für uns zu leisten.)

Verweht wie die Gesänge, mit denen die frommen Brüder den toten Hohenberg ins Triestingtal führten, wo sie ihm ein herrliches Grabmal aus rotem Marmor setzten. Der „Türkenhund" hat es 1529 in Stücke geschlagen.

Und das Relief über dem Aufgang ist alles, was von Stefan von Hohenberg geblieben ist. Im letzten Krieg hat man es im Keller geborgen.

Ja — und vor einigen Jahrzehnten hat es vom Haus nebenan herübergekracht zum Herrn von Hohenberg, der seit fast einem halben Jahrhundert sein Miethaus der Madonna präsentiert, das Haus, das der Herr Sprenger im spätesten Vormärz so dramatisch aufgeregt umgebaut hat. Herübergekracht hat es von der „Ravag", dem österreichischen Rundfunk, der in der einstigen Volksschule nebenan etabliert war, als ihn die Nazis an jenem 25. Juli 1934 stürmten. Erinnert man sich noch?

Kein Mensch wußte das damals, an jenem Mittag. Die Ringwagen fuhren ruhig weiter über den Ring, obwohl doch, „wenn Revolution ist", der Ak-, der Bk-, der A-, der B-, der L-, der D-Wagen über die „zwarer Lina", die Zweier-Linie, fahren, wie jedes Kind weiß.

Man lese doch einmal in den alten Zeitungen vom 26. Juli 1934 nach. Ganz gemütlich berichtete damals Schmock: „Bei der Oper herrscht um 14 Uhr noch ein ganz modernes Straßenbild. Bei der Krugerstraße sieht man jedoch bereits Gruppen von Neugierigen beisammenstehen. Der Eingang zu der Annagasse ist von Wachleuten des Überfallkommandos abgesperrt. Mit dem Gewehr, Bajonett auf, stehen sie da. Ein Maschinengewehr ist in Stellung gebracht. In der Johannesgasse stehen einige Feuerwehrautos, jeder Zugang ist von der Polizei gesperrt. In dem Teil der Gasse gegen die Seilerstätte, bei dem Kloster, stehen die Überfallsautos der Polizei und die Rettungsautos. Plötzlich knallen Schüsse aus dem Fenster der Ravag. Einige Fenster des gegenüberliegenden Hauses, in dem das Bankhaus Kux, Bloch & Co. untergebracht ist, splittern. Unter dem Einschlagen der Kugeln fällt Mauerwerk auf das Pflaster. Da werden in zwei Fenstern des Gebäudes Maschinengewehre untergebracht ... sprüht die Kugelgarbe des Maschinengewehres hin... Jetzt kommt das Panzerauto angefahren und schiebt sich durch die enge Gasse ... ersten Sturmkolonnen durch das Tor in das Gebäude ... hört dumpfes Dröhnen von Handgranaten ... erste blutende Gestalt aus dem Tor... Die Arme zum Zeichen der Übergabe hoch über dem Kopf erhoben. Unter der nächsten Toreinfahrt ein erschossener Wachebeamter..."

Ein Detailbericht der „Neuen Freien Presse“ über das, was zunächst im Hause vor sich gegangen war, gab schon eine Vorstellung von dem, was das „tausendjährige Reich“ bringen würde. „Als der Überfall auf das Gebäude der Ravag erfolgte, wurde in dem im Souterrain gelegenen Senderaum unter der Leitung des Burgschauspielers Wawra die Probe zu dem Hörbild ‚In Lederstrumpfs Wäldern‘ abgehalten. Die Eindringlinge, durchwegs Burschen im Alter von 18 bis 23 Jahren, Studenten, Hilfsarbeiter, Arbeitslose, alle in Zivil, machten am Eingang den dort postierten Sicherheitswachebeamten sowie einen Schutzkorpsmann nieder, setzten dem Chauffeur Czermak mit dem Ruf ‚Hände hoch‘ den Revolver an die Brust. Dieser nahm die ganze Sache nicht ernst und rief auflachend ‚Was wollt ihr von mir?‘ In der nächsten Sekunde sank er mit einem schweren Brustschuß zusammen. An der Probe im Studio nahm unter anderen auch der 45jährige Schauspieler Rudolf Ferstel teil, der bei der Ravag als Regisseur, Erzähler und Episodenreporter tätig war. Der plötzliche Überfall hatte bei ihm eine jähe Nervenzerrüttung ausgelöst. Er schrie gellend nach seiner Mutter und nach seinem Kind und flehte die Banditen an, sie mögen ihn in Freiheit setzen. Als dies abgelehnt wurde, entriß er einem Eindringling den Revolver und schoß damit blindlings im Studio herum. Nun warf einer der Burschen eine Handgranate gegen Ferstel, die diesen an dem Bauch traf und so schwer verletzte, daß er bald darauf gestorben ist...“

So also hat das heroische Leben und die soldatische Grundhaltung in der Wienerstadt begonnen.

Die Häuser mit der Nummer 4 in der Johannesgasse haben allerhand Schicksale gehabt. In der Hauptsache beherbergten sie Schulen. Das Ganze bildete den großen Komplex des Annaklosters, des späteren Jesuitennoviziathauses, der von der Annagasse bis hierher reichte. Die Geschichte der diversen Schulen wurde bereits gestreift.

Die echt österreichische Farce daran aber war, daß unter all den vielen Schulen in den uralten, zwei Stock tiefen Kellern eines der wildesten Vergnügungslokale, die Wien je kannte, das schon erwähnte „Elysium", getobt hat, und zwar von 1835 bis 1857. Es muß ein in seiner Naivität und Großartigkeit unvorstellbares Etablissement gewesen sein. Kisch, der es noch erlebt hat, schreibt anschaulich darüber: „... die Sehenswürdigkeiten, die hier den Besucher erwarteten, waren geradezu fabelhaft. Man muß es mit eigenen Augen gesehen haben, um sich nur einen leisen Begriff von der überraschenden Wirkung dieses olympischen Freudenhimmels zu machen. Ein Lichtermeer von Flammen und eine Fülle von Farbenzauber ergoß sich über sämtliche Räume, und was das Auge nicht zu fassen vermochte, das erlauschte wonnetrunken das Ohr, es hörte das Rauschen der Palmen, das Plätschern der Wasserfälle und von allen Seiten lieblich tönende Musik ... Der Eingang zum Elysium war von der Johannesgasse, zunächst jenem Haustore, wo sich der Schulbücherverschleiß befindet ... man gelangte durch ein antikes Portal über mehrere Stufen zur Cassa, hinter welcher eine bequeme buntgeschmückte Treppe ins Innere des Etablissements führte und zunächst in die Regionen ‚Afrikas'. Ein ägyptisches Zaubergemach nimmt uns jetzt auf; mysteriöse Zeichen an den Wänden und ein gestirnter Himmel als Deckengemälde lassen uns die Geheimnisse dieses Wunderlandes erkennen. Die Dekorationen sind verschiedenen Motiven Ägyptens entnommen. Gefangene und nubische Schönheiten, von Mohren bewacht, blicken uns hinter engen Rahmen aus den Wänden freundlich entgegen. Wir betreten von da aus einen Gang oder vielmehr einen Bildersaal, der nach ‚Europa' führt, mitten in die gemütliche Heimat, in die Regionen des Kobenzl (Himmel genannt, eines Lieblingspunktes der Wiener für ländliche Ausflüge); hier empfangen uns wirkliche Tische, und wir lauschen nationalen Zitherklängen und fidelen

Jodlern. Eine weitere Treppe führt uns in das eigentliche Herz der geliebten Heimat, in das elegante Europa. Straußische und Lannerische Walzer erklingen und lusterglühende Paare schwingen sich im Reigen. Doch weiter eilen wir fort und gelangen über einen schmalen Gang zur Urwiege der Menschheit, nach ‚Asien‘... Was nur orientalische Phantasie zu ersinnen vermag; leuchtende Perlen und Demantenglanz, duftender Moschus, reizende Odalisken verherrlichen den Harem des Sultans, der sich jetzt mit seinen Frauen den überraschten Blicken des Publikums zeigt... Wohl aufgeheitert dringen wir über den Isthmus eines langen Korridors in eine neue Welt, in ‚Amerika‘ ein. Schon der erste Schritt auf diesem Kontinent ist eine Überraschung. Ein Urwald stellt sich unseren erstaunten Blicken dar. Palmen umrauschen uns jetzt, Affen und Papageien wiegen sich auf den Zweigen der Urstämme und lassen abwechselnd ihre kreischenden Stimmen hören; auch für eine rasche Communication ist hier mittels einer zweigeleisigen Eisenbahn gesorgt, doch vertritt den Dampf ein geflügeltes Roß und die Lokomotive ein Wolkenwagen, ja selbst der Rosselenker ist hier ein geflügelter Genius, denn wir befinden uns mitten im Olymp. Nun besteigen wir willig den Wagen und im Fluge brausen wir dahin durch göttliche Gefilde, durch pittoreske Grotten, Tunnels und schäumende Cascaden. Immer helleres Licht strömt uns entgegen. Blumen einer überirdischen Zone überwuchern unsere Pfade, wir begegnen jetzt hehren Göttergestalten, einer Schar von Mänaden, Korybanten, Cyclopen, selbst Silen.. .tritt uns entgegen, und es steht die strahlende Herrlichkeit des Sonnentempels vor uns... Ermüdet und ermattet begrüßen wir schließlich mit Freude das wirkliche Alpenland, wo Speise und Trank uns erquicken und eine duftige Cigarre unsere erschöpften Lebensgeister stärkt ... wandernde Troubadours, weissagende Eremiten und Improvisatoren geben ihre Späße zum besten...“

Unsereinem schwindelt schon beim Lesen. Welche Zusammenstellung von Grottenbahn, Panoptikum, Beinfleisch mit Kren und Hetz! Eine seltsame Welt, das wienerische Biedermeier.

Ja, in der Johannesgasse hat sich viel ereignet. Noch ragt der seltsam-herbe Barockpalast des Grafen von Questtenberg, Nummer 5, der von jenem Hofkriegsrat-Vizepräsidenten abstammte, der durch Schillers „Piccolomini“ in die Literaturgeschichte einging und seine Rolle in der ebenso geheimnisvollen wie gigantischen Kabale um den Sturz Wallensteins spielte.

Das Savoysche Damenstift (Nummer 15) ist mit seinen bezaubernden Plastiken von Franz Xaver Messerschmidt eine Welt für sich, um die bleierne Witwe von Sarepta versammelt, über der geschrieben steht: „Elisäus machet eine Witwe reich an Öhl.“ Wie elegisch es sich in diesem Hof träumen läßt! Er gehört heute dem Fürsten von Liechtenstein, in den Barocksälen klappern die Schreibmaschinen vieler Büros, in die Lichthöfe gehen die Fenster mancher verarmter Aristokraten, die hier in ihren Austragstüberln sitzen.

Drüben die Ursulinerinnenkirche, das Ursulinenkloster, durch seine Schulen untrennbar mit der Geschichte der Wiener Kultur verbunden, aber auch als Ort, an dem Clemens Maria Hofbauer wirkte und lebte. Wie verhalten das schlichte Barockkloster mit seinem großen Reliquienschatz dasteht!

Wie groß, wie weit, wie tausendfältig ist doch die wienerische Welt in der Johannesgasse! Wie läßt sich hier sinnieren und träumen, wenn die Wolken über den blauen Himmel ziehen, die herbstlichen Regen in dichten Schleiern fallen, der Schnee in großen Flocken herniedersinkt...

Die Straße des edlen Ritters

HIMMELPFORTGASSE

Die Himmelpfortgasse ist eine Straße aus der Barockzeit, fast vollkommen erhalten. In den Höfen stinkt es bisweilen mörderisch, und von den Fenstern aus sieht einer dem andern in den Magen. Die Häuserfront ist nicht mit dem Lineal gezogen. Seltsam bewegt beschreibt sie zarte Kurven; die meisten Gebäude stammen noch aus dem 17. und 18. Jahrhundert. Geht man bedächtig durch die Himmelpfortgasse, kann man sich manchmal vorstellen, wie es im alten Wien war.

Von Erbsengelb über schmutzige Ockertöne geht die Farbgebung über zu gebrochenem Lampenschwarz, zu verronnenen Neutraltintetönen, und die Sonne ist es, die daraus seltsame Goldfarben holt, wie die Farbe alter Rahmen in alten Stiegenhäusern. Außer Prinz Eugens Palast auf Nummer 8, außer dem Sechserhaus gibt es hier keine architektonischen Sehenswürdigkeiten. Aber wie intim sind doch all diese alten Bauten in ihren anmutigen Proportionen, in der Schlichtheit ihrer Frontgestaltung, die immer wieder Geschmack und feines Gefühl erkennen lassen. Selbst der schlichteste Baumeister hatte das Anno dazumal in den Fingerspitzen. Wie sicher setzten sie auf ihre Zopfstilfronten ein Feston, einen Palmzweig, ein Kränzchen genau dorthin, wo es sein mußte, ließen auf Nummer 13 zwei mürrische Karyatiden einen reizenden Barockbalkon tragen, stellten einen hinreißend koketten Barockengel zwischen zwei theatralische Prunkvasen über das Haustor von Nummer 17. Kommt man dann beim Ronacher in den Teil der Himmelpfortgasse, der in der

Gründerzeit an Stelle des kaiserlichen Zeughauses und der alten Basteien entstand, zuckt man zusammen: lauter „Prachtbauten“, protzig und aufdringlich, von oben bis unten mit Lisenen, Pilastern, Mäandern, Sphinxen hoch oben, plastischen Säulen, mit dem ganzen Wust von Ornamentvorlagen der Antike und Hochrenaissance „geschmückt“.
Es gibt wenige Stellen in Wien, wo man den jähen Bruch in der künstlerischen Tradition, dem künstlerischen Können, dem architektonischen Feingefühl so kraß vor sich sieht wie in der alten und in der neuen Himmelpfortgasse.
Da steht der Palast des Prinzen Eugen noch immer mit der Nonchalance eines großen Herrn, und Äneas trägt noch immer den Papa, den Ex-Liebhaber der Venus, aus dem brennenden Troja. Seit 1848 residiert das Finanzministerium hier; man weiß heute nicht mehr, in welchen Zimmern Eugen von Savoyen wohnte. Sie sollen ganz still gewesen sein, hofseitig gelegen.
Daß der Palast des Prinzen Eugen auf dem Grund einer der ältesten Musenstätten Wiens steht, werden wenige wissen. Es gab nämlich hier ein Ballhaus, in dem man so wie in der Ballgasse das „Tennis“ der Hochrenaissance und des frühen Barock gespielt hat. Schon 1658 hört man vom „Boyerschen Ballhaus in der Himmelpfortgassen“ und daß dort immer wieder wandernde Komödiantengruppen Theater spielten. Das ging lange so. Wien war immer theaterfreudig, wenn es auch den Zeitgeist charakterisiert, daß die Steuer, welche die „Komödiantenprinzipale“ zahlten, zur Erhaltung des — Zuchthauses verwendet wurde. Noch gibt es einen Vermerk: „1692 von wällischen Comoedianten wegen Agirung unterschiedlichen Opern im Ballhause in der Himmelpfortgassen von fünf Wochen eingenohmen 15 Gulden und von den deutschen actoribus dreiwochenlang einen Gulden 30 Kreuzer...“
Fischer von Erlach und Hildebrandt, die genialsten Architekten ihrer Zeit, errichteten dem Prinzen den Palast in der

Himmelpfortgasse. Erstaunlich, welch herrliche künstlerische Einheit daraus entstand. Eine anonyme Biographie des Prinzen aus den Jahren 1734 bis 1736 notiert genau: „Der mittlere Theil, wo das Haupt-Thor ist, wurde von dem berühmten Bernhard Fischer von Erlach, damaligen Sub Intendanten über die Kayserlichen Gebäude, angegeben und aufgeführt: der untere Theil, oder das andere Thor, wurde von Jean Luca von Hildebrandt, Kayserlichem Baumeister zu Stande gebracht, der dritte Theil aber, oder das obere Thor, worinnen die Bibliothec befindlich, wurde erst nach der Hand von dem letzt bemeldeten Hildebrand erbaut, weil der Platz dazu nicht eher als nach dem Tode des Besitzers, welches ein Bürger war, zu verkauffen gewesen." Der Bau dauerte von 1694 bis 1724. Man sieht, Zeit spielte keine Rolle.

Der Prinz starb 1736, seine Nichte und Erbin, Prinzessin Anna Victoria von Savoyen, machte alles zu Geld. Maria Theresia erwarb den gänzlich ausgeräumten Palast 1752 für die oberste Montanbehörde; seither steht er bis auf den heutigen Tag ausschließlich Behörden zur Verfügung.

Wieviel Geld durch all diese barocken Palastbauten unter die Leute kam, geht aus einer der vielen Rechnungen dieses Palastes hervor.

Andre Simon Carove, bürgerlicher Maurermeister, kassierte 26 089 Gulden, darunter für Ziegel 7065 Gulden, für Maurertagwerklohn 8345 Gulden; Philipp Jager, kaiserlicher Hofbefreiter Tischler, hat 3667 Gulden kassiert; Matthias Frick, bürgerlicher Schlossermeister, 5544 Gulden; Matthias Ländl, bürgerlicher Zimmermeister, 5271 Gulden; Johann Thomas Schickle, bürgerlicher Steinmetzmeister, 7876 Gulden, darunter für das große Tor mit Bildhauerarbeit 1600 Gulden, für sieben marmelsteinerne Türstöcke 800 Gulden; Johann Georg Hoffinger, bürgerlicher Glaserer, 1012 Gulden; Johann Jakob Castelli, „Stokatorer", 3481 Gulden, darunter für das Dach mit Figuren, Laubwerk und Capitälen mit geschnitztem Gesims 650 Gulden, für die drei großen Zimmer mit „subtilem" Laubwerk 600 Gulden; Abraham Schachenreither, bürgerlicher Ziegeldecker, 1527 Gulden. Und so weiter, und so weiter.

Am 21. April 1736 verschied Eugen von Savoyen in seinem Schlafzimmer im Palais einsam und allein. Am Abend vorher hatte er noch bei der Gräfin Batthyany Piquet gespielt, und es war ihm schlecht geworden.

Karl VI. hat bei der Nachricht vom Tod des Prinzen wahrscheinlich aufgeatmet. Zu sehr hat ihm der „heimliche Kaiser", der geniale Mensch, sein Spießbürgerleben verdüstert. Steht man heute in der Himmelpfortgasse vor dem Finanzministerium, begreift man gar nicht, wo die 2776 Personen, die „mit der Leich' gegangen sind", Platz fanden.

Im „Wiener Diarium" jener Zeit, der heutigen „Wiener Zeitung", schrieb ein Lokalredakteur (in Allongeperücke und mit tintenbekleckststen Fingern) eine lange Reportage über das Leichenbegängnis, die als „Extra-Blatt" zwei Tage nach dem Begräbnis erschienen ist.

Wir wissen, welche Wiener am selben Tag wie Prinz Eugen, dem 21. April 1736, gestorben sind. Das „Diarium" hat ihre Namen säuberlich abgedruckt. „In der Stadt: Dem Kaspar Klinger / Lackayen / sein Kind Catharina / bey dem umgekehrten Stiffel im Judengassel / alt 6 Jahr — Dem Joachim Sautner / Guarde-Soldaten / sein Kind Christian / auf der Schotten-pastey / alt 5 Jahr — Mathias Haasz / im Bürgerspital / alt 78 Jahr." Woraus zu ersehen ist, wie klein die Bevölkerung der Inneren Stadt und wie groß die Kindersterblichkeit damals war.

„Vor der Stadt", das heißt in dem vom heutigen Gürtel umschlossenen Gebiet, in dem die Mehrheit der Bevölkerung lebte, verschieden zugleich mit Eugen: „Herr Johann Wentzel Mocker / Herrschafts-Haus-Hofmeister / welcher gestern Abends im Stockhammerischen Garten am Rennweg ohnversehens durch einen Schuß getroffen / und darauf gestorben / alda von dem kayserl. Stadt-Gericht beschaut worden / alt 36 Jahr — Wolf Andre Obermayr / gewester Linien-Gegenschreiber / bey dem goldenen Hirschen außer dem Klagbaum / alt 59 Jahr — Barbara Richlin / Bürgerliche Witwe / ihr Söhnl Mathias / im Herrenlebischen Haus in der Leopold-Stadt / alt 14 Jahr — Dem Johann Dunkel / Wirthen / sein Weib Justina / in seinem Haus am Himmelpfortgrund / alt 41 Jahr — Dem Johann Anton Pfeiffer / Schreibern / sein Kind Theresia / bey dem goldenen Degen im Liechtenthal / alt 5 Jahr — Dem Wentzel Jaksche / Brandweinern / sein Kind Mathias in seinem Haus in Lerchenfeld / alt siben Vierteljar — Dem Ferdinand Lenz / Tabor-Maut-Aufsehern / sein Kind Maria Anna / im Stroblischen Haus in der Leopold-Stadt / alt 2 Jahr — Dem Johann Kapfenberger / Schuh-machern / sein Weib Maria / bey dem weißen Stern bey Maria-hülf / alt 43 Jahr — Mathias Schnadl / gewester Bürgerlicher Kuchl-Gartner / bey der kleinen Hollerstauden in der Leopoldstadt / alt 60 Jahr — Dem Christoph Dorfmeister / Schuh-machern / sein Kind Anna / bey der goldenen Sonn am Spitalberger / alt 2 Jahr — Sophia Manhartin / Witwe / bey dem Goldenen Ochsen im Lichtenthal / alt 90 Jahr — Dem Christoph Kemeder / Schuh-machern / sein Kind Ferdinand / im Winterischen Haus außer Mariahülf / alt sechs Viertel Jahr — Dem Frantz Fertig / kayserl. Kutschern / sein Kind Ignatz / im Schusterischen Haus auf der Wieden / alt 3 Jahr — Dem Johann Kaiser / Tagwerker / sein Weib Margaretha / bey dem gruenen Nussbaum am Neubau / alt 36 Jahr."

Lesen wir nun, was der längst verschollene Journalist vor 220 Jahren über die „Leich'" Eugens von Savoyen erzählte, und stellen wir uns vor, daß diese echt barocke, in ihrer Art großartige Haupt- und Staatsaktion in der engen Himmelpfortgasse stattfand.

„... wurde nemlichen“, erzählt der eifrige Reporter, „derselbe mit dem Uniform-Kleid seines Regiments / nemlich von rotem Scharlach mit Gold bordirt / und schwarzsammeten Aufschlägen / und mit den Stifeln und Sporn angezogen / und ... in der ersten Anticamera des Fürstlichen Pallasts auf einem prächtigen mit 63 großen weißen auf silbernen Leuchtern ausgestelten Wax-Kertzen umgebenen ... Trauer-Beht zu dreitägiger öffentlicher Schau ausgeleget... Nebst dem von dem alhiesigen Kaiserl. Leib- und Stadt-Garde Regiment postierter Mannschaft sowohl bey dem großen Thor des Pallasts / als auch auf der Treppe / und bey dem Trauer-Beht / um das gedräng und Unordnung des häuffig zulauffenden Volks zu verhüten / befande sich auch stets zur Wacht bey dem Leichnam ein Ober-Offizier von seinem Regiment. Auch wurde wegen dieses höchst bedauretem Todfalls alle Tag eine Stund lang nemlich von 12 Uhr mittags bis ein Uhr die Glocken von allen kirchen in der Stadt geläutet...“

Was wohl in sich schon eine großartige Szene war. Der kleine, zusammengeschrumpfte Mann in Scharlach, enormer goldschimmernder Löwenperücke, den Rosenkranz um die kleinen knochigen Hände gewunden, ausgestreckt auf einer Art brokatenen Diwans, umbraust vom Glockengeläut Wiens, das die gewaltige Stimme der Pummerin angeführt haben wird. Und drei Tage lang schob sich ungewaschen, häufig verlaust, in zerlumpten Röcken die „Canaille“, das Volk von Wien, in dichten Scharen vorbei, dumpf ahnend, daß mit diesem Toten in Scharlach alles aus war: der Fried', die Hoffnung, das Glück.

Am 26. April 1736, um vier Uhr nachmittags, wurde „der Leichnam gehoben“. Zwei Stunden lang sollte der letzte Weg des Prinzen Eugen dauern.

Ein Feldherr war es gewesen, aber Scharen von Geistlichen haben ihn zu Grabe geleitet. Geistliche — und Pfründner.

Zuerst kamen die Armen vom Armenhaus in der Alster-Gassen (heute steht das Allgemeine Krankenhaus dort), alle in grauem Tuch oder rotweiß geteilter Kleidung, und da das Armenhaus auch eine Art Invalidenhaus war, hinkten auch „19 Officiers / deren die mehristen unter Ihrer Durchleucht hohen commando Kriegsdienste geleistet", hinter dem Sarg. Dann kamen alle die Spitalsbrüder vom Johann Nepomuk-Spital auf der Landstraße und dem Kaiserspital; jedes Spital hatte „sein Crucifix voran / so mit Flohr behangen ware / und von zweyen Wind-Licht-Trägern / welche brennende Weiß-waxene Fackeln / an welchen das Wappen Ihrer verstorbenen Durchleucht angehaftet ware / in Händen trugen / begleitet wurden / auch hatte jeder Mann eine brennende Wax-Kertzen in der Hand". Man hätte glauben können, ein „Armenvater" werde zu Grabe getragen. Dieser Schar folgten 587 Menschen, alle ebenfalls mit Kerzen in der Hand, und man höre, was es damals für Orden in Wien gab: die Pii Patres Trinitarier, Carmeliter, Serviten, Augustiner Barfüßer, Paulaner, Misericordiae Brüder (die Barmherzigen Brüder, die sich bis heute gehalten haben), Capuziner, Augustiner von der Landstraße, die Minoriten, Franziskaner und Dominikaner. Hierauf 130 Jesuiten, Pfarrgeistliche und Stifter. Dann erst kam das Militär. 145 schneeweiße Kürassiere mit zwei schwarzverhangenen Pauken, die ihre dumpfen Schläge immer wieder erschallen ließen wie den Donner, den man hört, wenn sich die sieben Himmel schließen, in schwarzlackierten „Kürassen und Bickel-Hauben", welch letztere die eisernen „Zischäggen" aus dem Dreißigjährigen Krieg gewesen sein dürften. Infanterie und sechs Kanonen folgten in bunter Abwechslung mit Domherrn und Kuraten von St. Stefan. Auch ein Bischof ging mit.

Und dann kam der tote Prinz. Es muß ein für moderne Menschen schwer vorstellbares Bild gewesen sein. Uralte Grabesriten zeigten sich noch einmal. Man sah die Träger des Sarges nicht, das enorme Bahrtuch verhüllte sie. Denn Eugen wurde zu Grabe getragen, er fuhr nicht in einem Wagen, auch auf keiner Lafette. „Sodann wurde der Leichnam auf einer darzu gemachten Todten-Bahr getragen. Der darauf ruhende Sarg sowol als die gantze Bahr ware mit einer kostbaren von goldenen Frantzen / und breiten Borten um und um eingefaßten schwartz-sammeten Decke / in welcher ein großes Kreutz von reichem goldenen Zeug oder Drap d'Or von einem End bis zu dem andern formirt ware / völlig bis auf die Erde herunter / samt denen Tragenden überhült. Mitten auf dem Sarg stunde ein silbernes großes Crucifix: Und oben auf einem Gold-zeugenden Küsse lagen nebeneinander der von seiner päpstlichen Heiligkeit überschickte ... Hut / und die Fürstliche Haube / samt der großen Ordens-Kette des goldenen Vlieses / und unten an wider auf einem solche Küsse das ingleichen von Ihrer Päpstlichen Heiligkeit überschickte große kostbare Schwert und Röcklein / wie auch der Commando Stab / der Degen, der Hut / und die Hand-Schuh ihrer verstorbenen Durchleucht, die Zipfe und Ende des Bahr-Tuchs wurden von 14 nebenher gehenden Kaiserlichen Herren Feldmarschall Leutenannten .. ohne Beobachtung des Ranges / sondern untereinander nach belieben gehalten. Und neben denselben außenher wurden von 36 Herren von der Kaiserlichen Feld-Kriegs-Cantzley ebensoviele brennnde weiße Wax-Fackeln getragen. Nach dem Sarge wurde das Leib-Pferde ihrer verstorbenen Durchleucht auf das schönste aufgeputzet / und mit auf dem Sattel gebundenem kostbaren Harnisch / zwischen zwei völlig vom Kopf bis zu den Füßen geharnischten reitenden Männern / geführet / und von Dero Herrn Page zu Fuß / wie auch neun anderen über und über mit Trauertuch überhülten / und von so viel auch in Trauer gekleideten Reit-Knechten geführten Hand-Pferden gefolget ..."

Zwei Stunden dauerte es, bis sich dieser prunkvolle Leichenzug aus dem Engpaß der Himmelpfortgasse herausgezwängt hatte.

„anbeey ist anzumerken“, berichtet das Diarium, „daß die samentlichen Infanterie / und Cavallerie sowohl Officier als Gemeine / alle ihr Ober- und Unter-Gewehr umgekehrt getragen / die Standarten und Spontons mit schwarzem Flohr behangen / wie auch die Paucken / und Trommeln schwarz überzogen gewesen / die Trompeten Sordin geblasen / und die Ober- und Unter Officier über die Schultern oder an ihren Armen schwartz-florene Binden getragen haben... Der gantze Zug / welcher über zwey Stunden dauerte und währenddem welchen alle Glocken in der Stadt geläutet worden / ginge von dem Palast Ihrer verstorbenen Durchleucht in der Himmelpfort-Gassen heraus in die Kärntner Straßen bis an das Kärntner-Thor / von dannen vorbey / die Wacht und dem Augustiner Kloster / durch die Augustiner Gassen vorbey / und der neuen kaiserlichen Reit-Schul / über den Kohlmarkt / Graben / Stock am Eysen Platz bis zu der Metropolitan Kirche in welcher die Herren Ritter des goldenen Vlieses / die kaiserlichen Herren Geheimen Räthe / und hohe Herren Ministern den Leichnam erwarteten...“

Und so zog Prinz Eugen einsam und ohne Verwandte in die Grube. Seine drei Damen, mit denen er so oft Karten spielte, werden wohl irgendwo dabeigewesen sein.

Sein Herr und Kaiser Karl VI., der letzte Habsburger, der Eugen alles verdankte, Existenz und seine große, herrliche Monarchie, ist nicht zur Leich' gekommen.

„Mittwoch / den 25. April“, meldet das Diarium, „erhube sich der allerhöchste Monarch in der frühe nach dem Lustschloß Laxenburg / alwohin auch ihre Majestät die Regierende Römische Kayserin / und die gesamte Durchleuchtige Ertz-Herzoginnen mit der übrigen Hofstatt gegen zehn Uhr gefolget seynd / um daselbsten der gewöhnlichen Frühlings-

Lust eine Zeit lang zu genießen / und sich mit der Reigerpeitz zu belustigen.
Donnerstag den 26.sten April / folgeten auch nach Laxenburg die noch übrige Hoffstatts-Bagage / und unterschiedliche Cantzleyen in die dort herum angewiesenen Quartiere..."
Dank vom Hause Österreich.

Am 27. April hat Karl VI. „2000 Gulden in der Reit-Schul unter die arme Leutt durch den kaiserlichen Elemosinarium von der Hand ausgeteilet..."
Und ließ 2000 Seelenmessen lesen.

Bürger contra große Herren

WEIHBURGGASSE

Die Weihburggasse verläuft in leichter Krümmung. Ihre unregelmäßigen Fronten sind noch alte Stadt. Eine der reizvollsten Gassenformen der Inneren Stadt, diese geschmeidige leichte S-Kurve, sich alsbald in eine gebrochene verwandelnd. Der Name der Weihburggasse ist schwer zu erklären. „In der Weihenburch" erscheint er zuerst 1267. Die ganze Gegend hier lag wohl bis zur Stadterweiterung unter Przemysl Ottokar vor der Stadtmauer, später hinter der Stadtmauer. Es scheint, daß der seltsame Ausdruck die Bezeichnung für eine bestimmte Fortifikation war. Zum ganz alten Wien gehört die Weihburggasse nicht; viele Jahrhunderte lag sie wohl als öde „G'stätten" vor der uralten römischen Festungsmauer. Und im Winter mögen die Wölfe aus den Auen der Wien, wo heute der Stadtpark liegt, herübergekommen sein, angezogen von den Gerüchen der kleinen, wohlverwahrten Stadt.

Heute kann man das Gesicht der alten Gasse nur noch aus ihrem Grundriß ablesen. Von ihren alten Häusern blieb nichts stehen, nur einige Barockbauten, mehr noch josefinische und Vormärz-Häuser sind erhalten, der größte Teil jedoch stammt aus der Makartzeit und den Tagen des „Hausherrnstils" von 1910.

Mit dem Haus Nr. 23 endet die alte Weihburggasse auf der Seilerstätte. Ihre Bauten bis zum Ring stammen aus der Gründerzeit. Das 23er-Haus jedoch war ein josefinischer Bau aus dem Jahr 1784. In der Gegenwart war es jahrelang eine düster-drohende Ruine. Im April 1945 steckte ein Nazi-Magistratsrat seine Wohnung in diesem Haus in Brand, band sich mit einer Rebschnur an seine Frau und sprang aus dem Fenster auf die Straße, wo sie zerschmettert liegen blieben. Das ganze Haus fing Feuer, löschen konnte man nicht, denn Baldur von Schirach hatte die gesamte Wiener Feuerwehr nach dem Westen kommandiert, in Wien blieben nur ein Dutzend Feuerwehrmänner ohne Löschgeräte zurück. Die Brandruine stand jahrelang im Stadtbild.

Das Haus Nr. 2 ist noch in aller Erinnerung. Es war im Stil der „höchsten Sezession" gebaut, und das berühmte Modenhaus Zwieback füllte es vom Souterrain bis zum Dachboden. Hier bekam man exquisite Schöpfungen von erlesenem Geschmack. Im Jahr 1895 hatte es Friedrich Schön erbaut, und die unverstandenen Frauen, die Klimt so wundervoll gemalt hat, kauften hier ihre traumhaften Batistdessous, Höschen, die bis unter das Knie reichten, tief dekolletierte hauchdünne Hemden, mit breiten blaßblauen oder rosaroten Bändern durchzogen, schwarze Seidenstrümpfe mit durchbrochenen Mustern, seidene Unterröcke, Jupons genannt, die beim Gehen wundervoll raschelten. Noch dazu trug man einen Batistunterrock, mochten die Mamas und Großmamas noch so laut über solche Unschamhaftigkeiten zetern. So zog sich die Odilon an, und Anatol liebte derartige Dessous. Außerdem gab es ganz moderne, todschicke Roben bei Zwieback. Der Name war in der eleganten, modernen Welt vor sechzig, siebzig Jahren eine Marke für sich.

Die Geschichte des Modenhauses ist tragisch. Auch dieses Haus aus Glas und Stahl ging 1945 in Flammen auf. Heute ist es wiederaufgebaut.

Einer der früheren Besitzer dieses Hauses, beziehungsweise des Gebäudes, an dessen Stelle es sich erhebt, stand einst, vor langer Zeit, im Mittelpunkt eines ungeheuren Skandals.

Im Jahre 1441 gehörte das Haus dem Bürger Michael Lien-

felder (Lilienfelder), der eine schöne Frau und zwei Kinder hatte. Auf diese Frau hatte anscheinend der mächtige Herr Georg von Rappach, ein maßgebliches Mitglied des Hofadels, ein Auge geworfen. Der Lienfelder scheint nicht fortgegangen zu sein, wenn der Herr Ritter seine Frau besuchte, wie das sonst die Wiener Bürger jener Zeit bei so hochgeborenen Besuchern ihrer Ehefrauen taten. Und das dürfte den von Rappach höllisch geärgert haben: Er ließ den Lienfelder umbringen. Im damaligen Wien konnte man um billiges Geld ein paar Gurgelabschneider mieten. Es streiften genug ehemalige hussitische Brüder durch die Stadt, die sich als Söldlinge für jede Tat anboten.
Das aber war den Wienern denn doch zuviel. Wenn sie schon ihre Frauen mit den Rittern schlafen ließen, umbringen lassen wollten sie sich nicht. Kurzerhand setzten sie die Mittäter des Rappach in den Turm. Und nun begann ein langwieriger Prozeß der Stadt gegen Rappach, dem sie wegen des Mordes nicht ankonnten, der aber den Lienfelder außerdem noch ausgeraubt haben dürfte. Langatmig erzählen Aktenreste von „zwitracht und unwillen, der gewesen sind zwischen dem edlen hern Jorgen von Rappach ains tails und um des andern von ettwas verhandlung wegen, der sich an weilant Micheln Lienfelder, vor zeiten burger daselbs zu Wien, dem got gnad, gemacht und vergangen hat, dadurch er von denselben N. von Rappach wegen ist leiblos worden."
Obwohl dazu verurteilt, gab der Rappach nichts zurück, ja, er gab nicht einmal das Geld für den ewigen Jahrtag bei St. Stefan für den Lienfelder: 1442 mußte ihn Erzherzog Albrecht VI. um die zwei Pfund jährlich für den Jahrtag mahnen. Der von Rappach starb 1445 und wurde in großer Pracht bei den Minoriten beigesetzt.
Im Jahr 1450 gehörte das Haus schon einem andern Hausherrn, dem Andre Schonpruckner, der sich politisch betätigte und in die Verschwörung des schon erwähnten Wolf-

gang Holzer gegen Albrecht VI. verwickelt war. Und als das Unternehmen schiefging, der „Raid“ der kaiserlichen Reiter, die Holzer beim Stubentor hereingelassen hatte, von dem gemeinen Volk der Handwerker, die zu Albrecht hielten, abgewürgt wurde, da fingen sie mit elf anderen auch den Schonpruckner als Gegner des Kaisers, „und die legt man gefangen in das Huebhaws, die all von wegen des purgermeister handlung verdacht pei dem fürsten“. (Das Hubhaus stand an der Stelle des heutigen Zubaus des Sparkassengebäudes unter den Tuchlauben und war eine Art Finanzministerium oder Finanzlandesdirektion.)
Mit dem Holzer und seinem Stab ging es übel aus. Er war nach dem mißglückten Überfall geflohen, aber dann verkleidet nach Wien zurückgekehrt. Wollte der gerissene Politiker — ein ehemaliger Ochsentreiber — den verfahrenen Karren aus dem Dreck ziehen? Jedenfalls erkannten ihn zwei Hauer in Nußdorf trotz seiner Verkleidung, überwältigten ihn und brachten ihn in die Burg, den heutigen Schweizerhof, wo sich zwischen Albrecht VI. und ihm folgendes Gespräch abwickelte, das ihm das Leben kostete: „Der Herzog: Pöswiht! Nun sag mir mer — wie kummt dir solche passheit [Bösheit] her — daz du so gross verreterei — und schalkait tust so mancherlei — als sich in kurzen stunden — hy ze Wien hat erfunden? — Der Holczer sprach: Herzog sag mir — welcher ist under mir und Dir — der allergrößest poswiht hy? — Dez solt Du mich peschaiden. Wy — Du pist von vader und muder — des kaisers rechter pruder — so pin ich nur sein undertan. — Schau, wer die grösten schuld mög han! — Wan alz daz, daz ich han erdacht — und tun, darzu hast Du mich praht — mir den rucken gehebet ich tarst nit han erlebet — daz ich solch graß ding het volent — het ich Dein hild nit hie erkent! — Der Herzog sprach aus zornes trub: Du later schalk und leichter pub! — Wie tartst mit solchen türsten — reden zu ainem fürsten? — Diser Holczer

für sein prust slag — antwurt im und sprach: Herzog, hy han ich, da ich mit pezal — dez will ich auff dieser wal — mir genug darumb reden — und nit varchten kain scheden. — Der herzog sprach: Red dir genug — nach allem deinen sinn und fug — wann dein reden sal han ein end! — Er lebt nit, der das wider wend!"

Man muß sich die Szene vorstellen in einem engen gotischen Salon mit holzgetäfeltem Plafond, wo auf blauem Grund goldene Sterne glänzten, der Herzog in einem langen Tappert, einem weiten Mantel aus weinrotem flandrischem Samt, die Hände nervös an der seidenen Sendelbinde zerrend, die vom Hut herabhing, während das Kleinod des Drachenordens an dünner goldener Kette auf seiner Brust glänzt. Die bösen Augen der Visconti-Großmutter im glatten Gesicht des Habsburgers funkeln den Plebejer in seiner zerrissenen lichtblauen Hauertracht an. Wie unverschämt der Kerl mit ihm spricht, ohne ihn „Euer Gnaden" zu nennen! Der Kerl, der zwei Brüder, den Kaiser und ihn, gegeneinander ausgespielt hatte. Melancholisch mag das blasse Gesicht des König Artus von einem burgundischen Gobelin auf die beiden niedergesehen haben.

„Desselben jars [1463] am freitag in der osterwoche ward zuegericht ein wagen mit einer puen und gefürt für das deuphaus [Diebshaus]. Darauf wurden gesetzt her Oswalt der Reicholff; her Augustin Tristram, der ritter [der kaiserliche General, der den Raid kommandiert hatte], Sebastian Zigelhauser, der purgermaister Holtzer und der Höllerweckh und wurden gefürt auf den Hochemarkht under die schrann. Daselbst man ruefft, das nyemant diselben purger mit warten solt engstigen. Danach nam man ab den wagen hern Augustin, den riter und slueg ihm das Haupt ab an dem Hochenmarckt. Als das geschah, da fürt man die andern purger an den Hoff. Do wurden gemacht schranckhen, daselbs man sy all solt haben gefiertailt. Der Reicholff und auch die andern ruefften

an die gemain und purger, das sy so wol tätten und des fürsten Genad für sy piten, das in wurd verlihen das swert. Also schickten die purger und gemain ettlich aus in zu fürsten und ließen pitten sein genad, in das swert zu erlauben, das der fürst tätt, doch allain nam er aus den purgermeister; den sollt man viertailn. Und als die pottschaft widerkom von dem fürsten und sagten dem Reicholfen und andern, wie sy der fürst hiett begnadt und hett in verliehen das swertt, da danckten sy vasst. Und als der Reicholf nun hinreckt den hals..." Das alles auf dem Hof, zwischen den Buden der Krebsenbauern und den Ständen der Joppner, während das Wasser des „schönen Brunn" lieblich plätscherte. „Als es nu kom an purgermaister, der gedacht, man wuerd im auch das swert widergen lassen. Da warf der züchtiger vor im nieder ain prett. Der purgermaister sprach: ‚Wie mainstu das?' Der züchtiger antwurt: ‚Herr, Ir müßt anders an.' Des erkom der purgermaister und sprach: ‚Nu wais got wol, das ich eines solhen tods nit verdient hab. Sol nu mein leib den Vögeln zetail werden, das sey damit, wenn Got der Herr ist heut achttag an heiligen kreutz unschuldiklich gestorben, als wil ich heut auch durch seinen willen gern sterben.' Und bezeugt vor meniklich, das er wolt sterben als ein fromer krist. Und alldieweil der züchtiger mit dem umbgie und in nu aufgehackt hett untz [bis] an das hertz, do hueb er auf das haupt und schaut an sein gewaid [Eingeweide] und ruefft unser Frauen an gar iniklich, untz im die seel schied von seinem mund..."
Welch eine Szene! Auch das ist das gotische Wien, aus dem der Zauber des Stefansdom aufgeblüht ist. Wie da doch erlesenste Kunst neben grauenvoller Barbarei aus der Menschheit Urzeit wohnte! Den armen Teufeln im Hubhaus erging es nicht so arg, auch unser „Schonpruckner" kam schließlich mit dem Leben davon, nachdem man ihn einer raffinierten Behandlung unterzogen hatte. „Dennoch waren die puerger

gefangen in dem huebhaus. Die wuerden danach all geführt in das deuphaus und wurden darin jämmerlich gepeinigt und gemartert, die da nichts übls verjachen. Man verpert in auch ire hewser und gemach. Dieselben puerger wurden all geurteilt zu dem tod, und als aufspaert ir gemach, da vand man nicht viel guts. Do wurden erdacht menig weg, wie man das guet von in praecht. Da ward verlassen mit dem züchtiger, wie er hacken und messer solt lassen schleifen, als man sy wolt viertailn. Das alles war den puergern gesagt. Zum lessten ward aufgemacht an dem hoff ain grosse puen am montag vor dem heiligen auffarttag. Daselbst der fürst wider sy wolt sitzen zu recht und wolt da hören lassen ir handlung. Des die gemain gar fro war, das man sy wolt umpringen. In derselben zeitt wurden dieselben puerger gewaickt von iren gueten frewnden. Sy verstunden wol das es nur ze tuen war umb ir guet... Alss wurden zy all nacheinander geschätzt: wol umb 24000 gulden die sy gaben und mussten darzu brieff ueber sich gebn, das sy nimmer mer in die statt Wien kommen wolten und in allen sachen neben dem Holzer schuld gehabt hietten."

Worauf sie der Erzherzog nach „Vecklapruckh" verbannte.

Kaum einer unter hunderttausend heutigen Wienern wird von diesen furchtbaren Jahren noch eine Ahnung haben. Auch von der schönen „Algierin" dürfte man kaum noch etwas wissen, der Haremsdame des algerischen Gesandten Haggi Demetrius Marzachi, der 1758 im Haus Nr. 1 gewohnt hat. Als er nach dem Vertragsabschluß wieder abreiste, blieb sie zurück. Nun lag sie, einen Tschibuk rauchend, im Fenster. Eine orientalische Schönheit, die die Wiener Männerwelt verrückt machte, auf deren Häupter sie die Asche ihres Tschibuks auszuklopfen pflegte. Die Kärntnerstraße war ihretwegen stundenlang voll Menschen. Haselnußgroße Diamanten sollen von ihrem dunkelgrünen Seidenturban gefunkelt haben, und welch galante Ernte die Schönheit gemacht haben wird, läßt sich gar nicht ermessen. Plötzlich verschwand sie aus Wien, wahrscheinlich von der Keuschheitskommission „gestampert“ (vertrieben). Das Haus jedoch benannte der verzückte Hausherr nunmehr „Zur schönen Algierin“.

Einige Jahre später eröffnete im Erdgeschoß Johann Michael Theyer das Geschäft „Zur Stadt Nürnberg“, aus dem eine der ältesten, heute noch existierenden Wiener Firmen werden sollte, Theyer & Hardtmuth.

Johann Michael war der Sohn eines Schwaben, der als Lehrer und Gerichtsschreiber im Wiener Bezirk Landstraße lebte. Bei der Frau Pfefferling ging Theyer in die Lehre. Sein uns erhaltener Lehrbrief gewährt uns einen Blick auf die strenge Zucht, in der die Lehrlinge damals standen. Es heißt darin: „Während seiner Lehrzeit hat er ohne seiner Frau Wissen und Willen kein Geld, wenn er auch welches zu schenken bekommt, zu verhalten, sondern ist schuldig, alles seiner Lehrfrau anzuzeigen und anzusagen, noch weniger, etwas heimlich auszuborgen, die gefährlichen oder schädlichen Gesellschaften, absonderlich das heimliche Naschen, Trinken, Spielen und vor allem Schwätzereien, wodurch viel Verdrießlichkeiten entspringen, sich gänzlich zu enthalten; ingleichen ohne der Lehrfrau Wissen und Willen nicht auszugehen, dazu andere nicht übel auszuführen, auch nichts Schädliches oder Heimliches weder außer der Handlung, noch außer dem Haus zu reden, nicht minder mit seinem Neben- oder andern Bedienten keine Widerwärtigkeit oder andere Schwätzerei zu machen.“ Heute noch sitzt die Firma an dieser Ecke in einem Neubau aus dem Jahre 1874, den eine Bombe fast ganz zerstörte, so daß noch 1946 Schuttberge den Ausgang der Weihburggasse versperrten. Im Revolutionsjahr 1848 stand hier eine Barrikade, die bis zum ersten Stock reichte. Nebenan steht ein Haus von edel kühler Einfachheit, das 1804 gebaut wurde. Sonst ragt noch aus der folgenden Zeile zart verhaltener Vormärzbauten Nummer 14 hervor, ein entzückender Barockbau mit schönen schmiedeeisernen Balkonen. Er dürfte um 1720 herum erbaut worden sein. Nebenan war einst ein Fiakerstandplatz, und man munkelte, daß einst der jüngste Bruder Franz Josefs, Erzherzog Ludwig Viktor, der homosexuell war und einen jungen Fiaker anbetete, von den andern Fiakern, die ihn — er war in Zivil — nicht erkannten, mit ihren Peitschen fürchterlich zugerichtet wurde, worauf ihn der Kaiser nach Schloß Klesheim bei Salzburg verbannte, das er nie mehr verlassen durfte. Sein prunkvolles Palais auf dem Schwarzenbergplatz stand seither leer.

Alte Steine vom alten Steffel

STEPHANSDOM

Die Steine von St. Stephan — wie unübersehbar ist ihre Zahl, ihre Geschichte! An ihnen hängen Millionen von Schicksalen. Was könnten diese unzähligen Steine erzählen, Steine aus Wiener, niederösterreichischem, Salzburger, bosnischem, französischem, aus polnischem Boden!

Wie viele römische Steine wohl in den Mauern von St. Stephan stecken mögen? Die römischen Stadtmauern standen noch, als man die romanische Kirche baute. Unter den vielen Römersteinen, die gewiß einst in den Wänden der Stephanskirche verschwanden, kennt man schon seit einiger Zeit „den" Römerstein unter der Orgelempore an der Ostseite des nördlichen Heidenturms. Möglicherweise ist es eine Bauinschrift von der Festungsmauer Vindobonas, die die Centurie des Lutatus Expectatus von der 6. Kohorte der XIV. Legion eingehauen hat. Der Stein sitzt rechts von der Tür, die in den unteren Raum des nördlichen Heidenturms führt, 2 Meter 90 über dem Pflaster. Alois Kieslinger hat im Jahre 1949 einen anderen Römerstein entdeckt, einen der Quadern in der rechten, nördlichen Wand des „Atriums" des Riesentors. Er ist der Rest eines römischen Grabsteins, aus dessen vielfach abgescheuerten Zeilen sich mühsam etwas von einem „miles legionis decimae geminae Severianae" herausbuchstabieren läßt, das heißt also von einem Soldaten der Severianischen Legion 10B. Womit die Inschrift in den Anfang des dritten nachchristlichen Jahrhunderts gehört. In der siebenten Zeile kann man einen Namen, „Aurelius

Ursus", entziffern, ferner kann man ihr entnehmen, daß dieser Stein das Grabmal von mindestens drei Personen ist. Im Innern des untersten Geschosses des südlichen Heidenturms, in der sogenannten „schwarzen Kammer", läßt sich an der Nordwand eine Reihe von 58 cm hohen Quadern feststellen. Sie sind doppelt so hoch als die übrigen Quadern des Raumes, auch ihre Oberflächenbearbeitung unterscheidet sich von ihnen. Sie dürften ebenfalls römisch sein. In den enormen Fundamenten der Heidentürme stecken ebenfalls römische Baustücke, die da und dort noch Brandspuren aufweisen. Welche Erinnerungen an flammendurchglühte Todesnächte der Antike, erfüllt vom Kriegsgeheul anrennender Barbarenhorden!

Und welche Parallele über die Jahrhunderte: Als nach der Katastrophe von 1945 die Wiederherstellungsarbeiten begannen, konnten Steine weder gebrochen noch nach Wien gebracht werden. So suchte man sich Steine in den zerstörten und ausgebrannten Häusern der Stadt, als die Dombauleitung die behördliche Bewilligung hierfür bekommen hatte. Manchmal blieb auf der Rückseite die alte Form erhalten, nachdem man den Stein zu einem Werkstück verarbeitet hatte, wie es zum Beispiel mit dem Profilstück für einen Vierungspfeiler der Fall war, der hinten noch einen Körperteil einer Karyatide zeigt, die vom Amtshaus, Schottenring 28—32, stammt. Von der Börse, von dem berüchtigten Hotel Metropol, vom Haas-Haus Siccardsburgs und van der Nülls am Stock-im-Eisenplatz, von den Ruinen am Franz-Josefs-Kai, dem Palais Sina am Hohen Markt, der Creditanstalt in der Oppolzergasse, der Polizeidirektion am Schottenring, der Schule in der Vorgartenstraße, vom Palais Schwarzenberg, dem Pakethauptpostamt, dem einstigen Offiziers-Reitlehrinstitut in der Ungargasse, vom Palais Rothschild in der Plößlgasse, dem Arsenal, dem Westbahnhof, dem städtischen Bezirksamt in der Brigittenau sind Gesimsplatten, Säulentrommeln, Figu-

ren und anderes mehr für den Dom wiederverwendet worden. Welch seltsames Spiel des Schicksals!
Mit den Steinen von St. Stephan geht es überhaupt seltsam zu. Zu seinem Aufbau haben außer dem Gestein aus den Steinbrüchen rings um Wien und von weither immer wieder die Steine der Toten beigetragen. Ganze Teile des Doms sind bisweilen aus Grabsteinen aufgemauert worden. Es war bequem, die schöne Plattenform zu benützen, das Material war bereits zugehauen, man sparte Geld, und die alten Zeiten waren von einer Pietätlosigkeit, die oft alles in den Schatten stellt, was sich in unseren Tagen zuträgt.
Vor allem die Ersparnis war maßgebend. Hat doch der Domherr Thomas Ebendorfer von Haselbach berichtet, daß ihm der Kirchenmeister Johann Kaufmann 1407 versichert habe, im Hochturm sei nicht ein behauener Stein, der nicht an Wert und Arbeit einen Dukaten gekostet habe. So nahm man denn immer wieder Grabsteine, sowie man nur Hand an sie legen konnte. Ein Beispiel für viele: In dem 1885 abgetragenen und nach Stixneusiedel gebrachten Maximiliansaltar, der am Kanzelpfeiler angebaut gewesen war, hatte man 1708 eine Grabplatte von 1642 mit der Schrift nach innen vorgeblendet, sechsundsechzig Jahre nachdem Sebastian Leberwurst — er hieß wirklich so — unter ihr beigesetzt worden war. Diese Platte ging 1945 im Brand zugrunde. In den Fundamenten der romanischen Chorapsis fand man beim Beginn der Wiederaufbauarbeiten einen Grabstein aus der ersten Hälfte des 13. Jahrhunderts. Er ist mit dem romanischen Bau ungefähr gleichaltrig und der älteste uns bekannte mittelalterliche Grabstein des Domes. Häufig verwendete man die Grabsteine zur Abdeckung von Gängen, in der Gotik auch oft als Stufen, ja man zerschlug sie manchmal rücksichtslos und machte Mauersteine aus ihnen. 1858 fand man unterhalb des Helms am Hochturm „manche Horizontallagen mit sechs

Zoll dicken, von Grabplatten herrührenden Marmorstücken und mit grobem Mörtelputz ausgeglichen".

Immer wieder hat das Pflanzenleben nach dem Steingebirge des Doms gegriffen. Vierundsiebzig Jahre lang, von 1803 bis 1877, wuchs eine Birke auf dem Adlerturm. Erst 1806 entdeckte man den damals zwei Fuß hohen Baum, dessen Wurzeln in den folgenden Jahrzehnten das Mauerwerk derartig sprengten, daß man am 28. März 1877 die Birke sorgfältig aus dem Mauerwerk löste und in den Rathauspark verpflanzte, wo der Baum wenige Monate später abstarb. Vierzig Jahre später wuchs auf demselben Turm ein ähnliches kleines Bäumchen empor, das in dem kalten Winter von 1928 auf 1929 erfror. Am Fuß der Kirche hat es seit der Auflassung des Friedhofes immer wieder Bäume gegeben. Um 1840 werden Akazien neben dem Mesnerhaus erwähnt. Seit etwa 1920 wuchsen in der Nische rechts neben dem Mesnerhaus, an der Südseite des Apostelchores, zwei Götterbäume (Aillanthus glandulosa), die auch den Weltuntergang von 1945 überstanden haben.

Moose gibt es auf dem Dom nicht mehr. Die Rauchgase des industrialisierten Wien haben sie vernichtet. Einst war das anders. Ein Bericht von 1842 erzählt, daß der hohe Turm in weitem Ausmaß von Moos bedeckt war. Meist war es eingetrocknet und grüngrau, in Regenzeiten aber schimmerte das Gestein weithin grün. Diese Moose lebten hauptsächlich auf der Nordseite des Turmes, meist auf den waagrechten, nach oben gekehrten Seiten der Steine, weshalb man auch von oben alles viel stärker mit Moos bedeckt sah als von unten.

Schwer drückt die ungeheure Masse des Domes auf den Sand, auf dem er gebaut ist. Bestehen doch die ersten vier bis fünf Meter des Bodens aus „Löß" (lößähnlichem Feinsand), unter dem eine zehn bis elf Meter mächtige Schicht Schotter mit eingeschobenen Lehm- und Sandbänken folgt, der „Diluvialschotter", dem sich endlich darunter, manchmal in sechzehn Meter Tiefe, der Congerientegel anschließt. Wohin sind sie verraucht, die Brandungen und Stürme dieser sagenhaften Meere, die einst hier tobten?

Seit vielen, vielen Jahrhunderten drückt der Riesenbau auf das Erdreich. Ein Bau, der hier leichter, dort schwerer ist. Es gibt große Unterschiede in den Setzungen, und der große, schwere Turm riß sich, in der Mitte des 19. Jahrhunderts, sozusagen von der übrigen Kirche los, besagen doch die Berichte aus der großen Restaurierungszeit von 1860 bis 1880, wie sie Alois Kieslinger zitiert, vom Apostelchor an der Grenze gegen den ausgebauten Turm: „Hier war die Pfeilerzulage vom Hauptpfeiler der ganzen Höhe nach in einer Distanz von drei bis vier Zoll getrennt, mußte daher abgetragen und neu aufgebaut werden." An der westlichen Grenze des hohen Turmes gegen die Langhauswand hatte „der Turm sich von dieser losgetrennt und Verschiebungen der Gurtbögen und Gewölberippen verursacht, welche bei irgendeiner Veranlassung zu einer teilweisen Katastrophe hätten führen können. Der am meisten beschädigte, an die Langhauswand anschließende Strebepfeiler des höheren Turmes wurde durch viele Auswechslungen rekonstruiert und für das an diesem Pfeiler befindliche Blindfenster ein neues Maßwerk hergestellt. Bei diesem Fenster über dem Eingang der unteren Sakristei sind durch die Setzungen des Turmes die Fenstersohlbank und das Maßwerk sehr mitgenommen worden; die Fenstereisen sind um 9 cm aus ihrer horizontalen Lage gebracht und haben die damit in Verbindung stehenden Werkstücke größtenteils zerstört. An diesem Fenster mußten die Fenstersohlbank mit den darunterliegenden Wandbögen, die Maßwerkpfosten und ein Teil des Maßwerks ganz neu hergestellt werden".

„Haus zum Küß-den-Pfennig", Hofansicht, 1858

Die Häuser No 711 und 712 am Hafnersteig. 1854.

Welch unvorstellbares Wunderwerk der alten Maurer, das unter diesen Verhältnissen die Katastrophe von 1945 überstand, ohne einzustürzen! Nicht umsonst haben sie ihren Mörtel mit Wein zubereitet!
Cuspinian verzeichnete, daß 1450, als der Grund des Adlerturmes gelegt wurde, der Wein so sauer geraten war, daß die Bürger den „Reifbeißer“ auf die Gasse schütteten; Kaiser Friedrich III. verbot es ihnen und befahl, den Wein nach St. Stephan zu bringen, „auf daß man damit den Kalk ablöschen und das Fundament recht bauen könne. Da hat man dann wieder die alte Grundfest aufgedeckt und ein neues Malter mit Wein angemacht.“
Der Zusatz von Wein bewirkt die Bildung des fast unlöslichen Calziumtartrats ($CaC_4H_4O_6$). Der Mörtel gewinnt damit eine gewaltige Erhöhung seiner Widerstandskraft gegen schädigende chemische Einflüsse. Daß man mit Wein besonders gefährdete Bauteile wie das Fundament des Adlerturms und 1590 den durch ein Erdbeben beschädigten Helm des Hochturmes festigte, hat mehr als technische Bedeutung. Es ist wie ein Symbol dafür, wie sehr dieser Dom vom Fleisch und Blut dieser Stadt ist: aus Stein und Rebensaft ihres Bodens erbaut.
Einen „Stein“ von St. Stephan wollen wir ganz besonders aufmerksam betrachten. Stellen Sie sich, geneigter Leser, einmal mit dem Gesicht zum Dom vor die Mitte des Riesentors, blicken Sie die linke Kante empor, bis Ihr Blick auf eine geheimnisvolle Nische trifft, die oben in die Quadern gemeißelt ist. Ein unheimlicher Geselle wohnt in ihr, blickt Ihnen mit großen, alles durchdringenden Augen starr ins Gesicht. Sie nehmen ihn nur undeutlich wahr, wissen nicht, was Sie von ihm denken sollen, aber die Augen dieses glattrasier-

Der alte Hafnersteig 1854 mit dem „Haus zum roten Dachl“

ten, jungen und doch irgendwie enttäuschten Gesichts halten Sie fest.

Kein Heiliger, kein Herzog, kein König — kein Nimbus, keine Krone. Seit der Mitte des 19. Jahrhunderts haben sich die gelehrten Herren über diese Statue den Kopf zerbrochen und gelangten schließlich zu der Erklärung, daß in dieser Plastik eine Erinnerung an den antiken „Dornauszieher" aufklinge. Denn trotz aller Verstümmelung der Statue kann man erkennen, daß sie das linke Bein über das rechte geschlagen hat und die linke Hand auf der linken Wade ruhen läßt. Eine ungewöhnliche Haltung für das Mittelalter. Ein Bildhauer des Altertums hat einen ruhenden Athleten, der sich etwas aus dem Fuß zieht, in dieser Stellung modelliert. Leopold Schmidt, von der vor fast vierzig Jahren veröffentlichten Ansicht Maillys ausgehend, gab im Jahrbuch des Vereines für die Geschichte der Stadt Wien eine überzeugende Darstellung von der Bedeutung dieser Statue. Wie sich aus einer Reihe kunsthistorischer Vergleiche ergeben hat, ist sie das Bild des Richters, des irdischen Richters schlechtweg.

Der sitzende Mann ist, wie durch Haltung und Blick erkenntlich ist, vollkommen auf die sich vor ihm vollziehende Handlung konzentriert. Der Kopf ist erhoben und etwas vorgestreckt. Das anscheinend gescheitelte Haar liegt eng an. Der Sitzende ist mit einem tunikaartigen Rock, der beim Stehen wahrscheinlich bis zu den Knöcheln reichen würde, bekleidet. Am Halsausschnitt ist eine Borte und am linken Handgelenk ein breites Armband oder eine breite, vielleicht steife Brokatborte zu erkennen. Die engen Beinkleider sind nicht genau sichtbar. Die Schuhe sind über die Knöchel reichende Halbstiefel in der Mode des 11. Jahrhunderts, die sich aus dem antiken militärischen Soccus entwickelte. Im 12. Jahrhundert war diese Stiefelform schon fast abgekommen.

Offenbar ist es ein vornehmer Herr aus der Zeit der sächsischen, fränkischen oder ersten Hohenstaufenkaiser, der in einer auffallenden, recht legeren Haltung dasitzt. Wo einst der linke Unterschenkel war, ist heute ein Dübelloch und ein Eisendorn. Leider fehlt der rechte Arm.

Ein Finne hat vor mehr als fünfzig Jahren ein Buch über die „Beinstellung in der Kunstgeschichte" geschrieben, in dem man eine Menge frühmittelalterlicher Richterdarstellungen in ganz Europa findet. Überall sitzt der Richter in dieser Pose, die etwas bedeutet und damals unglaublich imponiert haben muß. Im Recht der niederrheinischen Stadt Soest heißt es zum Beispiel: „Hoheitsvoll wie ein griesgrimmender Löwe soll er ein Bein über das andere schlagen." In jenen fernen Zeiten wurde die Juristerei im Stehen betrieben, nur der Richter durfte sitzen.

Worauf der vornehme Herr vom Riesentor sitzt, ist nur undeutlich erkennbar. Es könnte ein großartiger Sessel mit Armlehne sein. Ist doch auch angeblich auf dem berühmten Fürstenstein des Kärntner Zollfeldes der Herzogbauer, von dem der Herzog, der Überlieferung nach, die Gewalt über Kärnten empfing, in derselben Positur mit übergeschlagenen Beinen gesessen.

Da der finnische Forscher seine Richter mit dem übergeschlagenen Bein meist bei Kirchentoren gefunden hat, muß das etwas bedeuten. Wahrscheinlich pflegte sich an diesen Stellen der Gerichtshof zu versammeln, auf dem Friedhof, der um die Kirche lag. (Um die Stephanskirche gab es bekanntlich bis zum Beginn des 18. Jahrhunderts einen Friedhof.) Der Richter selbst präsidierte im „Paradies", der Vorhalle der Kirche. Offenbar war das ein Brauch aus der Heidenzeit, der sich bis ins Mittelalter erhielt. Auf dem Friedhof des Grazer Doms tagte, wie man weiß, noch im 13. Jahrhundert das Gericht. Eine Notiz bei Aventin, die für das 12. Jahrhundert gilt, dürfte sich auf St. Stephan beziehen: „Der Herzog Leopold ist am Gericht auf dem Freithof gesessen, wie dieselbe Zeit der Brauch gewesen."

Wahrscheinlich ist also der steinerne Herr in der Nische irgendein babenbergischer Markgraf oder Herzog in seiner Rolle als Senatspräsident; mit seinem entrückten Blick sieht er schon seit vielleicht achthundert Jahren auf alles hernieder, was da zu seinen Füßen vorüberläuft.

Solch eine Gerichtssession — Zivilgericht und Strafgericht in einem — war damals eine recht umständliche Kanzleiangelegenheit, wenn auch unter freiem Himmel, bei der es sehr zeremoniell zuging. So heißt es in dem Rechtsbuch der Stadt Herford in Westfalen ungefähr aus jener Zeit: „Wenn der Gaugraf auf den Heyenlo, die Gerichtsstätte, kommt, so frage man ihn, auf wessen Geheiß er gekommen sei... Dann spreche er: ‚Ich bin hergekommen auf Geheiß des Erzbischofs von Köln und will diesem Lande ein gnädiger, holder und rechter Gaugraf sein.‘ Dann soll ihn einer der Erfahrensten staben, das heißt, ihn den Rechtsstab ergreifen oder berühren lassen, auf daß er solcherweise schwöre, daß er diesem Lande ein holder Gaugraf und ein gnädiger rechter Richter sein wolle, ‚auf daß mir Gott helfe und seine Heiligen‘. Danach trete er auf den Stapel, einen erhöhten Stein, und richte jedermanns Klage, wie es die Dingpflichtigen als Recht erklären.“

So ähnlich wird es auch vor dem ältesten Riesentor zugegangen sein. Und es gab nur Schnelljustiz, keine Protokolle, keine bedingten Verurteilungen. Zuchthaus und Arrest gab es nicht. Der Stephansfriedhof wird vom Jammergebrüll der Bestraften widerhallt haben. Riß man doch einem Heiratsschwindler, wie man aus einem späteren Stadtrecht weiß, die Zunge aus; Nasen- und Ohrenabschneiden, Finger- und Händeabhacken, das waren eher „Polizeistrafen“ für Bagatellsachen. An dieses ambulante Gericht unter freiem Himmel mögen vielleicht noch die eisernen Ellen an der Mauer des Riesentores und die Sage von den rechten Brotmaßen, den eingekerbten Kreisen daneben, erinnern.

Ein Hauch der großen Welt

ROTENTURMSTRASSE

Etwas weniger „fein“ als die Kärntnerstraße, um eine Nuance der Levante näher, lief die Rotenturmstraße durch die gute alte Zeit des Gründerstils. Riesige Glasscheiben, fein geschliffen, blinkten linker und rechter Hand. Weithin prahlten noble Schaufenster mit den schönsten Dingen der Welt. Die Damen promenierten vorbei, blieben stehen und kauften immer wieder. In den Kaffeehäusern saß man bei den Tarockpartien. Eben mit dem Orientexpreß aus Widin oder Kragujewatz in Wien angelangt, traten Balkan-Kavaliere aus dem Hotel an der Ecke der Adlergasse, große, von Diamanten funkelnde Hufeisenbusennadeln in der fertiggebundenen Krawatte. Wohlgefällig blickten sie zu den überlebensgroßen, ganz goldschimmernden, ganz nackten Mädchen aus Bronze empor, die die neumodischen elektrischen Bogenlampen in Händen hielten. Die von Ringen strotzenden Finger in kanariengelbe Glacéhandschuhe zwängend, stürzten sie sich in den Strudel des Wiener Lebens, wie es Tag und Nacht durch die Rotenturmstraße schäumte.
Abends kamen die Würstelmänner mit ihren Wägelchen in Form sauberlackierter Lokomotiven mit Messingrauchfängen. Sie hielten den Gehsteig (das „Trottoir“) bis zum Morgengrauen besetzt. Unaufhörlich stiegen Dampfwolken aus den Schornsteinen, und es roch nach Senf. Was hätten die Würstelmänner von der nächtlichen Rotenturmstraße erzählen können, was haben sie hier alles gesehen! Denn nachts war sie die Straße der Leidenschaften und der großen Huren.

Aber sie haben keine Lebenserinnerungen hinterlassen, die Würstelmänner...
Und die Wachleute, von Kopf bis Fuß in Schwarz mit Scharlach und Silber geknöpft, silberfunkelnde Helme auf dem Kopf, schauten weg, wenn es nicht zuviel Krawall gab.
Der letzte Krieg hat die Rotenturmstraße sehr verändert zurückgelassen. Eine Rotenturmstraße, die der alte Wiener nie hat leiden können, denn vom wirklichen alten Wien hat sich in ihr fast nichts erhalten. Von 1870 bis 1900 hat hier der Krampen des Demolierers richtiggehend gewütet. Auf die Generation unserer Väter und Großväter ist eine im Grunde unwienerische, nach dem Schema der Makartzeit gebaute Straße gekommen, auf die Ferdinand von Saars schöne Verse über das alte Wien gar nicht mehr paßten:

Aber so klein du auch warst, so eng umschlossen, mein
Altes trauliches Wien: es ging Großes aus dir doch hervor.
Alles, was heute verklärt aufragt in Erz und in Marmor,
Redend als Denkmal zum Volk, lebte und wirkte in dir,
Bargen die schützenden Wälle, die alten schlichten Paläste
Denn nicht Österreichs Ruhm? Österreichs Liebe und Stolz?
Fuhr Maria Theresia nicht mit Lust durch die Straßen,
Die ihr erleuchteter Sohn oft als ein Bürger besucht?
Waren nicht heimisch in ihnen die Sieger von Zenta und Aspern,
Denen als dritter zuletzt der von Novarra gefolgt?
Wie, und schufen in ärmlichsten Häusern nicht Haydn und Mozart?
Nicht Beethoven und schritt mächtigen Hauptes einher?
Klangen im engeren Weichbild zuerst nicht die Lieder von Schubert?
Dessen behäbiger Sinn nie sich ins Weite verlangt?
Und Grillparzer? Empfing er die Weihe der tragischen Muse
Nicht im Bann der Bastei, die er stets einsam betrat?

Blickte mit schalckischem Aug' nicht Bauernfeld auf die
Phäaken,
Während in Raimunds Gemüt still der „Verschwender"
entstand?
Lenaus melodische Schwermut die Herzen ergriff und
entzückte —
Und Grüns Lerchengesang schmetterte über der Stadt?
Scheltet mir nimmer Altwien, ihr Neuern, und lasset euch sagen:
War es ein Capua auch, war es doch keines des Geists.

Die Rotenturmstraße hatte lange ihr mittelalterliches Bild bewahrt. Daß sie die Jahrhunderte hindurch nicht Rotenturmstraße hieß, sondern erst seit ungefähr hundert Jahren so genannt wird, werden nur wenige wissen. Der untere Teil bis zum Lichtensteg war der „Haarmarkt" (Flachsmarkt), der obere die „Bischofsgasse".

Es war einst eine recht steil zur Donau hinabführende Straße, in grauen Zeiten ein Wasserriß, durch den ein Bächlein floß — es entsprang, wie wir schon erwähnten, ungefähr dort, wo heute die Pestsäule steht. So unbequem und lästig auch dieser Weg war, alles, was auf der Donau kam, mußte sich ihn hinaufschleppen, um in die Stadt zu gelangen — auch Könige und Kaiser. Bartlme Haslinger der Jüngere notierte 1568, als Maximilian II. und seine Gemahlin in die fast ganz protestantische Stadt einzogen: „... ist mir nicht möglich so gewaltig und lustig zu beschreiben als es zu sehen gewest. Von dem Rotten Thurm an bis zur Burgeckh ist die gassen mit schönen grünen bäumen schön besteckt und die bäume allenthalben mit äpfeln, birnen, auch pomeranzen und rauschgold gar lustig behängt gewesen, das dann das junge kriegsvolk auf fürziehen fast geirrt und angefochten hat, also das etliche aus der ordnung getreten und mit ihren spießen die äpfel von den bäumen abpassen wollten. Es sind drei hohe schöne Brunnen, einer am Lugeckh, der ander am Graben, der dritte am Kholmarckt aufgericht und schön geziert gewesen, darauss rother und weißer Wein geronnen ist. Man hat auch drei gewaltig große triumphporten aufgebaut, da durch der König hat reiten müssen. Vor der ersten sind gestanden zwei gewaltig große riesen, deren ein jeder eine fahne in der Hand gehabt und oben zuhöchst auf der porten ist gestanden ein pfab [Pfau]. Auf der andern ist ein leew gestanden und auf der dritten und schönsten ein schwarzer fliegender Adler." Dazu muß man sich ein Winkelwerk von großen und kleinen Häusern vorstellen, von Erkern und Türmen, bald weit vorspringend, bald tief zurückweichend, ein elendes Pflaster und Gestank aller Art. Das hat sich ungefähr dort zusammengedrängt, wo die Leute heute in die Kammerspiele gehen. „Zu den gulden Hyrssen" hieß es; heute erhebt sich an diesem Platz ein Neubau aus den letzten Jahren der francisco-josephinischen Ära. An der Geschichte des Hirschenhauses kann man gar schön den uralten Mechanismus jedweder österreichischen Rückstellungsgesetze studieren.

Der Ungarnkönig Matthias Corvinus, der eine Reihe von Jahren im besetzten Wien residierte, hat Anno 1488 den „Gulden Hyrssen" des damaligen Hausherrn Caspar Schmidmayr und seiner Frau magyarisiert, „nachdem sy in nit als herrn und landesfürsten erkennt haben" und treu zum Haus Österreich hielten. Der König schenkte das schöne Wiener Haus Kämmerer Emmerich Zabor, „Span" zu Preßburg und Hauptmann zu Tirna, und als drei Jahre später Kaiser Friedrich III. wiederkam, befahl dieser, daß es dem alten Besitzer zurückgegeben werde. Aber erst 1496 kam der „Gulden Hyrss" in die Hände des Sohns, Hans Schmidmayr, der Bürger der mächtigen und freien Reichsstadt Nürnberg geworden war. Kein Wunder, daß Hans Schmidmayr von dem Haus genug hatte und es sofort verkaufte. Zwei Jahre später baute der Käufler Mathes Heuperger ein für damalige Zeiten pompöses Etablissement an dessen Stelle, einen Gasthof, in dem die Ungarn Quartier zu nehmen pflegten. Möglicherweise war die Erinnerung an die „Mulatsags“ des Obergespans Zabor schon zur Tradition des Grundstücks geworden? Dieses mittelalterliche Haus stand bis 1821. Dunkel schwebt über ihm die Sage, daß der historische Dr. Faust während seines Wiener Aufenthaltes hier gewohnt habe. In diesem Renaissancehotel gab es eine eigene Hauskapelle „sub titulo annunciationis“. Jeder bessere Gast konnte hier Messen lesen lassen, vornehme Geistliche, die hier abstiegen, konnten jeden Tag die Messe zelebrieren, bis Kaiser Joseph die Kapelle aufhob. Lange — bis in die späte Barockzeit — florierte im „Goldenen Hirschen“ eine berühmte Fechtschule, denn einst, da jeder die Klinge an der Seite trug und zu führen wissen mußte, war es lebenswichtig, fechten zu können. Polizei gab es ja noch nicht. Bis ins 16. Jahrhundert hatte die Wienerstadt eigene „Stadtfechter“, und es hat sich eine Notiz aus dem Jahre 1525 erhalten, in der beklagt wird, daß Bürgermeister und Rat der Stadt das vom Stadtfechter Keppel in einem Weinkeller versoffene Schwert um einen Gulden auslösen mußten. Noch 1686 „sieht man Tanzen und Fechten viel in Wien, und alle Feyertage nach der Mahlzeit lauft das Volk haufenweise zusammen in etliche Wirtshäuser allwo man einige Getänze in den inwendigen Zimmern angestellt findet. Dabey in dem inwendigen Hof die Fechter sich tapfer sehen lassen, in welchen die Handwerksleut ihre Tapferkeit mit Rapieren, hölzernen Sabeln, Schlachtschwertern, Stangen, Fahnenschwingen sonntäglich für einen billigen Preis herzhaft zeigen. Denen man aus den Fenstern und von den Gängen herunter zusiehet...“

Die Fechtschule im „Goldenen Hirschen“ hat sich am längsten gehalten. Das 1689 erlassene Verbot des Degentragens für Handwerksgesellen hat der schönen Übung für das „gemeine Volk“ ein Ende gemacht.

Von dem ganzen geheimnisvollen Zauber dieses uralten Straßenzuges ist nur ein Haus übriggeblieben: das Erzbischöfliche Palais. Breit, vornehm verhalten, nicht hoch aufragend, ist es einer jener „alten schlichten Paläste", von denen Ferdinand von Saar in seinen „Wiener Elegien" spricht. Unendlich fremd und doch tief vertraut steht es heute im herzlosen Getriebe der Gegenwart. Vor über achthundert Jahren wurde auf ein Pergament eine Nachricht über den Vorgänger dieses Hauses niedergeschrieben, über Pfarrer Eberhard Huber und seinen Pfarrhof. Es war ein kleines Häusel und stand näher zur Wollzeile. Wie oft es gebrannt hat, wie oft es umgebaut und vergrößert wurde! Bis es 218 Jahre später schon ein stattliches „Gebäu" war und „Probsthof" hieß, in dem alle möglichen politischen Sitzungen stattfanden. In der Spätgotik stritten hier wütend die habsburgischen Brüder, die einander nicht leiden konnten. Die Landstände, diese sonderbaren niederösterreichischen Parlamente, saßen hier, in ihren marderverbrämten Mänteln, die Zendelbinden von den Hüten herabwallend. Hier wohnte der König von Polen 1515 anläßlich der schicksalsvollen Doppelhochzeit, und als die Wienerstadt fast ganz ketzerisch geworden war, fand Bischof Wertwein 1553 in dem seit drei Generationen „Bischofshof" genannten Gebäude nur noch 1700 Gulden in der Kasse und 1200 Eimer Wein im Keller vor. Ein protestantischer Bub, den die Glutpredigten der Jesuiten wieder in den Schoß des wahren Glaubens gebracht hatten, der Khlesl, der Bischof, der Kardinal, begann für ein neues Haus zu sorgen, „welche Wohnung bisher der statt mehr schimpflich als rühmlich gewesen und dieses Haus war mehr einer eingefallenen alten Scheuer als einem Hause gleich". Im Jahr 1631 begann der Bau des neuen Hauses. Der Kaiser stiftete 700 Stämme Holz dafür, 72 Zentner 80 Pfund „Neusohler Kupfer" und 100 000

Reichstaler. Alles in Drang und Qual des Dreißigjährigen Krieges. Im Jahr 1640 demolierte man einen alten gotischen Wohnturm, der an der Ecke der Wollzeile stand, und schließlich war der Palast vollendet, architektonisch ein schlichter, vornehmer Fremdling mit rein italienischen Formen des frühen Barock. Unter dem Fürstbischof Wolfrath hatte der Bau begonnen. Vielleicht hat ihn Giovanni Coccapani entworfen. In der Rotenturmstraße hat es viele seltsame Häuser gegeben, viele Wirtshäuser, die alle „golden" waren. („Zum goldenen Stern", „Zum goldenen Wolf", etc.) Manche Keller mit sonderbarer Reputation, wie der „Mirakelkeller", in dem sich jahrhundertelang die Wiener Unterwelt traf. Tief „unter der Erd" lag er im „Langen Haus", heute Nummer 16. Anno 1843 wurde das Haus demoliert und im „modernen" Stil neu erbaut. Der Hofraum mit Glas gedeckt! „Erster Wiener Bazar" hieß das Ganze. Die Tageskassen sämtlicher Wiener Privattheater befanden sich hier. War das eine seltsame, unheimliche Höhle, in der die Theaterkassierinnen den ganzen Tag bei Gaslicht über ihren Kartenblocks hockten!
Wer weiß noch von der seltsamen, märchenhaften Pracht am Ende der Rotenturmstraße, dem Müllerischen Gebäude? Es stand dort, wo einst die Adlergasse begann, und barg das erste Wiener Panoptikum, in dessen innerstem Sanktum die drei Grazien aus Wachs standen, nur gegen „Spezialentrée" zu besichtigen. So wie sie im Olymp zu lustwandeln pflegten, standen sie dort, vom warmen Licht der Alabasterlampen umflossen, während Orgelwerke erhabene Tonstücke spielten.
Auch Stiftungshäuser aller Art gab es in der Rotenturmstraße. Die Mieten trugen schimmernde Silbergulden ein, von denen Waisenknaben „himmelblau auf altspanische Art mit weißen Hüten und roten Halsbinden" eingekleidet und auch aufgezogen wurden. Junge Advokaten konnten zur Eröffnung ihrer Kanzlei bei der Ertlschen Stiftung 1000 Gulden

kassieren und sich weitere fünf Jahre lang alle sechs Monate 500 Gulden abholen. Der juridisch-politische Leseverein, in dessen verrauchten Zimmern die Revolution von 1848 ausgeheckt wurde, befand sich ebenfalls in der Rotenturmstraße.

In dem gemütlich behäbigen Bürgerhaus gegenüber dem erzbischöflichen Palast, das einst „Zum Primas von Ungarn" hieß, kam Anno 1724 „die Fräul'n Veigel" als Tochter eines Lakaien auf die Welt. Kein Mensch weiß heute noch etwas von diesem Tanzgenie. Mit zehn Jahren debütierte Eva Maria Veigel im Kärntnertortheater. Sie verwirrte und entzückte das ganze damalige Europa. Über Venedig und Florenz kam „Mademoiselle Violette", 22 Jahre alt, nach London, wo sie im Haymarket-Theater auftrat. Noch war London ein Dschungel grauenhaftesten Elends und märchenhaften Reichtums, in dem sich das England der industriellen Revolution allmählich undeutlich abzuzeichnen begann, das geistige England Johnsons anhub. „Miss Violetta" sah auch hier die ganze schöne Welt zu ihren Füßen, und sie heiratete Garrick, den berühmtesten englischen Schauspieler seiner Zeit. In der angelsächsischen Welt ist sein Ruhm bis heute unvergessen. Seine Kunst trug zur Weltgeltung Shakespeares Großes bei, und Garricks Ruhm war der Ruhm der Aufklärung; Holberg, Grimm, Diderot, alle Großen der französischen Enzyklopädie, welche die große Revolution vorbereiteten, lagen ihm und seiner Frau zu Füßen, als Garrick nach Paris kam. Es war ein Paar von internationalem Ruhm. „Die Fräul'n Veigel" ist nie wieder nach Wien gekommen. Ihren Mann, den sie vergötterte, überlebte sie um mehr als vierzig Jahre. Die „Encyclopaedia Britannica" spricht heute von ihr als von einer „German Lady". Kein Wort von der Wienerin.

Als sie, fast hundertjährig, 1822 in London starb, senkte sich auf die Wiener Verwandtschaft, die nichts mehr von ihr wußte, wie vom Himmel der goldene Regen einer Erbschaft von 70000 Guineen. Ihr von Hogarth gemaltes Porträt hängt im Schloß Windsor.

Der „Primas von Ungarn" wurde 1882 demoliert, das an seiner Stelle erbaute Thonethaus im Makartstil wurde vom Krieg vernichtet. Heute steht ein sachliches Gebäude dort.
Wie ein altes verwunschenes Zauberschloß stand der „Primas von Ungarn" in der „Prachtbauten"-Umgebung der siebziger Jahre, in die er gar nicht paßte. Wie im Traum vergessen und versunken, schreibt Kisch, der das alte Haus gut gekannt hat. Das hohe Giebeldach, die niedrigen, mit kleinen eisernen Schräggittern versehenen Fenster, das halbrunde Türmchen am Dach, die schmale, finstere, steil aufsteigende Treppe, die Stuckarbeiten der Decken und vieles andere machten das Ganze zu einer verwitterten Hausmumie. So erhielt es die letzte Hausfrau, Ludovica Saal, lange, lange. Nach ihrem Tode wurde es unverzüglich abgerissen.

O du lieber Augustin

GRIECHENGASSE

Die Griechengasse beginnt an der Rotenturmstraße und windet sich eng und bergauf zum Fleischmarkt. Auch sie heißt noch nicht lange Griechengasse, früher, vor 1860, hieß sie Kronengassel, nach einem berühmten alten Wirtshaus an der Ecke, das später zum „Hotel Habsburg", dann zum „Hotel Exzelsior" wurde. Schon 1484 hieß das Haus „Zur guldin Kron", 1496 war es im Besitz einer Jungfrau namens Magdalena, die die von Wien grob anschnauzten, sie solle „inner der nagsten jarsfrist elichen beheyratten oder das haus einem burger, der mit der stadt leydet, verkauffen".
1683 war es ein großes, vierstöckiges Gebäude, das „Zu den drei Kronen" hieß und auf dem säuberlich in großer Schrift stand:

Hier sieht man eigentlich abgemahlt /
Zwei Greiffen mit ihrer Gestalt /
Die da lieblich haben ihren Standt /
Weils Haus zum drei Kronen ist genandt /
Das wolle der allmechtige Gott /
Behüten vor Übel und Feuersnoth.

Gleich daneben steht ein großer, vernachlässigter Bau aus der Gründerzeit; einst stand hier, auf Nummer 3, das berühmte Haus zum „Küß-den-Pfennig", in dessen Hof zur Barockzeit das folgende Gedicht zu lesen war:

Der teure Theophrast, ein Alchymist vor allen
Kam einst in dieses Haus und kunte nicht bezallen
Die Zech, die er genoß. Er trauet seiner Kunst
Mit welcher er gewann viel großer Herren Gunst
Ein sichers Gepräg von schlechtem Wert er nahme
Tingirte es zu Gold: Der Wirt von ihm bekame
Dieß glänzende Metall. Er sagte: „Nimm dies hin
Ich zahl ein Mehreres, als ich dir Schuldig bin."
Der Wirt, ganz außer sich, bewundert solche Sache
„Den Pfennig küsse ich" zu Theophrast er sprache.
Von dieser Wunder-Gschicht, die in der Welt bekannt
Den Nahmen führt das Haus „Zum Küssenpfennig" g'nannt.

So verballhornt kam die Erinnerung an einen großen Gelehrten, einen gewaltigen Geist, einen wahren Bahnbrecher der Medizin, an Theophrastus Bombastus Paracelsus von Hohenheim zu den Wienern. In Wirklichkeit waren die Küssenpfennig eine uralte Wiener Familie. 1360 wird der erste genannt, Wisent der Chussenphenninch, er besaß eine Fleischbank auf dem Lugeck. 1411 findet sich in den Steuerbüchern ein Hans Küssenpfennig, 1457 wird ein Haus bezeichnet als „pey Rothenturm undern hafnern gelegen, gegen Merten des Kuessenphennig über". 1470 hat das Haus den Schildnamen „Zum Kuechsenphennig". Dann starb die Familie aus, jede Erinnerung an sie ging verloren, und zurück blieb nur das Hausschild mit dem bereits in der Barockzeit grotesk gewordenen Namen.

Im Jahr 1683 ließ übrigens das städtische Unterkammeramt sämtliche Fenster des Hauses „Zum Küssenpfennig", das dem türkischen Feuer aus der Leopoldstadt besonders ausgesetzt war, vermauern und nur Schießscharten für die bürgerlichen Scharfschützen offen. Im Jahr 1723 wurde den damals wieder nach Wien zurückgekehrten Juden befohlen, bis Michaeli in das Haus „Zum Kuessdenpfennig" zu übersiedeln, das für achtundvierzig Mieter eingerichtet wurde, die an Miete für drei Jahre im voraus 30000 Gulden zu erlegen hatten. Es wurde ihnen die Errichtung einer Laubhütte zum Laubhüttenfest gestattet, ebenso die eines rituellen Tauchbades und einer „Schuel". Es waren nur wenige, aber vielköpfige Familien, deren Namen uns überliefert sind und die in der Wiener Gesellschaft des 19. Jahrhunderts eine Rolle spielen sollten: Israel Brüll, Markus Gomperz, Markus und Meier Hirschl, Wolf Schlesinger und Abraham Spitz.

Ansonsten war die Griechengasse eine Gasse von Wirtshäusern; auch Nummer 7, ein entzückender Barockbau mit einer schönen Madonna in einer Nische, war zur Zeit der zweiten Türkenbelagerung ein berühmtes Wirtshaus, „Zum gelben Adler", dessen tiefe Keller besonders hervorgehoben wurden. Im Hof dieses und des anstoßenden Neunerhauses steht der einzige Profanbau des gotischen Wien, der sich bis heute erhalten hat: ein gotischer Turm, der schon auf den frühesten Darstellungen der Stadt zu sehen ist und der noch immer bewohnt wird. Sein Dach ragt über das Siebenerhaus empor, ein sehr steiles, abgewalmtes Satteldach, auf dem ein Zierknauf sitzt. Es gibt dazu in ganz Wien kein Gegenstück. Das Neunerhaus mit dem berühmten Griechenbeisel steht auf der alten babenbergischen Stadtmauer. Es entspricht mit seinen mächtigen Eckquadern und den kleinen Fenstern dem Typus der Wiener Häuser des 16. Jahrhunderts. Zwischen 1335 und 1343 hat es Weichart, dem Fleischhacker, gehört. Angeblich sang hier im 17. Jahrhundert der „liebe Augustin" im Gasthaus „Zum roten Dachel" des Konrad Ulrich Puffan, aber er wird wohl in allen Saufstätten des damaligen Wien gesungen und gepfiffen haben. Wer er war, weiß man nicht, daß er eine historische Figur war, steht jedoch fest.

Fleischmarkt 12, um 1893

WECHSE
PAPIER
Drucksorte

DENTIST
ZAHNARZT.
MEDIZIN
D.
HERZL
ZÄHNE
ZAHN
HUT-
Fabriks
D. Herzl' zahntechnisches Atelier
ODOL
ZÄHNE
RESTAURANT ROTHEN TURM

Dr. Sorbait hat über ihn schon in seiner Pestordnung von 1679 geschrieben: „Dergleichen Geschichten erzählet man auch von einem Sackpfeiffer, welcher im Wirtshaus entschlaffen, für einen Pest-Verstorbenen gehalten und in die Gruben auff andere unbedeckte Coerpper geworffen, da er aber erwacht und um sich griffen, vermeinet, dasz es diejenigen waren, mit welchen er getrunken, deswegen vermeinet, sie zu ermuntern, zog auf dem Sack seine Pfeiffen herfür und pfieffe, dadurch die mit einer andern leich ankommenden Toten-Trager nicht wenig erschröckt hat."
Hier ist die engste Stelle des Griechengassels. Unter zwei Schwibbogen ist es nur drei Schritte breit und bietet mit seinen mittelalterlichen Prellsteinen noch ein unverfälschtes Bild des ganz alten Wien. Jenes Wien, in dem das Griechengassel buchstäblich fast aus lauter Wirtshäusern bestand, war doch das Zweierhaus einst das Wirtshaus „Zur gulden Sonnen", und es ist uns die Geschichte von dem Hausknecht überliefert, der am 16. September 1590 bei dem großen Erdbeben mit seinem Bett, das abseits im Haustürmchen stand, bis in die unterste Etage fiel, ohne sich zu verletzen. Im August 1883 hat man beim Kabellegen in anderthalb Meter Tiefe ein ausgemauertes Römergrab angefahren, in dem sich ein Schädel fand, unkenntliche Bronzefragmente und ein Ziegel der X. Legion, letzter Rest eines römischen Soldatenfriedhofes unmittelbar vor den Lagermauern im Rotgassel.
Das Viererhaus ist der Steyrerhof, den 1412 „Smerlein, der Jude, Schefftlin, sun des Juden, Slomlein, der Jud, Jecklein Welchlein, sun des Juden dem erbern Mann Ulreichen von Steyr" verkauften. Im Jahr 1532 war der Steyrerhof das Einkehrgasthaus der „ordinari Linzer und Nürnberger Bot-

Die untere Rotenturmstraße zur Zeit der Jahrhundertwende

ten". Er muß im Lauf der Zeit sehr an Ansehen und Eleganz gewonnen haben. Am 12. Juni 1595 kam es hier zu einem fürchterlichen Krawall. Das Schönbergische Regiment deutscher Knechte war „abgedanckt worden", und die Offiziere tafelten großartig im Steyrerhof. Offenbar war die Finanzoperation, die das Aufstellen und Führen eines Regiments bedeutete, für das Offizierskorps gut ausgegangen. Wahrscheinlich hatten sie „ir tun allein auf Schwelgerey und Finantz" gestellt, denn auf einmal erschienen die ausgezahlten Soldaten in Massen vor dem Steyrerhof und lärmten, sie seien um ihr Geld betrogen worden, daß „Hauptleut, Fendrich und Beutmeister mehr als die doppelte Beut" genommen, „in Austeilung der Rüstungen und Wehren durch die Hauptleut Finantz gebrauchet worden", „der Proviantmeister mit seinen Commißdienern nicht die abgemachten zwei Pfund Brot, ein Pfund Fleisch oder statt derselben Biscotten, gedörrtes Fleisch, Speck, Käß oder frische Butter ausgeteilt habe". Drohend schlugen sie mit ihren vier Meter langen Lanzen an die Fenster des ersten Stockwerks, hinter denen die Offiziere zechten. Schon brachten sie ihre Arkebusen mit, schlugen sie an und brannten sie los. Die Offiziere verbarrikadierten sich in den Gastzimmern, schossen auch aus den Fenstern mit ihren Radschloßpistolen, und in ganz Wien begannen die Kirchenglocken Sturm zu läuten. Polizei gab es damals noch nicht; die Bürger-Fähnlein versammelten sich auf ihren Musterungsplätzen und begannen unter Trommelgedröhn gegen die rasenden Soldaten zu marschieren, welche die Bürger denn auch nach einem kurzen Gefecht auseinandersprengten. Man kann sich die Schüsse und das Gebrüll der tobenden „deutschen Knechte" in der engen Häuserschlucht nicht schrecklich genug vorstellen.
Gleich daneben hat sich zweihundert Jahre später im „k.k. Familien Fondsgüterhaus" der bekannte Kaiserkeller etabliert, von dem Pezzl zur Zeit des Kaisers Joseph II. schreibt: „Auf

Rechnung der kaiserlichen Familie wird in dem sogenannten Familienhaus ... Wein geschenkt. Er ist gut und wohlfeil, daher auch der Absatz davon außerordentlich stark ist und des Jahres wohl 50000 Gulden einbringt."

Sonderbar und fremdartig steht mitten in dem mittelalterlichen Gäßchen die St. Georgskapelle der nicht unierten Griechen, ein Juwel des Empirestils.

Versuch der Toleranz

FLEISCHMARKT

Der Fleischmarkt ist sehr alt; schon vor siebenhundert Jahren verkaufte man hier Fleisch, und die Fleischhauer saßen breit und behäbig in ihren Häusern, wüste, reiche, selbstbewußte Burschen. So mancher von ihnen wird sich wahrscheinlich bereits ein einstöckiges Steinhaus errichtet haben. Wie da die Bürgerschaft wohl gestaunt hat! 1228 verlegte man den Fleischmarkt von hier zum Lichtensteg; er wird den Leuten zur Sommerszeit vielleicht doch zu sehr in die Nasen gestunken haben.

Im 15. Jahrhundert war der Fleischmarkt ein politisches Zentrum. Man befand sich im Zeitalter ständiger Bürgerkriege, und die Fleischhauer waren sehr unruhig, sehr revolutionär, saßen mit den Studenten aus den „Coderien“ des nahen Universitätsviertels viel beisammen. Der schon erwähnte berüchtigte Wolfgang Holzer, Roß- und Ochsenhändler von und nach Ungarn, hauste hier. Der nicht minder berüchtigte Jakob Meinhart, der „Fleischhacker am Eck“ oder „schnöde Wampenwascher“, dann Wolfgang Pest, ursprünglich ein Landstreicher aus Passau, der Student Jörg Krempel, ein „poeswiht aus der Coderie“, der die um vieles ältere Juliane, Witwe nach dem seinerzeit reichsten Kaufmann von Wien, dem Andreas Hildebrand, mit ihren sechs Kindern geheiratet hatte. Und schließlich Lorenz Schönberger, ein „partekenfresser“, der sich lange von erbetteltem Brot ernährt hatte, bis er sich zweimal nacheinander reich verheiratete, unter dem Terrorregime Albrechts VI. Stadtrichter war, alle ehrbaren Leute, zumal die Frauen, peinigte und das 1463 aus allem möglichen Lumpengesindel gebildete Wiener Heer gegen Schloß Kalksburg führte. Alles längst verwehte, verklungene Namen von Gesellschaftscliquen verdächtigster Art, die einmal Monate hindurch, einmal jahrelang in Wien regierten. Man muß sie sich vorstellen in der engen, eleganten Tracht der Zeit, mit gebrannten Locken, in schimmernden Harnischen, in langhin nachschleppenden Samtkaftanen, glitzernd von Ketten und Ringen. Bis sie auf dem Blutgerüst starben, den Kopf abgeschlagen, als Lebendiger in vier Teile aufgehackt oder vom Schlag getroffen, wenn sie, toll und vollgesoffen, in lustvollen Betten wonnekreischende Weiber umarmten.

Nur zwei alte Häuser stehen heute noch am Fleischmarkt: Nummer 9 und Nummer 11. Der erste uns bekannte Hausherr des Neunerhauses war 1374 Andre Parler. Das Elferhaus ist das des bekannten „Reichenberger Beisels". Zur Geschichte des „lieben Augustin", der einst von hier besoffen in die Pestgrube getragen wurde, sei noch hinzugefügt, wie man damals — Anno 1679 — die Pest behandelt hat. Doktor Sorbait, der große Pestarzt, schrieb in seiner Pestordnung: „Wenn die Geschwulst sich erhoben oder einen Schmertzen mit sich bringt, soll er ein im Sommer durch den Kopf (nicht durch den Bauch) gespiste Krotte mitzwischen in warmem Wasser erwichen und nach abgethanen Laßkopff mit dem Bauch auf die Pestbäule legen, so das Gift desto kräftiger wird an sich ziehen, doch wär besser, wenn solche Krotte vorher zu Pulver gestoßen mit gelben Wax vermischt zu einem Pflasterzelten und aufgelegt wurde, weil man solches nicht nur bey einem, sondern gar an vielen Kranken kundte gebrauchen."

Im Siebenerhaus, von dem wir wissen, daß es am 2. Juni 1374 von Hans Ulrich, dem „Fleischhacker von Tulln", um 56 Pfund Wiener Pfennig gekauft worden ist, saß Anno 1587

Lazarus Henckel. Wer weiß, daß Lazarus Henckel einer der größten Financiers seiner Zeit war, jener Mann, der den problematischen Kaiser Rudolf II. im geheimnisumwitterten Prager Hradschin finanzierte? Lazarus Henckel kam aus Leutschau in Oberungarn nach Wien. Er legte den Grund zu seinem Riesenvermögen durch den Handel mit Ochsen aus Ungarn, den er weit bis nach Deutschland hinein trieb. Man muß sich die damalige Welt der halbbarbarischen ungarischen Grafen und der ganz barbarischen Rinderhirten und Treiber vorstellen, um sich ein Bild von der Energie machen zu können, die Lazarus Henckel zu seinem Gewerbe brauchte; zwei Drittel Ungarns waren in türkischen Händen. Gleichzeitig spekulierte Henckel mit dem Wertunterschied des ungarischen Gulden in Wien und in Oberdeutschland. Sehr bald schon konnte er dem Kaiser kleinere Summen vorstrecken und im großen Türkenkrieg von 1593 bis 1607 durch seine Geldhilfen in Zeiten höchster Bedrängnis Entscheidendes leisten. In den letzten fünf Jahren des 16. Jahrhunderts hat er die nur langsam einfließende Reichstürkensteuer mit einer Million Gulden bevorschußt — eine enorme Summe für jene Zeit; der Riesengewinn läßt sich berechnen. Nach 1600 faßte er im Erzhandel Fuß und brachte vor allem die Neusohler Kupferproduktion an sich. Aus den Büchern des Augsburgers Konrad Max Rehlinger weiß man, daß Neusohl im Jahre 1622 einen Reingewinn von 260000 Gulden abgeworfen hat. Zugleich war Henckel einer der größten Weinhändler seiner Zeit.

Er war Protestant, Führer seiner Wiener Glaubensgenossen und starb 1624, gerade vor dem Einsetzen der Gegenreformation, die es nun, nach der Schlacht am Weißen Berg, ernst nahm mit dem Spruch „Cedere aut catholice credere“ (Hinaus oder katholisch glauben). Er wurde auf dem von den Protestanten bevorzugten Friedhof vor dem Schottentor begraben. Bis in die josephinische Zeit erhob sich ein Glockenturm über seinem Grab. Ein Jahr vor seinem Tod hatte er die Herrschaft Oderberg-Beuthen in Schlesien gekauft, die zweihundert Jahre später seine 1651 in den Grafenstand erhobene Familie mit Gold überschütten sollte, denn hier entstand der Kern der oberschlesischen Schwerindustrie. Das Geld kam allerdings von der Marquise von Païva, etwas anrüchiges Geld, denn sein Grundstock war durch das älteste Gewerbe der Welt verdient worden. Wer die Marquise von Païva war? Die berühmteste Kurtisane im Paris Napoleons III. Sie wurde 1820 als Kind des jüdischen Schneiders Lachmann in Moskau geboren, ließ sich taufen, heiratete einen französischen Schneider, ließ sich von einem Husarenoffizier verführen, mit dem sie ins Ausland ging, wo er sie stehenließ. Drei Jahre war sie eine kleine Dirne, wurde einmal im Wiener Stadtgraben aufgegriffen, bekam fünfundzwanzig auf den Hintern und wurde abgeschoben. In Paris brach sie eines Abends auf einer Bank der „Champs Elysées" vor Hunger ohnmächtig zusammen. Zwanzig Jahre später baute sie sich dort ihr berühmtes Palais. Theophile Gautier hatte sie in ihren Anfängen auf der Straße kennengelernt und sie sehr gefördert. Als der französische Schneider in Moskau starb, heiratete sie — schon eine große Hetäre, die man auf eine Million Franken schätzte — einen verlotterten Nichtstuer, den Marquis von Païva, einen Portugiesen, den einzigen Mann, dem sie sich versagte und den sie zwei Tage nach der Hochzeit auf die Straße warf, worauf er sich erschoß. Schon spekulierte sie ganz groß an allen Börsen. Sie verlegte sich hauptsächlich auf Eisenbahnpapiere und steigerte Woche um Woche den Preis für ihre Umarmungen. Schließlich verlangte sie 10000 Francs für eine Nacht. Im Jahre 1857, im Alter von 37 Jahren, wurde sie die Mätresse des Grafen Guido von Henckel-Donnersmarck, der sie mit Geschenken überschüttete. Sie brach mit ihrem früheren Lebenswandel und schuf sich einen Salon, in dem das journalistische und literarische Paris verkehrte. Die schöngeistige Prinzessin Mathilde, die Kusine Napoleons III., die ebenfalls einen solchen Salon führte, versuchte wiederholt, sie ausweisen zu lassen, aber die Beziehungen der Blanche Lachmann, Marquise von Païva, waren zu mächtig. Der Deutsch-Französische Krieg von 1870/71 unterbrach dieses Leben. Als der Graf und die Marquise wieder nach Paris zurückkehrten, heirateten sie; der Graf war um elf Jahre jünger als Blanche, die bereits recht dick geworden war. Bis zur Präsidentschaft des Herzogs von Magenta hielten sie wieder Haus in Paris, wurden dann jedoch ausgewiesen, worauf sie nach Neudeck in Oberschlesien zogen, einem herrlichen Schloß, das der Graf seiner Frau hatte bauen lassen. Als letzte Erinnerung an Frankreich hatte er ihr die fast unschätzbare Perlenkette der Kaiserin Eugenie gekauft. Sie lebten einsam, aber wie regierende Fürsten, empfingen nur Jagdgäste und die intimsten Freunde. Der schlesische Adel schnitt die Païva, die sich nun mit der Industrie ihres Mannes beschäftigte. Damals begann Graf Henckel mit dem Ausbau seiner Kohlengruben und Eisenwerke, denen Oberschlesien seinen Weltruf verdanken sollte. Die Païva half ihm nicht nur durch ihren Rat, sondern steckte auch ihr ganzes Vermögen in seine Betriebe — der höchste Liebesbeweis, dessen sie fähig war. Im Jahre 1884 starb sie plötzlich, 64 Jahre alt, und ließ den Grafen ebenso verzweifelt wie bestürzt zurück; hätte er nämlich ihr Geld ihren Erben auszahlen müssen, wäre er ruiniert gewesen. Aber es stellte sich heraus, daß er Universalerbe war.

Drei Jahre später verheiratete er sich standesgemäß. Er lebte noch lange, bis ins zwanzigste Jahrhundert hinein. Wilhelm II. erhob ihn 1901 zum Fürsten Donnersmarck. Die Karriere eines Geschlechts, das vom Fleischmarkt zu Wien seinen Ausgang nahm.

Ansonsten gibt es auf dem Fleischmarkt noch ein paar Häuser aus der Zopfzeit, dem Biedermeier. Das Achtzehnerhaus steht noch so da, wie es 1783 Theodor Joseph von Natorp umgebaut hat. Der schon erwähnte Lorenz Schönberger war hier in der gotischen Zeit Hausherr gewesen, hatte von hier aus sein Schreckensregiment geführt. In der Höhe des dritten Stockwerks leuchtet noch heute zu beiden Seiten eines Medaillons, das Joseph II. darstellt, die berühmte Inschrift Gold auf Schwarz: „Vergänglich ist dies Haus, doch Josephs Nachruhm nie. Er gab uns Toleranz, Unsterblichkeit gab sie.“

Und diese Inschrift ist das einzige, letzte, noch lebendige Zeugnis von der ungeheuren Wirkung, die das Toleranzedikt vom 2. Januar 1782 auf die Wiener ausübte. Wie seltsam der feierlich verschnörkelte Stil jenes bedeutsamen Schriftstücks, das noch immer so aktuell ist: „Wir Joseph der Zweyte, von Gottes Gnaden erwählter römischer Kaiser, zu allen Zeiten Mehrer des Reichs, König in Germanien, Hungarn und Böhmen, etc., Erzhertzog zu Österreich, Hertzog zu Burgund und Lothringen, etc. entbieten jedermann Unsere Gnade und geben auch hiemit gnädigst zu vernehmen. Von Antretung unserer Regierung an haben Wir einen Unserer vorzüglichsten Augenmerke seyn lassen, dasz alle unsere Unterthanen ohne Unterschied der Nation und Religion, sobald sie in unseren Staaten aufgenommen und geduldet sind, an dem öffentlichen Wohlstande, den wir durch Unsere Sorgfalt zu vergrößern wünschen, gemeinschaftlichen Antheil nehmen, eine gesetzmäßige Freyheit genießen und auf jedem ehrbaren Wege zur Erwerbung ihres Unterhalts und Vergrößerung der allgemeinen Ämsigkeit kein Hindernis finden sollten...“

Breit dahingestreckt wuchtet am Abschluß des Fleischmarktes das „Ärarialgebäude“ des Laurenzerhauses. Es wurde 1819 auf den Grundmauern eines uralten Klosters erbaut. Nüchtern und sachlich, aber von einer entzückenden Attika gekrönt, in der zwei graziös dahinfliegende Genien den Amtsadler halten, zweifellos eine der schönsten ärarischen Plastiken, die auf uns gekommen sind. Vom alten Laurenzerinnenkloster blieb nichts als ein alter Stich aus der Barockzeit erhalten, der dieses — eines der reichsten Klöster der Stadt — mit einer einschiffigen gotischen Klosterkirche zeigt. Die sieben Strebepfeiler lassen sechs Gewölbejoche vermuten, und der gerade Abschluß deutet auf ein ebensolches Presbyterium. Der Turm mit dem Turmhelm ist schmal und einfach. Welche Schätze mögen sich in den siebenhundert Jahren Klostergeschichte hier angesammelt haben! Denn seit der Zeit des Beguinenklosters, aus dem es entstanden ist, haben hier immer nur reiche und feine Damen gelebt. Eine Visitation des Klosters 1434 murrt, daß die Nonnen ihre Bäder außerhalb des Klosters nehmen und „unverschämt ihre Augen bewegen“, und 1566 heißt es, die Nonnen hätten Weinberge, Äcker und silberne Gefäße verkauft, goldene Ringlein verschenkt, mit ungewässertem Wein gezecht, lutherische Bücher gelesen, und es hätten sich öfter Studenten im Kloster eingefunden, mit denen die Nonnen getrunken, gesungen und gespielt hätten...

Die Gegenreformation schuf hier gründlichen Wandel. Nach zwei Generationen war es ein angesehenes, sittenreines Kloster, von dem die berühmte Lady Montague schwärmte, „nichts ist kleidsamer und anständiger als der Anzug dieser Nonnen“, wie sie zu Beginn des 18. Jahrhunderts schrieb. „Sie tragen ein langes weißes Kleid, dessen Ärmel mit feinem weißen Calicot ausgeschlagen ist, ihr Hauptschmuck ist ebenfalls weiß, darüber haben sie jedoch einen kleinen Schleier von schwarzem Taft, der hinten zurückfällt.“

Kaiser Joseph löste das Kloster 1783 auf und schickte die siebzig Damen in die Welt zurück. Was wohl aus den Schätzen des Klosters geworden ist?

Ein Intellektuellenviertel Wiens

SONNENFELSGASSE

Die Sonnenfelsgasse gehört zu den ältesten Wiener Straßen. Beide Fronten bewahren den Eindruck einer Gasse des 17. und 18. Jahrhunderts, vom Mittelalter ist nichts geblieben. Zum erstenmal wird sie 1310 als „strata pistorum" erwähnt. Die Sonnenfelsgasse und die Bäckerstraße geben in ihrem merkwürdigen Verlauf manche Rätsel auf. Ist der Grundriß dieser beiden Gassen nicht das einzige historische Dokument, das vielleicht von der ersten Stadterweiterung berichtet?
Die Siedlungsform entspricht einem frühen Längsangerdorf. Denkt man sich den Baublock zwischen den beiden Gassen weg, so ergibt sich eine schmale, an den Enden linsenförmig zulaufende freie Fläche, wie sie bei den Dorftypen der Wiener Umgebung immer wieder zu erkennen ist. Die Form und die Größe lassen auf Entstehung während des 11. Jahrhunderts schließen, sind doch die bedeutenden Angerdörfer des Wein- und Waldviertels, die während des 12. Jahrhunderts entstanden sind, größere und regelmäßigere Anlagen.
Die Parallelführung der beiden „Bäckerstraßen" — sie hießen bis 1863 „Vordere" und „Hintere Bäckerstraße" — spricht für eine planmäßige Ortserweiterung. Der schmale Abstand zwischen den beiden Straßen, seit dem Mittelalter mit hohen Gebäuden verbaut, die Zusammenziehung dieser Rundstraßen am Lugeck wie ehemals am Dr.-Seipel-Platz, zeigen eine Frühform, die typisch für neue Städte im Osten ist. Ob es sich bei diesem Längsanger um eine Dorfanlage oder um eine Stadterweiterung im Sinne dörflicher Anlage-

form gehandelt hat, werden wir wohl nie erfahren. Die Lage auf einem Höhenrücken, die knappe Stellung vor dem Tor der Altstadt und im Zuge des verkehrsbedeutenden Weges gegen die Landstraße zu läßt eine Stadterweiterung, zuerst „extra muros“, möglich erscheinen. Sie muß zwischen 1000 und 1050 erfolgt sein.

Der liberale Gemeinderat benannte 1863 die „hintere Bäkkerstraße“ nach einem Schutzheiligen der „Aufklärung“, nach Joseph von Sonnenfels. In der Nazizeit wurde sie, weil Sonnenfels Jude gewesen war, in „Johann-Sebastian-Bach-Gasse“ umbenannt; seit 1945 heißt sie wieder Sonnenfelsgasse. Nun — man kann es drehen, wie man will, Joseph von Sonnenfels ist und bleibt der Vater der Wiener „Intelligenz“. Mit ihm hat das Wiener Judentum seinen ersten und lange nachwirkenden Eindruck auf die Geistigkeit dieser Stadt gemacht, der unauslöschlich geblieben ist. Mit Sonnenfels tauchte der erste moderne Schriftsteller und Journalist in Wien auf. Von ihm führt eine Linie zu Karl Kraus, trotz aller Zeitunterschiede und sonstigen Verschiedenheiten.

Sonnenfels war ein lebendiger, tausendgestaltiger Geist. Heute lächeln wir über ihn, aber er hat die Wienerische Zeit, die Spättheresianische, die Josephinische geistig geformt. Er war der Mann der damaligen „Moderne“, und ihm ist die Abschaffung der Folter zu verdanken. Mehr über ihn noch später (pp. 236 ff.).

Breit und wuchtig hingelagert stand bis zum Jahre 1896 am Eingang der Sonnenfelsgasse vom Lugeck her der uralte Regensburgerhof. Architekt Neumann hat ihn 1897 durch einen „Prachtbau“ mit zwei Erkern ersetzt. Wie großartig ist es doch einst hier zugegangen! Kaiser und Könige haben im Regensburgerhof getafelt, gehörte doch das Haus in der Spätgotik einem großen politischen Herrn Wiens, dem Nikolaus Teschler. Als Kaiser Sigismund 1433 in Wien weilte, gab Teschler ihm in einer Woche vier Festmahle; um Platz

für einen Tanz im Freien zu schaffen, wurden die berühmten Fleischbänke am Lugeck abgerissen. Welch großartiges Bild muß diese Tanzerei geboten haben! Langsames Schreiten in gezierter Haltung zu gemessener Musik von Flöten, Drumzysten und Handtrommeln.
Der Teschler war ein hartherziger Wucherer und Handelsmann, Kämmerer, mehrmals Bürgermeister, Grundbuchverweser und städtischer General. „Obrister Hawptmann der Stadt Roßvolckh und Fussvolckh“, großartig in schimmernder gotischer Rüstung, erschien er auf schwarzem Rappen zu Wiener-Neustadt, 24 Ellen roter und weißer Zendel war sein Roßkleid. Den Streitkolben in der Hand, ritt er an der Spitze der 527 „geraisigen Pferd“, der 709 „zu Fueß“, die die Stadt Wien gesandt hatte. Sein Sohn, so heißt es in einer alten „Klag“, entwich ihm auf Abenteuer, kam nimmer wieder, und der alte Mann hielt es mit dem Ungarnkönig Matthias Corvinus. Er starb, bevor Maximilian, der „letzte Ritter“, zurückkehrte. Wie bunt war es doch immer vor dem Regensburgerhof zugegangen! Wolfgang Schmälzel schrieb 1548:

An das Lugeck kam ich ohngefehr /
Da traten Kaufleut hin und her /
All Nazion in ihrer Kleidung!
Da wird gehört manch sprach und zung /
Ich dacht ich wer gen Babl khumen /
Wo all sprach ein anfang gnummen /
Und hört ein seltsam dräsch und gschray /
Von schönen sprachen mancherley.
Hebräisch, Griechisch und Lateinisch /
Teutsch, Französisch, Türkisch, Spanisch /
Behaimisch, Windisch, Italienisch /
Natürlich Syrisch, Chrabatisch /
Rätzisch, Polnisch und Chaldäisch /
Das Volk auch war ain große Meng...

Entzückt betrachtet man die Fassade des Dreierhauses, eine der schönsten Stuckfassaden der Stadt, über dem Mittelfenster im ersten Stock ein Relief der Madonna mit dem Kind. Der ganze Zauber des Spätbarocks ist hier vereint. Man kann den Blick nicht losreißen.

Im übrigen sind die Häuser der Sonnenfelsgasse schlichtere Bauten, aber einheitlich in ihrem Alter. Von den meisten kennen wir ihre frühen Hausherrn, meist aus dem 14. Jahrhundert. Im Fünferhaus war schon 1339 ein „wachsglet“, ein Wachskeller, eine wichtige Stätte. Es gab nur noch auf der Wollzeile eine zweite. Viel Pergament ist deswegen vollgeschmiert worden. Der Hausherr des Neunerhauses, Alantsee, war zu Beginn des 16. Jahrhunderts der größte Wiener Buchhändler, aus Augsburg zugereist. Er muß eine echte Renaissancefigur gewesen sein. Er verlegte Bücher nicht nur in Wien, sondern auch in Venedig, Straßburg und Basel, und lebte und wirkte in ganz großem Stil. „Omnium literatorum parens“ wurde er genannt. Stets saßen in seiner Buchhandlung die berühmtesten Gelehrten und distinguierte Fremde. Kaiser Maximilian kam herein, wenn er durch Wien kam. Der Alantsee war zweifellos einer der Vorläufer der Wiener Intellektuellen. Er war der erste Wiener, der in seinem Testament verlangte, daß nach seinem Tode sein Körper geöffnet werde. Dr. Matthias Cornax berichtet, „... daß man ihn nach seinem Begern und der Freundschaft willen die Brust geöffnet im Jahr 1522 und befunden, daß das Herz mehr denn halbert verfault und eitrig gewesen...“

Das Neunzehnerhaus ist letzte Erinnerung an die alte Universität. Bis 1884 saß hier der akademische Senat, war die Rektorats- und die Pedellenkanzlei sowie der Universitätskarzer. Recht schlicht und einfach steht es da. Erinnerung an den Raum, den einst jahrhundertelang das Leben und Treiben der Hohen Schule erfüllt hat, dieses halb kirchlich-klösterliche, halb weltlich-wilde Treiben.

Studentengasse

SCHÖNLATERNGASSE

Ein von den Malern und Aquarellisten des Wiener Stadtbildes immer wieder abgewandeltes Motiv war die Schönlaterngasse. Heute, da man keine Stadtveduten mehr malt, in den meisten Fällen wohl auch nicht mehr malen kann, wird dieses Motiv um so eifriger von den Photographen geknipst.
Die alte Gasse schlängelt sich von der Sonnenfelsgasse zur Postgasse. Schon ihr merkwürdiger Verlauf läßt ihr hohes Alter erkennen. In den ältesten Grundbüchern hieß sie nur „Beim Heiligen Creutzerhoff". Erst Anno 1770 kam die Bezeichnung „Schönlaterngasse" auf, nach dem Hausschild „Zur schönen Laterne".
Sie besteht fast ausnahmslos aus Häusern, die bis vor die zweite Türkenbelagerung zurückgehen, und es ist ein zweifelhaftes Vergnügen, in ihren Treppenhäusern emporzuklettern. Überall trifft man da und dort in einer Nische auf eine Heiligenstatue, bald gut erhalten, bald vernachlässigt, wird auf den Treppenpodesten die Ausnehmungen finden, auf denen sich einst die „Wassertrager" ausruhten, wenn sie das Wasser in Butten auf dem Rücken in die höheren Stockwerke trugen. Oder wenn die „Badwaschel" kamen und das allwöchentliche Bad, eine Gewohnheit nur der begüterten Kreise, in Butten mit heißem Wasser hinaufschleppten, dazu die große hölzerne Wanne, die ebenfalls ins Haus geliefert wurde. Zuerst stieg der Hausvater hinein, nahm sein Bad, dann die Mutter, schließlich die Kinder. So sah es noch vor gut hundert Jahren aus.

Beherrscht wird die Schönlaterngasse vom Heiligenkreuzerhof. Eine Stadt und Welt für sich.

Man hat das Siebenerhaus und das Haus 7a neu gefärbelt, auf das Siebenerhaus wieder die Inschrift gemalt, die 1740 verschwunden war, unter den „Basiliscus", wie jenes Sandsteinkonglomerat in seiner Nische heißt, dessen hahnenähnliche Gestalt durch einen künstlich eingesetzten, aus Eisen verfertigten gezackten Schweif, Kamm und Schnabel erhöht ist. „Anno Domini 1212 wird erweldt Kayser Friedrich II. Unter seinem Regiment ist in einem Haus entsprungen ein Basilisc, welcher obstehender Figur gleicht, und ist der Brunn vol angeschütt worden mit erden, darinnen selbiges Thier gefunden worden ist. Ohne Zweyffel weil seyner gifftigen aygenschafft wegen viel Menschen gestorben und verdorben seynd. Renovirt Anno 1577 durch den Hauss-Herrn Hannss Spannring Buchhandler."

Diese abenteuerliche Geschichte wird erst dreihundert Jahre nach dem angeblichen Geschehen von Lazius, dem großen Humanisten und Wiens erstem Erforscher, erzählt, mit vielen Details ausgeschmückt. Was in der Geschichte wirklich steckt, weiß man nicht. Man kann sich nur an das Sandsteinkonglomerat halten. Wie Eduard Süß meinte, hat man vermutlich im Hof des Hauses einen tiefen Brunnen bis zur Tegelgrenze gegraben, und als man die etwas absonderliche Steinplatte, ein Aggregat aus Sandsteinspheroiden, hob, entquoll Grundwasser, das, wie es bei Tegelwässern vorkommt, betäubende Gase enthielt, die Menschen wirklich töten können. Übrigens war das Haus 1683 noch zweistöckig, 1793 wurde der dritte Stock aufgesetzt, der vierte erst 1885. Woraus man ersieht, wie klein und geduckt das alte Wien gewesen ist. Der Auslauf der modernen Wasserleitung befindet sich im Hof, in den erst hoch oben der blaue Himmel hereinsieht. Um in das Nachbarhaus 7a zu gelangen, muß man hier hereingehen, denn 7a besitzt kein Haustor.

Jahrhunderte hindurch war die Schönlaterngasse eine Studentengasse. Auf Nummer 11 stand die Lilienburse. Wie primitiv und einfach doch diese Studentenheime von einst, die Bursen, waren! Hans Schönmann von Gerlingen kaufte 1465 das Haus für die Bursa, das eines von den sechs gotischen Häusern war, die auf dem Raum standen, den heute Nummer 11 einnimmt. Dreitausend Gulden hatte der Passauer Domherr Burkard Krebs von Herenberg für zehn Scholaren aus Württembergischen Landen an der Wiener Universität gestiftet, 1499 vermehrte Heinrich Neithart, Pfarrer von Ulm, die Stiftung, deren Stiftsbriefe und andere Urkunden während der Türkennot von 1529 in Verlust geraten sind, so daß wir wenig über die Lilienburse wissen und und uns nur ganz ungefähr ein Bild vom Leben und Treiben der wilden Gesellen machen können, die hier mit ihren „Schützen" hausten; so hießen die zehn- und elfjährigen Kinder, die ehrgeizige Eltern den älteren Studenten mitgaben, damit sie ihnen den Livius beibrachten, ihnen die Grundbegriffe der Sieben Freien Künste wiesen, bis die Kleinen richtig immatrikuliert werden konnten. Die Schützen mußten sie dafür bedienen, ihnen Kleider, Schuhe und Waffen in Ordnung halten. Wie viele wohl dabei elendiglich untergingen, wenn ihre Herren sich versoffen, verkamen, unter die Räuber gerieten...

Wie mag es in den Räumen der Lilienburse zur Zeit der Glaubensspaltung zugegangen sein? Wie oft werden Stoßdegen und Parierdolch den Ausgang der Diskussion entschieden haben!

Am 9. August 1623 ist die Lilienburse mit allen andern Bursen und Universitätsanstalten in den Besitz des Jesuitenordens übergegangen. Die neue Zeit nahm ihren Anfang. Die Seminaristen des Jesuitenkollegs begannen die Gasse zu füllen. Nach der Auflösung des Jesuitenordens 1773 hieß das Haus „Der alte Jesuitenhof". Heute kennt niemand mehr diese Bezeichnung, ebensowenig die von Nummer 13, „altes kroatisches Kollegium". Hier lebten seit 1624 die kroatischen „Konviktivisten", die alle gleich gekleidet in schwarzen Talaren gingen und Theologie studierten, für das wilde, ferne Kroatien.

Nur Magnatensöhne konnten sich tragen, wie es ihnen beliebte. Für sie waren acht Kreuzer täglich ausgesetzt, wofür ihnen der Rektor mittags fünf, abends drei Speisen auf den Tisch stellte.

Und auf der geraden Nummernseite der Schönlaterngasse, auf Nummer 6, da war die „Schöne Laterne", das alte Haus, das der Gasse den Namen gegeben hat. Seit 1888 war hier der jüdische Schönlatern-Bethausverein. Wie tragisch und blutig ist er verschwunden!

Im Haus daneben, dem mit dem Rondellenerker, blühte die Venus vulgivaga durch Generationen, lagen die freundlichen Frauen in den Fenstern, kargten nicht mit ihren Reizen, ließen zu jeder Tages- und Nachtzeit ihre kolossalen Brüste fast unbedeckt sehen. Es war ein Haus, das in der Spätgotik einem Politiker der Bürgerkriege gehörte, dem Jakob Stach, der drei Jahre lang, von 1458 bis 1460, Bürgermeister von Wien war. „Ain arger schalk, ain poswiht..." Nach dem Tode seines Herzogs beendete dieser politische Boß seine Laufbahn im kaiserlichen Kerker.

Den Rest der Straßenfront füllt die Rückseite der Jesuitenkirche, die riesig und gerade hingelagert ist. Manchmal hört man die Orgel, Musik aus fernen, fernen Welten.

Das älteste Zinshaus Wiens

DER HEILIGENKREUZERHOF

Still, eine Welt für sich, liegt der Heiligenkreuzerhof im Gewirr der gewundenen Straßenschluchten, der Sonnenfelsgasse, der Schönlaterngasse, der Postgasse, der Drachen- und Wolfgasse, des Fleischmarkts, der Köllnerhofgasse und der Grashofgasse. Er wurde wiederhergestellt und präsentiert sich nun mit dem Gesicht, das ihm in der josephinischen Zeit gegeben wurde.

Die Kapelle des heiligen Bernhard im Heiligenkreuzerhof ist eine der schönsten Barockkapellen, die es in Wien gibt. Ihr Inneres flimmert vom Gold der Plastiken Giulianis um den rotmarmornen Altar herum, gedämpft begleitet von den Dekkenfresken Antonio Tassis und dem Altarblatt Altomontes. Nur wenige Wiener kennen diese Kapelle, die in der Woche nur einige Stunden geöffnet ist. Heutzutage gilt es als schick, sich hier trauen zu lassen.

Der Heiligenkreuzerhof ist vielleicht das älteste Zinshaus Wiens, seit siebenhundertfünfzig Jahren im Besitz derselben Hausherren, der Zisterzienser von Heiligenkreuz. Und man wird in tiefste Vergangenheit versetzt, wenn man in der Mitte des fünfundzwanzig Schritte breiten und hundert Schritte langen Rechteckhof steht, den Blick über die Einbuchtung des Prälatenhofes, über die Kapelle, über die etwas nüchternen Fronten laufen läßt. Was für eine Welt das war, als hier den Brüdern die ersten Häuser geschenkt wurden! Eine Welt, in der die Männer in weiten, schleppenden Faltengewändern mit lang auf die Schulter wallenden Haaren,

das Schwert stets zur Hand, umhergingen. Der Bereich des Heiligenkreuzerhofs lag ursprünglich außerhalb der Stadt, welche die Fläche des römischen Lagers noch nicht überschritten hatte. Schon um 1030 entstand hier wahrscheinlich eine Kaufmannssiedlung, ein sogenanntes Wik, in der die „Fernkaufleute", die gewaltig großen Unternehmer jener Zeit, wohnten, um den länglichen Anger herum, den die Häuser der Sonnenfelsgasse und der Bäckerstraße bildeten. Diese kleine Vorstadt, an der wichtigen Straße nach Ungarn gelegen, verschmolz etwa im dritten Viertel des 12. Jahrhunderts mit der eigentlichen Stadt. „Extra muros" (außerhalb der Mauern) gelegen, mußte sie sich durch kolossale Mauern schützen, deren Spuren auch noch im Heiligenkreuzerhof, besonders in den von außen nicht mehr erkennbaren Wänden des Teiles an der Grashofgasse stecken, wo ein mächtiger Turm anzunehmen ist.
Wann das Stift Heiligenkreuz sein erstes Haus in Wien bekam, weiß man nicht. Man weiß nur, daß 1201 ein gewisser Wolfger Tobsuth dem damaligen Abt Marquard ein Hofareal mit Bürgerrecht (aream cum jure civili) schenkte. Es ist anzunehmen, daß der alte Heiligenkreuzerhof so wie das Alte Rathaus und das Landhaus aus verschiedenen und vielfach gar nicht zusammenhängenden Einzelgebäuden entstanden ist und erst später — um 1547 — eine bauliche Einheit wurde (per continuum aedificium juncta).
Die verschiedenen Baulichkeiten hießen „Binderhof", „Ziegelhof", „Grashof" und „Zuhäuser". Sie waren oft als „Leibgeding" verpachtet, hatten ihre eigenen Gärten, waren wohl durch Mauern geschieden. Der eine oder andere Hof mag als Absteigquartier für den Abt und die Stiftsangehörigen, als Verwaltungskanzlei gedient haben, denn die Heiligenkreuzer waren im 14. Jahrhundert durch die Schuhe, die sie erzeugten, sowie durch ihr gutes Brot, das auf dem Bauernmarkt reißenden Absatz fand, sehr bekannt. Noch waren diese

Schuhe pantoffelartig geschnitten, hatten keine Absätze und liefen vorne spitz zu. Sie leuchteten in allen möglichen Farben.

Bekanntlich hatte das Stift Heiligenkreuz durch seinen Besitz in Westungarn viele Beziehungen zum apostolischen Königreich, und schon im 12. Jahrhundert erhielt das Stift von der ungarischen Kammer jährlich 200 Hausen. („Dedimus ducentos husones qui vocantur Wizahal singulis annis de camera nostra persolvendos.") Das waren Riesenfische aus der Donau der Gattung Störe, die bis zu 400 kg wogen und heute vom Markt verschwunden sind. Man fischte sie von der Donaumündung bis Komorn. Da die Zisterzienser von Heiligenkreuz nach ihren damals sehr strengen Regeln das ganze Jahr nur Fastenspeisen zu sich nehmen durften, schickte ihnen der ungarische König die Riesenfische, wofür nach den alten Fischereiordnungen den ungarischen Händlern das Recht eingeräumt war, „ain halbs drum oder einen gantzen Hausen mit einander zu verkaufen". Was für eine stinkende, glitschige Wirtschaft sich da im Heiligenkreuzerhof entwickelt haben mag!

Im Katastrophenjahr 1529 wurden die obdachlosen „behausten Bürger" der Land- und Schöffstraße in den Heiligenkreuzerhof gesteckt — man kann sich die Zustände vorstellen. Das Luthertum griff wie ein wütendes Feuer um sich, und das ganze 16. Jahrhundert hindurch hatten die Stifte einen schweren Stand. Anno 1548 gab es in Heiligenkreuz nur noch zwei Priester, einen Laienbruder und zwei Novizen. Der großzügige erste barocke Um- und Zusammenbau unter Abt Clemens Schäffer, der 1662 die neue Kapelle einweihte, läßt die endgültige Konsolidation deutlich werden. Dieser Umbau und die Vergrößerung des Heiligenkreuzerhofes durch neue Stockwerke fast hundert Jahre später hat den Wienern die barocke Form als etwas von jeher Gegebenes ins Gedächtnis eingeprägt, so daß man sich bisher kaum Gedanken darüber gemacht hat, wie denn der alte Heiligenkreuzerhof vor seiner barocken Fassung aussah.

Einem enthusiastischen Bewohner des Heiligenkreuzerhofes, Professor Dr. Alois Kieslinger, dessen Buch „Die alten Steine von St. Stephan“ eine neue Epoche in der Viennensia-Forschung eröffnet hat, ließ die Frage nach den Resten des alten Gebäudes keine Ruhe, bis es ihm gelang, wesentliche Teile der ganz alten Baulichkeiten zu erkennen.

Der älteste Kern des Ganzen sind die Kapelle und der Prälatenhof, in der Barockzeit total demoliert und wieder aufgebaut. Im Holzkeller unter der Prälatur aber zeigt sich noch heute eine uralte Mauer aus Bruchsteinen, ein sehr urtümliches, ährenförmiges Mauerwerk (opus spicatum), das primitivste und älteste des ganzen Hofes, möglicherweise Reste des ersten Klosterhofes, allenfalls aus dem 12. Jahrhundert. Neben der Stiege 1, im „Binderhof“, erheben sich auf einer Grundfläche von 26 zu 11 Metern, 9 Meter unter dem heutigen Gelände beginnend, mächtige Bruchsteinmauern, die bis zum heutigen ersten Stock reichen. Diese Mauern bestehen aus einem ziemlich regelmäßigen, „hammerrechten“ Bruchstein, der zum Teil einer Quaderordnung nahekommt. Vom „Binderhof“ gelangt man über Stufen in eine mächtige Halle, die durch Bretterwände in zahlreiche Zellen abgeteilt ist, in denen die Wohnparteien ihre Kohlen halten. Es ist eine riesige Steinhalle von 25 Meter lichter Länge und 8 Meter Weite, aus drei quadratischen Jochen bestehend, mit mächtigen Gurtbogen und Kreuzrippen aus Steinquadern. Die Bauformen, die Art der Steinbearbeitung (Glattflächung), die primitiven Steinmetzzeichen — ein einfaches Kreuz mit grader Endigung — lassen keine Zweifel daran, daß wir es hier mit einem alten Bestand aus dem Anfang des 13. Jahrhunderts (etwa 1210—1230) zu tun haben. Die Gewölbe sind mit Mörtel gegossen und die Abdrücke der Schalungsbretter noch überall zu sehen, ja einige der Bretter selbst sind noch erhalten. Nun kann man aber unter dieser Halle in drei Stock tiefe Keller hinabsteigen, und diese Keller stammen aus der Barockzeit! Man hat nämlich erst im 16. und 17. Jahrhundert die berühmten tiefen Wiener Keller gebaut und hat dabei die alten Bauwerke einfach unterfangen. Die alten Fenster- und Türöffnungen der Halle wurden vermauert, beziehungsweise durch barocke Durchbrüche ersetzt. Die Fenster sind sehr schmal, gab es damals doch nur die primitivsten Mittel, sie zu verschließen. Ein großer, schön aufgemauerter Strebepfeiler, den man nur vom Hof des danebenliegenden Basiliskenhauses aus sehen kann, ist der einzige Teil dieses uralten Bauwerks, der von außen sichtbar ist. Er ist bei der Restaurierung nicht verputzt worden.

Dies also ist der Teil eines ziemlich vollständig erhaltenen romanischen Hauses, das wahrscheinlich zu Anfang des 13. Jahrhunderts erbaut wurde. Welchem Zweck das Gebäude diente, ist unbekannt. In späteren Jahrhunderten hieß es wiederholt „cellarium", „Hindern Keller" (1448), „langer Keller", der Oberstock „Chasten" (1438), später „granarium".

Die romanische Halle im Heiligenkreuzerhof ist ein Unikum in ganz Mitteleuropa. Sie ist nicht der einzige uralte Teil des Heiligenkreuzerhofes. Neben ihr steht nördlich eine zweite Halle mit dem gleichen mächtigen Bruchsteinmauerwerk. Auch weiter anschließende Räume gehören im aufgehenden Mauerwerk noch dem alten romanischen Bestand an. Ihre Gewölbe und Decken sind später mehrfach verändert worden. Dieses Bauwerk wurde ebenfalls von barocken Kellern unterfangen. Die alten Bruchsteinmauern (bis zu zwei Meter dick) sind auch von den Höfen der nördlichen Nachbarhäuser am Fleischmarkt und in der Drachengasse zu sehen. Ein anderer, vermutlich sehr alter, vielleicht gotischer Bau ist das ebenfalls zum Heiligenkreuzerhof gehörige Haus Schönlaterngasse drei, das zwar eine frühbarocke Fassade hat, im Innern aber zweifellos viel älter ist. Wieviel von den alten

Mauern sonst noch in den barocken Wänden des Stiftshofes steckt, läßt sich nicht einmal ahnen.
Die Nebel der Vergangenheit über dem uralten Wien haben sich durch solche Forschungen etwas zu heben begonnen.
So hat denn eine Wiener Generation nach der andern — es gibt Mieter, deren Familien hier seit 150 Jahren wohnen — ihr Leben zwischen den alten Mauern verbracht, ohne eine Ahnung von dieser geheimnisvollen Vergangenheit zu haben.
Castelli hat hier gehaust, Pötzl, der Schöpfer des unsterblichen Herrn von Nigerl, der Paneuropäer Coudenhove-Calergi mit seiner Frau Ida Roland und viele, viele andere.
Eine der seltsamsten, eigenwilligsten Persönlichkeiten war der Bischof Leopold Graf von Kollonitz, der hier im ersten Stock, auf Stiege eins, Anno 1707 gestorben ist. In der Schule haben wir gelernt, daß er nach dem Ende der Türkenbelagerung 1683 im Lager der Osmanen die verlassenen Waisenkinder der abgeschlachteten christlichen Gefangenen gesammelt und mit nach Hause gebracht hat. Daß er sich aber bereits mit 19 Jahren als Malteser-Ritter vor Kreta durch den Pulverdampf der Schiffsgeschütze an Bord einer türkischen Galeere schwang, die Fahne mit dem Halbmond abriß und die Fahne der Johanniter hißte, weiß man nicht mehr. Daß er erst im Alter von sechsunddreißig Jahren die kirchlichen Weihen nahm und ein Jahr später Bischof von Neutra wurde, ist bezeichnend für die Karrieren der Aristokraten jener Zeit. Zwei Jahre später war er Bischof von Wiener-Neustadt und Kammerpräsident von Ungarn. Nach seiner gewaltigen Rolle in der Belagerung Wiens fing ihn die große Politik ein. Bald wurde er Kardinal, Staats- und Konferenzminister, Präsident der Hofkammer, und so kam es, daß er auch als Erzbischof von Gran und Primas von Ungarn im Heiligenkreuzerhof wohnen blieb. Daß er zu jenen gehört, die am Aufbau der modernen österreichischen Monarchie mitwirkten, daran denkt niemand mehr.

Einst eine Kaufleute-Siedlung

BÄCKERSTRASSE

Die Bäckerstraße ist ein Stück Welt für sich. Hier regiert eine eigene Stimmung. Eine Stimmung, die schwer zu erklären ist. Stammt sie noch von der alten Universität, die als „pfaffenstat" den von der Schönlaterngasse, Postgasse, Bäkkerstraße, dem Seipelplatz umgrenzten Baublock einnahm? Von den elf Studentenbursen, die einst in dieser Gegend standen, in denen der Misericordiadolch stets neben den Skripten des Aristoteles lag?

Hier lebt altes, wenn auch nicht ältestes Wien. Wie wild primitiv es einst hier in der Fernkaufleute-Siedlung vor der Mauer der Stadt, in den meist strohgedeckten Holzhäusern, ausgesehen haben mag! Ab und zu erhob sich vielleicht ein grell getünchter, schindelgedeckter Fachwerkbau, das Haus eines reichen Mannes, der sich auch den Luxus des neu erfundenen Hemdes geleistet haben mag, das er unter zwei gebundenen Röcken trug. Um die Beine hatte er wohl eine Art von Wickelgamasche gewunden. Kein Härchen durfte im glatten Antlitz sitzen.

Dieser Stadtteil sollte später von der Bäckerstraße gegen die Stephanskirche zu wachsen, noch später auch nach Westen. Jedenfalls war das damalige Wien eine Kolonialstadt. Und das Viertel Bäckerstraße—Sonnenfelsgasse mag vielleicht den großen Herren aus Regensburg und Köln Wohnsitz und Magazine geboten haben. Noch erinnern die Namen Regensburgerhof, Kölnerhofgasse an diese längst vergangenen Zeiten, an landsmannschaftliche Quartiere, weiß Gott wann entstanden.

Der schon früher erwähnte Regensburgerhof (siehe p. 205) war ein mächtiges mittelalterliches Gebäude, das an der Stelle der heutigen Bäckerstraße Nr. 1 stand. Hatte schon das alte Haus an Zins jährlich 21 422 Gulden getragen, so brachte das neue, im Jahr 1897 errichtete, 1914 die ansehnliche Summe von 88 211 Goldkronen!

Wer weiß noch, daß Lessings Braut, Eva König, 1775 hier gewohnt hat? Die Wiener Wohnverhältnisse, deren Misere so alt wie die Stadt ist, beleuchtet der alleruntertänigste Bittbrief des Hofkanzlisten Ferdinand Fraunrieder von 1658: „Allerdurchleuchtigster, großmächtigster zu Hungern und Böheimb König, Erzherzog zu Oesterreich! Gnedigster Herr Herr! Durch Ableben N. Grimmers gewesten kaiserlichen Reichskanzellisten ist sein innegehabtes Hofquartier im Regensburgerhof alhie in Wien ledig worden. Weilen dann mein Quartier im Tiefen Graben beim Brandweinbrenner wegen des Gelegers starken Geschmackes und stetigem großen Rauchs mir und meinem von Natur Wasser trinkendem Weib und Kindern widerwärtig unbequem und schädlich ist, als gelangt an Euer kaiserliche Majestät mein unterthenigstes Bitten, Sie geruhen in Ansehen meiner 24 jährigen Dienste selbiges mir und dieses mein Quartier einem andern zuzutheilen genedig zu verwilligen. Euer königlichen Majestät unterthenigster Ferdinand Fraunrieder, Hofcancellist."

Hier im Regensburgerhof, wo einer Sage nach um 1180 der Regensburger Hansgraf zu Gerichte saß, waren fast immer Urwiener Millionäre die Hausherren und hatten die Tiernas um 1398 ihren Marstall, jene Tiernas, denen einmal fast die halbe Stadt gehörte. Um die Mitte des 15. Jahrhunderts besaß, wie schon erwähnt, der Bürgermeister Nikolaus Teschler den Regensburgerhof.

Noch ein zweites Bürgermeisterhaus liegt in der Bäckerstraße, das Neunerhaus, das der Bürgermeister Johannes de Thaw 1559 erbaute und mit einer Madonna unter Glas verzierte. Noch leiert eine lateinische Inschrift über dem Haustor: „Johannes von Thaw, bewogen durch die Ehrenhaftigkeit seines Vaters Gerhard, welcher eines sanften Todes gestorben, gründete dieses Haus, welches er weiter herstellte, damit dieses Werk eine dankbare Nachkommenschaft genießen könne." Bis zum 5. November 1944 genoß es die Nachkommenschaft. Dann schlug der Volltreffer einer amerikanischen Bombe mitten in das Gebäude, es stürzte zusammen wie ein Kartenhaus. Nur die Bäckerstraßenfront blieb stehen, und die Gemeinde Wien, die es als städtischen Wohnhausbau wiedererrichtet hat, ließ die schöne Renaissancefront mit feinem Gefühl vollkommen wiederherstellen. Ein Schulbeispiel für ein „assaniertes" altes Haus, denn im Innern ist es ganz modern, mit allem Komfort. Moderne Menschen können darin bequem hausen, was bei den meisten Häusern der Bäckerstraße, in denen oft schauerliche Wohnverhältnisse herrschen, meist nicht der Fall ist. In einem dieser alten Barockhäuser war einst das berühmteste Bordell Wiens, das der „Madame Honderl". König Alfons XIII. von Spanien und so mancher Minister und Exzellenzherr der österreichisch-ungarischen Monarchie zählten zu ihrer Stammkundschaft. Was da bei Champagner zwischen Dirnen in Batistwäsche an alt-österreichischer Politik gemacht worden sein mag!

Das Nebenhaus von Nummer 9, Nummer 7, ist eine der wenigen Erinnerungen, die sich in Wien noch an die Renaissancezeit erhalten haben. Großartig der prächtige Renaissancehof. Im 14. Jahrhundert gehörte auch dieses Haus den Tiernas. Alle möglichen Schmiedeeisenarbeiten vom ehemaligen Amerlingschlössel in der Mollardgasse sind heute hier angebracht. Einst war dieses Haus Sitz der Windhaagschen Stiftung. Das beschwört eine geradezu sagenhafte Gestalt herauf: den Enzmüller, einen blutarmen Bauernbuben, der es aus dem Nichts zum Grafen und Millionär gebracht hat.

Ein Jurist höchster Klasse, der die „nefandam heresim ex Austria inferiori ejecit" — in Nieder- und Oberösterreich die lutherische Ketzerei ausgerottet hat. Er soll persönlich 40 000 Personen bekehrt haben. Von ihm raunten die Protestanten haßerfüllt, er sei kein wirklicher Mensch. Seiner Mutter sei, als sie nachts am Friedhof vorüberging, ein Gerippe auf den Rücken gesprungen und habe verlangt, daß sie es bis zu einem gewissen Haus huckepack trage, worauf es wieder verschwand, die Frau aber sei nächsten Monat mit dem Enzmüller schwanger geworden. Ein für den Geist, der um 1650 noch weite Bevölkerungskreise erfüllte, charakteristisches „Gerücht".

Enzmüller, als Graf von Windhaag geadelt, muß eine seltsame Gestalt gewesen sein. Ein geistiger Mensch, einer von den energieerfüllten Katholiken der Gegenreformation, hat er eine kolossale Bibliothek gesammelt, die er den Dominikanern vermachte, von denen sie 1784 in die Universitätsbibliothek kam. Enzmüllers Tochter, sein einziges Kind, wurde Äbtissin eines Nonnenklosters. Das Kapital seiner Stiftung für geistliche Alumnen betrug im Jahr 1914 vier Millionen Goldkronen.

Auf der gegenüberliegenden Seite der Bäckerstraße sind auf dem Stück vom Seipelplatz bis zur Essiggasse die alten Häuser erhalten geblieben. Eine seltsam eindringliche Front: Nummer 12, 14, 16 gehen auf das frühe 17. Jahrhundert zurück, ebenso das ehemalige Palais Nimptsch, Nummer 10, dessen Karyatiden noch den ganzen herben, wenig graziösen Geist der deutschen Renaissance atmen. Sie wurden 1823 so wie die Fassade überarbeitet.

Die ganze Tragödie eines herabgekommenen Barock-Palais läßt Nummer 8 erkennen, das einstige Palais Seilern, früher Fünfkirchen. Unter den Stichen Salomon Kleiners figuriert es als eines der schönen Wiener Palais der Zeit.

Wie spricht auf dem Stich aus den Teilen der Nebenhäuser

der Zauber der damaligen Bäckerstraße! Heute aber steht es als verstümmelter Torso da, fast ganz seines architektonischen Schmuckes beraubt, und kaum etwas erinnert an seine große Vergangenheit. Unter anderem wohnte Madame de Staël 1808 im Palais Seilern.

Im übrigen aber sind sie alle verschwunden, die Fronten, die den unbeschreiblichen Zauber der Gasse ausmachten: nichts mehr von dem Haus „Da die Khue am preth spielt", wo ein gewaltiger Bildrebus die Wand bedeckte, den niemand mehr verstand und den nur die Zeitgenossen zu lesen vermocht hatten, als eine bittere Verhöhnung der damals allmächtigen Protestanten. Nur eine Lichtröhre im Durchgang kündet von dem Haus „Zum schmeckenden Wurm" mit seiner Legende von der kühlen Jungfrau, die den Blumenstrauß, den ein Verehrer dem blechernen Hauszeichen, dem Drachen, für sie in die Schnauze gesteckt hatte, dort verwelken ließ. Als alte Jungfer ist diese Salome Schmiedhuberin gestorben. Und mit den Häusern sind all die Romanzen, Geschichten und Kümmernisse, die sich einst hier abspielten, dahin.

Die meisten dieser Häuser wurden im Vormärz demoliert und neu aufgebaut; heute freilich sehen sie ebenso alt, schwarz und düster aus wie ihre Nachbarn aus dem 16., 17. und 18. Jahrhundert, sie bilden eine Häuserzeile wie aus einem Guß. Was doch Zeit und Gewohnheit alles vermag!

Ärger mit der „Pfaffenstadt"

SEIPELPLATZ

Wie ein großer, feierlicher Saal liegt der Dr.-Ignaz-Seipel-Platz da. Meist ist es still auf diesem Platz, und man hat das Gefühl, auf einer gewaltigen Bühne zu stehen, auf der jeden Augenblick eine großartige Haupt- und Staatsaktion beginnen könnte. Wenn O. W. Noltsch erzählt, wie er 1848 Kossuth hier reden hörte, ist das eine richtige „Szene".

„Zwei Tage später war ich in der glücklichen Lage, den großen Kossuth Lajos zu sehen und sprechen zu hören, und zwar vor dem Thore der Aula auf dem Universitätsplatz, welchen eine dichtgedrängte Masse von Studenten, Nationalgardisten und sonstigen Neugierigen überflutete. Ich stand auf der obersten Stufe eines der beiden Eingänge zum ehemaligen Jesuitenkollegium, und gerade mir gegenüber, neben dem linksseitigen Brunnen an der Aula, hielt von einem Tisch herab der Agitator seine Rede in deutscher Sprache, und obgleich nur die näher Stehenden sie verstanden, brüllten wir anderen doch mit, wenn das von dem deutschen Schwerter- und ungarischen Säbelgeklirr begleitete Vivat- und Eljengeschrei sich erhob, war doch schon der Anblick des feurigen Redners und der ihn als Begleiter umgebenden Pusztasöhne hinreißend schön im Schmuck der verschnürten Attilas und Dolmans und federumwallten Kalpaks ..."

Der Universitätsplatz erscheint heute jedem Wiener als das richtige, älteste Wien. Dabei ist der ganze Platz in seiner jetzigen Form erst ungefähr dreihundert Jahre alt. Niemand würde glauben, daß einmal — Jahrhundete hindurch — hier

und in dem ganzen Gebiet ringsum das geistige Zentrum Wiens lag: die „pfaffenstat“, wie das Universitätsviertel einst hieß, denn die Theologie war im Mittelalter die wichtigste Fakultät. Ursprünglich sollte die „pfaffenstat“ groß und weit sein, sich von der Burg bis zum Schottentor erstrecken, von hohen Mauern umsäumt. So dachte sich der geniale Rudolf der Stifter seine Gründung, die ihm als gewaltiges Gebäude des Geistes vorschwebte: die dritte Universität in Mitteleuropa nach Prag und Krakau. Denn damals, in der zweiten Hälfte des 14. Jahrhunderts, war die Welt im Aufbruch. Das Geistige begann sich überall zu regen, unter diesen Leuten in den so eng genähten Schecken, daß sie sich kaum rühren konnten, ohne daß die Nähte platzten, mit ihren goldenen und silbernen Gürteln, die tief hinabgerutscht auf den Hüften saßen. Sie trugen alle mit dem Brenneisen lang ausgezogene Christusbärte, die langen, parfümierten Locken tief auf die Schultern fallend, Blumenkränze im Haar. Die großen Herren schimmerten bunt wie Schmetterlinge. Der Herr Herzog ließ die Domherren von St. Stephan in scharlachroten Talaren wie Kardinäle umherstolzieren. Das freilich stellte der Heilige Vater bald ab.
Mit Rudolfs Tod klappte das alles zusammen, wie die meisten seiner großartig konzipierten Improvisationen, und zwanzig Jahre lang führte die neue Universität ein klägliches Dasein ohne eigene Kanzlei und eigenes Haus. Die Vorlesungen fanden in den Privatwohnungen der Professoren, in Kirchen oder öffentlichen Gebäuden statt, kurz, der Betrieb schien ein ewiges Provisorium zu sein. Nach fast zwanzig Jahren — Anno 1384 — bewilligte Papst Urban VI. der Wiener Universität die Theologie. Damit wurde sie erst zu einer richtigen Hochschule. Die Zahl der Inskriptionen stieg

Schönlaterngasse 9, Hofansicht, 1937

JON. HAAS

von 105 im Jahr 1380 auf 325 im Jahr 1389. Von 1377 bis 1519 zählte man dann 49 745 eingetragene Scholaren.

Nun kaufte Albrecht III., Rudolfs Bruder, für die Universität gegenüber den „Predigern“ (heute Dominikanern) drei Häuser, den Lilienfelderhof und zwei Häuser, die den Wuerffel-Millionären gehörten. Es gab damals noch keinen „Platz“, alles war ein Gassengewirr. Die Riemergasse schnitt pfeilgerade durch bis zum Fleischmarkt. Die stumpfe Einbuchtung, an der heute der Ausstellungsraum der Staatsdruckerei in der Wollzeile liegt, ist die letzte Erinnerung an die mächtige, lange, große Riemergasse von einst.

In einer illuminierten Handschrift der Nationalbibliothek hat sich eine Ansicht der ersten, uralten Universität erhalten, deren Front ein steiler gotischer Turm beherrscht. Der Bau dieser ersten Universität, die sich großartig „collegium ducale“ nannte, kostete 6000 Pfund Wiener Pfennig. Das erste Einkommen der Universität war die Hälfte der Pfarreinkünfte der landesfürstlichen Pfarre Laa, 1384 betrug ihr Einkommen bereits 500 Pfund Wiener Pfennig: 330 Pfund vom Zoll im Wiener Burgfrieden und 170 Pfund von der Wiener Wassermaut.

Im ersten Stock lag die „magna stuba“ oder „aula“, worin in frühen Zeiten die feierlichen Universitätsakte stattfanden. Niedrig war sie, hatte noch keine Glasfenster — sie waren mit Pergament bezogen wie all die kleinen Fenster im ganzen Bau —, aber sicher war sie schön mit Holz getäfelt, vielleicht blinkten goldene Sterne von der wahrscheinlich blauen Decke, und allerlei schöne gotische Möbel werden darin gestanden sein. Daneben gab es einen Hörsaal für die Theologen und einen für die „Artisten“ (die philosophische Fakul-

Schönlaterngasse, 1887. Blick aus der Ecke Heiligenkreuzerhof-Basiliskenhaus auf das Haus Nr. 8

tät); im Parterre lag ein zweiter Hörsaal für die Artisten, einer für die Mediziner und ein — Stall. Ab und zu gab es für die Mediziner eine Leichenöffnung, die im Hof des Bürgerspitals — ungefähr an der Stelle des heutigen Verkehrsbüros — stattfand und zu der die ganze Stadt gelaufen kam. Als am 17. März 1440 am Körper eines gehenkten Diebes die Sektion beginnen sollte, fand man noch Spuren von Leben in ihm, überschüttete ihn mit einigen Eimern kalten Wassers, er erwachte zum Leben, und nun ging ein heftiger Zank zwischen der Universität und dem Wiener Stadtrichter los. Die Universität stand auf dem Standpunkt, zweimal könne man nicht für einen Diebstahl gehängt werden. Kaiser Friedrich III. entschied für die Universität, man ließ den Dieb laufen. Der aber entkam seinem Schicksal doch nicht. In Regensburg ertappte man ihn bei neuen Verbrechen, und dort hängte man ihn „so lange am Halse auf, bis er tot war" (wie die Urteilsformel noch heute in England lautet). 1452 gab es die erste Sektion einer Frauenleiche. Es war der Körper einer Verbrecherin, die man in der Donau ertränkt hatte. Diesmal schloß man aber aus Gründen der Sittlichkeit die Öffentlichkeit aus, und die Leiche wurde nur in Gegenwart der Mediziner geöffnet. Ab 1484 fanden dann die Sektionen in der Universität statt.

In die Stockwerke führten Holztreppen; im zweiten Stock waren vier große Wohnzimmer für die Theologieprofessoren, mehrere kleinere für die Magister der Artisten. Deren gesamte Bibliothek befand sich in einem einzigen Schrank, der noch 1415 im Stiegenhaus gegenüber dem Eingang in die „magna stuba" stand.

Zur Vergrößerung der Universität kaufte der Herzog 1423 einige öde Brandstätten in der Nähe und ließ das neue Gebäude aus den Steinen der 1421 abgerissenen jüdischen Synagoge errichten, nachdem man die reichen Juden, soweit sie nicht Selbstmord begangen hatten, verbrannt, die armen ohne Nahrungsmittel auf Donauplätten gesetzt und diese den Strom hatte „hinabrinnen" lassen. Triumphierend schrieb man in der Universitätskanzlei auf starres Pergament: „Et, ecce mirum, Synagoga veteris legis in scholam virtutum novae legis mirabiliter transmutatur! (Siehe das Wunder, die Synagoge des alten Bundes verwandelt sich in die Schule der Tugenden des neuen Bundes.) Wie man sieht, hat bluttriefendes Arisieren eine alte Wiener Tradition.

Im ganzen 15. Jahrhundert nahm die Wiener Universität an Gebäuden und Ruhm zu. Im Jahr 1473 hatte sie schon eine richtige Bücherei, 1474 wurde das erste Druckwerk, ein auf Pergament gedrucktes Decretale, um 34 rheinische Gulden angekauft, viel Geld für jene Zeit. Damit konnte man 25000 Eier oder 300 Gänse kaufen.

Seit 1389 wohnten die feineren Studenten in Bursen, einer Art Pension, die sich in der Schönlaterngasse, der Sonnenfelsgasse, in der Bäckerstraße und in den Gassen ringsherum drängten. Schließlich hat es elf Bursen gegeben, die poetische Namen trugen, wie Rosenburse, Lilienburse, Heidenburse, Lammburse und so weiter. Es ging streng darin zu; wenn am Abend die Glocke läutete, durfte niemand mehr hinaus. Aber die Studiosi taten es doch, und wenn man sie auf der Straße erwischte, mußten sie 60 Pfennig bezahlen, trugen sie ein Musikinstrument oder ein Schwert bei sich, einen Gulden. Für die armen Studenten gab es die „Coderien", in denen die armen Scholaren zusammen mit armen Kindern hausten, den schon erwähnten „Schützen", die für sie tagsüber in der Stadt betteln mußten, dafür aber von den älteren Scholaren in Latein unterrichtet wurden. Latein mußte man nämlich fließend können, um mit 15 oder 16 Jahren immatrikuliert zu werden. Die Bettelstudenten in den Coderien spielten in den Bürgerkriegen des 15. Jahrhunderts eine große Rolle. Sie liefen den radikalen, gänzlich ungebildeten, aber steinreichen Fleischhackern, die am Fleischmarkt wohn-

ten, nach. Überhaupt sind die gotischen Studenten ein unruhiges, rauflüsternes Volk gewesen. Bald rauften sie mit den Schustern, bald mit den Hauern, deren Weingärten sie zur Zeit der Reife plünderten, sie stahlen das Obst von den Obstbäumen und schleppten es massenhaft in die Stadt; wie zeterte doch der Rektor in seinem Erlaß vom 20. September 1450, daß eine Anzahl Immatrikulierter sich nicht entblöde, auf viehische Weise die Leute anzufallen, tödlich zu verwunden oder wenigstens an ihren Gliedern zu verstümmeln. Bewaffnet, in Gugeln verbunden und verhüllt (capuciis ligati et velati), trügen sie Trauben in Massen fort, verübten noch andere derlei ungeheuerliche Verbrechen und mannigfach Ausschreitungen. Keine Berufung auf die akademische Freiheit werde sie schützen, wenn sie auf frischer Tat ertappt würden!
Die Gugeln waren Kapuzenkragen, die man über dem Gesicht zuknöpfen konnte, so daß gerade ein Auge frei blieb und der Überfallene nicht erkennen konnte, wer ihn angriff. Der heute noch in Wien existierende Name „Hebenstreit" dürfte damals entstanden sein; er bezeichnete einen besonders wüsten Raufbold. Wie angenehm das Verhältnis zwischen Bürgern und Studenten war, erhellt die Geschichte, daß sich 1454 der Bürgermeister Konrad Hölzler „erkühnt habe, die Sturmglocke über die hohe Schule zu läuten und in vielen Häusern Geharnischte bestellt habe". Der Meister Perger erhob beim Roten Turm einen Auflauf gegen die Studenten, und der Bürgermeister ritt „mit Grimm" vor den Rektor und schrie, die Studenten „aus den Bursen beim Collegio" hätten ihn mit Steinen beworfen, zwei Hofleute hätten sie erschlagen, während ein dritter auf den Tod liege. Und er drohte, fünf gefangene Studenten sofort köpfen zu lassen. Auch habe der Bürgermeister „zwen ehrbare Meister" (Professoren) von ihrem Abendspaziergang an der Donau „freventlich" weggeholt und in den Kärntnerturm gelegt, an-

deren Professoren in der Stephanskirche gedroht: „Ich will einmal ein Rädchen gehen und euch Doktoren auf die Glatzen schlagen lassen, daß euch das Blut über die Mäuler rinnen wird." Und einige Bürger verspotteten und verhöhnten den berühmten Professor Meister Thomas Ebendorfer von Haselbach. König Ladislaus Posthumus, ein Junge von sechzehn Jahren, wies beide Teile zurecht. Er schärfte dem Rektor ein, daß die Studenten zu keiner Zeit „verbunden in ungewöhnlichen Kleidern, noch mit Wehr an unziemlichen Stätten gehen, bei entsprechender Ahndung".

So ging das hin und her in der „pfaffenstat", über die sich die Bürger schon 1384 geärgert hatten, denn damals verordnete der Herzog, „das nach von der gassen, die da stosset an dasselbig haus, nemen wir hinfür ab all chremerey und gewerb, die unher da gewondleich sind gewesen...", das heißt, er verhängte einen Bann über den Lärm und das Geschrei des städtischen Betriebes und schuf eine Zone des Schweigens um die Universität, damit Magister und Scholaren beim Studieren nicht gestört würden.

Hatte die Universität in den Jahren 1515, 1516, 1517 noch zwischen sechshundert und achthundert Studenten, änderte sich das mit der Glaubensspaltung jäh; 1530 gab es nur noch 30 immatrikulierte Studenten, die weitläufigen Gebäude, die Bursen und Coderien verödeten, Handwerker und Landsknechte hausten in ihnen. Die besseren Leute schickten ihre Kinder auf die lutherischen Universitäten zu Wittenberg, Rostock und Jena. In der Gegenreformation wurde schließlich kurzer Prozeß gemacht und die theologische und die philosophische Fakultät den Jesuiten übergeben, deren Kollegium 1580 an die 1000 Schüler zählte, während im selben Jahr an der Universität nur 200 Studenten immatrikuliert waren. Das war das Ende der mittelalterlichen Hochschule. Die Jesuiten rissen alle gotischen Häuser nieder, bauten an Stelle der Lammburse und fünf anderer Häuser von 1627 bis

1631 die Jesuitenkirche, planierten den Platz und errichteten das Jesuitenkollegium, dessen kühl-nüchterne Front noch heute steht, wunderbare Folie der prächtigen Kirche. Die alte Universität hatte zu protestieren gewagt, aber der Kaiser hatte barsch „allergehorsamste und schuldigste Vollziehung ohne einiges Difficultieren noch weniger Replizieren" befohlen. Klug wie sie waren, hatten die Jesuiten von vornherein auf die Rektorsstelle verzichtet, und die juridische sowie die medizinische Fakultät verkamen völlig. Die Professoren erhielten jahrelang kein Gehalt, höchstens ab und zu eine Anweisung, sich bei gewissen Ämtern und Mauten bezahlt zu machen. Als beim Bau der Kirche ein Einsturzunglück passierte, brummte Wallenstein in Böhmen wütend: „Es wehr Schad, dasz die Thuerm nit vol mit Jesuwidern wehren gesteckht und der Pater Lemermon zuhöchst oben." Denn dieser Pater Wilhelm Lamormain war die lebende Kraft hinter der Arbeit der Jesuiten, ein Mann von zielbewußtem Willen und weitreichendem Einfluß.
Dreizehn Jahre hat der Universitätsplatz zu seiner Entstehung gebraucht, bis er der typische „römische" Kirchenplatz in einer Altstadt war, mit dem einzigen Zweck, die neu geschaffene Kirchenfassade zur Geltung zu bringen. Ein Platz vor der Errichtung von Jadots Wundertraum, der von streng und einheitlich gehaltenen Fassaden umgeben war. Wer die Kirche gebaut hat, deren Front von einigen bewegten Statuen akzentuiert wird, weiß man nicht. Man weiß nur, daß der großartige Andrea Pozzo in den ersten Jahren des 18. Jahrhunderts die prächtige, auf grau, rosa und grünen Marmorstuck abgestellte Innenausstattung geschaffen hat. Zwischen den gewundenen und geraden Säulen, unter der großartig gemalten Scheinarchitektur und den lebendigen Freskenkompositionen funkelt überall altes Gold. Pozzo war sechzig Jahre alt, als er dieses Werk schuf, und starb bald darauf. Ein Laienbruder der Jesuiten, ein Trientiner.

Als der Jesuitenorden aufgelöst wurde, stand schon Maria Theresias Universität. Ihr Mann, Franz Stephan, hatte sie von seinem einstigen Untertanen Jean Nicolas Jadot de Ville-Issey von 1753 bis 1755 um 320000 Gulden erbauen lassen. Das war zu der Zeit, als van Swieten seine große Universitätsreform durchsetzte. Seitdem ist dieser Platz in seiner Wirkung erhalten geblieben. Das Haus Seipelplatz 3 gehörte vor fünfhundert Jahren dem tragischen Chunrad Vorlauf, wurde 1903 endgültig demoliert und durch einen „Prachtbau" ersetzt, den jedoch die Bomben im Krieg derart zugerichtet haben, daß er renoviert und die aufgeklebten Ornamente abgeschlagen wurden. Im alten Jesuitenkolleg war später auch das akademische Gymnasium und damit das Institut der Sängerknaben untergebracht; Schubert lebte als Junge einige Jahre hier. An schönen Sommertagen probten damals die Sängerknaben bei offenen Fenstern, worauf die Spaziergänger von der Bastei in hellen Haufen auf dem Universitätsplatz zusammenliefen, jeder Verkehr aufhörte und die Geschäftsleute Stühle für die Damen aus den Gewölben herbeitrugen.

Die Rolle, die Jadots herrlicher, für Wien ganz fremdartiger, echt französischer Bau im Jahr 1848 spielte, kennt man. Hier war das Herz der Revolution, hier lag der „Löwe der Aula" und brüllte. Im November 1848 wurde die „Aula" eine Kaserne und blieb es bis 1856; als sie vom Militär geräumt wurde, kam sie an die Akademie der Wissenschaften, der sie heute noch gehört. Daß sich jedoch in dem heute von allen möglichen Ämtern besetzten ehemaligen Jesuitenkolleg Wiens größter Theatersaal befindet, werden die wenigsten wissen. Vor einiger Zeit hat man den dreitausend Personen fassenden Theatersaal des Jesuitentheaters restauriert. Er war vollkommen in Vergessenheit geraten und durch Gipswände in kleine Kammern zerlegt worden. Der Domherr Testarello von St. Stephan hat ihn 1685 in einer Handschrift folgendermaße beschrieben: „Die an jetzt beschriebenes Collegium gesetzten Schulen seind nicht von geringerer elegantz, maszen selbige gar ordentlich und bequemlich gebawet, und befindet sich zu allerhöchst ein herrliches, schönes und groszes Auditorium sambt einem daran stoszenden Theatro für die Comödien, desgeleichen schier nirgends bey denen P. P. Sociaetatis Jesu zu sehen. Solches Auditorium hat auff beeden seithen viele Fenster, zuruck in der hohe einen groszen Chor für die Musicanten. Oberher ist es mit sauberer Tischlerarbeit betafflet mit verguldten roszen, gemahlte Landschafften, Laubwerckh und anderem Gemähl. Vornher aber mit einer prächtigen Faschada, groszen Bildern, verschiedenen Zierathen und schöner Architectur ausstaffiert. Hierauf folget das Theatrum in seiner perspectiva, so schier gröszer und langer als das Auditorium selbst und kann man die darin stehende scenas öffterer als 12 bis 13mahl verendern. Mehrbesagtes Auditorium ist so grosz, dasz es bei 3000 Mann fasset und pflegt man alle Actus publicos, alsz promotiones, Disputationes so wie auch die gröszere Congregation Unszer Lieben Frawen allezeit hierin zu halten. Es sind dann zu sehen hohe und grosze subsellia, ist auch für jede Facultät ein absonderlicher Platz und Sitz verordnet und auszgetheilet. In dem Untern Gebäw ist noch ein anderes kleineres Auditorium, welches ebenfallsz ein wohlgemachetes und mit etlichen scenis geziehrtes Theatrum hat, allhier halten die unteren Schuelen ihr privat Comedien und Declamationen. So seind nicht weniger in gegenwärtigem gebäw zwey andere Auditoria für die Facultät der Medicorum, eines zu ebener Erdt, das andere in der hohe: in diesem pflegen sie ihre lectiones zu halten, in jenem aber zu anatomieren."

Mannigfaltige Schicksale

WOLLZEILE

Die Wollzeile lief immer ein wenig abseits dahin. Großartige Dramen und Geschehnisse hat es kaum in ihr gegeben. Hier standen auch nicht allzu viele Paläste, aber noch vor gut einem Menschenalter war die Wollzeile ganz und gar Alt-Wien. Heute ist sie ein ziemlich langweiliger Schlauch, gesäumt von modernen Bauten.

Ganz am Anfang liegt der niedrige, eigenartige Block des erzbischöflichen Palais, eine Welt für sich. Der hastende Alltag zerbricht an seinen Mauern.

Heute verläuft die Wollzeile in einförmiger Gradlinigkeit, von der reizvollen Unregelmäßigkeit ihrer einstigen Häuserfronten ist fast nichts mehr erhalten. Nur Nummer 20 und 22, zwei alte Häuser aus der frühen Zeit des Kaisers Franz, sind stehengeblieben. Die Winkel ihrer Fronten sind leicht voneinander verschieden.

Vergeblich wird man das sonst in der Wollzeile suchen, die fast nur noch aus glatten Fassaden des Nachmärz und Bauten aus der Gründerzeit besteht, zwischen die einige unglückselig verdorbene Muster der Sezession gepfercht sind, abgesehen von den Kuben moderner „Wohnmaschinen".

Der große „Mikado"-Hof mit der Hausnummer 6 und 8 ist in der Makartzeit auf uralten Fundamenten erbaut worden. Vermutlich hieß er so nach der in angelsächsischen Ländern noch immer zugkräftigen Operette „Der Mikado" von Gilbert und Sullivan. Jahrzehntelang funkelte der sonderbare Name auch von den Auslagen einer berühmten Teehandlung, die durch Ausstellung seltsamer japanischer Farbholzschnitte die Aufmerksamkeit der Vorübergehenden auf sich zog. In diesem wunderlich-pompösen Haus befand sich die altberühmte Buchhandlung Mejstrik. Ihr letzter Besitzer war ein kurioser Mann: Erwin Engel, der unvergeßliche Komiker, k. u. k. Hauptmann der Reserve, Ritter des Franz Josephsordens. Man muß ihn mit seiner Bauernpfeife im Mund zwischen den verstaubten, büchergefüllten Regalen gesehen haben, den profunden Kenner des alten Wien und des Wiener Theaters, über alles informiert, und ihn dann am Abend auf der Bühne der „Fledermaus", des „Simpl", des „Capua", der „Hölle" oder weiß Gott wo sonst noch seine Witze reißen hören. Einzigartige, köstliche, unsterbliche Witze, über die man sich krank lachte, echter Wiener Humor. Wie wenige vor ihm konnten das, wie wenige zu seiner Zeit — heute nur noch Karl Farkas.

Und wie schrecklich — im Grand Guignol-Stil — war sein Ende! Als der großdeutsche Okkupant ins Land kam, versteckte sich Engel tagsüber in den Kellern des Café Dobner, schlief nachts da, dort, oft buchstäblich „unter der Brucken". So entkam er der Gestapo und landete in Shanghai. Dort ist er elend und qualvoll an Diabetes gestorben, als die Japaner die nichtarischen Emigranten in den elenden Hütten der chinesischen Vorstadt Hongkew zusammentrieben. So endete der Nachfahre der Hasenhut und Scholz, der großartige, vollendete Verkünder der unsterblichen „Wiener Gspaß". Ein Wiener Schicksal des 20. Jahrhunderts.

An Stelle des heutigen Hauses Wollzeile 19 stand bis 1913 das Haus, in dem Hofrat Sonnenfels (siehe p. 205) gestorben ist. Welch ein Mann! Mehr noch — ein Begriff.

Über Sonnenfels' literarische, politische, juristische Wirksamkeit sind viele, viele Dissertationen geschrieben worden. Er war kein Titan, aber seine Stellung in der österreichischen Geistesgeschichte ist nicht zu verwischen. Wie er mit der großen Kaiserin stand, er, der Sohn eines Rabbiners, mag noch nachfolgende Anekdote illustrieren. Der Zensor hatte Sonnenfels einen Artikelabsatz gestrichen. Wütend eilte er in die Hofburg. Mit der allmächtigen Kammerfrau der Kaiserin, der Madame Greiner, stand er auf bestem Fuß. Er klagte ihr sein Leid. Sofort ging sie ins Spielzimmer — die Szene muß sich in einem der Gemächer abgespielt haben, die heute die Residenz des Bundespräsidenten sind —, in dem die Kaiserin eben Karten spielte. Und die alternde Maria Theresia, ganz in Schwarz, den Stephansorden in Brillanten an ihrem voluminösen Busen, rauschte schnaufend heraus, in der einen Hand die Karten, mit denen sie sich die Haare unter die schwarze Witwenhaube schob. Sie war ganz Freundlichkeit.

„Na, was is' denn?" fragte sie. „Sekkieren sie Ihn schon wieder? Hat Er was gegen Uns geschrieben? Das ist Ihm von Herzen verziehen. Ein echter Patriot muß manchmal ungeduldig werden, ich weiß schon, wie Er's meint. Oder gegen die Regierung? Er ist doch kein Narr. Oder gegen die guten Sitten? Das glaub ich nicht. Er ist ja kein Saumagen. Aber wenn Er etwas gegen die Minister geschrieben hat, ja, mein lieber Sonnenfels, dann muß Er sich selber heraushauen, da kann ich Ihm nicht helfen. Ich hab' Ihn oft genug gewarnt..."

Das beleuchtet blitzartig die Zeit, den patriarchalischen Betrieb, die große Frau und vor allem das österreichische Ringelspiel.

Mit Josephs II. Tod war Sonnenfels' große Wirksamkeit vorüber. Er lebte noch lange. Kaiser Franz verlieh ihm den Stephansorden. Dadurch wurde er, der ehemalige Deutschmeisterkorporal, Baron, aber kein Mensch fragte ihn mehr um Rat. Man muß sich ihn vorstellen, die gestürzte Größe, mit seinen traurigen orientalischen Augen, wie er in seinem eleganten Seidenfrack durch die Wollzeile des Empire spazierte, er, der niemals mit seinen Gedanken hinter dem Berg hielt. Er sah Napoleon zweimal kommen und gehen, er hatte alles durchschaut, und wir haben den Bericht eines seiner wenigen Besucher, der ihn einsam und verlassen in seiner Wohnung auf der Wollzeile fand, die matten Augen unververwandt auf die lebensgroßen Porträts von Maria Theresia und Joseph gerichtet. Blaß und verfallen, denn ein schweres Nierenleiden zehrte an dem Achtzigjährigen. „Mit heiserer Stimme, in kurzen, abgebrochenen Sätzen, die letzten Worte wiederholend, sprach der Greis über die verkehrte Politik... in galliger Stimmung über die Herrschaft der Reaktion nach Napoleons Sturz." Er haßte Metternich wie die Pest. In der Nacht vom 25. auf den 26. April 1817 ist er in Armut gestorben. Nachfolgend sei das Testament dieses Wirklichen kaiserlich-königlichen Hofrats zitiert. „Ich besitze kein Vermögen", schrieb Sonnenfels mit zitternder Hand, „das ist bekannt. Ich habe mich während meiner vieljährigen arbeitsamen Laufbahn nur bestrebt, meine Pflicht zu erfüllen, nicht Vermögen zu sammeln. Meine Gattin Theresia von Sonnenfels, geborene Hay, brachte mir 3000 Gulden zur Mitgift, deren Empfang ich hiermit noch einmal bestätige. Ich versprach selbe mit 6000 Gulden zu wiederlegen. Diese 9000 Gulden sind eine Schuld, zu deren Bedeckung ich wünsche, daß alles, was ich besitze, zureiche... Soll über die Bedekkung der 9000 etwas erübrigen, so sei meine Gattin hievon die Erbin. Das edle Weib wird, da ich ihr keine Schätze zurücklasse, den unbescholtenen Ruf ihres Mannes und die Achtung, die er bei seinen Mitbürgern zu erwecken das Glück hatte, als einen schätzbaren Nachlaß betrachten..." Die Versteigerung von Sonnenfels' Effekten erbrachte nicht mehr als 3000 Gulden.

Ja, mannigfaltig sind die Schicksale, die durch alle Wiener Gassen geistern, und in der so anspruchslos aussehenden Wollzeile ist es nicht anders. Was könnte das Dominikanerzinshaus nicht alles erzählen! Wie lange sind die Dominikaner schon in Wien? An die siebenhundert Jahre! Welch romantische Geschichten mögen um die Erinnerung an das so zauberhaft schöne Palais Paar wittern, das man Ende der dreißiger Jahre dieses Jahrhunderts „aus Verkehrsrücksichten" barbarisch demolierte! Seine Rückseite war einmal das „Posthaus". Und gar die Geschichten um die „Alte Taverne", Wollzeile 17, oder das Zehnerhaus, das einst Octavio Piccolomini gehörte, um die Heidenburse, ach — es ließe sich nicht absehen. Und von all dem sind nur fünf oder sechs alte Häuser stehen geblieben, mit finsteren Stiegenaufgängen, alten „Pawlatschen" und bröckelndem Gemäuer.

Straße der Volkscafés und der kleinen Leute

SCHULERSTRASSE

Hinter der Stephanskirche verläuft demütig und etwas abseits die Schulerstraße. Obwohl kaum mehr ein Haus aus dem Mittelalter erhalten ist, macht sie einen finster-mürrischen, in sich gekehrten Eindruck. Und dabei war sie einmal die Straße der Volkscafés, der billigen Weinschenken, der Volksfriseure und des Annoncenbüros des „Neuen Wiener Tagblatts“, Generationen hindurch der einzige Platz, an dem die Armen, ohne Brot und Arbeit, zusammenströmten, um sich hier auf Nummer 5 einen neuen Arbeitsplatz zu suchen. In dichten Schwärmen standen sie oft ab sechs Uhr früh hier und studierten die ausgehängten Blätter mit dem „Kleinen Anzeiger“, schrieben in den Volkscafés mit stumpfen Bleistiften ihre Briefe auf die Chiffre-Inserate. Im Jahr erschien oft eine halbe Million solcher „Kleiner Anzeigen“, und zweieinhalb Millionen Briefe hat die Annoncen-Expedition empfangen. Das war Sieghart's Inseratenplantage, die ihm Millionen über Millionen eingetragen hat. Das waren die Zeiten, da man weder ein Arbeitsamt noch eine Arbeitslosenfürsorge kannte. Zeiten, die sich die Menschen von heute gar nicht mehr vorstellen können. Was sah man doch hier für Gestalten! Von der schlanken Gouvernante mit Kapotthut und Schinkenärmeln bis zu den düsteren, der Hölle entstiegenen Figuren der „Taxameter“ und „Kanalstrotter“, Bezeichnungen, die man dem heutigen Wiener erst erklären muß. „Taxameter“ war ein Typus von Obdachlosen, die ein emailliertes „Häferl“ um den Leib gebunden trugen, in dem sie den „Hansel“, den Satz der leergetrunkenen Bierfässer, die zum Abholen seitens der Brauereien vor den Wirtshäusern aufgestapelt waren, in die Häferln leerten und mit Genuß tranken. Der Besuch der damals existierenden „Suppen- und Teeanstalten“ war ihnen zu teuer. Des Gefäßes wegen, dessen Form an die bei den Einspännern, den Comfortables, eingeführten Taxameter erinnerte, nannte sie die „pschütte“ Welt der Schnitzlerzeit „Taxameter“. Die „Kanalstrotter“ wieder waren Obdachlose, die in den Kanälen nächtigten, vom Verkauf der Dinge lebten, die sie dort fanden, oder die sich als „Fettfischer“ fortbrachten, indem sie das auf den trüben Fluten des Sammelkanals treibende Fett abschöpften.

An dieser Stelle stand 1573 das Haus, in dem der berühmte Botaniker Clusius, der Franzose Charles de l'Ecluse, Hofgartendirektor, wohnte. Der Mann, der Alpenpflanzen wie die rote Primel und die duftende Aurikel in die noble Gärtnerei einführte, durch Kreuzungen die zahllosen Varietäten der Gartenprimeln und Aurikeln züchtete. Man muß sich den bärtigen Gelehrten nur vorstellen, wie er in der Tracht der späten Renaissance, mit der gestärkten Halskrause und in weichen, über das Knie gezogenen Lederstiefeln, den komischen Halbzylinder jener Zeit auf dem Kopfe, einen tüchtigen Hieber an der Seite, im Wechselgebiet, auf der Rax, auf dem Schneeberg nach seinen wilden Blumen suchte, in Gegenden, in die sich damals kein Mann von Stand wagte, weil dort die Bären, Wölfe und Luchse herrschten.

Die Schulerstraße beginnt gleich hinter dem Stephansplatz. Das Haus Nummer 1—3 füllt die kurze, zur Wollzeile führende Strobelgasse. Es ist ein typisches Gebäude der Gründerzeit, 1872 errichtet, finster und mit zahllosen „Herrschaftswohnungen“, in denen sich heute meist Büros und Geschäfte befinden. Bis 1869 war das Haus, das hier stand, das „k. k. Dikasterialgebäude, Briefpost“. Von 1397 bis 1869 befand sich hier ein ärarisches Amt — eine lange Zeit! Vom

Hof war damals das Münzamt hierher gezogen. „Der münczhof ist der Fürsten von Österreich, aber die hausgenossen sind sein gewaltig. Und was da zu pessern ist, das muessen die hausgenossen pessern von irem und sullen in ornlich haben. Da soll der anwalt zulugen und ir kamrer wer der ist und ob er abprunn so sullen in die hausgenossen von irem augen gut wider aufpauen, aber von den phenningen aus dem stock sollen si in taglichen pressen, wes not ist."

Im Mittelalter war das Münzgeschäft achtundvierzig reichen Bürgern, den „Hausgenossen", überlassen, die so hießen, weil die Münze sich ursprünglich in der Herzogsburg befand. Sie hatten das Geschäft vom 12. Jahrhundert bis zum Jahre 1522 inne, dem Jahr, da der Dr. Siebenbürger zusammen mit einem von ihnen in Wiener-Neustadt geköpft worden ist.

Schon 1339 regierte der Wiener Pfennig in Österreich. „...in allem dem land ze österreich under der Enns und ob der Enns als weit und als verr unser muencz von Wynn mit recht geen soll."

Der dünne Pfennig aus Silber war die Münze des österreichischen Mittelalters. Ab 1450 kam auch der Kreuzer als Vierpfennigstück auf. Die höchste Münzeinheit war das Pfund zu 240 Pfennigen oder 60 Kreuzern.

Die Herstellung des Geldes war ein umständlicher Prozeß, an dem eine Menge von Personen beteiligt waren. Der oberste Kämmerer des Herzogs, der Münzmeister und der Münzanwalt waren die „Obristen". An dem unmittelbaren Münzprozeß werkten die Gießer, die Zain- und Schrotmeister, der Versucher, die Eisengraber, und auch die groteske Figur des Münzjuden fehlte nicht. Die Häuser aller dieser Leute genossen volle „fürstliche Freyung", ebenso die „Schlagstube" im Münzgebäude. Schon das Anfassen des

„Prospect des Heil. Creutzer-Hoffs" um 1724

Prospectus aulæ S. Crucis . a . Sacellum S. Bernardi . b . Templum Academicum.

Prospect des Heil. Creüder - Hoffs . a . Die Capelle des H. Bernardi . b . Die Academische Kirche der unteren Iesuitern.

Equitis ab Albrecht Cæsarei in Lusitania Residentis Ædes in foro Universitatis pone Collegium P.P. S. J. secundum proxime suscipiendæ reparationis Ideam à proprio Possessore inventam et delineatam . a . Collegium et Scholæ Jesuitarum .
Titl. Herrn von Albrecht Kaysl. Residentens in Portugall Hausser mit dem Universitäts-Platz gegen der Jesuiter-Kirchen gelegen mit der von dem Eigenthümer selbst erfundenen neuen Auszierung. a. Das Jesuiter Collegium.

Türstocks durch einen Flüchtling unterstellte ihn dem „Münzgericht“, das neun Monate im Jahr jeden Montag tagte, seine eigene Folterkammer hatte, und das seine Verurteilten, nachdem sie „in irem rat in irer gehaime“ das Urteil geschöpft hatten, dem Stadtrichter zum Vollzug übergab. Der schlug dann Hände oder Köpfe ab oder ließ die unglücklichen Opfer in Öl sieden.

Die „Hausgenossen“ allein hatten das Recht, Silber für den neuen Guß zu kaufen. Sie taten es meist durch ihre Diener, die Wechsler. Sie mußten daher über bedeutende Kapitalien verfügen, und der Münzmeister trug eine enorme Verantwortung. Er mußte gut rechnen können, bei der allgemeinen Unbildung der Zeit eine große Seltenheit, und so kam es, daß das Amt des Münzmeisters immer wieder in den Händen einiger, meist miteinander verschwägerter Familien lag, wie der Greif, der Tierna, der Würfel, der Liebhart.

Jedem „Hausgenossen“ standen ursprünglich sieben Güsse im Jahr zu, später wurden sie auf drei herabgesetzt. Der Münzmeister mußte den Münzfuß so berechnen, daß durch die Neuprägung alle Kosten der Münzerzeugung gedeckt, vor allem der „Schlagschatz“ für den Fürsten gesichert war; so wurde der ausgiebige Profit des Herzogs und natürlich auch ein bürgerlicher Gewinn für den jeweils an der Reihe befindlichen Hausgenossen bezeichnet. Hatte der Münzmeister unter viel Schweiß und Arbeit an dem Rechenschieber das alles ausgerechnet, wurde ihm in der „größten Gehaime“ das Verhältnis von Kupfer und Silber mitgeteilt, mit dem der Guß zu beschicken war. Dann überantwortete der aufgeregte Hausgenosse dem „geschworenen Gießer“ das Silber zur Einsetzung in die Schmelztiegel. Von dem flüssigen Sil-

Ehem. Palais Albrecht „mit der von dem Eigenthümer selbst erfundenen neuen Auszierung“, um 1730 (Dr.-Ignaz-Seipel-Platz)

ber wurde „ein Korn gebrannt" und im Beisein aller achtundvierzig Hausgenossen „ausgewogen". Erklärte der „geschworene Versucher" das Korn für zu leicht, mußte der Hausgenosse mehr Silber hergeben. Stimmte es endlich, wurde es von dem „geschworenen Gießer" zu „Zainen" gegossen, zu schmalen, dünnen Metallstreifen. Diese wurden vom „Zainmeister" mit Platthämmern zu ungefährer Münzdicke ausgehämmert. Von irgendwelcher Präzision und Gleichartigkeit war damals noch keine Rede. Als dünne Bleche gelangten sie nun in die Hände des „Schrotmeisters", der sie mit der „Benehmscheere" in kleine, dem Pfenniggewicht annähernd entsprechende „Schrötlinge" zerstückelte. Nach Augenmaß stutzte er die Ecken des viereckigen Bleches ab und streckte zuletzt den Rand durch vier Hammerschläge, so daß annähernd runde Bleche entstanden, die in der Mitte ein unregelmäßig erhabenes Viereck, den „Vierschlag", hatten. Nach jedem Vorgang nahm der Hausgenosse das bearbeitete Silber an sich und wog es ab. Hierauf wurden die „Schrötlinge" auf einer „Haut" gut durcheinandergemischt, davon der Betrag der „Aufzahlmark" durch den „Münzjuden" herausgezählt und dem Münzmeister übergeben. Dieser zählte sie unter der Aufsicht des Münzanwalts, der ein persönlicher Vertrauensmann des Herzogs war, ab und wog sie. Fehlte die Schwere eines Pfennigs, so „waltete Gnade", sie galten als voll.

Wenn nicht, mußte die ganze umständliche Prozedur von vorn beginnen. War das vorbei, wog der nun schwitzende und schnaufende Hausgenosse die „Schrötlinge" den „Setzmeistern" vor. Diese saßen, mit einem großen Lederschurz, der „Haut", bekleidet, vor einem in Holz eingelassenen Amboß und prägten die „Schrötlinge", indem sie auf den aufgesetzten, mit der Linken gehaltenen Stempel kräftig die Hämmer fallen ließen. Auf diese Weise kam es, obwohl im 15. Jahrhundert noch die Pfennige meist einseitig geprägt wurden, zu einem enormen Verschleiß an Stempeln sowie der zur Herstellung nötigen Punzen. Der „Eisenhüter" mußte stets eine große Menge davon vorrätig haben, natürlich unter strengem Verschluß. Abends besichtigte er genau die ihm zurückgestellten Stempel. Die Stempel wurden in roher Form von den „Eisenschmieden" hergestellt, worauf die „Eisengraber", meist Goldschmiede, die Stempel schnitten. Von ihnen übergab sie der Münzanwalt „dem versucher der gesworen ist in der slachstuben". Waren die fertigen neuen Pfennige nicht ganz fein, hatte der Münzmeister einen Ausschuß von sieben Hausgenossen zu befragen, ob er sie durchlassen solle. Nach ihrem Spruch richtete er sich.

Bei jedem Guß mußte der betreffende Hausgenosse allen, die zur Münze gehörten, bis zum Wirt im Münzhof und dem Münzjuden, Beträge auszahlen, sowie sie mit Speisen und Malvasierwein zum Frühstück bewirten und den ehrbaren Bürgersfrauen kleine Geschenke überreichen. Trotzdem brachte ihm jeder Guß einen Reingewinn von 12 bis 13 Pfund. Ein Haus kostete damals zwischen 25 und 50 Pfund. Hier im Münzhof entstand das erste Kunsthistorische Museum. „Muenczhof, hindten die khunstcamer" war die Bezeichnung dafür, und 1573 verlangte Kaiser Maximilian II., weil das Gebäude schon so baufällig war, von der Wiener Stadtverwaltung für den in der Kunstkammer neu zu legenden Fußboden aus dem städtischen Floßstadel sechzig Stämme. Als 1679 die große Pest über Wien kam, mauerten sich die Münzer in ihrem Haus ein, und keiner von ihnen starb. Nach dem Tode Prinz Eugens wurde das Münzamt in das von seiner habgierigen Erbin kahl ausgeräumte Stadtpalais verlegt. In die Schulerstraße kam die kaiserliche Kriegskanzlei, die 1781 der großen Briefpost wich. Die gotischen, immer sehr ramponierten Gebäude blieben, wie gesagt, bis 1869 „postärarisch".

Zu Beginn der Schulerstraße duckt sich eine Anzahl alter

Gebäude, so das Mozarthaus auf Nummer 8, das aus dem 17. Jahrhundert stammt, so Nummer 6, das einst „zum grünen Nußbaum" hieß, Nummer 2 und Nummer 4. Vom Mozarthaus ist uns ein Möbelinventar aus dem Jahr 1486 erhalten, das die ganze Schlichtheit des damaligen Wohnens erkennen läßt. „Ain pett", heißt es da, „ain strosack und sponpet, grün gemalt, mit einem halben himmel, ain fursidel, ain gemalter fürhang. In der chamer bei der stuben, ain truhen, ain tisch mit ainer decken, mer ain tisch mit ainer dekken, ain essichvassel zu ainem emer. In der chamer mit der risnein tür, ain sponpet mit ainem halben himmel, ain strosackhpet sidel und fürhang, ain strosackh, ain leibstul [unerhörter Luxus für jene Zeit], ain tisch in derselben chamer und ain truhen, ain chuppfrein [kupfener] mörser mit ainem stessel, ain messnein [Messing] leuchter, so in der stuben hangt ... in der hindern stuben: ain schaibligen tisch. In der chamer bei der vordern haustür: ain sponpett, ain truhen ... ain zusammengelegter tisch..." Der Luxus eines Kastens kommt in diesem bürgerlichen Hause noch nicht vor, aber der Universitätsprofessor Georg Trudel von Greiger, der 1465 in Wien starb, donnerte in einer energischen Predigt gegen die „Spannbetten": „... vorerst versündigt sich der Mensch mit dem schönen Spannbett, darin der Mensch liegt, das andere, womit er sich versündigt, ist, daß die Pölster und Kissen und Decklaken seiden, schön und wohlgeziert sein müssen, und Bett und Kammer geziert sein müssen mit Umhängen und Gemälden. Die Vorhänge und die Betten müssen schön zugedeckt sein gleich wie die Gräber in der Marterwochen... Zum vierten versündigt er sich, so er zu dem Bettgewand mehr Fleiß tut und sorgfältiger ist zur Zier des Bettes, daß es wohlgedient sei mit schönen Polstern und Kissen und Decklaken und schönen weissen Leilachen... Zum sechsten versündigt sich der Mensch, wenn er sein Spannbett oder seinen Himmel darüber malen läßt mit schamlosen Bildern woraus grosse Sünde und Ärgernis kommt... Man findet etliche unverschämte Personen, die sich solche schamlose Malereien malen lassen, daß nicht davon zu sprechen ist. Und andere unschuldige Personen, die es sehen, mögen dadurch zu Sünden kommen. Wenn der Mensch an seinem Umhang oder bei seinem Bett Malereien haben will, so lasse er sich die bittere Marter unseres Herren malen und das Kreuz Christi und das letzte Gericht, das ihn reizt und übt zu Reue und Klage über seine Sünde..."

Gleich daneben, auf Nummer 10, steht eines der ältesten Wiener Häuser aus der ersten Hälfte des 16. Jahrhunderts. Es ist das zweistöckige Hotel „Zum König von Ungarn". Die meisten Häuser jener Zeit zeigten ähnliche Proportionen.

Sonst aber besteht die Schulerstraße zumeist aus Beispielen des Stils der Makartzeit. Auf Nummer 14 stand einst das Juristenhaus der Universität, das 1389 errichtet wurde. Bis 1755 büffelten hier die Juristen, dann eröffnete der Jesuit Ludwig Debiel für drei Jahre ein Haus für „Reumütige Sünderinnen", das offenbar trotz der Keuschheitskommission nicht prosperierte. Auf Nummer 16 erhebt sich der uralte Neubergerhof in seiner letzten klassizistischen Fassung; in ihm wohnte 1805 der französische Marschall Oudinot. Auf Nummer 18 wurde 1818 das erste Wiener Dampfbad eröffnet. Der Eipeldauer hat uns in einem Stich das kuriose Interieur überliefert; 1898 ist es zusammen mit dem alten Haus abgebrochen worden. Und gegenüber dem nachmärzlichen Eckhaus des Finanzamtes an der Ecke der Riemergasse stand das schon 1600 berühmte Einkehrgasthaus „Zur goldenen Ente", bekannt wegen seiner guten Weine, die es aus dem gegenüberliegenden Keller des Jakoberklosters bezog. Hier war vor gut hundert Jahren der Sitz der berühmten „Grünen Insel", einer Wirthausgesellschaft liberaler Intellektueller der Metternichzeit, die 1860 ins Künstlerhaus übersiedelten. Das uralte Haus wurde 1885 demoliert.

Grillparzers Kindheits- und Jugenddomizil

GRÜNANGERGASSE

„Am grünen Anger" hieß es hier schon im 14. Jahrhundert; 1368 taucht die Bezeichnung zum erstenmal in den Urkunden auf. Zwischen der seit Mitte des 13. Jahrhunderts existierenden Wollzeile („Wollezile", 1261) breitete sich ursprünglich ein weiter Wiesenanger aus, der gegen St. Stephan hin durch das Deutsche Haus begrenzt war und auf den schon 1255 die „Kumpflucke" hinausstrebte, ohne damals, noch je späterhin die Wollzeile zu erreichen. Man muß sich das Wien jener Zeit mit noch vielfach dörflichem Charakter vorstellen, meist aus Holz- oder Fachwerkhäusern bestehend, und hier, in einem der neueren Stadtteile, kann eine weite Wiese durchaus vorhanden gewesen sein. Die Grünangergasse besteht noch heute zum großen Teil aus alten Häusern, darunter einem der schönsten Wiener Barockpaläste, dem Palais Fürstenberg, Nummer 4. Es hieß einst „Beim Ritter St. Georg", aber der herrliche Bau, der hier um das Jahr 1720 entstand, hat alle Erinnerungen an frühere Zeit verwischt.

Dabei wissen wir über die Entstehung dieses Palais nichts. Es haben sich keine Dokumente erhalten, wir wissen nicht einmal, wer es gebaut hat, sondern nehmen nur an, daß es von einem unter Hildebrandtschem Einfluß stehenden Architekten geschaffen wurde. Die viergeschossige, siebenachsige Hauptfront ist mit ihren reichen Fensterverzierungen ein wunderbar stark plastisches Relief. Das Portal gehört zu den vollendetsten unserer Stadt. Die bewegte, freiplastische

Gruppe der beiden Windhunde und der vom Hauptportal über die Seitenkapitelle niedertropfende Blütenkranz sind eine originelle, geistreiche Komposition. Der, wie gesagt, von Hildebrandts Formensprache sichtlich berührte Künstler hat die Sprache seines Vorbildes in eine körperliche, saftig derbere Erscheinung umgesetzt. Der Bau umgibt einen schmucklosen kleinen Hof. Die Fassade steigt ohne Risalite, ohne Vertikalgliederung empor. Das Sockelgeschoß, Fenster von voller Höhe über Kellerfenstern umfassend, ist genutet und mit Diamantquadern besetzt. Auch die Portalsäulen und der Bogensturz zwischen ihnen sind in die Rustizierung einbezogen; doch am stärksten wirkt die straffe Linierung der Sockelgliederung. Die Erinnerung an die Sockelgestaltung im Hildebrandtschen Palast Daun-Kinsky ist unleugbar, ja setzt diese voraus. Das kleine Vestibül — alle Dimensionen sind wegen der Raumverhältnisse beschränkt — öffnet sich in einem großen Torbogen gegen den Hof. In der linken Seitenwand ist der Zugang zu dem mit langen Läufen und Podesten emporsteigenden Treppenhaus. In schwarzer Marmorumrahmung posieren darin diverse antike Götter der Richtung Georg Raphael Donners. Von der alten Innenausstattung ist in dem heute Bürozwecken dienenden Bau nichts geblieben.

Im Zehnerhaus, einem Haus der josephinischen Zeit, hat Grillparzer von seinem neunten bis zum einundzwanzigsten Jahr gewohnt. Hier starb sein seltsamer Vater, der Dr. Wenzel Grillparzer, ein Advokat, „der es zu nichts gebracht hat". Er zog 1800 hier ein, stellte die ganze Wohnung im dritten Stock auf den Kopf, ließ Türen vermauern, neue durchbrechen, Parketten legen, alles neu tapezieren und sogar seidenüberzogene Möbel anschaffen. Das war er seiner Stellung schuldig. Die Ersparnisse gingen drauf. Dieser Dr. Grillparzer muß ein merkwürdig gehemmter Mensch gewesen sein. Er war der Sohn eines Bindergesellen aus dem Oberösterreichischen, der nach Wien gezogen war und 1755 ein Wirtsgeschäft in Lerchenfeld eröffnete, später Verköstiger des Windhaagschen Alumnats wurde und seine Tage als Verpfleger des Schrannengebäudes am Hohen Markt, des damaligen städtischen Kriminals, beschloß.

Sein 1760 geborener Sohn Wenzel mußte ein „G'studierter" werden und wurde mit 25 Jahren zum Doktor der Rechte promoviert. Er war ein richtiger Josephiner, ein Mensch von sittlichem Ernst. Aber irgend etwas hat ihm zeitlebens das Herz abgedrückt. Er hatte manches von einem Parvenü an sich, heiratete eine Frau aus den feinsten Wiener Kreisen, eine geborene Sonnleithnerin, die jedoch keine Mitgift mitbekam. Der sittliche Ernst verhagelte ihm die Advokatur, denn er wollte nur von unmittelbaren Rechtsgeschäften seiner Kanzlei leben; jedes wirtschaftliche Unternehmen, wenn es auch hochsolid war, wies er ab und lebte immer über seine Verhältnisse. Denn man mußte es den Leuten zeigen, daß man nichts mehr mit dem Wirtsgeschäft zu tun hatte, zu den feinen, den gebildeten Leuten gehörte. Als er im November 1809 starb, hatte er in seinem Wirtschaftsbuch auf die Einnahmenseiten geschrieben: „Nihil" (Nichts).

„Sein äußeres Benehmen hatte etwas Kaltes und Schroffes, er vermied jede Gesellschaft, war aber ein leidenschaftlicher Freund der Natur. Früher einen eigenen, später einen gemieteten Garten selbst zu bearbeiten und Blumen aller Art zu ziehen machte beinahe seine einzige Erheiterung aus..."

Er war ein großer Spaziergänger. Er, dem jede Übertreibung verhaßt war, liebte es, sich in kindischen Tagträumen zu verlieren. Ein verschämtes, aber unbezähmbares Vergnügen machte es ihm bei seinen Wanderungen durch die Wiener Auen, den verschiedenen Inseln von ihm erfundene Namen zu geben, so, als ob er ihr Entdecker sei. Nichts war ihm lieber, als sich mit Romanen, die ihm sein Ältester, der Franz, auftrieb, an den Ofen zu setzen, einen „Plutzer" Horner Bier neben sich, und zu lesen. In Welt und Leben kannte er sich nicht aus. An seine Kinder kam er nicht heran, er konnte sie nicht erziehen, verbot und befahl ins Blaue hinein. „Man hielt mich für den Liebling meines Vaters, obwohl er mir nie ein Zeichen davon gab", hat Franz später gesagt. Nach und nach ließ er seine Garderobe für die Kinder herrichten, so daß Franz in einem zeisiggrünen, seine beiden Brüder in semmelgelben und sandfarbenen Röcken mit dem Papa durch den Prater spazierten.

Ein unzügelbarer Wahrheitsfanatiker. Die Wahrheit unter allen Umständen so deutlich wie möglich zu sagen, nach ihr so auffallend, wie es nur anging, zu handeln, das war die Lebensart des Dr. Grillparzer. Es läßt sich denken, wie beliebt er sich damit machte. Nur wenn er in Rage war, konnte er aktiv sein, kalten Blutes zu handeln, war er ganz unfähig. Innerlich muß er ein völlig unsicherer Mensch gewesen sein, worauf die Härte und Verschlossenheit seiner Frau und seinen Kindern gegenüber hinweist. In die Seele blicken ließ er sich unter keinen Umständen. Mit einem Wort, ein angenehmer Mitmensch, Gatte und Vater ... Ein mehr als schwieriger Patron, obwohl er in seiner Art an der Musikalität und Dichtung seines Franz Freude gehabt zu haben scheint. So verlief die Kindheit Franz Grillparzers in diesem Haus in der Grünangergasse auf recht unregelmäßige, mitunter kuriose Weise. Was bedeutete schon der einmal im Jahre stattfindende Hausball? Das Kind blieb Dienstboten überlassen. Auf dem Schoß des Stubenmädchens seiner Mutter las er sein erstes Buch, die Geschichte des Korsarenkönigs Theodor.

In der Sommerwohnung in Enzersdorf lernte er bei einem alten Schulmeister und dann in Wien bei einer häßlichen Frau lesen und Klavier spielen. Mit zehn Jahren kam er in das Anna-Gymnasium und damit unter Menschen. Jetzt erst lernte er mit den andern Jungen die Vaterstadt, nämlich die

Innere Stadt, kennen. Am 14. Mai 1804, mit dreizehn Jahren, schrieb Franz Grillparzer sein erstes Gedicht, erstaunlich frühreif. „Auf zwey Vettern“, hieß es und lautete: „Mit Recht gab euch Verwandtschaftsbande — Die weise schaffende Natur — Gleich seyd ihr euch an Herzen und Verstande — Man sieht an euch von beyden keine Spur.“
In der Grünangergasse verliefen Grillparzers Jünglingsjahre. Ganz früh inskribierte er an der juristischen Fakultät der Universität. Mit sechzehn Jahren lief er schon den Mädchen nach, die ihm keineswegs auswichen. Die „akademische Freiheit“ genoß er in vollen Zügen und saß viel in zweideutigen Kaffeehäusern herum. Junger Herr aus feinem Haus. Der Tod des Vaters brachte die schöne Welt des Achtzehnjährigen furchtbar zum Einsturz. Nun hieß es für den Ältesten Stunden geben. Er wurde Hofmeister beim Grafen Seilern. Schon in der Grünangergasse hatte er viel geschrieben. Hier entstanden „An die Sonne“, „An den Mond“, „Blanka von Kastilien“. Dem Klavierspiel gab er sich leidenschaftlich hin. „Ich ergötzte mich an dem Zusammenklang der Töne, die Akkorde lösten sich in Bewegungen auf, und diese bildeten sich zu einfachen Melodien. Ich gab den Noten den Abschied und spielte aus dem Kopfe. Nach und nach erlangte ich darin eine solche Fertigkeit, daß ich stundenlang phantasieren konnte.“ Damit bezauberte er seinen sonst so unzugänglichen Vater. Alles in allem war es eine schöne Jugend, sorglos, im innigen Verkehr mit Gleichaltrigen, mit Schöngeistern. Und im Haus in der Grünangergasse entschied sich 1809 die Linie Grillparzers. „Sie war“, schreibt Josef Nadler, „eine Wende von Schiller zu Goethe, von der Musik zur Dichtung, vom leichten Spiel zur hohen Tragödie. Soviel Grillparzer, als er zum erstenmal die Szene betrat, aus jenen zehn Jahren mit heraufgenommen hatte, nichts von den Entwürfen und Niederschriften, die er zurückbehielt, war überholt oder entwertet. Das ist ohne Beispiel in der

Geschichte der deutschen Dichtung. Die frühen Übungen eines werdenden Meisters enthalten nach Erlebnis und Vorwurf und Stil schon die ganze gedankenreiche Fülle des späteren ausgereiften Gesamtwerkes. Grillparzer hat von der ‚Ahnfrau' bis zum ‚Bruderzwist' keine Bühnendichtung mehr geschrieben, die nicht mit Zügen des Stils oder mit Urbeständen der Handlung in den ersten Entwürfen des reifenden Jünglings keimhaft enthalten wäre. Die Skizzenbücher des Anfängers sind die Urschriften zum Gesamtwerk des Meisters."

Das Haus Nummer 10 steht heute noch, beherbergt noch immer das alte italienische Restaurant „Ancora verde". Schubert, Brahms und Schiele haben oft dort gegessen, und die Erinnerung an den jungen Grillparzer schwebt wie ein seltsamer Traum um die hohen Mauern. Um die Mauern, die auf uralten Gründen stehen. Denn hier war einmal ein großes Nonnenkloster, das im Lauf seiner fünfhundertjährigen Geschichte neunmal seine Bestimmung gewechselt hat. Nichts mehr steht von ihm. Nur in einem Haus in der Singerstraße sind im Hausflur Bruchstücke von Grabsteinen der Klarissinen eingemauert, die bis zu Joseph II. hier lebten. Samuel Kleiners Stich von 1730 gibt einen Anblick des barocken Klosters, in dem einst aus Preßburg vertriebene Klarissinnen bis zum 12. Januar 1782 wohnten. Dreiundvierzig Wohnzeilen, ein Klostergarten und eine „Einsiedelei" umschlossen die kahlen Frühbarockmauern der sich an die im Jesuitenstil erbauten Kirche anschmiegenden übrigen Klostergebäude, die dann gänzlich demoliert wurden. Das Palais Rothal, das sich erkergeschmückt gegenüber der Kirche erhebt, zeigt einen frühbarocken Herrschaftsbau, der heute durch den hochbarocken Palast des „Zentralbesoldungsamtes" ersetzt ist, das einst unter Maria Theresia der „Stadtbanco" war und unter der francisco-josephinischen Monarchie die „Staatsschuldentilgungskassa" beherbergte. Noch

erinnere ich mich der militärischen Wachposten mit scharfgeladenem Gewehr, die nachts in steinernen Schilderhäusern die Staatsschulden grimmig bewachten. Wie hat sich hier alles verändert! Und wenn wir vorbeispazieren, bilden wir uns doch ein, mitten im ältesten Alt-Wien zu stecken.
Wie aber sah es hier im November 1275 aus, als das Zisterzienserinnenkloster St. Nikolaus vom Bischof von Passau, dem Abt von Heiligenkreuz und unter der Teilnahme der Bürgerschaft eingeweiht wurde? Alles in Pelzen und langen Mänteln, die wie Pelerinen aussahen. Die Männer- und Frauenkleider unterschieden sich kaum im Schnitt. Die Zisterzienserinnen vor dem Stubentor, auf der heutigen Landstraße, hatten sich ein Stadtkloster zugelegt. Etwas über hundert Jahre später kaufte es ihnen der Herzog Albrecht gegen einen Jahreszins von 50 Pfund ab, „zu einer gemeinen schull der heiligen schrift". Diese, so etwas wie die theologische Fakultät der neuen Universität, dauerte auch wieder nur ungefähr hundert Jahre. Dann brannte ein Teil des Klosters Anno 1529 ab, und in den Resten kauerten von den Türken verjagte Nonnen. Die protestantische Stadt wollte den Grund für Abbrändler haben. Es gab Streitereien über Streitereien, bis schließlich, wie gesagt, die Preßburger Klarissinnen hierherkamen und sich ein neues Kloster bauten.
Auch das Haus Nummer 1 gehörte einst einem Kloster, dem steirischen Stift Neuberg, das reich und groß war. Der „Neuberger Hof" hieß es. Im Jahr 1805, als es in der Barockzeit schon längst umgebaut worden war, wohnte, wie erwähnt, der französische Marschall Oudinot hier. Was muß das für ein Kommen und Gehen von Ordonnanzen und Kriegskommissären gewesen sein! Denn der Marschall war das administrative Haupt der Besatzungsmacht von damals. Die Barone Pereira-Arnstein machten den Neuberger Hof 1864 zu ihrem „Palais". Ihr Wappen befindet sich noch über dem Tor.

Nummer 2, heute ein Bau aus den neunziger Jahren, war einst, von 1389 bis 1765, die Juristenschule der Universität. Man kann sich denken, was für ein Winkelwerk das wohl war. Schließlich kaufte es der griechische Millionär Nako — er wurde später Graf — und baute 1790 ein Miethaus, das bis 1896 stand.

Hohe Gerichtsbarkeit auf geweihtem Boden

RIEMERGASSE

Die Riemergasse ist in ihrer heutigen Architektur, die fast durchweg aus der Makartzeit, der Sezession oder dem Oberbaurats-Stil vor 1914 stammt, langweilig. Sie ist die Straße der Zwingburgen des modernen Wien, beherrscht von dem 1907 errichteten Gerichtsgebäude, an dem Ornamente nur sparsam verwendet sind und der 5. Stock allein mit seltsamen Kachelplatten besetzt ist. In diesem merkwürdig modern anmutenden Hause residiert das Exekutionsgericht, in dem seit Jahren über das wirtschaftliche Leben oder den wirtschaftlichen Tod von Tausenden Wienern entschieden wird: „Opfer sieht man fallen unerhört..."
An der Ecke Wollzeile—Riemergasse nistet in einem Bau aus dem Nachmärz — er wurde 1849 von Theophil Hansen, dem Erbauer des Parlaments und der Börse, aufgeführt — das Finanzamt für den ersten Bezirk.
Noch vor zwei Generationen war sie eine liebe alte Gasse, die Riemergasse! Verdreht mit ihren wunderlichen Fronten, voll von bewegenden Erinnerungen, wie die um das in einer grotesken Auflage des „sezessionistischen" Stils 1901 mit vielen bronzenen Balkonen von Pecha erbaute Einserhaus. Schon 1337 wird es erwähnt als „des Eysengraetleins haus und heißt in der Gugel, bei Stubentor". Es hatte im Lauf der Jahrhunderte noch gar verschiedene Hausschilde, so Anno 1660 „Wo der Hahn den Hühnern predigt", wahrscheinlich ein Überbleibsel aus der Reformationszeit. Durch einen Neubau wurde 1740 das große Wandbild zerstört; außerdem

nannte man damals das Haus bereits „Zum scharfen Eck". Nach 1815 wohnte Theresia van der Nüll hier. Mit ihr lebt die Erinnerung an einen wahrhaft Balzacschen Liebesroman auf. Sie hatte als Tochter des immens reichen Großhändlers Philipp von Schwab im März 1802 den um dreißig Jahre älteren Jakob van der Nüll, „Gesellschafter des Großhandlungshauses Ignaz von Schwab", geheiratet. Eine Konvenienzehe der Empirezeit, von Eltern und Onkeln arrangiert.

Van der Nüll war, wie Karoline Pichler berichtet, ein reicher, verständiger, aber unliebenswürdiger Mann. Also was man auf wienerisch eine „Zwiderwurzen" nennt. Seine Mineraliensammlung, seine Pretiosensammlung, seine Bildergalerie und seine Bibliothek waren berühmt, aber sie konnten einer jungen Frau nicht genügen. Durch die Schleier der Generationen hindurch erkennt man die Umrisse der aufsteigenden Tragödie. Das große Haus, das er am Michaelerplatz im „Drei-Laufer-Haus" und im Schloß von Weinhaus führte, das alles konnte die Resi nicht ausfüllen. Sie verlor ihr Herz an einen feschen Major des Generalquartiermeisterstabs, dem Erzherzog Karl auf dem Schlachtfeld von Aspern persönlich den neu gestifteten Leopoldsorden an die flaschengrün uniformierte Brust geheftet hatte, an den Baron von Welden, einen vielseitig interessierten geistigen Menschen, einen berühmten Botaniker, verheiratet mit der Gräfin Soppranza. Und so entsprang Eduard van der Nüll, der Erbauer der Oper, einem doppelten Ehebruch. Jahrelang betrog Welden seine Frau mit der schönen Resi. Ihre drei Kinder waren alle von ihm gezeugt. Der gehörnte van der Nüll ließ sich 1815 scheiden, als Eduard drei Jahre alt war. Im selben Jahr zog Theresia van der Nüll in das Einserhaus in der Riemergasse; der alte Mann blieb im „Drei-Laufer-Haus" wohnen. 1823 hat er sich aus dem Fenster seiner Wohnung auf den Michaelerplatz gestürzt und ist tot liegengeblieben. War es die Einsamkeit, die er nicht länger ertragen konnte, der

Schmerz eines betrogenen, zurückgewiesenen, alternden Herzens? Er hinterließ Theresia 25 000 Gulden und eine Jahresrente von 1000 Gulden, den drei Kindern, die nicht die seinen waren, 63 000 Gulden. Welch ein Rätsel...
Baron Welden machte eine Riesenkarriere. Mit 34 Jahren war er Oberst und Brigadier im Pionierkorps. Anno 1848 gehörte er zu den Paladinen Radetzkys, 1849 war er Gouverneur des zähneknirschenden Wien. Nach seinem Tod bekam er 1853 in Graz ein Denkmal, dessen Postament sein natürlicher Sohn, damals schon ein berühmter Künstler, entworfen hat.
Eduard van der Nüll war in den vierziger Jahren der Architekt der „Moderne"; er baute im Renaissancestil. Bei ihm gab es nichts mehr von Klassizismus, er baute in einem phantastischen Kolossalstil — man sehe sich sein Objekt 1 im Arsenal an —, er beherrschte mit seinem Freund Siccard von Siccardsburg die ganze Wiener Architektur des Nachmärz, bis Friedrich Schmidt mit seinem Rauschebart nach Wien kam. Schmidt gab sich als „deutscher Steinmetz" aus, trat klugerweise vom Protestantismus zum Katholizismus über, gab seinen Sohn nach Kalksburg und fand die einzige Seligkeit in einer trockenen Reißbrettgotik. Sein Rathaus steht nun schon in der dritten Generation. Schmidt intrigierte aus Leibeskräften gegen van der Nüll, der seit 1861 mit Siccardsburg die Oper baute. Van der Nüll, eine sensitive, nervöse Natur, zeichnete bei seinen Bauten den künstlerischen Entwurf, während Siccardsburg das Konstruktive durchführte. Siccardsburg erkrankte 1868, und nun lag die ganze Last auf van der Nüll, der so gar nichts von Geschäften verstand. Er hatte im Frühjahr einen heftigen Auftritt mit einem hohen Beamten des Hofärars und erhängte sich im April des Jahres 1868 eines Morgens an dem Bildhaken des Madonnenbildes über seinem Bett, mit einem Taschentuch, das er an einer aus einem Handtuch gedrehten Schlinge be-

festigte. Am Abend vor seinem Tod hatte er zu seinem Arzt von seiner Angst vor Gehirnerweichung gesprochen, hatte geklagt, daß ihm beim Reden die Gedanken entschwänden, er plötzlich nicht mehr wisse, worüber er nachgedacht, wovon er eben gesprochen...

Die neue „Entreprise des pompes funèbres“ veranstaltete eine „Riesenleich'“. Bei Fackelschein wurde der Sarg im Licht des Mondes am Währinger Friedhof ins Grab gesenkt. Van der Nüll starb mittellos, denn er hatte sein ganzes Vermögen bei einer Spekulation mit Losonczer Eisenbahnaktien verloren. Die Wiener Künstler sammelten für seine junge, hochschwangere Frau in wenigen Tagen 10000 Gulden. Der „Figaro“ brachte zu seinem Tod ein Gedicht, das auf die Hintergründe des Selbstmords wies:

Ein Opfer aus der Künstlerwelt
Wie viele schon gefallen.
Vom Schlendrian zum Tod gequält
Mit federspitz'gen Krallen.
Die Bürokraten-Federn, ach!
Versteh'n sich aufs Verwunden,
Sie machen sitzend nach und nach
Zu Kranken die Gesunden.
Ein Dolch, der rasch ins Leben trifft,
Wird nur des Körpers Meister,
Doch solcher Federn scharfes Gift,
Ermordet auch die Geister.
Auch van der Nüll ihr Opfer ward,
Der Edelsten wohl einer,
Wie viele schon in gleicher Art
Gemordet, zählt noch keiner.

So wie man in uralten Zeiten eine Brücke oder eine Burg über dem Leib eines Menschenopfers zu errichten pflegte, so

steht die Oper in bildlichem Sinn auf den Gebeinen ihres Erbauers, der von seiner Zeugung bis zu seinem Tode eine Romanfigur war — und dessen Kinderjahre im Biedermeierzauber der alten Riemergasse verflossen sind.
Diese alte Gasse wird schon 1271 genannt: „strata que dicitur Viltzenstraz", der ursprüngliche Name kam offenbar aus der Verwandtschaft der Wollweber in der Wollzeile und der Vilzer und wurde erst im 15. Jahrhundert durch die Bezeichnung „Riemerstraße" verdrängt.
Seit dem 14. Jahrhundert begannen sich hier die Riemer und „Vesselschneider" anzusiedeln. Die „Vesselschneider" machten die Riemen, mit denen die Pferde auf der Weide oder auf der Rast befestigt wurden, und da damals das Pferd wirtschaftlich eine ungeheure Rolle spielte, hatten sie viel zu tun. Es war genau vorgeschrieben, wer etwas machen durfte und wer nicht. Zwischen den Gürtlern und den Riemern gab es immer Streit und Hader. Immer wieder entschieden Bürgermeister und Rat: „...jeder gesmirts geriem, gebrochenes geriem und gelauntes geriem arbeiten solle mit der hant ... fuerbas die riemer dhainerlei gurtl machen suellen, mit hamer noch mit nagl noch mit dem stain verniet noch verstrichen..."
Wie viel Zank und Ärger in dieser Gasse kochte! Das Schreckenshaus Nummer 7, das „Gerichtsgebäude", steht übrigens an der Stelle des uralten Jakoberklosters, das, der Überlieferung nach, das älteste Kloster von Wien gewesen sein soll. Die Sage will es schon 1131 als Beguinenhaus entstehen lassen, und 1544 berichtete die Oberin Susanna den Klostervisitatoren: „Wie dieses gotshaus erstlichen ain Burgerhaus gewesen, darein etlich erbar und tugentsam Junckfrawen und Wittfrawen auch vermuegig Buergerin ir gelt und gut gepracht und als die fromen Petschwestern gewont und nachmalen von solchem iren zusammengebrachten etlich Gruend und Haeuser erkauft, darauf die kirchen gepaut und das kloster erweitert."

Die Legende will ferner wissen, daß Markgraf Leopold IV. einmal das Hochwasser der Wien beobachtete und auf den tobenden Gewässern eine Heiligenstatue treiben sah, die er an Land lotste und für die er eine Kapelle bauen ließ. Es war eine ein Schuh, fünf Zoll hohe Holzstatue des heiligen „Zwölfboten“ Jakob. Man kann sich die damaligen Zustände am heutigen Ring und im Stadtpark vorstellen. Das erste Pergament aber, das vom Jakoberkloster erhalten blieb, ist vom 26. Mai 1301 datiert.

Das Jakoberkloster wurde ein sehr reiches und vornehmes Kloster. Meist waren die Klosterfrauen von Adel, und 1360 war die Herzogin Margret von Österreich, die Tochter Herzog Albrechts, Meisterin. Die Meisterin Petronilla Poeckhin hat 1493 der Stadt Wien sogar 3300 Gulden geborgt, gegen 110 Gulden Zinsen. Aber es hat sich bis 1495 geschleppt, bis „die von Wien“ das ganze Geld zurückzahlten. Feuersbrünste, die Türkennot und alles mögliche Ungemach reduzierten dann den Reichtum der „armen verprennten und verdorben Klosterjunckfrawen“ sehr.

Sie hatten eine schöne große Kirche mit vielen Altären, einen großen Friedhof — heute führt die Zedlitzgasse über seine Stätte —, aber 1554 gab es nur noch sieben Chorfrauen, über die gezetert wurde, „es sei eben nicht zu dulden, dasz die Schwestern den guten Wein trinken und den schlechten verkaufen oder anzapfen lassen“. Die armen Schwestern dagegen jammerten sehr, denn sie hatten nur noch zehn Holden (Leibeigene) zu Herzogenburg, achtundzwanzig Holden zu Schönleiten, sechs Holden und zwei Höfe auf dem Tullnerfeld, Überland und eine Mühle zu Meierling, einen Hof mit zehn Joch Wiesen zu Altmannsdorf, ein kleines Haus auf dem Freithof, das Burgrecht auf Georg Oelers Haus auf dem Kohlmarkt, Getreidezehnte zu Streitdorf, Haselbach, Stammersdorf, Weixeltal und Hausleiten, vierzehn Joch Weingärten um die Stadt Wien (darunter die berühmten Rieden auf dem Hungerberg), vierundvierzig Joch Acker und achtundvierzig Tagwerk Wiesen vor dem Stubentor.

Im 17. Jahrhundert war das Kloster wieder reich, hatte der Statue des heiligen Jakob einen violetten, goldverbrämten Mantel machen lassen, eine rote Tunika und einen schwarzen, mit Muscheln besetzten Hut. Die großen Damen scheinen es damals mit der Folgsamkeit nicht sehr ernst genommen zu haben, denn 1636 wurde verordnet: „Allen Schwestern wird befohlen, dasz, wenn sie mit der Meisterin oder ihrem Beichtvater reden, oder sonst an ihnen vorbeigehen, sie sich zuvor neigen und Reverenz erzeigen sollen, welche aber am Vorbeigehen oder sonst bei Tisch oder im Chor das Angesicht aus Hoffart oder Unwillen vor der Meisterin abwenden oder den Schleier aus einem Widerwillen für das Gesicht ziehen und ihre Vorsteherin also verunehren würden, die soll im Capitel oder Refectorio öffentlich vor der Meisterin die Erde küssen, um Verzeihung und um eine Busse bitten und dieselbe verrichten, weigert sie sich, dann soll sie des Schleiers auf 14 Tage entsetzt sein und einmal auf der Erde essen."

Man erhascht da wie durch eine halbgeöffnete Tür einen Blick auf das Nonnenleben der Barockzeit.

Im Jakoberkloster gab es eine berühmte Schule für adelige Töchter, welche die Nonnen 1717 aufließen, was zur Aufhebung des Klosters unter Joseph II. führte. Am 1. März 1784 mußten die Nonnen das Kloster verlassen, bekamen 200 Gulden Jahrespension und kehrten ins weltliche Leben zurück. Wie sie sich darin zurechtfanden, darum scherte sich niemand. Die letzte Jakoberin, Antonia Schmerl, ist 1822 gestorben.

Die Kirche wurde 1784 demoliert. Was mit den prachtvollen Altären, den vielen Kunstwerken geschah, weiß man nicht. Man weiß nur, daß Weihgeschenke im Wert von 80 000 Gulden und ein mit Edelsteinen besetzter Kelch, der auf 25 000 Gulden geschätzt wurde, vorgefunden wurden. Welch künstlerische Werte mögen damals mutwillig zerstört worden sein!

An Stelle der Kirche baute Fürst Paar ein Haus für seine Post, während in das Klostergebäude eine Reihe von Behörden einzog und bis zum Anfang des 20. Jahrhunderts darin residierte, darunter das berüchtigte Tax- und Stempelamt. Seither ist die Behörde nicht von diesem Platz gewichen. Außer dem Exekutionsgericht hausen noch das Bezirksgericht Innere Stadt, das Handelsgericht, das Bezirksgericht für Handelssachen und eine Menge anderer, höchst unangenehmer Ämter auf dem durch Jahrhunderte geweihten Boden, der bei Aufhebung des Klosters 4454 volle und 991 leere Eimerfässer Wein barg.

Dependance der hohen Kunst

SEILERSTÄTTE

Die Seilerstätte ist eine alte Straße, aber wie ein Stiefkind vom Schicksal vernachlässigt, macht sie noch immer ein mürrisches Gesicht. Es gibt keine strahlenden Auslagen auf der Seilerstätte, nie hat es rauschenden Verkehr und nur selten prächtige Auffahrten in ihr gegeben, mit einem Wort, hier war nie viel los. Zweimal hat sich die hohe Kunst hierher verirrt, aber das erstemal hat es nicht gut getan, wie das Schicksal des abgebrannten Stadttheaters dartut, jenes Konkurrenzunternehmens, das der aus dem Burgtheater verjagte Laube in der Gründerzeit baute, und aus dem nachher das Ronacher geworden ist. Und schließlich hat das verschlungene Schicksal der Stadt Wien es mit sich gebracht, daß das Burgtheater im Ronacher einzog und viele Jahre hin gespielt hat.

Das Ronacher, welch ein Name! Um die ganze Erde ist er gegangen, war doch hier im 19. Jahrhundert das berühmteste Varieté Mitteleuropas. Laube hat es nicht mehr erlebt, als man auf der Brandruine seines Hauses ein „Spezialitätentheater ersten Ranges" errichtete, ein Varieté von Dimensionen und Qualitäten, die man bisher in Wien nicht kannte. Die „Herren von Nigerl" rissen nur so die Augen auf. Ein Hotel, ein Restaurant, ein Café waren angeschlossen, es gab einen Ballsaal für den Fasching, und das ganze Haus war elektrisch beleuchtet — man denke!

Am 22. April 1888 eröffnete Anton Ronacher sein „Etablissement". Er war ein Teufelskerl, wie aus einem Roman von

Balzac oder Sue herausgesprungen. Ein „Waldbauernbua" aus dem Kärntnerischen, der Sohn blutarmer Forstleute. Gestorben ist er mit Millionenschulden. Eine sinnverwirrende, abenteuerliche, verblüffende Figur, an die heute niemand mehr denkt — er war eben nur ein Österreicher. Nur ein Begriff blieb, „das Ronacher", ein Wort, mit dem niemand mehr einen wirklichen Menschen verbindet.

Der Ruf des „Ronacher" verbreitete sich blitzschnell über Europa, Asien, Afrika, Amerika und Australien, über die Artistenwelt. Sie rissen sich darum, im Ronacher aufzutreten. Ronacher zahlte die höchsten Gagen, 3000 Gulden für ein einmonatiges Auftreten; das wären heute rund 6000 Schweizer Franken.

In jener Zeit des „cul de Paris", die sehr anspruchsvoll war, brachte das Varieté Ronacher neben dem Jagendorfer, der mit einer Hand ein Pferd in die Höhe heben konnte, auch stets musikalische Nummern europäischer Berühmtheiten heraus. Wenn man in den alten Programmen blättert, kann man oft feststellen, daß von den fünfzehn Nummern häufig acht Musik- und Gesangsdarbietungen höchster Klasse waren. Das „Ronacher" war eine richtige „music hall", in der stets die ersten Kräfte der internationalen Artistenwelt auftraten.

Finanziell ließ es sich großartig an. Das erste Vierteljahr brachte einen Reingewinn von 42000 Gulden. Nach wenigen Monaten aber war das Haus nicht mehr ausverkauft. Zwei Jahre später mußte sich Anton Ronacher um Hilfe umsehen. Schon war sein Ruf international, und ohne Schwierigkeit fand er ein englisches Konsortium, das die zwei Millionen Gulden bezahlte, die er noch für den Bau schuldig war; er selbst wurde mit 20000 Gulden jährlich als Direktor angestellt, für damalige Zeiten ein enormes Einkommen. Aber bald paßte es dem hemmungslosen Ronacher nicht, daß die Engländer — sie waren ebenfalls aus der Vergnügungsindustrie, Besitzer des berühmten „London Pavillon" und des Criterion-Theaters am Piccadilly — in alles ihre Nase steckten, die Höhe der Gagen, die er zahlte, bemängelten. Noch 1890 gab es Streit. Ronacher trat aus, ging nach Berlin, wo er das „Theater unter den Linden" gründete, um sofort wieder in finanzielle Schwierigkeiten zu geraten. Nach kurzer Krankheit starb er 1892 im Wiener Sanatorium Löw an Leberkrebs, 50 Jahre alt. Ein unwahrscheinliches, ein flammendes Leben war zu Ende.

Das „Etablissement Ronacher" blieb durch die Zeiten bestehen. Es hat seinen Ruf bewahrt. Wer jemals in den neunziger Jahren einer seiner Vorstellungen beiwohnte, wird sie nicht vergessen haben. Dort war die weite Welt, das internationale Leben, und zum erstenmal hörte man in Wien die unvergeßliche Yvette Guilbert, die größte aller französischen Diseusen, bei Ronacher, sah man die amerikanischen Barrison-Sisters, die Altenberg zu so entzückenden Zeilen bewegt haben. Loïe Fuller tanzte hier ihre Serpentinentänze, die Epoche machten, Ruth St. Denis ihre berühmten Hindutänze. Alle Pariser Chansonetten von Rang passierten die Bretter des Ronachers. Und es war in der Tat ein Abend, den sich der heutige Wiener nicht mehr vorstellen kann, so ein „Abend bei Ronacher". Er dauerte immer bis Mitternacht, und es war ein schönes Bild, ein Genuß zuzusehen, wenn man bei Ronacher gespeist hatte. Man bekam immer vorzügliches Essen serviert und durfte rauchen. Immer gab es eine Fülle außerordentlicher Dinge zu sehen und zu hören. Kein Firmling, den sein Göd zum Ronacher mitgenommen hat, wird je dieses Bild der bezauberndsten aller Gesellschaften aus dem Sinn verloren haben. Wie entzückend die Frauen in ihren Schinkenärmeln, den Kapotthüten mit ganzen Kolibris drauf, und den seidenen Unterröcken, die so mondän rauschten, wenn sie mit den Herren durchs Foyer promenierten! Überall die hellblauen Waffenröcke der Dragoner, die Ulankas der Ulanen, die Attilas der Husarenoffiziere dazwischen. Gewiß, eine unvollkommene Gesellschaft, und die Weltverbesserer hatten viel an ihr auszusetzen. Besseres ist bis heute nicht nachgekommen. Es war eine Welt voll Stil und Atmosphäre. Wenn dann die reißerischen Klänge des Gladiatorenmarsches oder des „El Capitan" von Sousa ins Foyer drangen, die Zuschauer zurücklockten, die ersten zittrigen Flimmerbilder des ersten Kinos — Bioskop, wie man es nannte — über den herabgelassenen Vorhang der großen Pause huschten, war der Firmling im siebenten Himmel. Ah — die große Welt, die weite Welt! Hier roch es nach allen Parfüms dieses Planeten, die ganze Geographie der Artistenwelt leuchtete über die Zauberbühne, und niemand wußte, daß es der Ausklang, das Ende eines Tages war, dem keiner mehr folgte...

Das Ronacher, beziehungsweise das Stadttheater, war auf altem Gemäuer erbaut worden. Fellner und Helmer hatten es 1871 auf dem einstigen Grund des „unteren Zeughauses" errichtet, im Rausch der Gründerzeit, die so viele interessante alte Bauten verschwinden ließ.

Die Seilerstätte war nämlich einst zum großen Teil eine „ärarische" Straße, ganz dicht an der Stadtmauer. Wo heute das Palais Coburg steht, begann das etwas chaotische Konglomerat der „Zeughäuser Handwerksquartiere", das „Losament Seiner Majestät Land- und Hauszeugmeister", des „Feldzeugmeisters und Gußhauses", und wie diese „Gebäu" sonst noch heißen mochten. In dem Feldzeugamt wohnte einst auch das berühmte Korps der Bombardiere, eine Elitetruppe, die sozusagen nur aus Gelehrten bestand, die es selten über den Feuerwerker hinausbrachten. Unterirdische Gänge führten zu den vielen Häusern und Hütten im Stadtgraben, in denen die Jünger der heiligen Barbara ihr geheimnisvolles Wesen trieben. Schon im 16. Jahrhundert hat man im Gußhaus Kanonen gegossen, und 1581 kläfft bissig eine

Aktennotiz: „Nachdem solch der Kaiserl. May. undter Zeughaus nit allenthalben mit Gemeyr versorgt, sondern die an Seiten gegen den Wall nur mit Prettern verschlagen, so soll niemand hinuebersteigen oder schlieffen sondern durch rechte Thoer ein- und ausgehen..." Eine wahrhaft Spitzwegsche Idylle.
Daun, der Sieger von Kolin, hatte viel später in diesem Durcheinander aller möglichen Bauten seine Dienstwohnung, in der er 1766 starb. Noch viel später strichen um diese Mauern paradiesische Düfte, denn im Nachmärz hauste die Generaldirektion der Tabakregie in dem „Alte Artilleriekaserne" genannten Komplex und hatte hier ihr „Havannamagazin". Übrigens war auch Seilerstätte Nr. 22 schon 1596 ein ärarisches Gebäude, und das kriegerische Emblem über dem Haustor — es steht unter Denkmalschutz — erinnert daran, daß hier einmal der legendäre „Hofkriegsrat" amtierte und von 1775 bis 1840 sogar die „Trabantenleibgarde", jene romantischen Operngestalten, die man bis in den Ersten Weltkrieg hinein in lackledernen Kanonenstiefeln, scharlachroten, goldstrotzenden Waffenröcken, wehenden weißen Helmbüschen und mit uralten Hellebarden in der Hand gravitätisch in die Hofburg marschieren sah, wo sie in den Vorzimmern des Kaisers „Wache" hielten. Als sie auf der Seilerstätte lebten, sahen sie allerdings noch nicht so romantisch aus und trugen Generalshüte. In den zwanziger Jahren dieses Jahrhunderts zog eine jener merkwürdigen Banken von damals, die „Nordische Bank", in Nummer 22 ein und klebte eine moderne Fassade an das uralte Haus, frischte das alte Emblem über dem Haustor auf, und so kommt es, daß das schöne Barockornament so unorganisch an der „modernen" Hausfront sitzt. Kaum einer erinnert sich noch der längst verkrachten Bank und der verschiedenen Gerichtsverhandlungen um sie, sondern wundert sich nur über die steinernen Waffen auf dem so friedlichen Geschäftshaus.

Bis ins 16. Jahrhundert hinein, solange die gotische Stadtmauer stand, war die Seilerstätte ein schmales Gäßchen, hieß aber schon 1301 „Auf der Seil“, und bis in die Barockzeit haben die Seiler hier auf der Straße ihre Seile „gesponnen“, vom 16. Jahrhundert an Seile für die kaiserliche Donaumarine, die gegen die Türken focht. Noch 1737 hieß die Gasse „Seilerspinnstatt“, vorher besaß sie Jahrhunderte hindurch überhaupt keinen richtigen Namen, wurde nach den von der Kärntnerstraße einmündenden Gassen hier „Under Pippingerstraßen“, dort „In der Weihenburgk“, dann „Filzgäßlein“ genannt. Später war die Seilerstätte eine übelriechende Gegend, denn viele Generationen hindurch fand hier der Eier- und Geflügelmarkt statt. Genau gesagt bis zum 1. August 1871, an welchem Tag die städtische Markthalle in der Zedlitzgasse eröffnet wurde, die auch schon längst keine Markthalle mehr ist. Der alte Realis hat den Stinkhöllencharakter der einstigen Seilerstätte anschaulich beschrieben, wenn er sagt: „Wer an einem Dienstag oder Freitag zur Vormittagszeit über die Seilerstätte geht, weiß, was ein Eier- und Hühnermarkt ist. Lange nachdem man dieses ohrenbetäubende und nasebeleidigende Stadtrevier verlassen und die schöne luftige Bastei am Karolinentor erreicht hat, glaubt man durch eine natürliche Täuschung der Sinne sich noch immer in diesem Menschen- und Federviehgewimmel zu befinden, noch vibriert das Trommelfell unserer Ohren von dem tausendstimmigen Gackern des jungen Hühnervolkes und noch ist immer das Geruchsorgan von der mephitischen Ausdünstung affiziert.“ Welch ein Betrieb hier war, ermesse man daraus, daß 1841 bei einer Einwohnerschaft von 350000 Menschen innerhalb des heutigen Gürtels 450000 junge, 47000 alte Hühner und 24 Millionen Eier im Jahr konsumiert wurden. Das Renommee der Eierweiber war enorm. „Ihre Goschen, scharf wie ein Schwert", übertraf die aller sonstigen „Fratschlerinnen". Durch diesen Gestank, dieses Gegacker und Geschrei strebte der junge Beethoven dem Hamberger-Haus zu — heute wird dessen Areal von Seilerstätte 21 und Schwarzenbergstraße 1—3 eingenommen —, zur Stunde beim Papa Haydn. Acht Kreuzer hat er für die Lektion gezahlt. Einige Jahre später wohnte Beethoven selbst im Hamberger-Haus.

Die Seilerstätte weist noch verhältnismäßig viel alte Häuser auf, obwohl die Seite mit den ungeraden Nummern fast durchweg aus „Prachtbauten" der Makartzeit besteht. Auch Nummer 19 wurde 1893 demoliert; in ganz Wien gibt es kein Bild mehr von diesem Haus, in dem Fanny Elßler so lange lebte und auch starb. Welch unvergeßlicher Name, obwohl es niemanden mehr gibt, der sie tanzen sah. Sie muß etwas Unvergleichliches gewesen sein. Europa und Amerika lagen ihr zu Füßen, obwohl viele murrten, sie habe keine Waden gehabt. Stämmige Beine gehörten damals zu den weiblichen Reizen. Die Beine der Elßler kannte die Welt, sie waren die wundervoll geformten, durchtrainierten schlanken Beine der großen Tänzerin. Die Elßler war aber auch eine große Pantomimin, und die berühmte Wolter hat sich noch von der Greisin unterrichten lassen.
An der Seilerstätte ist ihr unsagbar reiches Leben zu Ende gegangen. Über dreißig Jahre wohnte sie, eine Millionärin, dort. Von ihrem 12. bis zu ihrem 41. Jahr war ihr Leben nichts als Arbeit und Liebe. Eine Frau, die sich im Vormärz dank ihrer überragenden Kunst über die Konventionen hinwegsetzen konnte und ihr Frauenleben lebte, wie es ihr gefiel. Nie gehorchte sie einem Gatten. Sie hatte zwei „ledige" Kinder, das eine vom Prinzen von Salerno, einem Schwiegersohn des Kaiser Franz, das andere von einem Kollegen, dem

Tänzer Stuhlmüller. Das Geheimnis ihrer Beziehung zum Herzog von Reichstadt ist nie gelüftet worden. Sie leugnete ihr ganzes Leben lang, ihn näher gekannt zu haben. Man weiß jedoch aus Berichten einer ihrer Freundinnen, daß diese die Wohnung durch einen anderen Ausgang verlassen mußte, da sich der Herzog von Reichstadt bei Fanny angesagt hatte. Die Wahrheit wird wohl nie zutage kommen. Nur eines steht fest: Auch im Biedermeier verstand man zu leben, großzügig, leidenschaftlich und frei.
Von den fünfziger Jahren an bis zu ihrem qualvollen Tod an Brustkrebs Anno 1884 lebte Fanny Elßler als bewundertes Geheimnis und angebetete Erinnerung in ihrer Vaterstadt ein Leben, wie Balzac es seine Herzoginnen leben läßt. Auch im Alter blieb sie eine lächelnd-überlegene Königin der Mode, stets war sie eine Frau von weltweiter Geste und heiter-vieldeutigem Lächeln, die trotz ihrer Weitgereistheit bis in die Fingerspitzen hinein Wienerin geblieben war. Clara Schreiber hat uns die Fünfzigerin anschaulich geschildert: „Auf ihrem Gesicht", sagte sie, „schien ewige Jugend festgehalten zu sein... Wir waren im Hochsommer, die Künstlerin trug leichte, hellgraue Seide, welche die noch immer schön geformte Büste eng umspannte. Am herzförmigen Ausschnitt der Taille steckte eine La France-Rose. Das glattgescheitelte Haar, noch von keinem Silberfaden durchzogen, schlang sich im Nacken zu einem griechischen Knoten. Lichtrosa Bänder lagen nach Art der griechischen Reifen um das Haupt. Jede andere Frau in vorgerückten Jahren würde, so gekleidet, lächerlich gewesen sein. Fanny glich einem anmutvollen, dem Rahmen entstiegenem Bilde, nichts störte die Harmonie der Erscheinung."
Schon spielten ihr Enkelkinder zu Füßen, ihre Tochter war ansehnlich an einen Baron verheiratet, nur über dem Sohn des Prinzen von Salerno waltete Tragik. Am Anfang der siebziger Jahre nahm er sich in Mürzzuschlag das Leben.

Noch immer geriet jeder, der Fanny kennenlernte, in ihren Bann, und bis in ihr hohes Alter konnte man verstehen, daß der sechsundsechzigjährige Gentz der neunzehnjährigen Fanny geschrieben hatte: „Ich bin berauscht von der Seligkeit, die Du himmlisches Wesen mich in Deinen Augen und an Deiner Brust in vollen Zügen trinken ließest... daß solche Wonnen mir auf Erden noch beschieden waren, wie kann ich Dir da danken, meine Fanny..." Und drei Minuten vor seinem Tod, als er nicht mehr sprechen konnte, kritzelte er noch mit zitternder Hand auf ein Blatt Papier: „Fanny".

Kaiser Franz, der Gentz nicht leiden konnte, hatte immer „einen Pick" auf Fanny Elßler, denn er konnte ihr nicht verzeihen, daß ein Wiener Madl mit einem Preußen „ging", den er wegen „der g'schnauften und g'schwollenen Rederei", so bezeichnete er Gentzens Berlinerisch, nicht ausstehen konnte.

Fanny Elßlers Salon war im Wien der fünfziger, sechziger und siebziger Jahre eine einzig dastehende gesellschaftliche Erscheinung. Von der vorderen Front der Wohnung Fannys im vierten Stock sah man in die Annagasse, und der hintere große Balkon, der über vier Zimmer ging, gewährte den Ausblick über die Bastei und nach dem Abbruch der Festungswerke auf die werdende Ringstraße. Zwischen immerblühenden Blumen und grünen Gewächsen, die sie sorgsam in einem Glasgang zog, umzwitschert von ihren vielen gefiederten exotischen Sängern, pflegte Fanny Elßler mehr als dreißig Jahre heitere Geselligkeit. Ein Zeitgenosse hat uns ein anschauliches Bild von ihren unvergeßlichen Abenden hinterlassen: „Regelmäßig am Donnerstag fand sich ein vertrauter Kreis bei ihr ein, ein Kreis von eigentümlicher Zusammensetzung. Das bemerkenswerteste an ihm waren die uralten, unmündig gewordenen Minister und Generale und vormärzlichen Herrlichkeiten, die eisgrauen Herren, welche kamen, um gleichsam eine gewohnte Andacht zu ihren

Füßen zu verrichten. In ihrer Jugend hatten sie die Jugend Fannys angebetet, in ihrem Alter konnten sie es noch immer nicht lassen, auch ihr Alter zu verehren. In diesem Cercle von Greisen saß ein hocharistokratischer Name neben dem anderen, hohe Militärs aus längst verrauschten Kriegen, Exzellenzen und Durchlauchten in bunter Reihe... Sie kamen, wenn auch nur, um in den weichen Lehnstühlen sofort einzuschlafen und erst aufzuwachen — um 8 Uhr —, wenn dann der Kammerdiener mit gemessener Amtsmiene eintrat, um Durchlaucht oder Exzellenz nach Hause zu bringen, unbeugsam, wenn auch die ganze Gesellschaft ihn bat, den alten Herrn ‚noch ein bisserl' dazulassen. Der Diener wischte seinem Herrn Mund, Kinn und Nase ab, denn er ‚trenzte', nahm ihn unter den Arm und führte ihn aus Fannys Gemächern. Die Jugend aber, welche die Arabeske um diese alte Garde bildete, focht das alles nicht an: sie trieben ihren Übermut ungestört fort, und die Hausfrau Fanny freute sich des lustigen Treibens."

Und lustig, interessant, belebt ging es bei Fanny Elßler immer zu. Toni Schläger vom Hofopernballett, Charlotte Wolter (die Elßler spielte ihr vor, wie sie als Messalina zu schreiten und zu sterben hatte), Auguste Wildbrand-Baudius, die große Wessely vom Burgtheater (Paula Wesselys Tante), Mitterwurzer, Bernhard Baumeister, Josef Lewinsky, kurz, alle Sterne des Wiener Theaters waren im Salon Elßler zu finden. Man weiß, daß Fanny Elßler noch als Siebzigerin auf Gabillons Bitten hin eine kleine Szene aus ihrer pantomimischen Schatzkammer improvisierte. Eine Tischdecke umgebunden, führte sie ein urwüchsiges Bauernmädchen vor, das seinen erzürnten Liebhaber beschwichtigen will, und es soll ein bezwingender Eindruck gewesen sein.

Wie alle Gassen der Inneren Stadt besitzt auch die Seilerstätte eine Kette von erschütternden und tragischen Erinnerungen, nur ist es schwer, sie festzustellen. In der vormärzlichen Presse wurde fast nie über Tragödien und Katastrophen berichtet. In den unübersehbar angeschwollenen Zeitungsbänden der letzten hundert Jahre ertrinkt alles wie in einem Meer. Wir wissen, daß an der Ecke Johannesgasse und Seilerstätte an Stelle des heutigen, 1906 erbauten Hauses Nummer 24 ein entzückendes altes Haus stand, in dem am 18. Februar 1827 Jaroszynski, der polnische „Graf" und Kavalier der Krones, der damals populärsten Schauspielerin, seinen alten Lehrer, den Abbé Blank, viehisch mit einem Küchenmesser ermordete, um seine Wertpapiere zu rauben. Der alte Gräffer, der nach der Entdeckung der Mordtat vom „k.k. Landrecht" in die Wohnung des Ermordeten berufen wurde, um eine Schätzung des Nachlasses vorzunehmen, hat uns einen Eindruck von der Wohnung eines Wiener Gelehrten jener Zeit hinterlassen. „Zur Wohnung", notierte er, „führte ein ziemlich langer, schmaler und finsterer Gang. Das erste Zimmer war angefüllt mit mathematischen Instrumenten, enthielt eine große Rechentafel auf einer Staffelei und in einer Ecke nächst dem Fenster lag neben einem Arbeitstisch ein Ballen ungebundener Bücher, nämlich Werke des Professors. Im Zimmer zur Linken, in dem sich gebundene Bücher befanden, stand ein größerer Arbeitstisch, in dem der Abbé sein Geld zu verwahren pflegte. Ein Erd- und Himmelsglobus vervollständigten das sonst einfache und stark abgenützte Mobiliar. Die hoch angebrachten, kleinen Fenster, die das Licht nur von oben einfallen ließen, erweckten einen düsteren Eindruck." Ein wahres Spitzweg-Milieu mit einem Schuß Unheimlichkeit.

Alter Hof in der Schulerstraße 18 (1895/96 durch Neubau ersetzt)

Auch über dem Koburg-Palais liegt tragisches Geheimnis. Noch mancher von den älteren Wienern dürfte sich an die erschütternde Liebestragödie Luise von Koburgs und Geza Mattachichs erinnern. Ein Kriegsgericht degradierte den jungen Ulanenoffizier und warf ihn in den Kerker, weil er eine „hohe" Frau, die Schwester der Kronprinzessin Stephanie, geliebt hatte. Eine Koterie von Hofschranzen hatte ein Kartenhaus aus falschen Wechseln und ungedeckten Schecks um die beiden gebaut. Die herzbewegende Liebesgeschichte der beiden dauerte über Kerkermauern, Armut, Not und Grenzen bis weit ins zwanzigste Jahrhundert hinein. Fast unbekannt hingegen blieb eine Tragödie, die sich im Ersten Weltkrieg in der „Spargelburg" — wie das Volk seit den vierziger Jahren das Palais wegen seiner vielen Säulen nannte — abspielte: Die verlassene Geliebte eines Koburger Prinzen, eines Sohnes von Luise von Koburg, ein Bürgermädchen, schoß ihm beide Augen aus und tötete sich dann selbst; der Prinz verschied nach Tagen qualvollen Leidens im Sanatorium Löw. Oh — es sind Geschichten wie aus Shakespearischen Dramen, die diese alten Häuser ringsum auf der Seilerstätte und in jeder Wiener Gasse erzählen können, und es klingt wie eine Ballade aus dem düstersten Mittelalter, jene bei Greislern und Hausmeistern undeutlich zusammengestückelte Schauermär von dem Rittmeister der alten k. und k. Armee, der seinen dem Kaiser geleisteten Fahneneid nie vergaß und den sein zwölfjähriger Sohn in der Schule beim Lehrer anzeigte, als in der Naziära das Spitzeltum zur Statsbürgerpflicht gemacht worden war. Der Vater erschoß ihn, als die Gestapo an die Tür pochte, und jagte sich die zweite Kugel ins Hirn.

Neben den düsteren Erinnerungen geht das Leben weiter.

Wiener Barockportale: Grünangergasse 4, ehem. Palais Fürstenberg

Zwei Jahrzehnte genügen, um alles vergessen zu machen, niemand mehr erinnert sich, niemand mehr weiß etwas. Und der Frühlingshimmel lacht immer wieder von neuem über dem Haus Nummer 5, das das letzte ist, was hier von der alten Bastei übrigblieb. Unentwegt stehen die wenigen alten Häuser hier, so das Achterhaus, in dem einmal die Staatsdruckerei ihre „Dampf-Schnellpressen“ rasseln ließ, vor siebzig und mehr Jahren. Unverändert hebt sich der große, schlichte Block des Ursulinerinnenklosters, jenes unvergleichlichen Klosters, dessen großartige Kulturtradition ungebrochen die Generationen überdauert. Wem ist bekannt, daß hier Wiens reichster Reliquienschatz ruht, daß hier der heilige Clemens Maria Hofbauer die Beicht' abgenommen hat, daß er an der Kirche der Ursulinerinnen bis zu seinem Tode gewirkt hat?

Auch Grillparzer wohnte einst auf der Seilerstätte. In einem heute längst verschwundenen Haus, hoch oben über dem Gegacker und Gestank des Hühner- und Eiermarktes. In einer einfachen Wohnung, „aus einem kleinen Vorzimmer bestehend“, berichtete ein Besucher, „einem ebenfalls kleinen Alkoven, durch welchen man in das Schlafzimmer und in ein geräumiges Eckzimmer gelangte, wo frei im Zimmer gegen das Fenster zu des Dichters großen Schreibtisch stand, davor sein grüner, ledergepolsterter Lehnstuhl, rechts von der Tür das Klavier, an den übrigen Wänden Bücherkästen. Die Wohnung befand sich im dritten Stock des Hauses, welches ‚Zum Dachelbäcken‘ hieß... Zwei Fenster gingen auf die Himmelpfortgasse, zwei auf die Seilerstätte, gegenüber war das ärarische Zeughaus...“ Grillparzer verlebte hier seine vierziger und fünfziger Jahre.

Verkehrsader in fremde Lande

NEUER MARKT

Rechteckig, lang und etwas schmal für einen richtigen Stadtplatz liegt der Neue Markt neben der Kärntnerstraße. Nichts Behäbiges ist an ihm, nein, etwas Nervös-Fahriges. Neben den wenigen, wie Altpensionisten aussehenden „Prachtbauten" der Makartzeit wuchsen die modernen Bauten der Nachkriegszeit hoch und schlossen manche Bombenlücke. Nur ein kleines Stück der alten, herrlichen Häuserfront steht noch, die Häuser Nummer 13 bis 16; in sanft bewegter Krümmung ist dieser architektonische Torso heute noch ein bezaubernder Anblick. Alles andere Alte jedoch ist verschwunden.

Wer erinnert sich noch an das edel-verhaltene, unauffällige Schwarzenbergpalais, das den Platz gegen die Tegetthoffstraße abschloß? Welch ein nobles Haus! Der richtige, erlese Ort für die ersten Aufführungen der „Schöpfung" und der „Jahreszeiten" von Haydn. Diese alten Schwarzenberg, die zu den reichsten Familien der Monarchie gehörten — sie sollen um 1800 ein Jahreseinkommen von 700 000 Gulden gehabt haben —, leisteten wie so viele Familien des alten Adels Großes für die Wiener Kultur.

Das Schwarzenbergpalais wurde 1894 demoliert, wobei man in fünf Meter Tiefe einen römischen Sarkophag fand.

Der Neue Markt ist zu einer Zeit großer Prosperität entstanden, nämlich damals, als das babenbergische Wien seine Fesseln sprengte und wuchs. Der Neue Markt wurde planmäßig der Kärntnerstraße angeschlossen und stimmt in den

Maßen auffallend mit Ottokarischen Stadtplätzen überein. Er zeigt die Rechtecktype, die nach 1200 häufig angelegt wird. Nahe der wichtigen, neu angelegten Straße nach Kärnten und Venedig bildet der Neue Markt neben dem Graben die jüngere Stilform der gotischen Stadtanlage aus ottokarischer Zeit. Er war ursprünglich größer und regelmäßiger und reichte von der Kärntnerstraße, die seine östliche Längsrandstraße war, bis zur Seilergasse, die noch vor dem zu Beginn des 17. Jahrhunderts beginnenden Bau des Kapuzinerklosters nach Süden gegen das ehemalige Bürgerspital durchlief und die westliche Längsrandstraße bildete. Die Himmelpfortgasse war die einzige Mittelstraße — alle heutigen Namen der in den Neuen Markt mündenden Gassen sind sehr jung —, und es gab keine richtige Straßenkreuzung. Die heutige Plankengasse war keine Mittelstraße, sondern bis in die neuere Zeit verbaut. Die schmalen Baublöcke, die heute den Platz verkleinern, sind sicher an Stelle von Kaufbuden getreten. Die Grundstückeinteilung auf dem Plan von Hirschvogel von 1683 läßt dies deutlich erkennen. Die Anlageform an der so bedeutsamen neuen Hauptverkehrsader in ferne Lande, die Seitenverhältnisse und die Anordnung der Straßenmündungen des Neuen Markts stimmen mit den Plätzen in Hainburg und Bruck an der Mur überein, die beide auf ottokarische Gründungen zurückgehen. Die erste urkundliche Nennung des Neuen Marktes im Jahr 1276 läßt seine ungefähre Entstehungszeit ahnen.

Es ist also ein recht alter Platz, dieser Neue Markt, und die Fremdenführer bringen ihre Schäflein in großen Horden und nickelglänzenden Autobussen hierher, um ihnen die Kapuzinergruft zu zeigen, die für den internationalen Touristenverkehr eine größere Anziehungskraft besitzt als alle Kunstschätze Wiens zusammengenommen, denn hier wird die große, morbide Lust, die der Anblick eines toten Löwen erregt, an den ungefähr einhundertvierzig Särgen des Hauses

Österreich befriedigt. Wieviel ist doch über diese Kapuzinergruft mit den Kaisersärgen und über die Kapuzinerkirche, die ein im Grunde so schlichter, so einfacher Bau ist, geschrieben worden! Fast niemand erkennt die rührende Größe, die in den schlichten Architekturformen liegt.
Wie viele sehen die einzigartige Schönheit des Donnerbrunnens? Erfassen den genialen Klang der Form, die Donner schuf, als er aus dem statuarischen Raum heraus- und in das Alltagsleben einbrach? Den Bronzefuß — damals Bleifuß — seines Flußgottes mitten unter die „Fratschlerinnen“ setzte? Einzigartig, unbeschreiblich, wie sich da die Kunst mit der Banalität verbindet und — etwas Großartiges daraus wird! Über zweihundert Jahre plätschert der Brunnen schon. Dem beginnenden 20. Jahrhundert sollte es vorbehalten bleiben, rings um ihn einen Rangierbahnhof der Straßenbahn anzulegen. Die Hietzinger Elektrische drang bis hierher in die Stadt ein, und da eine Schleife nicht möglich war, wurde höchst umständlich abgekuppelt, angekuppelt. Die Zerstörung der Atmosphäre des Platzes war vollkommen. Der turm- und zinnengeschmückte Komplex des Hotels Meißl und Schaden, an dessen Stelle einst eine Anzahl schmaler, hoher alter Häuser stand, die 1895 demoliert wurden, besserte den Eindruck nicht. Eines davon war das „Hoföbstlerische“ Haus, in dem Haydn fünf Jahre lang wohnte. Noch existiert eine Konzertanzeige vom 16. Dezember 1795, in der es heißt: „Die Eintrittszettel sind bey dem Herrn Kapellmeister Haydn in dem Hoföbstlerischen Haus im 3. Stock zu allen Stunden zu haben.“ Man stelle sich vor, in die Wohnung eines modernen Komponisten zu gehen und von ihm persönlich Karten zu kaufen!
In diesem Haus entstand auch die Volkshymne, das „Gott erhalte“. Bei diesem Gedanken muß man einen Augenblick innehalten. Man lernt das nicht in den Schulen, man hat es auch vorher nicht gelernt. Sie erzählen einem immer wieder

nur die langweilige Geschichte von der „Mehlgrube“ — heute steht das Hotel Kranz-Ambassador dort — und den Ahnenbällen, die den Bürgern verschlossen waren, von der Wette des Grafen Czobor, eines ungarischen Magnaten, der prahlte, er werde so kostbar gekleidet wie keiner sonst kommen. Und der dann mit einem Leinwandfetzen über der flimmernden Herrlichkeit seines Magnatenkostüms erschien. Und als die Noblesse den Fetzen näher lorgnettierte, stieß sie einen Schreckensschrei aus: Es war ein Tizian aus Czobors Besitz, den sich der Barbar als Mente hatte zuschneiden lassen!

Solche Geschichten hat man uns erzählt, nicht aber, daß Haydn auf dem Mehlmarkt, wie der Platz noch im 20. Jahrhundert oft genannt wurde, die Volkshymne schrieb. Wie war doch das ganze alte Österreich, dieser unvergeßliche, einzigartige, übernationale Staat in ihren reinen, erhabenen Takten symbolisiert! Immer wieder sind uns Alten die Tränen gekommen, wenn wir sie gehört haben. Daß Haydn gerade in dieser herrlichen Stadteinsamkeit des alten Mehlmarkts die Inspiration hatte, war kein Zufall. Und wohl auch kein Zufall, daß hier die vier Schüsse krachten, die das Ende der uralten Macht eingeleitet haben, jene vier Schüsse, die Dr. Friedrich Adler dem Ministerpräsidenten Graf Stürgkh in den Kopf jagte.

Am Samstag, dem 21. Oktober 1916, kam Dr. Adler aus Margareten mit der Elektrischen auf den Neuen Markt gefahren. Am Tag vorher hatte er erfahren, daß der Ministerpräsident immer hier zu Mittag esse. Ihn wollte er töten, ihn hielt er für den Ursprung alles österreichischen Übels. Wir besitzen in den stenographischen Protokollen der Verhandlungen des Landwehrgerichts eine minuziöse Niederschrift über die physische Verfassung und die Reaktionen eines österreichischen politischen Attentäters, eines Typs, der in unserer Geschichte selten ist.

Dr. Adler hatte seiner Mutter telephoniert, daß er nicht zum Mittagessen kommen werde. „Warum bist du schon wieder so aufgeregt?" hatte die ängstliche Mutter gefragt. Er aber war in die Stadt gefahren und hatte sich beim Aussteigen nur gefragt: „Und wenn er nicht da ist?"
Nachdem er das Hotel betreten hatte, durchschritt er den ebenerdigen Speisesaal, ohne den Ministerpräsidenten zu finden. Wer erinnert sich nicht an den zarten Speisegeruch, den es zur Mittagszeit bei Meißl und Schaden gab. Dr. Adler stieg in den ersten Stock hinauf, legte Mantel und Hut ab und betrat den Speisesaal. Der erste, den er sah, war Graf Stürgkh.
Dr. Adler setzte sich an den Tisch, der dem Ministerpräsidenten zunächst frei war. Stürgkh war ein eleganter Herr mit graumeliertem Spitzbart, der vornehme österreichische Bürokrat. Adler nahm ein aus drei Gängen bestehendes Mittagessen ein, denn er wußte, daß er bei Hunger nervös und unsicher wurde. Er trank Mineralwasser dazu. Nur zwei Tische trennten ihn von dem Grafen. Um ganz sicher zu sein, ließ er sich vom Pikkolo bestätigen, daß dieser Herr der Ministerpräsident sei. Da an dem im Rücken des Ministerpräsidenten stehenden Tisch eine Dame saß, die die Schüsse gefährden konnten, entschloß sich Adler, zu warten, bis der Ministerpräsident den Saal verlassen würde. Die nun folgenden fünf Viertelstunden müssen Adler erhebliche Nervenkraft gekostet haben. Er las inzwischen eine politische Zeitschrift, in der er nach Angriffen auf ihn — Adler — suchte. Es setzten sich dann noch der Statthalter von Tirol, Friedrich Graf Toggenburg, und ein Rittmeister an den Tisch des Ministerpräsidenten, so daß dieser viel länger als gewöhnlich sitzen blieb. Es war halb drei, als die Dame zahlte und ging, der Weg frei wurde, die Besucher sich entfernt hatten und kein Kellner in der Nähe war. Dr. Adler hatte den mit sechs Patronen geladenen Browning in der rechten Rock-

tasche, aus der er alles andere entfernt hatte, um die Waffe rasch ergreifen zu können. Schon während des Speisens hatte er sie entsichert.

Nun erhob sich Dr. Adler, begab sich etwas beschleunigten Schrittes zum Tisch des Ministerpräsidenten und streckte unmittelbar vor dem Sitzenden den rechten Arm aus, so daß sich die Mündung der Waffe kaum dreißig Zentimeter vor dem Kopf Stürgkhs befand. Adler schoß in blitzschneller Folge auf den Grafen. Später sagte Adler, er sei über die rasche Aufeinanderfolge der Schüsse überrascht gewesen. Ein Schuß streifte die Schulter des Ministerpräsidenten, die drei andern töteten ihn auf der Stelle.

Um sich der von ihm erwarteten Lynchjustiz zu entziehen, ging Dr. Adler schnell zum Ausgang. Er wurde aber verfolgt und gewürgt, wobei sich noch ein Schuß entlud, der freien Raum um ihn schuf. Die Verhaftung erfolgte unmittelbar darauf. Während des langen Wartens war ihm immer wieder der Gedanke gekommen: „Nun ist das Leben zu Ende." Auch hatte er an die Säbel der zahlreich anwesenden Offiziere gedacht. Beim ersten Anblick des Grafen war ihm der Gedanke durch den Kopf gezuckt: „Was tun? Gleich schießen?"

„Nein, sich erst fassen", war die nächste Überlegung gewesen.

Diese Schilderung der alten Protokolle ist äußerst interessant, denn selten ist der geistige Mechanismus während eines Attentats so klar und anschaulich festgestellt worden.

Wie wenige, die heute über den Neuen Markt gehen, vor dem Donnerbrunnen stehenbleiben und das zauberhafte Spiel des Wassers beobachten, in dem sich die herrlichen Plastiken spiegeln, ahnen etwas von der großen politischen Tragödie, die sich einmal, wenige Schritte entfernt, hier abgespielt hat.

Nobelhotels und ein Nobelcafé

SEILERGASSE

Eng und schmal läuft die Seilergasse zwischen ihren meist aus der Gründerzeit stammenden Häusern dahin, eine Seitengasse des Grabens. Als vor etwas mehr als dreihundert Jahren das Kapuzinerkloster entstand, wurde die Seilergasse zu einer Sackgasse. Vor sechshundertfünfzig Jahren hieß sie „Hinder dem neuen Markt", 1363 „Raifstrasse", was auf Seiler hinwies, denn „raif" bedeutete Seil. Erst seit 1509 kommt die Bezeichnung „Seilergasse" auf, in ihrem dem Graben zustrebenden Teil hieß sie jedoch „Rosengassel". Das heißt, sie spaltete sich in zwei Gäßchen, deren dem Stephansdom zu gelegener Teil „Rosengäßlein" genannt wurde; der zum Kohlmarkt gelegene Teil hieß „Krautgassel". Diese beiden Gäßchen, die um das erste Haus der Seilergasse liefen, existierten noch vor hundert Jahren. In der Gründerzeit wurden die meisten Häuser der Seilergasse neu gebaut. Nur einige wenige Gebäude aus der Zeit des Kaisers Franz sind stehen geblieben, aber der eilige Passant läuft durch die Seilergasse und wirft nur in die Auslagen einen Blick; das Antlitz der Häuser kommt ihm kaum zu Bewußtsein.
Noch eine Front fällt ihm auf, die des „Matschakerhofes". Und er erinnert sich an kuriose Märchen, die er einmal in der Schule über diese sonderbare Bezeichnung gelernt hat. Er blickt auf. So seltsam glatt, so sachlich ist diese Front von Nummer 6! Als ob sie ein moderner Architekt und nicht der verschollene Alt-Wiener Baumeister Vinzenz Grünauer geschaffen hätte.

Im späten Vormärz, Anno 1845, wurde dieses Haus errichtet. Ungläubig nimmt man es zur Kenntnis.
Der Name des Matschakerhofes geht auf die Ritter von Matschacher zurück, die hier von der Spätgotik bis in die Hochrenaissance saßen. Im Jahr 1382 wurde Leopold von Matschacher Bürger von Wien, seit 1493 ist „Hans Maetschacher ritter hinden Newenmarkt in dem Rosengaeszlein" als Eigentümer bezeugt. Es war eine große Familie, die in den Bürgerkriegen zu Kaiser Friedrich III. hielt; ein Bernhard Matschacher war als Edelknabe des Kaisers mit in der Hofburg eingeschlossen, als die Wiener sie — vergeblich — belagerten.
Im 16. Jahrhundert sind die Matschacher ausgestorben, und die Jörger erbten nach ihnen; auch den Matschakerhof. Die Jörger waren hitzige Protestanten, spielten politisch eine große Rolle, und als sie 1620 die Huldigung verweigerten, wurden sie zu Rebellen erklärt und ihre Güter konfisziert. Die Schlacht am Weißen Berg entschied, daß sie auf das falsche Pferd gesetzt hatten, und der Kanzler des Kaisers kaufte das Haus in der Seilergasse. Die Erinnerung an die Matschachers verlor sich aber so vollkommen, daß im 19. Jahrhundert ein ganzer Legendenkranz um den Matschakerhof erfunden wurde, der schon im 16. Jahrhundert als Sitz eines Gasthauses genannt wird.
Die hochadeligen Herren Hausherren betrieben das Wirtsgeschäft natürlich nicht selbst, sondern verpachteten es an „Bestandwirte", die auch darin saßen, als das Haus geistlicher Besitz geworden war. Im Jahr 1697 verkaufte der damalige „Benefiziat" von St. Stephan an den bürgerlichen Gastgeb Georg Grimb „das zu bedeutenden Stiftungen gehörige, der Matschakerhof genannte, in dem Seilergaszel gelegene Wirtshaus mit aller Ein- und Zugehör, Recht und Gerechtigkeit Samt dazugehörigen Weingärten" um 18000 Gulden. Der hochwürdige Herr erhielt jedoch nur 9000 in

bar, die andere Hälfte zu 5 Prozent hat er auf dem Hause „behalten". Über hundert Jahre lang, bis zum Beginn des 19. Jahrhunderts, ist das Geld auf dem Matschakerhof gelegen.

In einem Verzeichnis von 1701 ist zu lesen: „In der Rosengassen der Matschakerhof, ein Gast- und Wirtshaus, allwo die Edenburger Land Gutscher einkehren, Herrn Georg Grimb gehörig..."

Die Preise waren erstaunlich. Nach dem Speisentarif von 1745 bekam man sieben Speisen um 24 Kreuzer. An Fleischtagen: Suppe, Rindfleisch, Gemüse mit Auflage, Eingemachtes, zwei Braten, Salat und Konfekt. An Fasttagen: Suppe, Eierspeise, Gemüse, Mehlspeise und zweierlei Fische. „Distinguierte Standespersonen, Priester, die Herren Offiziere und andere Beamte können statt in der ordinären Gaststuben in extra möblirten Zimmern oder allenfalls auch in der Wirtwohnung gastiret werden."

Zweiundachtzig Jahre später sind die Preise wesentlich höher, die Suppen kosteten zwischen 6 und 8 Kreuzern, Rindfleisch mit Beilagen zwischen 22 und 26 Kreuzern, Beefsteak mit Kartoffeln 30 Kreuzer, ein Viertel Poulard mit Reis 18 Kreuzer. Aber der Matschakerhof ist auch längst schon ein besuchtes Hotel, wenn auch über die alten Wiener Hotels lamentiert worden ist: „Der Reisende überlasse immerhin dem Postillon die Wahl, ihn irgendwo abzusetzen, er ist allemal in seinen Erwartungen enttäuscht. Sein Wagen mag nun beim Goldenen Ochsen oder bei den Drei Hacken oder beim Schwan oder beim Matschakerhof halten. Er ist in einer engen Strasze, dasz er nur mit Mühe und Gefahr ins Haus kommt. In demselben findet er einen unsauberen Hof, schon mit einer Wagenburg von zwanzigerlei Fuhrwerk überlagert, schmutzige, finstere Treppen, viel Geschrei und Verwirrung, dunkle Zimmer mit altväterischem oder gar keinem Mobilar eingerichtet." Als 1801 Leopold Mayseder das Haus kaufte, das dann hundert Jahre in der Familie blieb, hatte es noch ganz den Charakter altfränkischer Behäbigkeit, die mit dem Raum nicht spart. Der breite Torbogen, über dem eine Ecke vorsprang, ermöglichte das Einfahren der Reisewagen. Neben ihm befanden sich zwei Gassenladen, in welchen 1845 zur Zeit des Abbruchs ein Perückenmacher und eine Putzmacherin etabliert waren. Die Wirtshausräume waren nicht von der Straße, sondern vom Hausflur aus zugänglich. Als 1845 das neue Hotel entstanden war, war es außer dem kurz nachher erbauten Hotel Wandl am Petersplatz das einzige Hotel in modernem Sinn, das es im Wien des Nachmärz gegeben hat. Während der sechziger Jahre wurden die weitläufigen Wagenremisen in Restaurationssäle umgewandelt, und eine erlesene Gesellschaft pflegte im Matschakerhof zu speisen. Jahrelang nahm hier Grillparzer täglich sein Mittagessen ein. Die Seilergasse war überhaupt die Gasse distinguierter Gast- und Kaffeehäuser. Auf Nummer 14 befand sich das Hotel „Zur Stadt Frankfurt", früher „Zum Goldenen Ochsen", das 1844 erbaut wurde und bis 1897 bestand. War der Matschakerhof das Lokal der bürgerlichen Intelligenz, so ist die „Stadt Frankfurt" das Hauptquartier der „ersten Gesellschaft" gewesen, das Lokal der Hocharistokratie, das, was später das „Sacher" wurde. Konnte im Parterre jeder Bürgerliche speisen, so war der Speisesaal im ersten Stock einem ungeschriebenen Gesetz zufolge dem Adel reserviert. Der Hochadel, stets reich an Sonderlingen, war hier ganz unter sich. Charakteristisch für das Leben und Treiben dort ist die Geschichte von jenem Pallavicini, der manchmal mittags Schlag zwölf Uhr zu kommen pflegte, um sich das berühmte Beinfleisch servieren zu lassen. Er war ein bekannter Athlet und Sportsmann, der stets einen mit Blei ausgegossenen Spazierstock trug. Wenn ihm ein neuer Pikkolo diensteifrig Hut und Stock abnahm, den letzteren aber kaum zu heben vermochte, lachte der Markgraf schal-

lend. War er besonders gut aufgelegt, dann verlangte er nach dem Essen eine Havanna, stand nachher auf und schlug mit dem schweren Stock die Glaskugeln der Luster mit dem Auergasglühlicht ein, besah sich das Scherbenfeld, legte fünfhundert Gulden auf den Tisch und ging vergnügt davon.
Das berühmteste Lokal in der Seilergasse aber war das „Silberne Kaffeehaus“. Es befand sich auf Nummer 18, dem letzten Haus, das Fronten in der Seilergasse, der Plankengasse und der Spiegelgasse hatte. Ignaz Neuner eröffnete sein Kaffeehaus 1808. Bis 1820 war es eines der vielen Wiener Kaffeehäuser, um 1822 wurde es jedoch zum Intellektuellencafé. Nach der Neuadaptierung 1824 erhielt es den Namen „Silbernes Kaffeehaus“, weil „in den Prunkzimmern des ersten Stockwerks alles von Silber glänzt. Die Haken, woran Hüte und Kleider gehängt werden, alle Geschirre sind von Silber, die letzteren sind auf einer langen großen Tafel gleich beim Eintritt zur Schau gestellt.“ Die Zahl der silbernen Huthalter betrug zweiundsiebzig. Jeder Gast, der rauchen wollte — Zigarren waren in Wien noch nicht gebräuchlich —, erhielt statt einer gewöhnlichen eine Meerschaumpfeife. Berühmt war auch ein kleines, durch eine Spiegelwand abgetrenntes, rot ausgeschlagenes, geschmackvoll verziertes Gemach, Damenzimmer genannt, weil dort nicht geraucht wurde und sich dort auch, was ein unerhörtes Novum für jene Zeit war, gelegentlich Damen einfanden. Billards gab es zu ebener Erde und im ersten Stock, wie es überhaupt in Alt-Wien sehr häufig war, daß Gast- und Kaffeehäuser sowohl zu ebener Erde als auch im ersten Stock betrieben wurden. „Lenau war oft mehrmals im Tage zu treffen“, schrieb ein reisender Däne jener Zeit, „mit seinen drei Dingen beschäftigt, dem duftenden Mokka, einer Pfeife im Mund, einer Idee im Kopfe. Die andern folgten seinem Beispiel. Zedlitz, der Genießer, saß behaglich im Damenzimmer hinter einem großen Zeitungsblatt, Bauernfeld

spielte leidenschaftlich erhitzt Billard. Er galt übrigens als Wortführer und wurde von der Polizei beobachtet und verwarnt. Grillparzer trat ein, setzte sich freundlich grüßend und sah sogleich äußerst aufmerksam dem Schachspiel zu, der Markör brachte ihm die lange Pfeife und ein Glas Zukkerwasser. Auch Schwind, der Gast gewesen, erinnerte sich in späteren Jahren gern des Neuner... Und wer zählt die dii minorum gentium: Vogl, Horn, Littrow, Anastasius Grün, Castelli, der aber nur selten herkam, Levitschnigg, Hubert, Gräffer, Adalbert Stifter, etc.... Dieser Ton des politischen Liberalismus fand Widerhall bei Neuner, wo das Metternichsche System als jede freie Regung unterdrückend angesehen wurde. Jedoch wurde dergleichen nur in gedämpften Tönen ausgesprochen, denn das Neunersche Café war der Regierung nicht wohl angenehm ... und man darf sagen, daß das Neunersche Kaffeehaus in ziemlich starkem Maße beigetragen hat, die Begebenheiten des Jahres 1848 vorzubereiten."

Ab 1846 ging es mit dem Kaffeehaus bergab. Bei der Aufnahme der Verlassenschaft des damaligen Cafetiers fand sich keine Spur mehr von den silbernen Gegenständen, und 1855 schloß das Haus seine Pforten für immer, einen Ruf hinterlassend, der durch Generationen andauerte, bis es durch die Überlieferung des Café Griensteidel, des Café Zentral, des Café Herrenhof völlig in Vergessenheit geriet.

Die Gasse der Haute volée

DOROTHEERGASSE

Jahrhunderte hindurch kamen stets Schimmer und Glanz aus den Fenstern der Dorotheergasse, konnte man gedämpft die feierliche Musik der gemessenen gotischen Schleiftänze, die getragenen Töne der Sarabanden vernehmen, welche die Musikanten den Vornehmen der Barockzeit aufspielten. Auf Nummer 2 stand eines der schönsten gotischen Häuser Wiens. Hierher kamen Seine herzogliche Gnaden in Person, ja zur Fastnacht 1456 der junge König Ladislaus Posthumus, diese seltsame Märchenfigur der österreichischen Geschichte. Er kam in das Haus des Hackenbergers, um mit den Wienerinnen zu tanzen. Welch Bild das gewesen sein muß! Der zarte Lockenjüngling im Brokatwams mit Puffärmeln, ein schimmerndes Juwel auf der Brust, wie er gemessen mit den schönen Bürgerinnen, die ihm wohl nichts verwehrt hätten, durch den getäfelten Saal schritt, von dessen getäfelter Decke goldene Sterne geleuchtet haben werden, zu den gesetzten Tönen der Drehleiern, der Trumscheite und Schalmeien. Hier in diesem Haus bewirtete die Stadt Wien die Damen, die zum Turnier des Herzogs Siegmund von Tirol gekommen waren, mit „Wein und Semmeln", hier erschien zwei Jahre später Eleonore von Portugal, die mädchenzarte Mutter des „letzten Ritters", zum Ball der Bürgerinnen von Wien.

Stehengeblieben ist an dieser Stelle ein wundervolles Haus, das, wie schon bei der Besprechung der Grabenhäuser erwähnt, Lukas von Hildebrandt erbaut hat, das Palais Bartolotti von Partenfeld. Wie ein unglaubhafter Traum steht es in der Welt von heute, die schmale Seite dem Graben, die breite Front der Dorotheergasse zugewandt. Der Bau ist weniger Palast als vornehmer Wohnbau um 1720, es fehlt ein betontes Hauptgeschoß, es fehlt ein repräsentatives Vestibül und ein größeres Treppenhaus. Die Fassade in der schmalen Dorotheergasse weist in der zehnachsigen Front einen schmalen, vierachsigen Risalit auf. In den Mittelachsen der schräg zurückweichenden Flügel sitzen die beiden Portale. Hier verschmilzt alles zu einem flächenhaft bewegten Gebilde, die Pilaster, Torbogen und Torbekrönungen mit einer ornamental schwingenden Fassadendekoration. Die Fenster mit linear bewegten und stark schattenden Verdachungen sind durch flache Bänder in vertikale Bahnen zusammengefaßt, so daß sie die Mauer wie mit einem gleichartigen, leicht in die Höhe strebenden Netz zu überziehen scheinen.

Baron von Partenfeld war auf seine alten Tage ruiniert. Seine sämtlichen Herrschaften — er war ein sehr reicher Mann — wurden wenige Jahre vor seinem Tod von seinen Gläubigern sequestriert, ihm entzogen und verkauft. Der Zusammenbruch des Wechselhauses Hauzenberger, dem er mit großen Geldsummen assoziiert war, riß ihn mit sich.

In der Dorotheergasse hat es viel Tragödien des Reichtums gegeben, aber auch andere, wie zum Beispiel die des Hausherrn von Nummer 1. Caspar Tauber war ein reicher Kaufmann, 1511 kaufte er das Haus, das in der Bürgerkriegsepoche Friedrichs III. Hans Meilinger, einem politischen „Boß", gehört hatte, „ain poswiht [Bösewicht] und ain schalk, ain valscher lugentichter", wie ihn die kaiserliche Partei nannte. Der Caspar Tauber verschrieb sich sofort dem

Palais Esterhazy in der Riemergasse um 1740

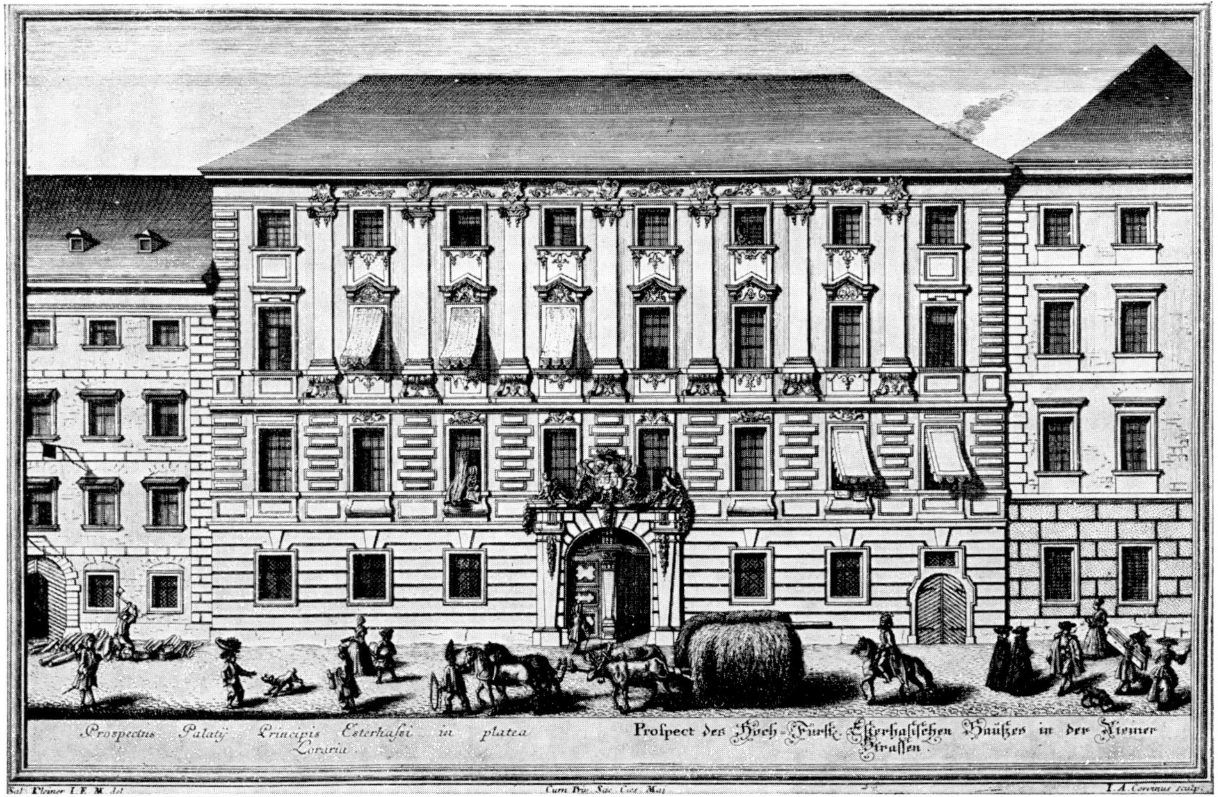
Prospectus Palatij Principis Esterhasi in platea Lorariu
Prospect des Hoch-Fürstl. Esterhasischen Haußes in der Kiemer Strassen.
Sal. Kleiner I. F. M. del.
Cum Priv. Sac. Caes. Maj.
I. A. Corvinus sculp.

HÔTEL MUNSCH
HÔTEL
MUNSCH
Nro
1045

Luther, mehr noch, er scheint es mit den Wiedertäufern, einer Art von Sozialrevolutionären dieser Zeit, gehalten zu haben. Anscheinend trieb er es sehr bunt; jedenfalls wurde er 1524 arretiert, und man machte ihm den Prozeß. Er wurde zu Widerruf, Geld- und Freiheitsstrafen verurteilt und des Landes verwiesen. Er nahm das Urteil an, als er jedoch im Büßerhemd, bloßfüßig, einen Strick um den Hals, eine brennende Kerze in der Hand, vor dem Riesentor der Stephanskirche den Widerruf aufsagen sollte, begann er sich zu verteidigen und die Richtigkeit seines Glaubens nachzuweisen. Das war am 8. September; zwei Tage später wurde er zum Tod verurteilt und am 17. September auf dem „Gries" vor dem Stubentor bei lebendigem Leib verbrannt, ungefähr an jener Stelle, wo heute das Haus der Rettungsgesellschaft steht. Vielleicht hat ihn der Henker auf dem Holzstoß vorher noch rasch stranguliert — das waren so die Gnaden, die man besseren Leuten gewährte, bevor man sie verbrannte.
Mittelalterlich ist an der heutigen Dorotheergasse nur noch der Verlauf ihrer Front, so unregelmäßig, so gekrümmt, so unruhig bewegt. Geht man mit offenen Augen daran vorüber, ersteht die ganze Impression der gotischen Stadt. Es war eine Gasse, in der nur die feinsten Leute wohnten. Sie hat denn auch als erste Wiener Gasse Straßenbeleuchtung erhalten, am 5. Juni 1688, „in puncto umb neun Uhr".
„Damit auch in dieser kaiserlichen Residenzstadt genugsamb die Sicherheit introduciret, die Mord- und Todschlag forder ist bey nächtlicher Weille verhinderet, die Delinquenten umb so viel leichter ergriffen und zu gebührender Straff gezogen werden moegen, als ist die Illumination durch Dero Stadt introduciret und wird solche ehister Zeit ad effectum kommen..."

Der Neue Markt um 1860 mit dem Hotel Munsch

Das Stift von St. Dorothea entstand im 15. Jahrhundert, in der Spätgotik. Eine bedeutende politische Persönlichkeit hat es gegründet, der Kanzler Herzog Albrechts V. Selbst ein reicher Mann, hat er eine Unzahl Schenkungen für seine Gründung zusammengeschnorrt, Weinberge, Güter, Stampfmühlen, Felder und Wälder. Siebzig Fuder Wein durften die von St. Dorothea im Jahr steuerfrei ausschenken. Hermann Hesl stiftete 1433 tausend Messen, die in zwei Monaten gelesen werden mußten, kurz, auf die Chorherren regnete es nur so Geld und Gut. Als das Türkenjahr 1529 sie in finanzielle Bedrängnis brachte, bekamen sie die Güter zugrundegegangener Klöster, und in der gotischen Kirche muß eine Pracht sondergleichen geherrscht haben. Im 17. Jahrhundert wurde es bei den großen Familien Mode, sich in St. Dorothea beisetzen zu lassen. Großartige Grabsteine schmückten die Wände, Graf Niklas Salm, der Verteidiger Wiens 1529, wurde hier in einem prachtvollen Marmorsarkophag beigesetzt.
Anno 1637 zählte man nur zehn Chorherren. Es läßt sich denken, wie großartig sie leben konnten. Im Jahr 1705 ließen sie die Kirche und das Kloster in pompösestem Barock neu erbauen. Der Prälat allein besaß vierzehn herrliche Pontifikalgewänder, im Jahr 1752 hatte das Stift ein Aktivvermögen von 492648 Gulden, eine Riesensumme für jene Zeit. Ein Propst und neunzehn Chorherren lebten davon. Ignaz Müller, der letzte Propst von St. Dorothea, war der Beichtvater Maria Theresias, und der Überlieferung nach war er der Vater der berüchtigten Keuschheitskommission, die er seinem Beichtkind einredete. Genug, um ihn in den Augen Kaiser Josephs herabzusetzen. Drei Monate nach dem Tod des Prälaten hob der Kaiser das Stift auf und vereinigte es mit Klosterneuburg. Damals machte Joseph II. seine berühmte Visitation im „k.k. privilegierten Versatz- und Fragamt“ in der Annagasse. Entblößten Hauptes und mit

grünen Schreibärmeln angetan — der Besuch des Kaisers war „unangesagt" — soll der Direktor mit seinen Unterdirektoren und den höheren Offizianten den Monarchen erwartet haben. Mit welchem Donnerwetter er sie an die Arbeit jagte! Sie liefen zu Tod erschrocken wie die Hasen an ihre Schreibpulte, hinter ihre „Budeln" zurück. Nur vom Direktor ließ er sich in die Säle mit Parteienverkehr führen, berichtet die Tradition. Dann jagte er auch den an seine Arbeit. Vom Volk, das sich während der „Weis-Stunde" im Saale drängte, darin die verfallenen Pfänder ausgestellt waren, wurde der Kaiser in seiner einfachen dunkelgrünen Chevaulégers-Uniform ohne Orden nicht erkannt. Sein Sekretär Günther hatte die „Wiener Zeitung" aus der Tasche gezogen und verglich die Aufruf-Zettel mit den Angaben des posttäglichen Anzeige des Frag- und Kundschaftsamtes im Amtsblatt. Vor einem Dutzend silberner Löffel sollen zwei Kinder gestanden sein und geweint haben. Sie waren ärmlich, aber sauber gekleidet, ein Bub und ein Mädel. Joseph beugte sich zu ihnen nieder und fragte sie, warum sie weinten. Oh, eine traurige Geschichte. Voriges Jahr war der Vater am hitzigen Frieselfieber verstorben, städtischer Diurnist im Bürgerspital... Die Mutter konnte sticken, so viel fein sticken! Und das Mädchen verkaufte mit dem Bruder Kipfeln oder Krapfen auf der Straße. Bis daß die Mutter den Lungendampf bekam... „kane Krapfen, kane Kipfeln mehr"... die Mutter pflegen... O Gott, o Gott, so a große Not... nur die Löffeln vom seligen Großvater waren da, zum Versetzen, und so schwer das Geld für's Umsetzen z'sammbringen... so vül Geld fürs Umsetzen!

Der Kaiser fragte freundlich, das Weinen der Kinder ließ nach. Günther rechnete schnell im Kopf. „Skandalös", flüsterte er auf französisch dem Kaiser ins Ohr, „skandalös, Sire, 16 Prozent Interessen hat man die Kinder zahlen lassen. Es schreit zum Himmel!"

Der Kaiser gab Günther einen Wink, dieser steckte den Kindern fünf Dukaten zu, Joseph tröstete sie und ging weiter. Günther brachte mittlerweile das Ganze mit dem Sensal in Ordnung und notierte, wo die Kinder wohnten.
Plötzlich kam dem Monarchen ein Gedanke. Er ging in die Mobilienklasse hinüber, wo Pfänder auf die Habe der Ärmsten gegeben wurden, und drängte sich in den Haufen, der das Gitter umlagerte, hinter dem der Schätzmeister für den alltäglichen Bedarf hockte. Das ging nicht ohne Püffe und Grobheiten ab. Die Leute mußten lange stehen, und es waren herzzerreißende Bitten, steinerweichende Klagen, die die Ärmsten zum Schätzmeister emporsteigen ließen, der halb unsichtbar hinter seiner Verschanzung hockte und die Parteien mit hanebüchener Grobheit anschnauzte. Frauen weinten, Kinder plärrten, Männer schluchzten. Joseph wurde rot vor Wut, und Günther kam die Lust an, den Offizianten zu ohrfeigen. Endlich war der Kaiser vor dem Schalter und hielt seinen einfachen schwarzen Hut zum Belehnen hin. Aber augenblicklich wurde dieser unter einer Flut von Schimpfworten zurückgestoßen. Was er sich einbilde mit solchem Gelump, das keine zwei Gulden wert sei? Eine Impertinenz, mit einem solchen verschwitzten Deckel zu kommen, Geld dafür haben zu wollen, welch ein Unfug, daß die ganze Bagasche im Fragamt ein und aus gehen könne wie in einem Wirtshaus. Höchste Zeit, daß der Kaiser hier Remedur schaffe!
Mit Mühe und Schweiß wanden sich Joseph und Günther aus dem Gedränge. Im Zimmer des Direktors angelangt, befahl der Kaiser, den Schätzmeister von der Mobilienklasse zu holen. Mit einer Tanzmeisterverbeugung hüpfte der alsbald ins Zimmer.
„Weiß Er wohl, daß Er ein Fex ist, der Herr?“ schnauzte der Kaiser den Erschrockenen an. „Und ein Bube dazu, den ich aus dem Dienst jage, wie er geht und steht. Was hat Er

mit dem Volk in derart viehischer Weise zu praktizieren? He? Und warum hat Er mir meinen Hut" — Joseph hielt ihn dem Kerl unter die Nase — „nicht belehnen wollen?"
„Halten zu Gnaden Ihro Majestät" — der Mensch war grünblaß im Gesicht und lallte — „der Hut ist leider in Wirklichkeit keine zwei Gulden wert, mir dörfen nicht ein Objektum belehnen, das unter zwei Gulden..."
Der Direktor, mit der Vorschrift in der Hand, verbeugte sich bis zum Boden. Der Kaiser überlegte einen Moment. „Das is' mit heutigem Tag' g'strichen. Jedermann bekommt itzo einen Gegenstand von zehn Kreuzer Wert belehnt, verstanden? Aber Er trollt sich, weil Er mit dem Publico nicht zu traktieren versteht, in eine innere Kanzlei! Was hat Er da zu schreien und anzuschaffen, daß dem armen Volk die Grausbirn aufsteigen? Troll Er sich. Ich will seine Fratze hinfüro nicht mehr sehen!"
Vernichtet wankte der Menschenschinder zur Tür hinaus.
Dieser Besuch hatte zur Folge, daß das Versatzamt in das aufgelassene Dorotheerstift kam. Die Türme der entweihten Kirche wurden abgebrochen, der Kupferbelag, die wundervolle Innenausstattung wurden verlizitiert, die berühmten Kunstschätze des Dorotheerstiftes aber sind größtenteils spurlos verschwunden. Ein anderer Skandal in der Serie der josephinischen Klosteraufhebungen. Die einst prachtvolle Kirche war 1788 als Pfändermagazin adaptiert, nachdem alle Erbgrüfte demoliert, die Gebeine in einer einzigen Nacht auf den Friedhof vor der Matzleinsdorfer Linie überführt worden waren. So verschwanden auch die Gebeine des Grafen Niklas Salm; der kupferne Sarg wurde verkauft und der marmorne Sarkophag in zerlegtem Zustand von zwei Aristokraten nach Raitzau gerettet. Das leere Gehäuse wurde 1879 in der Votivkirche aufgestellt.
Der Torso des Dorotheerstiftes wurde 1898 abgerissen und

durch den heute noch stehenden Bau des Ministerialrats Ritter von Förster ersetzt.
Ähnlich war das Schicksal des Königsklosters gegenüber. Die Witwe Karls IX., des französischen Königs der Bartholomäusnacht, hatte es gebaut und dort ihr Leben beendet. Sechzig Nonnen hausten darin. Kaiser Joseph hob es auf, und die Protestanten bauten dort ihre „Bethäuser". Heute noch stehen die Kirchen der Augsburger und der Helvetischen Konfession auf dem alten Klostergrund, auf dem auch das herrliche Palais Fries — heute Pallavicini — auf dem Josephsplatz erstand.
Auch das Palais Starhemberg, das Gatterburgsche Palais und das des Barons Eskeles stehen noch heute in der Dorotheergasse, zwischen ihnen allerlei „Prachtbauten" aus den neunziger Jahren und der Jahrhundertwende. Zwei Miethäuser vom Beginn des 19. Jahrhundets, aber noch ganz in josephinischem Stil gehalten, flankieren die Plankengasse. Das Dreierhaus ist das „Grabenhotel", geweiht durch die Erinnerung an den unglücklichen Dichter Peter Altenberg — mit seinem bürgerlichen Namen hieß er Engländer —, der hier so viele Jahre seines Lebens wohnte und so viel Unvergängliches, Zartes, Einzigartiges schrieb. Einst, in alten Zeiten, stand hier das Einkehrgasthaus „Zum goldenen Jägerhorn", in dem Grillparzer seine Mahlzeiten einnahm, der in der Dorotheergasse Nummer 6 am „Ottokar" schrieb. Um 17 Kreuzer bekam man hier sechs Speisen, um 7 Kreuzer vier: Suppe, Rindfleisch, Gemüse und Eingemachtes. Hundert Jahre lang, bis 1890, gehörte es der Familie Leibenfrost, 1913 wurde es abgerissen und durch den jetzigen Neubau ersetzt.

Kaffehaus- und anderes Gelichter

HABSBURGERGASSE

Die Habsburgergasse beginnt mit einem pompösen Haus, dem „Grabenhof" aus der Gründerzeit. Graben 15 und Habsburgergasse 1 sind seine Hausnummern, und großartig saß hier, um 1350, Dietrich der Urbetsch als Hausherr, Bürgermeister, Stadtrichter, Münzmeister, ein großer, steinreicher Mann seiner Zeit. Kein Mensch weiß heute mehr etwas von ihm. Ebensowenig weiß man, daß der Vater des Bürgermeisters während der zweiten Türkenbelagerung, Liebenberger von Liebenberg, Anno 1626 hier Hausherr war. Verweht alle die Hausherrengeschlechter, die sich nur noch im Grundbuch blähen.

Das Café Taroni haben wir schon erwähnt. Es war übrigens das Café mit dem ersten „Schanigarten" in Wien. Welch epochale Erfindung! Johann Jakob Tarone — so lautete sein richtiger Name — bekam im Jahre 1748 eine Konzession für ein Kaffeehaus an der Ecke des Grabens und der „oberen Bräunerstraße", wie die Habsburgergasse bis 1862 hieß. Es war ein guter Platz, von dem aus man bequem das Leben und Treiben auf dem Graben, damals der Treffpunkt von Wien, beobachten und genießen konnte. Aus ganz großer Gnad' bekam er die Erlaubnis, in der schönsten Jahreszeit Tische und Stühle vor dem Kaffeehaus aufstellen zu dürfen: Der erste „Schanigarten" in Wien war geboren. Sein Erfolg war kolossal. Im Jahre 1754 bewilligte Maria Theresia dem Tarone, auf dem Graben ein Zelt aufzuschlagen, zum Ausschank der „Erfrischungswasser", wo vordem ein solches noch nie bestanden hatte. Früher hatte Vinzenz Zandonatti Am Hof und auf der Brandstätte, also auf eher abgelegenen Punkten, ein solches Zelt betrieben. Tarone ist jedenfalls auch der Begründer der „Sommerkaffeehäuser" (vulgo Gifthütten) auf dem Graben, die in unserer Zeit spurlos verschwunden sind. Welch ein Genuß, dort an einem schönen Sommervormittag einen „Braunen, mehr licht" zu schlürfen! Tarone stieg zu Ehren und Würden empor, wurde Vorsteher der Kaffeesiederinnung, was aber nicht hinderte, daß er 1771 wegen „Hofbehelligung" für 24 Stunden ins Rumorhaus gesperrt wurde. Ein Jahr später bekam er dafür die Konzession für ein „Refriskadenzelt" im Sommer auf der Wasserkunstbastei angewiesen, „wo auch vor 20 Jahren derlei Refriskaden ausgeschenkt worden". Tarone zahlte für seine Hütte jährlich 10 Gulden und für das Kaffeehaus 26 Gulden Steuer, eine für die damalige Zeit recht hohe Summe; offenbar ging das Geschäft glänzend. Tarone starb 1777 als reicher Mann, seine Witwe heiratete wieder, einen gewissen Joseph Mazella, aber das Schild „Zum Taroni" blieb, so populär war es. Ein Reisender notierte 1793 über das Kaffeehaus: „Bessere Gesellschaft findet man bei Taroni, wo zwei Billards und Zimmer zum Spiele sind. Am meisten zogen die Stühle, welche der Reihe nach an den Häusern hinstehen und wo man sich Eis, Limonade und andere Erfrischungen geben ließ." Der Andrang im Sommer war so groß, daß man oft eine halbe Stunde auf einen Stuhl warten mußte. Schon in der josephinischen Zeit trafen sich hier die Italiener, es gab deshalb immer großes Geschrei, in dem die Wucherer behutsam ihre Geschäfte machten, denn die Jeunesse dorée Wiens lümmelte stets auf den Stühlen herum und brauchte Geld. Später entwickelte sich im Café Taroni ein lebhafter Handel mit den k. k. Redoutenbillets. Die Marköre, die sie von den Hofbediensteten bekamen, welche aus den ihnen gebührenden Freikarten solchermaßen

Profit zogen, hielten sie feil. Castelli schrieb 1828 über das Café Taroni:

Am Eck', von der oberen Bräunerstraße hinaus,
Zeigt sich ein sehr besuchtes Kaffeehaus,
Vor demselben sieht man eine Menge Herren sitzen,
Von denen man nicht weiß, worauf sie eigentlich spitzen.
Dieses Eck' pflegen jene, die es kennen,
Den Anhaltspunkt zum Nichtstun zu nennen.
Auch von innen ist das Kaffeehaus immer voll,
Weil man dort gutes Getränk bekommen soll.
Die lieben Gäste, welche wir im ersten Heft dieser Schrift
So genau beschrieben, man hier in Menge trifft.
Besonders im Winter, abends beim Kerzenschimmer
Sind so gedrängt voll alle zwei Zimmer
Meistens von Leuten, die gaffen und nichts zehren,
Daß sich die Spieler mit Mühe müssen wehren,
Um nur zum Billard durchzudringen
Um einen Stuz ohne Stoß zu Stande zu bringen.
Dieses Kaffeehaus ist mitten in Wien
Daher geschehen auch die meisten Bestellungen dahin.
Wollen sie miteinander ins Theater gehen,
So heißt es: „Um sechs Uhr werden wir uns bei Taroni
sehen.“

Obwohl das Kaffeehaus später, wie schon vermerkt, „Zum Jüngling“ umbenannt wurde, nannte man es immer noch Taroni, auch wenn nun ein Elegant in einem Frack neuesten Schnittes, mit makellos weißen Beinkleidern, Zylinderhut und Reitpeitsche in der Hand, vom Schild herabsah. Ein gotisches Portal schmückte den Eingang. Herschelt, damals der berühmteste Billardspieler, kam zuweilen hierher, wenn er Geld brauchte, um eine Partie zu 100 Gulden zu spielen und regelmäßig zu gewinnen.

Im Revolutionsjahr 1848 änderte sich alles mit einem Schlag. Taroni wurde der Sitz der „Gutgesinnten“, der Schwarz-Gelben. Später, im Nachmärz, begann es mit dem Kaffeehaus bergab zu gehen. Als man das alte Haus in den siebziger Jahren demolierte und Thiemann und Wagner um 380000 Gulden den „Grabenhof“ bauten, verschwand das Café „Zum Jüngling“.

Heute besteht die Habsburgergasse fast durchweg aus Bauten, die zwischen der Zeit des „Cul de Paris“ und dem Beginn des Ersten Weltkriegs entstanden sind. Aus der Barockzeit ist das Fünferhaus stehengeblieben, einst — von 1723 bis 1911 — Fideikommiß der Grafen Cavriani. Die sanft geschwungene Frontseite zeichnet sich durch stilvolle Einfachheit aus. Auch das Viererhaus mit seiner Dreifensterfront ist noch ein alter Barockbau. Karyatiden in Hochrelief lassen in der Höhe des zweiten Stockwerks gewaltig ihre Muskeln spielen. Die uralte Stallburg auf der einen Seite, das alte Michaelerhaus auf der anderen bilden den Abschluß der Habsburgergasse.

Hier war vor hundert und mehr Jahren der Vogelmarkt. Die Vogelhändler hatten die ganze Mauer des Barnabitenklosters entlang ihre Verkaufsstände aufgestellt. Welch poetisches Relikt aus dem Mittelalter doch dieser Vogelmarkt gewesen sein muß!

Das Barnabitenkollegium steht seit 1749 unverändert bis auf den heutigen Tag. Einst war der berühmte Michaelerkeller darin, der ein Ort wie aus der Phantasie eines Romanschriftstellers gewesen sein muß. Friedrich Schögl berichtet darüber: „...dort saß noch Anfang der vierziger Jahre das prächtigste Exemplar eines Winkelschreibers, der, hart neben der Glaswand postiert, eine förmliche Kanzlei etabliert hatte und seine Clienten nicht wenig anschnauzte. Der Mann, eine Figur voll unbewußter Komik in seinen feindlichen Attitüden, mit dem mühselig adaptierten Amtsnimbus, den er in der Peripherie seines mit Aktenstücken voll beladenen Tisches zu verbreiten suchte, war in den Vormittagsstunden ein virtuoser Heuchler. Er lief nämlich alle Ämter ab und bat die Beamten um ein paar Bogen Papier und einige Federn für seine ‚armen Kinder', die, außerordentlich talentiert, des wohltätigen Schreibunterrichtes entbehren müßten, da er nicht die Mittel besäße, ihnen die nötigen Schreibrequisiten anzuschaffen. Man gab ihm, was man entbehren konnte, obwohl sein vorgerücktes Alter mit der beschworenen Paternität solch hoffnungsvoller Sprößlinge nicht mehr recht in Einklang stand. Mit dem erschwindelten Schreibmaterial lief nun der Privatadvokat in den Keller, wo der Kunden eine Menge schon in sichtlicher Ungeduld harrten, die er denn auch allsogleich einen nach dem andern vornahm. Wie aber wurde der und jener abgetrumpft, der die normale Taxe ‚zwei Silbergröschl' nicht momentan zu deponieren vermochte, wie scharf wurden die vorgewiesenen Zeugnisse gemustert, in welch herben Resolutionen aussichtslose Bittsteller abgewiesen! So saßen sie denn, die armen Petenten, mit dem nötigen Schriftlichen wohl ausgerüstet, im Kreise herum in stillem Geplauder und teilten sich ihre Hoffnungen und Befürchtungen in geschulter Zungenfertigkeit mit, der ‚Herr Doktor' aber, der angeblich mehr wußte als der ‚Mühlfeld', sicher jedoch eine ‚schönere Schrift' hatte und auch billiger war, schrieb emsig weiter, kaum sich Zeit gönnend, um die erforderlichen Züge aus dem Seidelstutzen zu machen..."

Gegenüber dem Barnabitenkollegium stand einst das Familienhaus der heute längst ausgestorbenen Fürsten von Trautson, das 1900 demoliert wurde. Seine Hauskapelle „Zu allen Heiligen" enthielt den reichsten Reliquienschatz, den eine Hauskapelle in Wien aufweisen konnte. Mehrere Partikel vom heiligen Kreuz, Stücke von dem ungenähten Rock, von der Krippe des Stalles zu Bethlehem, vom Speisesaal des letzten Abendmahls, von der Lanze und dem Schwamm, Häupter der unschuldigen Kindlein wie auch Schädel der Märtyrer Mauritius, Corbilla, Regina, Placentia, Hirnschalen der Märtyrer Laurentius, Vicentinus, Erhard, Christophorus, Margaretha und der heiligen Jungfrau Petronilla, Zähne des heiligen Johannes Baptista, des heiligen Märtyrers Apollinaris, der Märtyrerinnen Agatha und Apollonia, Arme des Erzmärtyrers Stephan, Gregors des Großen, der Märtyrer Almachius und Eustachius, der heiligen Jungfrau Fortunata, Finger des heiligen Bischofs Wolfgang, des heiligen Markgrafen Leopold, der heiligen Jungfrauen Euphemia und Paulina. Diese Reliquien waren ungemein kostbar gefaßt, in elfenbeinernen Kreuzen und Tafeln, in Kästchen und Altären, in Monstranzen, Statuen, Agni Dei und in andern Figuren. Sie leuchteten in Silber und Gold, waren umschimmert von Perlen und Smaragden, in kostbarem Bergkristall eingeschlossen. Kaiser Joseph hat diese Kapelle samt allen übrigen Wiener Privatkapellen aufgehoben. Was aus dem Wunderschatz geworden sein mag? Verkauft, versteigert, von des Kaisers „aufgeklärten" Beamten in alle Winde zerstreut.

Ein Geisterforum

MINORITENPLATZ

Groß, still und dunkel ragt die wuchtige alte Kirche über dem einsamen Minoritenplatz hoch in den Himmel. An arbeitsfreien Tagen ist es hier totenstill und keine Katz' schleicht über das Pflaster. Ein Geisterforum. Nichts als Vergangenheit rundum. Einst war es hier sehr nobel, damals, als es noch eine k. k. Statthalterei gab und die „Statthaltereigigerln“ per Gummiradler in die Kanzlei „regieren“ fuhren. „Regiert“ wird hier am Minoritenplatz noch immer auf allen Seiten, und gleich daneben ist der Ballhausplatz. Welch österreichische Landschaft! Der Minoritenplatz ist einer der bezauberndsten Plätze Wiens. Erhaben in ihrer schlichten Gewalt steht die uralte Bettelordenskirche da, die einst die österreichische Westminsterabtei werden sollte und eine Kirche der Toten wurde. Bäume werfen heute ihre Schatten auf die alten, schwarzen Mauern. Der Herr von Alt sitzt — aus Marmor — vor ihnen, aber die Fremden, die auf ihren „sightseeing tours“ auch hierher kommen, haben keine Ahnung, wer der Herr im Havelock ist und warum er ein Riesenbuch auf den Knien hält. Auch viele Wiener wissen es nicht. Besonders die Jüngeren, die sich hier nicht einmal mehr Rendezvous geben, wie ihre Großeltern vor sechzig Jahren. Hier traf sich der „Leutnant Gustl“ mit dem „süßen Mädl“, und hier saß der Herr von Alt wirklich oft und malte. In einer Ecke oder in einem Haustor. Häufig hing ihm das Papier rechts und links vom Block herunter. Das machte ihm nichts aus, er machte keine Fehler, er zog das Papier weiter und malte fort mit seinem entrückten, zeitlosen Blick. Ich habe ihn noch selbst gesehen und mich nicht getraut, ihm über die Schulter zu schauen. Denn „Raubersbua, stör den Herrn von Alt nicht", hätte mir sonst ein würdiger Ministerialportier mit weißem Kaiserbart zugezischt.

Wo sich heute die Hallengänge des Schmidschülers Viktor Luntz, der Bau des einstigen „K. u. k. Haus-, Hof- und Staatsarchivs" (nach Plänen von Pokorny und Hofer, 1902) erheben, lebten einst das Geheimnis und die Legende des spurlos verschwundenen Minoritenklosters, auf dem noch 1687 in Latein zu lesen war: „Dieser Platz, von Leopold dem Glorreichen, dem Fürsten Österreichs, den Fratres Minores übergeben, wurde von diesen 1224 im selben Monat, da Franciscus die heiligen Stigmata empfing, in Besitz genommen."
Die Minoriten erbauten Kloster, Kapellen und Kirche wirr durcheinander. Oft brannte es hier, und immer wieder kamen die Maurer. Vor ungefähr siebenhundert Jahren begann hier ein verworrener Gebäudekomplex emporzuwachsen, nachdem vor der Grundaushebung der Ottakringer Bach abgeleitet worden war. Es muß eine gotische Welt von unbeschreiblichem Zauber gewesen sein. Im Konvent, vielleicht dort, wo heute die Metastasiogasse beginnt, wurde König Ottokar von Böhmen aufgebahrt, nachdem seine nackte, von Pferdehufen zertretene Leiche auf dem Schlachtfeld aufgelesen worden war, im heißen August 1278. Königin Anna, die Stammmutter des Hauses Habsburg, die Gattin König Rudolfs, spendete eilig eine Purpurdecke für den toten Leib, den sie nackt niedergelegt hatten. Es war ein fataler Anblick, die Wiener hingen an dem Böhmen, der immer nobel und großzügig gewesen war. Sehr unangenehm für den schweizeri-

schen Elsässer oder elsässischen Schweizer, den „zugereisten“ Sieger, der so sparsam war. Der strahlende Ottokar in seinen golddurchwirkten Mänteln war einmal der Mann der Schwester des cholerischen, aber in der Erinnerung verklärten streitbaren Babenbergers Friedrich gewesen, des letzten Babenbergers, der so ein „Steiger“ gewesen war — das hat bei den Wienern die Fürsten immer populär gemacht, bis zu Kaiser Joseph und Erzherzog Otto. Den habsburgischen Grafen, den deutschen König mit seinen verhungerten Schweizern und schwäbischen Rittern konnten sie nicht leiden. Die „Leich'“ Ottokars wurde in der Hitze sorgsam einbalsamiert: Herz, Lungen und Eingeweide wurden herausgenommen und an ihre Stelle Alaunklumpen gestopft. Das Gesicht wurde schön geschminkt, die langen Locken, die seidenweichen, berühmten, sauber gekämmt, alles mit Brokat prachtvoll arrangiert, und so stellte man den Böhmenkönig dreißig Wochen lang dort in der Metastasiogasse zur Schau. Das spricht entschieden für die Kunst der Einbalsamierer. Die böhmischen Barone kamen in großem Aufzug und führten die Leiche nach Znaim. Erst achtzehn Jahre später traf der Leichenzug in Prag ein. Herz und Eingeweide des Przemysliden aber blieben in der Heiligenkreuzkapelle bei den Minoriten, aus der später die Katharinenkapelle wurde. Man weiß nicht, was aus diesen Urnen geworden ist. Hat man sie schon bei der Reformation auf den Misthaufen geworfen, oder erst in der josephinischen Aufklärung? Die Pietät der Österreicher ihrer Vergangenheit gegenüber ist ein besonderes Kapitel. Gerade die Minoritenkirche weiß davon zu erzählen.

Da lebte eine Märchenprinzessin aus fernem Land in der Wienerstadt, die Enkelin des heiligen Ludwig und Gemahlin Rudolfs III., des ältesten Sohns König Albrechts I. Er war einer der neuen habsburgischen Herzöge, die sehr bald großen Ruf erlangten, so daß ihm der König von Frankreich seine Schwester zur Frau gab. Blanka von Valois kam nach

Wien, ein fünfzehnjähriges Mädchen mit Wangen wie Milch und Blut, aber schon eine erwachsene Frau. Damals reifte man sehr früh und starb sehr bald. Sie war eine richtige Dame aus dem höfischen Liebesgarten, mit wundervollen Manieren, in zauberhaften Pariser Roben, die nach unseren Begriffen so aussahen wie die Trachten, die heute die Nonnen tragen, allerdings in prachtvollen Farben schimmernd, von Stickereien und Perlen glitzernd. Einen Neunzehnjährigen hatte sie geheiratet; als sie einundzwanzig war, mußte sie sterben, mit ihrem Töchterchen, dessen Geburt sie das Leben kostete. So jung sie war, hatte sie doch schon ein Testament gemacht; ihr süßes Altfranzösisch ist in dem Gekrächz eines Schreibers folgendermaßen auf uns gekommen: „... und schaffen umb ein erbar Grab von marmelstein yber Uns fuenfzig phundt und schaffen tausend phundt daz man darumbe die chirchen und daz Muenster, dasz den minnern Pruedern ze Wienne in eren Sanct Ludwig dieselben Chirchen." Das waren enorme Geldsummen; die tausend Pfund verwendete man allerdings für den Bau des Klarenklosters, nur die fünfzig Pfund für das Grabmal. Eigentlich hätte die arme Herzogin nach mittelalterlichen Begriffen über so viel Unrecht als Gespenst umgehen müssen, aber davon ist nichts überliefert. Das Denkmal der Herzogin war ganz aus Marmor, hatte die Tumbaform und stand auf einem niederen Sockel ohne Stufenerhöhung. Die Langseitenwände hatten unterhalb der Gesimsleisten und zwischen den schmucklosen Eckpfeilern je acht nischenförmige, mit einem Kleeblattornament eingefaßte Vertiefungen, innerhalb deren sich teils sitzende, teils kniende Mönchsfiguren mit sinnender, betender oder klagender Gebärde befanden. An der schmalen Fußseite sah man zwei Mönche mit Kapuzen und Tonsur auf einem vorspringenden Sockel sitzen. Auf dem Sargdeckel lag die Figur Blankas von Valois. Ein bis an die Füße reichendes faltiges Unterkleid mit enganliegenden Ärmeln wurde von

einem Gürtel in der Mitte festgehalten. Der verbrämte Mantel war, das Unterkleid teilweise bedeckend, von der linken Seite herübergeschlagen. Das Haupt wurde über Kinn und Ohren von einem schmalen Streifen, die Stirn von einem zweiten umfangen, wie es zur heutigen Nonnentracht gehört. Vom Scheitel wallte ein faltiges Übertuch dergestalt herab, daß es oben bis zur Stirn, an der Seite bis zur Brust reichte. Mit der rechten Hand hielt sie ein auf einem kleinen Polster ruhendes Kind in einfachem Kleidchen, ohne Kopfbedeckung und mit übereinandergelegten Händchen an sich geschmiegt. An jeder Ecke kniete eine genienartige Gestalt mit zum Himmel gerichtetem Blick, die Hände zum Gebet gefaltet.
Zweifellos ist dieses Grabmal mit seinen „Pleurants" den französischen Meisterwerken jener Zeit ebenbürtig gewesen, zweifellos ist es von einem französischen Künstler für das „Fräulein von Frankreich", verstorben in fernem, fremdem Land, geschaffen worden — und nicht ein Splitter hat sich davon erhalten. Wir kennen nur eine primitive Zeichnung davon, denn es stand nicht länger als bis 1784 in der Minoritenkirche. Damals schickte Kaiser Joseph die Minoriten in die Alserstraße und übergab ihre Kirche der „italienischen Nation". Diese hat die Kirche im Geist der neuen Zeit von allem „gotischen Gerümpel" reinigen lassen und das Grab der französischen Prinzessin dem Hofarchitekten Hohenberg, dem Mann, der die Gloriette erbaute, übergeben. Seither weiß man nichts mehr von diesem herrlichen Werk. Wahrscheinlich wurde es zerschlagen, die Bruchstücke als Bausteine verwendet. Karajan, der 1843 den Boden aufgraben ließ, um vielleicht verschüttete Reste zu finden, entdeckte keine Spur des Grabmals. Man kann noch immer nicht abschätzen, mit welchen Zerstörungen erlesener Kunstwerke die „Aufklärung" bezahlt wurde.
Im 15. Jahrhundert schrieb ein Reisender: „... bei den minores da ligt fraw Blanca von gepuert ein Kuenigin von Frank-

reich und ain gemahl hertzogs Rudolfs von Oesterreich, da ligt auch Fraw Elisabeth von gepurt ain Kuenigin von Arragonia...“
Die frühen Habsburger waren sehr international verheiratet. Die Prinzessin von Aragonien war die Gattin Friedrichs des Schönen, jenes unglücklichen deutschen Königs, den Ludwig der Bayer besiegte, und die Legende will, daß Elisabeth sich die Augen ausweinte vor Schmerz über die Gefangennahme ihres Gemahls. Sie starb 1330, sechs Monate nach dem Tod Friedrichs des Schönen, und auch sie wurde großartig bei den Minoriten beigesetzt, „... do wir hier erwelen ze ligen, von besonder Lib und Andacht, die wir darzu haben“.
Isabella — so war ihr spanischer Name — hatte ein einfacheres Grabmal als Blanka von Valois, eine rechteckige Tumba aus Porphyr. Die Deckenauflage war glatt geschliffen, ohne Zier. Allein die Seitenwände hatten ein Muster aus Spitzbogenstellungen und geometrischen Rosen, zwischen denen sich die Wappenschilde Österreichs und Aragoniens zeigten. Auch dieses Grabmal verschwand 1784 spurlos, wir besitzen nicht einmal eine Zeichnung davon, wissen nur, daß es zuletzt in der Kirche selbst stand. Was aber heute fast niemand mehr weiß, ist, daß auch die tragisch-berühmte Margarethe Maultasch, „die häßlichste Frau der Weltgeschichte“, bei den Minoriten begraben wurde, die Frau, die ihr Erbe Tirol an das Haus Österreich brachte und um deren Leben sich so viele düster-dramatische Legenden ranken. Eine Notiz, von zitternder Mönchshand auf Pergament gekratzt, ist alles, was wir davon wissen: „Sepulchrum domine Marchionisse de Tyrolis juxta sepulchrum domine Regine ante crucem [also gegenüber dem Grab der Aragonierin] quae obiit sub anno MCCCLXIX Aqua habuimus in sua spulture de sancto virgulato duas tunicas, quod suffecit pro dalmatura et subtili tantum et nihil plus.“ (Und für das Begräbnis haben die Minoriten zwei „Tuniken“ der Ver-

ewigten bekommen, aus denen sie eine Dalmatica machten — „und nicht mehr", wie der Schreiber giftig vermerkt.)
Vom Grab der Maultasch wissen wir überhaupt nichts, haben keine Ahnung, wie es ausgesehen hat und wann es verschwunden ist.
Heute ist es im Innern der Minoritenkirche leer und weit, nur die erhabenen Proportionen des Baues, den möglicherweise ein französischer Architekt in der Mitte des 14. Jahrhunderts gebaut hat, sprechen ihre gewaltig tönende Sprache. In der Minoritenkirche war die Blüte des hohen Adels begraben. Als man vor über sechzig Jahren die Katharinenkapelle demolierte — das städtische Grundbuchamt war durch Generationenen in ihr untergebracht —, fand man unter der Tünche der Wände lange Reihen feudaler Wappen, die Wappen all derer, die in der Minoritenkirche ihre Grüfte hatten, und in den heißen Sommermonaten wird hier wohl fortwährend der süßliche Leichengeruch gelegen haben, vielleicht auch aus den Fugen der Grüfte Verwesungsflüssigkeit gesickert sein, wie wir es aus gotischen Schilderungen von anderen Wiener Kirchen wissen. Die mittelalterliche Welt war eine chaotische Welt, gleichzeitig im Heute und in der Ewigkeit lebend, voller Widersprüche, voller Gegensätze, die wir uns heute nicht erklären können: Die Vergangenheit wurde rasch vergessen. Daß man den Letzten Willen der Prinzessin von Valois nicht beachtet hat, war so ganz echt Mittelalter, wie nicht minder die Tatsache, daß die Minoriten 1513 einen Teil der herrlichen Fenster zumauern ließen, deren schönes Maßwerk zerbröckelt war — sie wollten sparen. Daß sich die bezaubernden Reliefs über den Eingangstüren der Kirchen erhalten haben, ist eine unglaubliche Gnade des Schicksals. Hier wenigstens kann man sich ein Bild von den gotischen Menschen machen, die all das geschaffen haben — und an der großen Pest gestorben sind.
Zwei große Kapellen, die Katharinenkapelle und die Lud-

wigskapelle, standen ehemals neben der Kirche. Sie müssen wundervolle Juwelen der Hochgotik gewesen sein. In der Reformation geriet alles in Jammer und Verfall. Im Jahr 1528 war noch kein einziger Minorit vom alten Glauben abgefallen, 1553 aber gab es nur noch sieben Minoriten. Sechs Jahre später setzte sich der protestantische Prädikant — so hießen damals die Pastoren — Friedrich Nauner mit Weib, zahllosen Kindern und seiner Gemeinde im Kloster fest. Die Kirche wurde 1569 von den Protestanten übernommen, da ihnen die Landhauskapelle zu klein war. Den wenigen Brüdern überließen sie die beiden Kapellen, die wunderbaren gotischen Altäre der Kirche aber wurden herausgerissen, zusammengehackt und verbrannt. Als die Katholiken nach der Schlacht am Weißen Berg 1620 die Kirche wieder übernahmen, mußten sie fünfzehn von den Protestanten entfernte Altäre neu erbauen.

Wie hilflos die Brüder in dem Zusammenbruch der alten Kirche dastanden, erhellt ein Erlaß, der 1576 an sie erging und sie anwies: „...die Bettelleut' und anders leichtfertige Gesinde aus dem Kreuzgang abzuschaffen, ferner in diesem nicht so viel Tote zu begraben wie bisher, damit sie nicht gezwungen seien, die halbverwesten Leichen auszugraben und deren Gebeine auf das Mäuerl zum ungesunden Geschmack der Durchgehenden zu legen..."

Im Norden und Osten der Kirche schloß der Friedhof an, der noch bis 1750 belegt wurde, mit „gemeinem Volk", das im anstoßenden Kaiserspital verröchelte. Für jede Einsegnung bekamen die Patres 15 Kreuzer. Bei der Pest von 1713, der letzten großen Wiener Pest, hatten sich alle Minoriten zur Krankenpflege gemeldet. Alle starben dabei, bis auf einen, der dann noch als achtzigjähriger Greis mit zittriger Stimme von den Schauertagen erzählte. Nach der Aufhebung des Friedhofs wurde das Gräberfeld abgeräumt und neben dem Turm ein Gärtchen angelegt. Der hochlöbliche Wiener

Magistrat hat es 1892 „abgeschafft“. Kamen da Knochenmassen ans Tageslicht! In vielen Fuhren wurden sie auf den Zentralfriedhof geschafft.
In dem chaotischen Durcheinander der Reformation standen die gotischen Kirchen wie gestrandete Schiffe in der fast zur Gänze „ketzerischen“ Stadt. Die Leute kamen herbei und suchten sich von dem herrenlosen Kirchengut anzueignen, was nur ging. Sie bauten auf Kirchengrund, in Kapellen und Grüften. Was da auf dem Minoritenplatz vernichtet und zerstört wurde! Im Jahr 1568 wurde dem Registrator der Hofkanzlei, Christof Kugler, auf seine Bitte „und zu etwas Ergetzlichkeit seiner numer lang trew gelaisten dienst“ eine alte Kapelle bei dem Minoritenkloster „so am hinder tail der Kirchen... in ainem winkel ligent... zu ainer wonung zuzurichten oder von neuem daselbst hinzupauen“, bewilligt. Weil sich aber ergab, daß ein kaiserlicher Rat in besagter Kapelle sein Brennholz aufbewahrte (wofür er dem Kloster sechs Gulden jährlich zahlte), entschied der Kaiser — den man mit solchen Bagatellen behelligen durfte —, daß dem Kugler „ain wiedergebauts stöckl“ eingeräumt werde, „so gegen den wall der stat maur und zenechst an des kaiserlichen Hofspital in ainem triangulo liegt, so etwa vor jarn zu der mairschaft für ross- und viechställ gebraucht worden... jetzt aber gewöhnlich leer steht, höchstens, dasz bisweilen ein Pferd und etwas Futter daselbst untergebracht wird...“
Ein anderer kaiserlicher Diener, de Argento, der sich ebenfalls aus zwei Minoritenställen ein Wohnhaus baute, verlangte vom Kaiser, „einen gang in das spital zu einem haimblichen Sitz“ bauen zu dürfen. Heutzutage kann man gar nicht verstehen, daß man das Staatsoberhaupt mit Derartigem behelligen durfte. Aber wegen dieses „haimblichen Sitzes“ sind wirklich Kommissionen eingesetzt worden, es gab Konferenzen und Schreibereien. Schließlich hat 1579

der „Klosterrat“ an Erzherzog Ernst eine Eingabe gemacht, die in ihrem komischen Amtsstil die ganze Trostlosigkeit enthüllt: „... weil durch dergeliechen heissel [Häusel] der kirchen nicht allein das licht verpaut sondern auch die schönen Glasfenster [also gab es sie damals noch, heute ist kein einziges mehr vorhanden] so von der dabey liegenden heisel rauchfäng hinaufgeet, vast veerderbt dessgleichen die pfeiller und werkstuck durchgraben und zerbrochen werden, daneben auch zu bedencken dasz aus einem solchen heisl etwa unversehens ain feur auskämbe, das nit allein der kirchen sondern auch der kaiserlichen liberey [Bibliothek, Grundstock der heutigen Nationalbibliothek] so im Kloster allda ist... grosze gfarr und nachtail ervolgen und entsten möchte, daher dann pesser waere, dasz die allbereit an die Kirchen derorten erpaute drey heisl nit allda stunden als dasz noch merer herum aufzupäun verwilligt werden sollte...“

Als Kaiser Joseph die Minoriten in die Alserstraße schickte, ließ er die Katharinenkapelle zusperren. Sie blieb Jahre hindurch verschlossen, dem Verfall ausgesetzt, wurde später ein Magazin, dann die Werkstätte der (lithographischen) Steinschneider des Grundbuchamtes; um die Jahrhundertwende wurde sie demoliert.

Die Minoriten hatten aus ihrem Kloster alles mitgenommen, nur eine Orgel, fünf hölzerne und einen Marmoraltar, einige Kisten und fünf Glocken im Turm zurückgelassen. Die „italienische Nation“, die nun einzog, verkaufte alles. Hundertzwei Gulden bekam sie vom Steinmetzmeister für „nicht mehr brauchbare Grabsteine“! Der Fußboden, der teils aus Ziegeln, teils aus zerbrochenen Grabsteinen (!) bestand, tief und uneben war, wurde aufgerissen und um zwei „Schuh“ erhöht. Die Puchhaimbkapelle und die Ludwigskapelle wurden in Miethäuser umgebaut, alles „gotische Graffelwerk“

entfernt. Die Italiener machten 55000 Gulden Schulden. Am 6. Mai 1809 wurde die Kirche zu einem militärischen Stroh- und Heumagazin. Ein Besucher der Kirche sah am 28. Dezember 1809 das Schiff mit Fässern, leeren und zerschlagenen Kübeln angefüllt, von Heu und Stroh war nichts mehr zu sehen. Zwei Drittel des Fußbodens waren durch das Herumrollen der Fässer und das Einfahren von Wagen zertrümmert. In der Mitte war eine Vertiefung gegraben und stellenweise die Steine herausgerissen worden. Die hoch an den Wänden hängenden Bilder hatten durch Ausdünstung und Rauch des in der Kirche errichteten Ofens sehr gelitten. Erst am 10. April 1810 ließ der französische General Demot den Rest der Vorräte versteigern und am gleichen Abend die Schlüssel der „italienischen Nation“ übergeben.

Die schöne Kirche, deren Renovierung erst kürzlich abgeschlossen wurde, enthält die Mosaikkopie des Abendmahls von Leonardo da Vinci, die Napoleon bestellt und Kaiser Franz nach der Schlacht von Waterloo um 400000 Gulden gekauft hatte. Und sie enthält die „Familienmadonna“, 1345 von Herzog Albrecht gestiftet. Ihre Schönheit allein wäre Grund genug, einen Schrein wie die Minoritenkirche um sie herum zu errichten.

Mordgespenster geistern über den Weg

BANKGASSE

Sehr nobel, sehr ruhig, sehr verhalten ist die Bankgasse, die man 1862 nach dem Eckhaus zur Herrengasse, der Österreichisch-Ungarischen Bank, so benannte. Früher, seit dem Jahr 1342, hieß sie „Vordere Schenkenstraße". Hier wohnten die großen Herren, die Erbschenke von Österreich waren, das Reichsschenkamt oder das Erbmundschenkamt ob der Enns bekleideten, also Hofleute der obersten Klasse waren. Da und dort waren Häuslein der „Bagasche" hineinverstreut, darunter an Stelle der Bank vier alte Häuser, die erst 1818 abgerissen und 1819 durch Rafael von Riegel nach dem Entwurf des Ritters von Moreau, Paul Sprenger, durch einen Bau im nüchtern-sachlichen Zweck-Klassizismus ersetzt wurden. Eines der vier Häuser hatte den unheimlichen Namen „Zu den fünf Morden", denn vor mehr als 450 Jahren wurde hier der Bäck' Leonhard Reisner in einer düsteren Novembernacht samt Frau und Töchterlein sowie dem „Peckenknecht" und der Magd grausam abgeschlachtet. Dieser Kriminalfall erregte damals ungeheures Aufsehen, und der Nürnberger Meistersinger Kurt Haß hat ihn in Verse gesetzt, die uns ein Zufall erhalten hat.
Der Bäcker Reisner hatte einen Bäckenknecht aus Regensburg aufgenommen, der nach „Fuenff woch und vier tag" wieder auf Wanderschaft durch Österreich ging, auf der er ein „Falott" (Gauner) geworden zu sein scheint, denn: „Danach kam er gen Wien wieder — Und thet wie ander wild Buobn — Verspielt sich auf der Peckenstuben."

Noch waren Stadt und Zeit gotisch, man trug nur statt der spitzen Schuhe solche, die vorn ganz breit waren, ging tief dekolletiert, trug enganliegende Hosen, das eine Bein rot, das andere blau, grau oder gelb, jedenfalls stets in verschiedenen Farben, hatte ein kurzes Mäntelchen kokett umgehängt und ein großes Hiebschwert umgeschnallt. Die Locken fielen lang und gebrannt auf die Schultern.
Bartholomäus — dies der einzige Name, der uns von dem Mörder überliefert ist — stahl sich bei Dunkelheit ins Haus und versteckte sich unter der Treppe. „Ein Beyhl trug er in der Hand — Ein gross, da man die sheit mit kleibt [spaltet] — Schluog er dem Knecht hart in sein haupt —“, ermordete dann die Magd, den schlaftrunken aufstehenden Bäckermeister und die fest schlafende Bäckerin. Da fand er des Bäcken Töchterlein. „Das war alt etwa syben Jar — Und was ein Maidlein, merkt mich recht — Das hat denselben Peckenknecht — So barmhertzig angesehen — Und so freundlich zu ihm jehen [sagen]: — O lieber Barthel lass mich leben, — Ich will Dir all mein Docken [Puppen] geben — Will Dir zeigen meines Vaters Schluessel, — Der moerder schnitt ihm ab sein Druessel [Schlund].“ Und das war des Bartholomäus Verhängnis, wohl der Grund für die fürchterliche, in Österreich längst abgekommene Strafe, die später über ihn verhängt wurde.
Bartholomäus fand alles Geld des Bäcken, schlich in die Bäckerherberge zurück, „Und gab ausz gelt als die besten, — Da waren etlich, die wohl wessten, — Das er vor het gehabt kein gelt. — In dem der jammer ward gemelt, — Wie man den pecken und sein gesindt — So jaemmerlich ermordet findt. — Der boezswicht merket wol die maer, — Sagt nit, dasz er der Moerder waer. — Er seuffzt und klopfet an sein hertz, — Als brecht er im ein grosser Schmertz, — Das da sein Maister und sein Herr — So jaemmerlich ermordet wer. — Huob an jaemmerlich zu klagen — Und

halff die Leich zu grab tragen, — Doch sach er nyemandt froelich an. — Von stund an huob er sich davon..."
Er kehrte nach Regensburg zurück und sagte seinem Vater, er habe das viele Geld beim Spiel gewonnen. „Iedem da kamen boese maer, — Wie er die fuenff Mordt hat getahn. — Da nam man in gefaengklich an."
Da der Kaiser persönlich an die von Regensburg geschrieben hatte, wurde der Mörder sofort nach Wien ausgeliefert. „Im Schiff an ein Ketten schmiden, — Da fuhr er mit den andern hin. — Bisz dasz er kam hinab gehn Wien. — Wardt aber in schnell und behendt — Ein sollich schwer urteil bekendt — Solt im auch nit werden ringer, — Man sollt im seine zehen Finger — Ein nach dem andern abhacken — Und mit haysen Zangen zwacken. — Der Arm der schrey mit grimmen oh, — Zu glauben ist das jedermann, — Die dritte Marter fing sich an, — Als ir dann jetzundt hoeren werdt, — Er war gebunden an ein Pferdt — Und war geschafft an all die stat — Der fuenf Markt, die man zuo Wien hat, — Und danach schleifft man fuer das thor, — Da stund gar manich mensch davor, — Der wolt sehen die grosze nodt — Und wie doch enden wolt sein todt. — Als er nun auf die Hauptstadt nahm — Der Henker ein grossen pfal her nam, — Damit er in dann yetz spissen, — Der Henker hat auch nit gut wissen — Wie er das Werk solt fahen an, — Wann er hets vor nit mehr gethan, — Yedoch so het er kein erbarmen, — Die spiz setzt er im in Wayd darmen — Und ruecket als ein starcker Knecht, — Der arm der schreyt es geht nicht recht, — Zeuch aus und stoss in anders ein — Und dasz die bitter Marter mein — Desto laenger an mir moecht sein — Das will ich alle leyden gern, — Dann ich es wol verschuldet han. — Und het ich hundert Mordt gethan, — Betruebt es mich nicht also hart, — Dasz ich dem jungen Maydlein zart — Sein leben nam auch an der stat, — Das mich so schoen und freundlich bat

— Lieber Barthel lass mich leben, — Ich will dir all mein docken geben...“

Nach der Auffassung des Mittelalters war die fürchterliche Strafe des Pfählens, die seit Generationen nicht mehr verhängt worden, eine Art Buße für die schauerliche Todsünde, die der Bartholomäus begangen hatte, und vielleicht kam die arme Seel' doch ins Fegfeuer statt in die Hölle. Und als nach fünf Stunden der Tod einzutreten begann, flüsterte der Barthel noch, er werde das Haupt auf die rechte Seite sinken lassen, wenn ihn aber die Hölle verschlingen sollte, werde er es auf die linke Seite fallen lassen. Es blieb jedoch auf der rechten Seite.

Seltsam und ergreifend der Schluß der Geschichte, die über die Jahrhunderte herüberklingt wie ein Kriminalbericht von heute.

Das Zehnerhaus war einst der Sitz der „spanischen Althan“, der geborenen Pignatelli-Belriguardo, einer skandalumwitterten Schönheit des Hochbarock, der Mätresse Karls VI., des letzten Habsburgers, des Vaters von Maria Theresia. Er schenkte das Haus, in dem bislang die spanische Gesandtschaft gesessen, 1727 ihrem Mann, dem Grafen Michael Johann Althan. Hier hatte es nämlich seit dem Jahr der ersten Türkenbelagerung 1529 ein spanisches „Kretzel“ gegeben: Ein Teil des Hauses gehörte Christophoro de Aranda, der andere Jorge Manrique. 1529 war ein Schwarm spanischer Hidalgos nach Wien geeilt, von denen eine Anzahl als Verteidiger der Stadt auf den Mauern fiel; der Rest blieb in Wien und wurde hier ansässig. Die Namen Ludovico de Avalos, Juan de Anguilar, Juan de Solinas, Melchior de Vilaruel, Antonio Cammayo, Pedro Narvaes, Ludovico de Calatrava, Alfonso de Eredia, Zapata Valderamo, Ferdinando de Roza, Jacopo Garcia de Gusman, und — naiv geschrieben — „don Schwan Manrico“ sind uns überliefert.

Ein paar Häuser weiter gegen die Herrengasse zu hat „die

schöne Lori" gewohnt, die einzige Frau, für die sich Prinz Eugen in seinem ganzen Leben interessiert hat, Fürstin Batthyany, die Witwe des Feldmarschalls und Tochter des Hofkanzlers Graf Strattmann. Prinz Eugen verfiel ihr als alter Mann. Fast jeden Abend fuhr er bei ihrem Haus vor, das heute noch so entzückend dasteht, wie es wahrscheinlich Fischer von Erlach für den Fürsten entworfen hat. Fast jeden Abend spielte Eugen bei der schönen Lori seine Whistpartie, stieg dann spät abends in seine Equipage und schlief ein. Sein alter Kutscher nickte auch meist ein und der uralte Leibhusar, der hinten auf dem Wagen stand, schlummerte ebenfalls. Die Wiener, die das sahen, schlichen auf Zehenspitzen an der Equipage vorbei, an den fast dreihundert Jahren, die hier zusammen schliefen.

Hundertfünfzig Jahre später, zu Beginn des 20. Jahrhunderts, gingen hier eines Nachts drei Offiziere in hohen schwarzen Kappen und den neumodischen hechtgrauen Mänteln stundenlang auf und ab und blickten zu einem beleuchteten Fenster empor, das im einstigen Palais Orsini-Rosenberg, dem Eckhaus Bankgasse und Herrengasse, durch die Nacht schimmerte. In jenem Eckhaus, das die Batthyanys 1767 gekauft hatten und das nun schon seit vielen Jahren das Hotel Klomser war. Hier war in dieser Nacht der Oberst Redl abgestiegen, nachdem er den Brief mit den russischen Tausendern auf der Post behoben und im Taxi das Futteral des Federmessers verloren hatte, mit dem er den russischen Brief aufgeschnitten hatte. Die Generalstabsoffiziere und der Militärauditor hatten ihm eine Browningpistole auf den Tisch gelegt, nachdem sie ihm seinen Verrat ins Gesicht geschleudert hatten. Und nun warteten sie unten in der Bankgasse, bis er sich erschießen würde. Endlich, nach Stunden, hörten sie den Schuß fallen. Aufatmend fuhren sie nach Hause. Auch der Generalstab atmete auf: Nun war die Sache „ritterlich" erledigt. Kein Zeitungsschmierer würde

etwas von der großen Schande erfahren. Das Leben des unglücklichen, vom russischen Geheimdienst gejagten Homosexuellen war ausgelöscht. Ohne Gerichtsverhandlung, ohne Skandal. Aber dann machten sie etwas so namenlos Dummes, daß doch alles aufflog. In der Totenkammer des Garnisonsspitals in der Sensengasse zogen sie der Leiche den flaschengrünen Waffenrock mit Goldkragen des Generalstabsobersten aus und ließen ihr den Waffenrock eines „Infanteristen ohne Chargengrad" anlegen. Diese Geschichte wurde dem Journalisten Kisch zugetragen, der die Geheimniskrämerei, ihren Grund und ihre Ursache, diese ganz kindisch-makabre Posse, in die Zeitung setzte. Das konnte man nämlich in der Monarchie, in der es trotz allem die Pressefreiheit noch wirklich gab. Es war ein internationaler Skandal, diese Geschichte vom Selbstmord des Generalstabschefs des Prager Korps, der einen jungen hübschen Leutnant von den Stockerauer Landwehrulanen geliebt hatte. Die Russen hatten davon erfahren und ihn zur Spionage gepreßt.
Es ist ein besinnlich-tragischer Weg, der durch die Bankgasse führt, vorbei an der Rückseite des Unterrichtsministeriums, das einmal den Starhembergs gehörte. Es wurde erst 1894 zu seiner vollen Breite ausgebaut, an seiner Ecke war ein Haus der Windischgrätz gestanden. Ab 1862 besaß die k.k. privilegierte österreichische Eisenbahngesellschaft das Palais Starhemberg, und bald nachher zog das Unterrichtsministerium aus dem Bankgebäude in der Singerstraße hier ein.
Breit und behäbig hingelagert überdauerte der josephinische Bau der „ungarischen Hofkanzlei" die Generationen. Was ist mit diesem gemütlichen alten Bau seit 1918 nicht alles passiert! Von jener Nacht an, da die Rittmeister und Oberleutnants der Oßtenburg-Bande ihn mit einem Gewaltstreich der Bela-Kun-Regierung entrissen.
Und am Ende der Gasse plötzlich ein aufjauchzendes Cres-

cendo, das Liechtenstein-Palais Domenico Martinellis, das vor ungefähr zweihundertfünfzig Jahren entstand, unmittelbare Ausstrahlung der damaligen römischen Weltkunst. Martinelli war ein gelehrter Theoretiker und Freund Carlo Fontanas, des führenden römischen Architekten. Schlagartig vermittelte er Wien, wie Grimschitz schreibt, die glänzende Meisterschaft Italiens in Gestalt des repräsentativen Palastbaus. In gewissem Sinn geht Martinellis Fassade des Liechtensteinschen Stadtpalais auf Berninis Entwürfe für den Palazzo Chigi zurück, und hier, in der „vorderen Schenkenstraße", ist jäh und durch die Jahrhunderte dauernd ein Stück römischer Baukunst aufgeblüht.

Die Hochstraße der Römer

HERRENGASSE

Heute beginnt die Herrengasse ganz modern mit dem Loos-haus am Michaelerplatz, das allerdings auch schon wieder fast sechzig Jahre alt ist. War das eine Aufregung, als es vollendet war! Diese heftigen Diskussionen, diese maßlosen Beschimpfungen! Obwohl es damals schon Bauten von Otto Wagner gab, erschien den Wienern ein Haus ohne aufgesetzte Ornamente, kleine Engeln und ausgiebig dekolletierte Barockdamen eine Beleidigung des „guten Geschmacks". Loos hatte einen vernünftigen Zweckbau von guten Proportionen errichtet. Seine einzige Konzession an das romantisierende Bauen waren Säulen und eine Verkleidung aus grünem, euböischem Marmor bis zum ersten Stock, was allen möglichen Bauräten, Oberbauräten, Kaiserlichen Räten und Regierungsräten viel zu wenig war. Heute begreift man die ganze Aufregung nicht mehr, wenn auch das Haus, das dem Loos-Haus weichen mußte, das alte Drei-Laufer-Haus war, ein entzückender Zweckbau des Klassizismus von 1797. Baron Wetzlar von Plankenstern, ein Millionär der theresianischen und josephinischen Ära, hatte eine Brandstätte und noch einige kleine Häuser zusammengekauft und den für jene Zeit großartigen Neubau errichtet. Wie schön war es doch, beim Maronimann, der vor dem berühmten Eckschild mit den „Drei Laufern" stand, an klirrend kalten Dezemberabenden Maroni zu kaufen und sie zu knabbern! Ach, damals gab's noch keine Autos, nur Gummiradler surrten vorbei, und in den Auslagen konnte man die herrlichsten Dinge

der Welt sehen, vor allem in der Spezereiwarenhandlung Reichs „Zu den drei Laufern". Ein Stich von Schütz von 1786 zeigt, daß die Häusergruppe, die vorher hier stand, zauberhaft schön war. Aber auf dem Dachboden, wo der Buchhändler Gräffer sein Vorratslager hatte, brach ein Feuer aus, ebenso in dem Stapel spanischen Rohrs des Herrn Reich daneben. Wenn Franz Gräffer junior davon erzählt, wird eine Spitzwegsche Welt sichtbar. „Der Kaiser in der Oberstenuniform seines Regiments kam auf einem mageren Fuchsen geritten und sah sich das Feuer an. Tags darauf kalkulierten die zwei Nachbarn den Schaden. Da kam ein Leiblakai der Kaiserin Maria Theresia (der zweiten Gattin des Kaisers Franz). Er hatte den Befehl, sich nach dem Betrag des Schadens zu erkundigen, und irre ich mich nicht, so ward der vergütet von der großmütigen Fürstin."
Seit dem grauen Mittelalter saß hier die „bürgerliche Canaille". Der älteste Hausherr war Thomas der Marstaler, Anno 1448 war es Heinrich Eschelbach. Sein Ehegespons Margarete war ein rechter Weibsteufel. Im Jahr 1462 verkaufte die Margaret das Haus um hundert ungarische Gulden an den Plattner Hans Potzinger, und das kam so: Der Heinrich Eschelbach, der auch ein Plattner, das heißt Harnischmacher war, besaß einen Gesellen, schön von Leib und Angesicht, mit Namen Grünspömlein. Ein rechter Fex, der sich das Haar kräuseln ließ und stets in den engsten Beinlingen, dem neuesten Tabbard herumspazierte. Wie da die Meisterin ihr Herz an den ranken, schlanken Gesellen verlor! Und er wurde ihr Buhle. Bald war der verdrießliche Ehemann und Meister ein Stein des Anstoßes. Die Margaret

Oben: Palais Starhemberg, Dorotheergasse 9, um 1735

Unten: Dorotheerkirche mit zweitürmiger Fassade von 1705, rechts Augustinerkloster, links Dorotheerhof

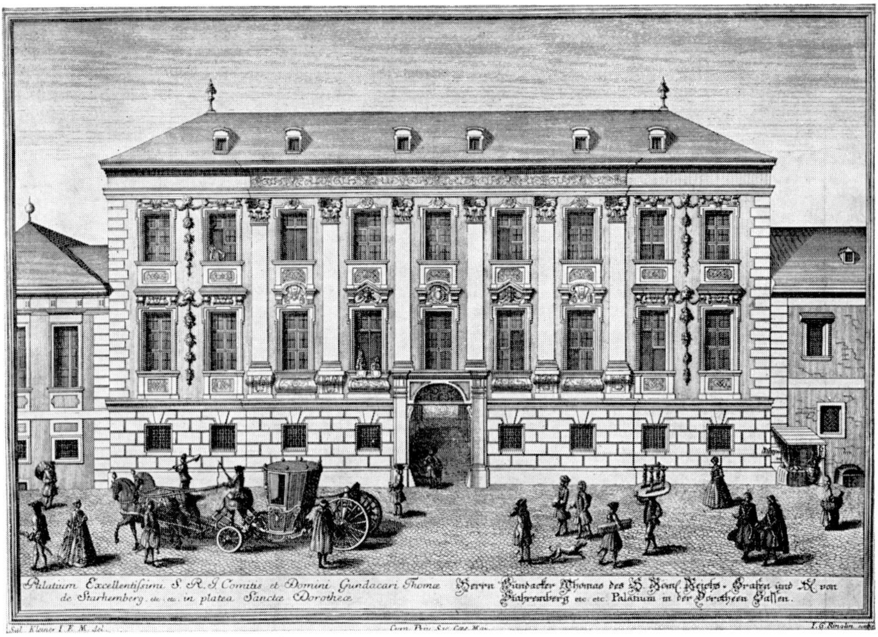
Palatium Excellentissimi S. R. I. Comitis et Domini Gundacari Thomæ de Starhemberg etc. etc. in platea Sanctæ Dorotheæ
Herrn Gundacker Thomas des H. Röm. Reichs-Grafen und H. von Stahremberg etc. etc. Palatium in der Dorotheen Gassen.
Sal. Kleiner I. F. M. del.
Cum Priv. Sac. Cæs. Maj.
I. G. Pintz sculp.

b
a
Temp. S. DOROTHEÆ ab Alberto III. inchoatum, à Rudolpho IV. completum An.° 1358. et Presbyteris secularibus posita, vero A.° 1414. Collegio Canonicorum S.t Augustini traditum, et ab Anno 1705. splendidissime renovatum. a. Cœnobium Augustinianorum, b. Aula Dorothena.
Die Kirchen zu S.t Dorothea so von Herzog Alberto III. angefangen und von Rudolpho IV. A.° 1358. vollendet worden und denen Welt Priestern nachgehends aber A.° 1414. denen Regulirten Chor Herrn S. Augustini überlassen. Seit A.° 1705. stehet sie herrlichst renoviert. a. Das Augustiner Closter. b. Dorotheer Hoff.

Templum S. CRUCI ab Ottocaro Bohemiæ Rege post A°. 1227. dicatum, nunc Seraphici Ordinis Minorit. Convent. asignatum, vulgo Landhæusser dict. a. Domus Comit. à Starenberg. b. Comitis à Windischgrætz. c. Domus Principis de Liechtenstein. d. Cænob. F.F. Minor.

Die Kirchen zum H. Creütz so jetzo die PP. Minoriten besitzen insgemein die Landhäusser Kirch; gestifftet von Ottocaro König in Böhmen A°. 1227. a. Das Gräffl. Stahrenb. Gebäu. b. Gräffl. Windischgrätz und c Fürstl. Liechtenstein. Gebäude. d. Minoriten Häusser.

raunte täglich dem Grünspömlein zu, er solle ihm was in die Suppe tun — bis er es wirklich tat: ein Pulver, das er sich bei einer „Ärztin" in der Wallnerstraße besorgt hatte. Jedem Gericht, jedem Trank wurde es beigemischt. Der Eschelbach wurde davon ganz krank und wirr im Kopf. Ganz wüst durcheinander hat er gesprochen. Ob man ihn nicht im Keller in Ketten legen solle, wie es den Wahnsinnigen zustand? Aber bevor es noch so weit war, stürzte er sich in einem Zustand des Wahnwitzes aus dem Fenster, worauf die Margaret ihren Buhlen heiratete. Der Grünspömlein stieg in die Politik ein, in einer Zeit, als ein Bürgerkrieg um den anderen Österreich erschütterte. Der Grünspömlein stellte sich immer auf die Seite der richtigen Partei, brachte Leute um, daß es eine Art hatte. Er kam zu Ruhm und Ansehen, so sehr alle Welt vom Pulver der Ärztin tuschelte...

Die Herrengasse unterscheidet sich heute noch immer von den anderen Gassen. Zurückhaltend und etwas langweilig läuft sie ihre alte Trasse seit den Römertagen. Schon damals war sie eine Marschierstraße, die Vindobona links liegen ließ, wahrscheinlich mit Absicht, um Ausspähung durch Reisende aller Art hintanzuhalten, denn gewöhnliche Menschen durften ja nicht nach Vindobona hinein, war es doch eine Festung.

Wahrscheinlich waren die meisten römischen Straßen von längerem Bestand als die römischen Städte, und wahrscheinlich haben die Barbarenhaufen, die immer wieder vorbeizogen, sie immer wieder benützt. Erst unter den Babenbergern rückten die Stadtmauern der Herrengasse näher. Das Stück von der Strauchgasse bis zum Michaelerplatz kam gegen 1220 in Berührung mit der Stadt. Jedoch erst unter dem

Minoritenplatz um 1735 mit den Palais Starhemberg, Liechtenstein und Windischgraetz

Böhmenkönig Ottokar fiel sie in ihrer ganzen Ausdehnung in den Bereich des ummauerten Wien. Alta platea — Hochstraße — hieß sie und ragte offenbar mit ihrem unverwüstlichen römischen Unterbau noch immer über das Land empor. Als die Habsburger kamen — eine fremde Familie, die ein fremdes, alemannisches Deutsch sprach —, brachten sie einen Schwarm ihrer elsässischen und Schweizer Landsleute mit, und viele dieser Ritter werden gehofft haben, hier in dem reichen, aber verwahrlosten Land ihr Glück zu machen. Sie hatten eine Vorliebe für die „Hochstraße". Immer mehr von ihnen kauften den eingesessenen Bürgern die kleinen Häuser ab und ließen sich hier nieder. Erst ab 1513 trägt die Herrengasse ihren heutigen Namen, seit dieser Zeit war sie eine Straße der hohen Adeligen, die das Burg-, Kirchen- und Palastviertel von der Stadt der Bürger und Pfeffersäcke abschloß.

Wenn nur die alten Steine sprechen könnten! So aber geht man durch die Wiener Gassen und ahnt nicht einmal die langen Geisterreihen unerlöster Seelen, die unsichtbar über dem Asphalt schweben. Wie auch im Hochhaus die weiße Frau nicht mehr erscheint, die einst hier jahrhundertelang spukte. Warum, wußte niemand. Aber nachdem am 2. Mai 1476 Berta von Liechtenstein in der Herrengasse starb, soll sie immer wieder erschienen sein, um tragische oder glückliche Ereignisse, die für das Haus Liechtenstein von Bedeutung waren, anzukündigen. Etwas fatal, diese Ungewißheit, aber die alten Gespenster hatten eben ihre Eigenheiten. Es war schwer, sich da auszukennen. In Weiß spukte die sagenhafte Berta, weil sie seit dem Tod ihres Gatten nur in der weißen Witwentracht umhergegangen war, wie es in der Spätgotik Brauch war.

Auf dem Areal, das heute vom Hochhaus in der Herrengasse eingenommen wird, war es früher sehr feudal zugegangen. Schon am 30. November 1342 hatte Graf Ludwig von Öttingen Haus und Grund von — man denke — Wernher, dem „Schuester" und Redweih, dem „Speismeister", gekauft. Die Öttingens waren ein großes Haus, starben aber bald aus, und 1382 war Kadolt von Eckartsau Hausherr. Von den Eckartsauern kaufte es Christoph von Liechtenstein um die Mitte des 15. Jahrhunderts. Aber erst 1792 wurde das zweite große Liechtensteinsche Stadtpalais hier erbaut, ein nüchterner Bau, der die großartige Liechtensteinsche Bibliothek enthielt und später das „adelige Casino". Berühmt aber wurde das Palais Liechtenstein durch den Bösendorfersaal, der am 19. November 1872 in der ehemaligen Reitschule eröffnet wurde. Es war ein in Weiß-Gold gehaltener kleiner Saal, der nur 588 Personen faßte, aber die beste Akustik gehabt haben soll, die es je in Wien gegeben hat. Ein großer und erlesener Teil der Wiener Musikgeschichte vollzog sich hier. Über dem Podium stand in dünnen goldenen Buchstaben: „Anton Rubinstein Zyklus 1885, Franz Liszt 1879, Dr. Johannes Brahms 1893, 1895 Dr. Hans von Bülow."

Am 2. Mai 1913 fand das letzte Konzert statt. Das Rosé-Quartett spielte Schubert, Beethoven und Haydn. „Wieviel knospenden jungen Ruhm", schrieb Julius Korngold damals in seiner Totenklage über den Bösendorfer-Saal in der „Neuen Freien Presse", „hatte dieser Saal geschaut, wie viele verblühten! ... Gleich im ersten Jahr seines Bestandes zog das Florentiner-Quartett mit Jean Becker ein, auch Gustav Walter, lange Wiens einziger Liedersänger. Schon 1873 schlug hier der akademische Wagnerverein sein Hauptquartier auf, in jener frischen Kampflust, der 1874 ein Walkürenabend mit der Materna, mit Scaria, Labatt und Mottl entsprang. Artur Nickisch, Luise Dustmann, Rafael Joseffy, Alfred Grünfeld kehrten ein, und das rasch berühmt gewordene schwedische Damenquartett führte in die scharfe Höhenluft seiner reinen und frischen Klänge. 1875: Anton Rubinstein schüttelte die Löwenmähne, und zehn Jahre später donnerte eben hier der Zeus des Klaviers seinen berühmten Zyklus von sieben Abenden zugunsten des Wiener Konservatoriums. In eben jenem Jahre 1875 hatte Marcelline Gomperz-Bettelheim mit ihren warmen tiefen Glockentönen die Herzen bewegt, Feruccio Busoni das Wunder seiner elf Jahre geboten. Aber wer soll sie alle nennen, die Sänger, Geiger und Klavierspieler, die in der Vielgestaltigkeit ihres Wesens und ihrer Gaben in diesem Saale die Sendung zu erfüllen versuchten, den rauhen Zwiespalt des Lebens zu lösen, Geist und Gemüt ins Himmelblau der Phantasie zu tragen? Die Kunst des Liedgesanges, die immer reicher ausgebildet und vertieft, unwiderstehlich aus dem Hause in den Konzertsaal drängte, sandte die Kernhaftigkeit der Rosa Papier, die stolze Prächtigkeit der Laudi, die elegische Eleganz der Pregi, die rotwangige Natürlichkeit der Spieß und vor allem den Adel und die Poesie der Barbi in den Bösendorfersaal, von allen jenen nicht zu reden, die hier in den letzten Jahren, Messchaert an der Spitze, singend geworben und erobert. Und da sind die Geiger, von den Älteren wie Sarasate, dem bestrickenden Süßen, und Franz Ondricek, dem Ernsten und Redlichen, von Wieniawski und Sauset, den Blendenden, bis zu den Jüngeren wie Burmester, Hubermann, Marteau, Kreisler und Flesch. Da die Pianisten, von den Titanen Rubinstein und Liszt abgesehen, Erscheinungen wie Karl Heimann, Therese Correno bis zu den Ersten und Echten. unserer Tage: Eugen d'Albert, Busoni, Josef Hoffmann, Wilhelm Backhaus, Artur Schnabel... Und auch die Schaffenden warben hier persönlich um den Lorbeer, der ihnen seither mehr oder minder reich zugehört. In den allerersten Jahren Ignaz Brüll, Robert Volkmann, Ferdinand Hiller, später Anton Bruckner, Hugo Wolf und die Nachdrängenden, die Strauß, Mahler, Reger, Pfitzner. Ein langer Zug von Erscheinungen, viel Musik, aber auch viel Schönheit und Erhebung."

Im Palais Liechtenstein befand sich auch noch die legendäre

„Maierei Jesovits“, ein nach heutigen Begriffen sehr schlichtes Lokal, berühmter Rendezvousort junger Liebe bei feinen Leuten. Die jungen Komtessen trafen sich hier mit den jungen Herren von der orientalischen Akademie in ihren flaschengrünen Waffenröcken mit weinroten Samtaufschlägen, wenn sie überhaupt die Courage zu solch einem verruchten Schritt hatten. Das Schlagobers war berühmt, und natürlich saß an einem Nebentisch die Gesellschafterin und löffelte an einer Portion.
Vor dem etwas verspießerten Bau des Landhauses schossen die nervösen, verschwitzten Klosterneuburger Pioniere, als ihr nervöser, verschwitzter Hauptmann Czermak von Steinen getroffen wurde, am 13. März 1848 eine Salve aus dreißig Gewehren in die Menge und starteten damit die 48er Revolution. Das Landhaus stand damals erst wenige Jahre. Man hatte dem unregelmäßigen mittelalterlichen Komplex des Landhauses eine nach damaligen Begriffen repräsentative Front aufgesetzt, aber die herrlichen Renaissanceräume im Innern unangetastet gelassen, so daß sie heute noch zu dem wenigen gehören, das von der Renaissance in Wien erhalten blieb. Letzte Zeugen des Wütens der Glaubensspaltung in Wien, die so heftig war, daß die Herren Landstände sich in den Sitzungen prügelten und auf einander losstachen. Damals wußte sich der ratlose Kaiser schließlich nicht anders zu helfen, als daß er an beiden Eingängen des Landhauses eine Hand mit einem Schwert anbringen und darunter schreiben ließ: „Der römisch kayserlichen Mayestät, unseres allergnädigsten Landesfürsten ernstliche Meynung und Befehl ist, daß sich nyemand, wer der auch seyn mag, unterstehe, in oder vor diesem befreyten Landhaus die Wehr zu blößen oder balgen und zunoch rumorn. Welche aber freventlich dawiderhandeln, daß dieselben an Leib und Leben nach Ungnaden bestraffet werden sollen, Actum 1571 Jahr, 20. Hornung.“

In dieser Straße der Fürsten und Grafen sollten die berühmtesten Intelligenz-Kaffeehäuser Wiens entstehen. Vom Café „Griensteidel“ an, das im entzückend-schlichten Empirepalais der Herberstein etabliert war, auf Nummer 1. Heute steht dort ein Riesenkasten im Pseudo-Barock der neunziger Jahre. Heinrich Griensteidel war ursprünglich Apotheker, der zu Michaeli 1847 sein später so berühmtes Kaffeehaus eröffnete. Im Jahr 1856 kam er auf die Idee, Zeitungen in allen Sprachen zu abonnieren, „daß man daran einen ganzen Monat lesen mußte“. Er wurde damit der Begründer der unvergleichlichen Gattung des Wiener Kaffeehauses. Im Jahr 1866 vergiftete er sich mit Zyankali, als ihn ein „Zivilwachmann“ zur Verbüßung einer mehrmonatigen Strafe wegen Krida abholen wollte. Sein Bruder führte das Kaffeehaus weiter. In der Nacht vom 20. auf den 21. Januar 1897 schloß es seine Pforten für immer. Das Palais Herberstein wurde demoliert.

Das Café „Central“ an der Ecke der Strauchgasse wurde sein Nachfolger. Die Bedeutung dieses Kaffeehauses für Wiener Kunst und Literatur ist noch lange nicht genügend gewürdigt worden. Groteskerweise war auch Trotzki, der lange als ärmlicher Flüchtling „in der Krim“ im 19. Bezirk wohnte, Stammgast — im Schachzimmer. Wenn Lenin in Wien weilte, trafen sie einander dort. Um diese merkwürdigen Figuren herum aber blühte die unvergeßliche Wiener Bohème, deren König Peter Altenberg war. Heute hat man gar keine Vorstellung mehr, was Peter Altenbergs Welt, was die Wiener Bohème war.

Herrengasse Nummer 5 ist das Palais Wilczek. Ein berühmter Jurist der Renaissance, Brassicanus, hatte hier sein Haus, in dem er 1547 starb; 1825 kam es in den Besitz der Grafen Wilczek, und hier ist einer der bedeutendsten und interessantesten österreichischen Aristokraten, Graf Hans Wilczek, geboren, der ein Mäzen war wie kein zweiter. Er war sehr reich, hatte einen kolossalen Besitz im Mährisch-Ostrauer Gebiet und verwendete seinen Reichtum in vorbildlicher Weise. Obwohl nur von Hauslehrern erzogen, wurde er zu einem Gelehrten und Kunstfreund sondergleichen. Die Rettungsgesellschaft verdankt ihm sein Entstehen, das Rudolfinerhaus, die einzige österreichische Nordpolexpedition wurde von ihm organisiert, und die einzigartige Burg Kreuzenstein hat er wieder aufgebaut. Als er in seinem Palais zwei hintere Hofgebäude demolieren ließ, fand sich ein unterirdischer Gang, der zur Hofburg führte. Man stieß darin auf ein Skelett. Welch unlösbare Geheimnisse bergen doch fast alle diese alten Mauern!

Hans Wilczek war wohl der einzige Ritter des Goldenen Vlieses, der auch die goldene Tapferkeitsmedaille besaß. Er war nämlich — so konservativ und adelsstolz er auch war — ein moderner Mensch. Er kannte keinen Antisemitismus und war der erste Hocharistokrat, der einem Rothschild das „Du“ angetragen hat. Anno 66 zog er als Kriegsfreiwilliger, als Kadett, in den Feldzug gegen die Preußen. Nicht als Offizier, sondern als Gemeiner bei den Feldjägern, der er auch blieb. Etwas Unerhörtes für die ganze Aristokratie. So etwas war noch nie dagewesen; er schlief mit seinen Kameraden in einer Ackerfurche, obwohl ihm sein Hauptmann sein Zelt angeboten hatte. Bei Königgrätz trug Wilczek einen achtzig Kilogramm schweren Offizier, der einen Bauchschuß abbekommen hatte, zwei Kilometer weit, bis er ein Fahrzeug für ihn fand. Dafür erhielt er die goldene Tapferkeitsmedaille. Er war ein Athlet und fast zwei Meter groß. Was er aber in dem Gefecht um Preßburg tat, dem letzten des Krieges, steht in der Geschichte der menschlichen Psychologie einzig da. Es muß aber in diesem Zusammenhang daran erinnert werden, daß er einer der großartigsten Sammler des 19. Jahrhunderts war. „Unser schleuniger Marsch“, schrieb er in seinen Erinnerungen, „der uns nach einigen Direktionsänderungen an den Fuß des Gemsenberges führte, brachte uns mehrmals mit leichten Ketten des Feindes in Berührung, die sich vor uns zurückzogen. An einer Stelle aber, die mir ewig in Erinnerung bleiben wird, an einer steilen Waldwiese, auf allen Seiten von dichtem Unterholz umgeben, war an dem oberen Ende eine stärkere feindliche Abteilung postiert, die fest auf uns herunterschoß. In der Mitte der Wiese befand sich ein ziemlich üppiges Gesträuchspalier, welches sie in zwei Teile teilte, und hinter ihm suchten wir Deckung. Ich schlich mich in das Spalier hinein, um auf die oben stehenden Preußen hinaufzuschauen, da fiel mein Blick auf einen grünlichen Gegenstand dicht vor dem Spalier, und mein altes Kennerauge sagte mir sogleich, daß die Farbe nicht grasgrün, sondern bronzegrün sei. Mitten im Feuer dachte ich einen Augenblick an das Antiquitätensammeln. Übrigens hätte es ja auch ein gewöhnliches Stück Kupfer sein können, eine innere Stimme aber sagte mir, daß es etwas Besonderes sei, und ich bekam riesige Lust, es mir anzueignen. Dazu mußten wir aber das Spalier durchdringen, wozu ich meine Kameraden, auf die ich großen Einfluß hatte, aneiferte. Nach wenigen Schritten hatte ich das Bronzestück in der Hand, es war ein keltisches Schwert, wie ich damals noch keines besaß. Ich zog es aus dem Grase und durch den Tornisterriemen. Zum Glück hatten die Herren Preußen uns nicht recht beobachtet und fingen an, so übereilt zu schießen, daß wir nur wenige Verwundete hatten. Hätten wir direkt auf der Wiese gestürmt, so hätten uns alle Kugeln der Zündnadelgewehre getroffen, darum zogen wir uns in den Waldmais rechter Hand hinein und stürmten denselben hinauf, um dem Feinde in die Seite zu kommen. In dem Gestrüpp blieb ich auf einmal mit dem Schwerte hängen und rief Schmack, der nur zwei Schritte mir voraus war, an, mir zu helfen und das Schwert besser am Tornister zu befestigen. Im Moment, da er sich zu mir umwendete, zuckte er

zusammen und legte die Hand auf die Brust, die sofort von Blut überströmt war. Er hatte, wie ich gewahrte, einen Rükkenschuß bekommen, und die Kugel war wieder bei der Brust herausgekommen. ‚Lieber Schmack', sagte ich zu ihm, ‚ich kann dir nicht helfen, lauf hinab zum Eisenbründl ins Lazarett, auf dem Wege wirst du hoffentlich Kameraden treffen, die dir helfen werden. Ich muß vorwärts!'
Ich war wütend und hoffte, ins Handgemenge zu kommen. Je höher ich vordrang, desto deutlicher hörte ich preußische Kommandoworte, desto mehr pfiffen die Kugeln, denn die Preußen, die uns im Mais wußten, hatten sich oberhalb desselben an einer freien Stelle aufgestellt und schossen, ohne uns zu sehen, hinunter. Der Mais war hier so niedrig, daß die größeren Jäger über ihn hinausragten, auch mein Federbusch bekam zwei Kugeln, eine streifte mein Ohr. Weiter vorzudringen war für mich sichere Gefangenschaft. Mir klingen noch die Kommandorufe der preußischen Offiziere in den Ohren, die der Mannschaft zuriefen: ‚Schießt druff, Jungens, die Großen seht ihr ja!' Nun zog ich mich langsam und fluchend nach abwärts und kreuzte einen schmalen Pirschsteig. Als ich ihn betrat, kam ein großer preußischer Soldat mir von der linken Seite auf demselben Pfad entgegen. Er und seine Kameraden schlichen in gebeugter Haltung, da sie, in der Absicht, uns abzuschneiden, selbst den preußischen Kugeln ausgesetzt waren. Dieser Gefahr Rechnung tragend, stellte er sich gerade auf, stützte sich auf sein Gewehr und rief mich an: ‚Leg die Waffe nieder, Österreicher!' Mit einem Pathos wie ein perfekter Schauspieler, was mich an eine ähnliche Szene aus der Oper ‚Faust' erinnerte. Allein ich hatte verflucht wenig Zeit zur Überlegung, doch half mir meine Geschicklichkeit im Springen. Unter dem Pirschsteig, der durch eine dichte Crategusstaude abgegrenzt war, schien ein steiler Abgrund zu sein. Ich stach den Preußen nieder, nur seinen dicken Mantel durchbohrend, ohne in

seine Brust zu dringen, wie ich später am unblutigen Bajonett sah, die Laufmündung meines Gewehres aber hatte ihm einen so festen Ruck gegeben, daß er gleich mit den Beinen in der Luft war. Im selben Moment machte ich mein höchstes Saltomortale über die Staude hinweg, überschlug mich und flog mit dem Rücken auf felsiges Terrain auf. Meine erste Sorge galt dem Schwert, dem nichts geschehen war, auch ich hatte mir keine Knochen gebrochen und merkwürdigerweise auch keinen Zahn, nur meine liebe Wilczeksche Gemspfeife, von der mir schon bei Königgrätz das Mundstück weggeschossen worden war und die ich jetzt im Munde behalten hatte, kollerte bei meinem Sturz noch weiter den Abgrund hinab..."

In dieser Geschichte steckt der ganze Mann.

Allerlei Kuriositäten

KOHLMARKT

Der Kohlmarkt beginnt an dem großartigen Architekturtheater des Michaelerplatzes und läuft heute fast schnurgerade. Früher war die Gasse geknittert wie ein nachlässig hingeworfener Zollstab, die eine Front sprang vor, die andere zurück, diese Baulinie verlief etwas schräg, jene ausgebaucht. Das hat man ihr seit 1900 gründlich ausgetrieben. Zwei, drei Häuser stehen noch, die nicht aus der Gründerzeit der „Zinspaläste" stammen. Zwei schmale hohe Häuser verströmen Lyrik der Kolo-Moser-Jahre. „Hexte Sezession", habe ich selbst noch den seligen Bielohlawek vor dem Artariahaus schimpfen hören.
Daß der Kohlmarkt eine uralte Gasse ist, versteht sich von selbst. Hier sind ja alle Gassen uralt. Von vielen Häusern können wir die Hausherren seit dem 14. Jahrhundert aufzählen. Und vom heutigen Kohlmarkt Nr. 2 — ganz schmal, ganz sezessionistisch, hoch oben in schwindelnder Höhe kauern zwei polychrome Kolo-Moser-Damen — weiß man, daß sich 1486 Bürgermeister und Rat über die Einteilung des Hauses zwischen den Besitzern, den Geschwistern Swarcz und Ludwig Winkel, „der sich nennet Westhauser", plagen mußten. Aus ihrem salomonischen Urteil erfährt man, daß das kein allzu gemütliches Wohnen gewesen sein muß: „Dem Ludwig der halbe Keller", ächzt es aus altem, brüchigem Pergament, „der Teil zunächst des Gultperger Haus, der ladn zunächst dem eingang, die nyderstuben und camer item das kemnat auf dem törrhaus zunagst dem Gultperger.

Den Geschwistern der halbe keller, der Theil bei Stiege darunder und davor, der laden zunagst des Goltperger Haus, der laden zunächst dem eingang, die kamer auf der erdn, die ober stuben und all kamer davor und die kemnat zunagst des Windisch haus." Gemeinsam bleiben beiden Teilen Tür und Stiegen in den Keller, „zu ziehn, zu schenken, in und aus zu geen, die haustür, der ingang, der hof, der stal im hof, all stiegn und geng, yedem zu seinen gemechn, der zug auf dem törrhaus, das Zimmer bei und vor dem Zug unczt die zwei kemerl und das dach auf demselben Zimer mitsambt den rinnen." Das Haus, das von einer unvorstellbaren Enge gewesen sein muß, wurde 1842 demoliert. Das jetzige Haus, einer der wenigen sezessionistischen Bauten in Wien, entstand 1909. Übrigens wissen wir, daß das erste Flohtheater in Wien seine Vorstellung in dem uralten Haus gab, wie sich aus nachfolgendem Inserat in der „Wiener Zeitung" von 1740 ergibt: „Die außerordentliche Vorstellung von betriebsamen Flöhen aus London, von Herrn Bertalotto abgerichtet, der die Ehre hat, das erstemal in dieser k. k. Residenzstadt zu seyn, ist von zehn Uhr früh bis sieben Uhr abends an Wochentagen und von vier Uhr nachmittags an Sonn- und Feyertagen auf dem Kohlmarkt Nr. 280 im ersten Stock zu sehen. Bey dem Rufe, den ich mir auf meiner Reise durch beynahe ganz Europa erworben und bey der Zufriedenheit, die mir in allen Hauptstädten Englands, Frankreichs, Rußlands, etc., etc., vor welchen ich die Ehre hatte, mich zu produzieren, zu Theil wurde, schmeichle ich mir auch, den Beyfall eines geehrten Publicums zu erhalten." Wie man sieht, ist die Schausteller-Tradition des Kohlmarkts recht alt. Der Hof-Statuarius Müller hatte 1780 im Sechserhaus, im ersten Stock, sein erstes Wachsfigurenkabinett, bevor er in die Rotenturmstraße übersiedelte, in das berühmte Müllersche Gebäude, das er sich baute. Hatte er doch Geld gescheffelt, so daß er sich schließlich wieder als Graf Deym zu erkennen gab, der er war. Wer erinnert sich noch des Homes-Fey-Theaters am Kohlmarkt in den späten neunziger Jahren? Gleich bei der Kasse stand der Glaskäfig mit dem schrecklichen Gorilla, in seinen Armen das weiße Wundermädchen in zerrissenem rosa Seidengewand. Höchst dezent, man sah vom Busen nicht mehr, als man auch beim Hofball zu sehen bekam. Ein abgebrochener Pfeil steckte in ihrem Arm, und sie hatte echte goldblonde Haare. Einmal im Jahr kam ein k. k. Hof-Friseur, um sie „aufzufrisieren". Und unten im Souterrain flimmerten die ersten Filme über die Leinwand, fünf Minuten lang, mit einfahrenden Zügen oder mit Kaiser Wilhelm, an der Spitze der Zweiten Garde-Grenadiere durch die Friedrichstraße reitend ... waren das Zeiten!

Auf dem Kohlmarkt haben sich, so solid bürgerlich er immer war und ist, doch allzuoft verdächtige Leute niedergelassen — Künstler, die mit Bildern und Stichen handelten. Das war im 18. Jahrhundert schon an sich eine merkwürdige Sache. Artaria war die erste und größte Firma, die durch Generationen bestand und durch ihre kolorierten Stichfolgen von Wiener Ansichten eine außerordentliche Rolle in der Kulturgeschichte der Stadt gespielt hat. Auch Löschenkohl, der — wenn man will — erste Bildreporter, hauste am Kohlmarkt. Bei ihm konnte man stets das Neueste, in Kupfer gestochen und handkoloriert, kaufen. Übrigens hat Artaria sein still erhabenes Barockhaus um 1900 demolieren lassen und an seiner Stelle den zweiten Sezessionsbau des Kohlmarkts aufgeführt. Im Eckhaus Wallnerstraße-Kohlmarkt, wo die Fasanen und Lachsforellen der Kuglerschen Delikatessenhandlung seit vielen Jahrzehnten und auch heute noch die kulinarische Phantasie reizen, war das berühmte, klassische Café Daum. Und vor ihm, unter Kaiser Joseph, das Café Milani, von einem Ferraresen in einem ehemaligen Stall eröffnet. Milanis Königsgedanke war es, sein Kaffeehaus elegant zu möblieren. Die früheren Kaffeehäuser waren meist wahre Höhlen gewesen, noch nach dem orientalischen Muster, dem der selige Kolschitzky nachgestrebt hatte. Milanis Kaffeehaus strahlte dagegen wie ein Feenpalast. Es wurde 1771 eröffnet. Man höre des alten Gräffer — der damals noch ein sehr junger Gräffer war — lebendige Beschreibung: „Das Eintrittszimmer gleicht einem Spiegelkabinett, denn es sind 30 Spiegel darin aufgehängt. Dieses Caféhaus ist den ganzen Tag mit Menschen angefüllt... Der Café ist äußerst wohlfeil und deswegen auch äußerst schlecht. Zwo Tassen mit Zucker und Obers kosten vier Kreuzer und mit Milch drei Kreuzer ... vollgestopft zum Ersticken von Leuten, die nichts verzehren, wirklich so vollgepreßt, daß man nicht schliefen [durchschlüpfen] konnte. Inmitten stand der alte Milani mit seinem ‚Nationalgesicht', mit seinem weißtuchenen Frack, dem abgetragenen, dreieckigen Hut auf dem Kopfe, vergebens bittend, drohend, flehend, corpo di Dio maledetto, alles umsonst, kein Mensch geht fort." Mit einem Wort, alles war schon da, was das Wiener Kaffeehausleben je ausgezeichnet hat. Schilderungen verschiedener Reisender lassen es deutlich erkennen: „... drei grüne, viereckige Dinger, vulgo Billards genannt, zieren das Spielhaus. Mannigfaltig sind die andern Unterhaltungen dieser Schenke... Hier spielen in einer Ecke ein paar Denker Schach und einige Dutzend Zuschauer schlafen dabei ein, dort wird das Damenspiel gefingert, wieder anderwärts in der Karte gespielt, diesseits schreibt einer den Erlanger ab, der andere lernt die Wiener Zeitung auswendig, jenseits legt ein Sprachmeister seine Ankündigung auf den Tisch und bittet gelehrt um ein Almosen. An diesem Tisch predigt ein italienischer Pfaffe und auf dem andern zeichnet ein Kaffeehausgeneral mit ausgegossenem Thee die Lage des Feindes. Hier vernegoziert man eine ovale Dose, dort eine schöne Lucretia, hier abendmahlt ein berühmter Mandiolettikrämer und dort verzehrt ein Gelehrter sein letztes Stück Käse aus dem zerrissenen Unterfutter seines durchlöcherten Rockes...“

Ein anderer moralischer Reisender aus Preußen: „Die meisten Kunden dieser Schenke sind Tagediebe und die Kaffeetrinker unnütze Brotfresser, denn da der Eintritt und das Ausdünsten in diesem Backofen der Gelehrsamkeit unentgeldlich ist, gibt es unzählige Gäste, die das Diarium, ein Glas Wasser oder auch zu Zeiten den Abtrittschlüssel begehren und dafür einen falschen Siebzehner zu Neujahr in die aufgehängte Sparbüchse werfen.“

Milani, der ein Konfident der Polizei gewesen sein soll, machte später bankrott und floh bei Nacht und Nebel. Die Herrlichkeit war aus, und erst in der Biedermeierzeit, im Jahr 1830, entstand hier ein neues Glanzcafé, das Café Daum. Schon war die Welt weiter und größer geworden, die Erlanger Zeitung genügte nicht mehr, und bei Daum gab es auf einmal alle englischen Zeitungen dieser Zeit. Die wenigen Wiener, die Englisch verstanden, fanden sich natürlich hier vollzählig ein. Aber auch noch viele andere. Im Handumdrehen wurde das Café Daum zum Kaffeehaus der Gebildeten. Ein späterer Zeitgenosse gibt aus der Epoche des Liberalismus folgende Skizze: „Dieses für damalige Begriffe geräumige Kaffeehaus beherbergte eine merkwürdige Auslese des Wiener Publikums. Da saßen im ersten Zimmer die Koryphäen des Abgeordnetenhauses, in einer Fensternische bemerkte man zu gewissen Stunden regelmäßig die markanten Gestalten Dr. Bergers [nach ihm heißt heute der Dr.-Johann-Nepomuk-Berger-Platz], Dr. Brestels, der damals noch einem Finanzinstitute angehörte, und den Generalsekretär Dr. Lucam von der Nationalbank. Der in allen Presseprozessen sich durch besondere Schärfe auszeichnende Obergerichtsrat Wögerer las hier die seiner Verfolgung entgangenen Journale. In einem rückwärtigen Zimmer trafen sich die Polen, unter denen der tätigste und geschäftigste

Dr. Rugavsky war, mit blondem Knebelbart, den er bei seiner auf russische Reklamation hin erfolgten Verhaftung einbüßte. Ein Zimmer weiter hatte das hohe Militär sein Hauptquartier. Da sah man Generale und Adjutanten, die sich beim Billardspiele das Neueste erzählten, was sie in den betreffenden Büros erfahren oder von Kameraden gehört hatten. Dazwischen eilten einzelne Herren umher, die von Tisch zu Tisch Begrüßungen austauschten und deren Beruf es war, wie die Bienen den Honigseim der neuesten Nachrichten zu sammeln."

Als nach der Katastrophe von 1866 die „Gründerzeit" ausbrach, verschanzten sich die Börsianer und Coulissiers im ersten Zimmer, und manche Banken sind beim Daum „poussiert" worden. Wie bedeutend dieses Kaffeehaus gewesen ist, erhellt schon aus der kolossalen Jahresmiete von 9000 Gulden, die es zahlte. Aber trotzdem mußte es am 10. Mai 1877 schließen, denn ein „Prachtbau" mußte an Stelle des „alten Graffelwerks" in die Höhe schießen.

Der Häuserblock Kohlmarkt 8/10, ebenfalls ein „Prachtbau", hat eine Menge sonderbarer alter Bauten unter sich begraben und auch viele eigentümliche Schicksale. In seinen Mauern entstand ein in der österreichischen Geschichte berühmt gewordenes Kaffeehaus, das Café Pucher. Oh, altes Pucher mit deinen dünnen, wackligen Stühlen mit Rohrgeflecht, dem riesigen kreisrunden Zeitungstisch aus weißem Marmor, auf dem ein Chimborasso ausländischer Zeitungen lag! Alles im sanften Schein der Auer-Lichtlampen. Wie still es immer bei dir war! Hier konnte man richtig Zeitungen lesen, niemand störte, jeder nahm auf den andern Rücksicht, schon weil der jeweilige Ministerpräsident immer herkam, um die Blätter zu lesen, sich mit dem Polenklub, der ebenfalls hier

Kohlmarkt um 1890 mit Artaria-Haus

UND NEFFE
KUNSTHANDLUNG ARTARIA & COMPAGNIE

ZUR STADT LYON
LEIHANSTALT
FRISEUR
FRANZ & MAX STIASN
FRANTZE & COM

hauste, über einer Virginia und einer Schale „mehr licht" zu besprechen. Auch die andern Ressortminister pflegten sich hier zu versammeln. Die Herren von der Statthalterei pflegten hierher zu kommen, und klassisch hat Karl Kraus die Stimmung des Café Pucher in seiner unvergeßlichen Szene aus den „Letzten Tagen der Menschheit" eingefangen, die heute einem großen Teil der Wiener Jugend unbekannt ist.

Es ist der Abend des 28. Juni 1914, der Abend jenes Tages, an dem der Thronfolger Franz Ferdinand in Sarajewo ermordet wurde. „Café Pucher", heißt es dort, „an demselben Abend vor Mitternacht. Das Kaffeehaus ist beinahe leer; nur zwei Tische sind besetzt. An dem einen hat ein Prokurist des Bankvereins soeben Platz genommen. An dem andern sitzen zwei glatzköpfige Herren, die, jeder eine Zigarre mit Papierspitz im Mund, in die Lektüre von Witzblättern vertieft sind. Die Kassierin schläft. Ein Kellner fuchtelt zum Scherz mit dem ‚Hangerl' vor ihrem Gesicht. Ein anderer wird vom Kaffeekoch mit einem Fetzen aus der Küche gejagt, worüber ein Zahlkellner und ein Koch in ein Gelächter ausbrechen.

Der Zahlkellner Eduard: Seids in ein Tschecherl? Schamts euch! Die Minister lesen, schamts euch, und die Fräul'n Paula schlaft!

Der Prokurist: Sie!

Eduard: Herr von Geiringer?

Der Prokurist: Eine Trabuko und eine Extraausgabe!

Eduard (zieht die Zigarrentasche und die Zeitung aus der inneren Rocktasche hervor und sagt): Ein Trabukerl und etwas fürs Gemüt!

Das Schönbrunnerhaus auf den Tuchlauben, gegen Ende des 19. Jahrhunderts

Der Prokurist: War niemand da? Wieso is heut so stier? Nicht einmal der Doktor Gomperz?
Eduard: Niemand Herr von Geiringer.
Der Prokurist: Hat wer telefoniert?
Eduard: Bisher nicht. Jedenfalls das schöne Wetter — vielleicht über die Feiertäg die Herrn ein Ausflug —
Der Prokurist: Was für ein Feiertag is denn heut?
Eduard: Peter und Paul, Herr von Geiringer.
(Während die beiden ihr Gespräch fortsetzen, ist ein Fremder eingetreten. Er hat an einem Tisch vis-à-vis den beiden älteren Herren Platz genommen. Ein Kellner bringt Kaffee.)
Der Fremde: Sie, Markör, wer sind denn die beiden älteren Herren, die kommen mir so bekannt vor —
Franz (sich über den Gast beugend): Das is der Ministertisch. Der Herr mit dem Zwicker, der was das Kleine Witzblatt liest, is Seine Exlenz der Minister des Innern, und der Herr mit dem Zwicker, der was den Pschütt studiert, das is Seine Exlenz der Herr Ministerpräsident.
Der Fremde: So! Sind die nur heute da wegen des Ereignisses, oder immer?
Franz: Jeden Abend bereits, na ja, die Exlenzen sind hauptsächlich Junggesellen.
Der Fremde: So! Und wer ist der Herr, der grad dazukommt?
Franz: Ah is scho da — das is Seine Exlenz der Direktor der Kabinettskanzlei.
Der Fremde: So!
(Franz stürzt davon und bringt dem Direktor der Kabinettskanzlei eine Limonade und das Interessante Blatt. Nach einer Weile sagt)
Der Ministerpräsident (indem er die Pschütt-Karikaturen beiseite legt): Nix besonderes heut.
Der Minister des Innern (gähnt und sagt): Fad!
Der Ministerpräsident: Überhaupt bis so ein Tag vorüber is!

Der Direktor der Kabinettskanzlei: Man spürt schon die Hundstäg.
Der Ministerpräsident (nach einer Pause des Nachdenkens): Ein Communiqué denk ich wird halt doch nötig sein denk ich. Wegen der Maßnahmen, die die Regierung zu der durch die Ereignisse geschaffenen Situation ins Auge gefaßt hat, zu deren Besprechung die Mitglieder des Kabinetts in längerer Konferenz beisammen verblieben und so.
Der Minister des Innern: Tunlichst.
Der Ministerpräsident: Eduard!
Der Minister des Innern: Welche Maßnahmen werden wir denn treffen?
Der Ministerpräsident: Das wird vom Communiqué abhängen. Sie Eduard!
Eduard: Befehlen Exlenz?
Der Ministerpräsident: Gibts denn heut gar nix Neues? Bringen S' die — wie heißt's denn?
Eduard (unter den Witzblättern am Tisch suchend): Fehlt denn noch was Exlenz? Richtig!
(Er geht zum Zeitungsschrank. Währenddessen nähert sich der Prokurist dem Ministertisch und zieht den Minister des Innern, der sich erhoben hat, ins Gespräch. Eduard winkt den Kellner Franz herbei, der eben mit einem Fetzen aus der Küche gejagt wurde und sich anschickt, der schlafenden Kassierin mit dem Hangerl vor dem Gesicht zu fuchteln.)
Eduard: Hörts denn no net auf? Seids in ein Tschecherl? Schamts euch! (Er sucht weiter im Zeitungsschrank.) Wo habt's denn wieder die Illustrierten hinmanipuliert? Für den Ministerpräsidenten die Bombe!"
[Das „Kleine Witzblatt", der „Pschütt", die „Bombe" waren alte, heute längst eingegangene „pikante" Witzblätter.]
Mit dem Ende der Monarchie verlor das Café Pucher Glanz und Schimmer. Es hat sich später neu eingerichtet, aber der Zauber war verflogen. Als in der Nazizeit die Wehrmachts-

evidenzstelle in das Haus zog, schloß das Café Pucher seine Pforten für immer.

Sonst war der Kohlmarkt im 19. Jahrhundert die Straße der soliden, vornehmen Geschäfte. Man denke an das Ordensgeschäft Roth und den Demel. Hier gab es so viele Hoflieferanten auf einem Fleck wie kaum in einer anderen Gasse. Architektonisch war nie viel los, nur das große Michaelerhaus erinnert in seiner schlicht verhaltenen Art noch an die alte Zeit. Hier hat der junge Haydn in einer Dachkammer schreckliche Winter durchfroren, das Wasser in seinem Waschbecken wurde zu Eis. Aber da man der Nummer 11 im Jahre 1848 einen vierten Stock aufsetzte, ist diese Dachstube verschwunden. Und daß der Abbé Metastasio, ein Modedichter des Rokoko, hier wohnte, interessiert heute keinen Menschen mehr. Seine Gedenktafel ist außerdem schon ganz unleserlich geworden. Als architektonisches Kuriosum sei noch erwähnt, daß auf dem Einserhaus, an der Ecke Graben—Kohlmarkt, das ein Architekt Hackhofer 1896 erbaut hat, in schwindelnder Höhe ein überlebensgroßes Reiterdenkmal aus Bronze, die Statue eines Wurmser-Husaren aus den französischen Revolutionskriegen, durch die Luft reitet. Es ist eines der besten Werke Rudolf von Weyrs, der ein sehr bekannter Bildhauer der zweiten Hälfte der francisco-josephinischen Zeit war. Kein Mensch hat diesen Reiter je richtig gesehen. Eine tolle Baumeisteridee, ihn dort zu placieren, weil einmal in dem alten, 1824 erbauten Haus, ein sehr fashionables Reiterrequisiten- und Waffengeschäft war, das sein Besitzer, der Ritter von Maurer, „Zum Husaren“ genannt hatte. Aber das paßt ganz gut in die Kuriositäten, die es immer wieder am Kohlmarkt gegeben hat. Und es ist kein Zufall, daß gerade hier die „Sardellenkönigin“ jahrzehntelang residierte, die Maria Anna Spöttel, der Kotzebue in seinen „Die beiden Klingsberg" eine Art literarischer Unsterblichkeit verliehen hat, indem er das Liebesverhältnis, das sie gleichzeitig mit dem späteren Fürsten Metternich und seinem bejahrten Vater, dem Grafen Metternich, hatte, als Thema auf die Bühne brachte. Die Spöttel war eine wunderschöne Frau und stand zwischen den Klassen. Ihr Mann hatte das feinste Delikatessengeschäft Wiens, den Laden „Zum grünen Fassel", an der Ecke der Wallnerstraße und des Kohlmarkts, gegenüber dem Café Milani. Sie setzte ihrem Ehemann Hörner auf, wie ganz Wien wußte. Nur mit Grafen und Fürsten, denn sie war die Tochter eines kaiserlichen Büchsenmachers, der dann als Glückshafenbesitzer am Graben reich geworden war, zum Ritter erhoben wurde und die Herrschaft Kottingbrunn erwarb. Sie wollte ins „Höhere". Begreiflich, denn die Existenz des Bürgers war bis 1848 im alten Österreich voll Demütigung, Gift und Galle gewesen. Als schließlich der unglückliche Gatte jung verstarb, blieb sie ihr ganzes Leben lang „lustige Witwe", saß im Geschäft, fuhr jedoch in eigener Equipage, mit eigenen Lakaien überall dorthin, wo die große Welt daheim war. Immer einen erlauchten Grafen und Vliesritter neben sich, aber immer einen anderen. Schon 1787 hat man sie auf die Bühne des Leopoldstädter Theaters, des späteren Carltheaters, gebracht. Das machte ihr ebensowenig aus wie das Stück des Herrn Kotzebue. Sie sorgte ihr ganzes Leben lang für Skandale in Wien. Und der größte war es vielleicht, als die Stadt nach ihrem Tode — sie starb 56 Jahre alt am 21. Februar 1822 — erfuhr, daß sie neben einem großen Vermögen auch einen silbernen „pot de chambre" hinterlassen hatte.

Hohe Kunst und gutes Bier

DIE TUCHLAUBEN

In ihrer Art waren die Tuchlauben immer etwas Besonderes. Altertümlich wie ihr Name, hat die Straße stets etwas zurückgezogen Gesetztes gehabt. Sie war nie schick, niemals ein Korso oder eine großartige Avenue zweifelhafter Damen. Auf den Tuchlauben ging es stets solid zu. Sie ist recht alt, war wahrscheinlich eine Lagerstraße im römischen Vindobona, die „via decumana", und führte durch ein befestigtes Tor ins weite Land. Der Peilerturm, der bis 1732 dort stand, wo die Bognergasse in die Tuchlauben mündet, scheint irgendein Rest römischer Festungsbaukunst gewesen zu sein, Rest der „porta decumana". Was aus den Straßen und Kasernen der römischen Festung geworden ist, wissen wir bis auf die musealen Reste unter dem Hohen Markt kaum. Legionen hat es schließlich nicht mehr gegeben, nur kleinere Heerhaufen, „numeri" genannt; sie lassen schon aus dieser Benennung ihren zahlenmäßig reduzierten Zustand erkennen. Sie wurden von gewöhnlichen Tribunen kommandiert. Vielleicht ist ein solcher Heerhaufen auch in dem verfallenden Vindobona gesessen, hat immer seltener die Löhnung aus Rom, Mailand oder Ravenna bekommen, die Zentralheizung in den Tribunenhäusern wird immer schlechter funktioniert haben, und schließlich ist das Ganze auseinandergefallen, wenn nicht irgendein Barbarenschwarm schon vorher alles massakriert, die verwohnten Kasernen angezündet hat und die letzten Bronze- und Silberteller mitgehen ließ. Der Tribun ist vielleicht Bischof oder Pfarrer geworden, wie das

damals häufig vorgekommen ist. Im Lauf der Zeit sind die Lagergassen wahrscheinlich eingestürzt, und das Lager wurde eine einzige große, wüste „G'stätten", auf der vielleicht da und dort, wie man aus dem Verlauf der Gassen schließt, ein Haufendorf weitervegetierte.
Der Dreiecksplatz, auf dessen Grund im Achterhaus viele Jahre die Städtische Versicherung zu Hause war, von dem eine Randstraße zur uralten Peterskirche führt, dieser Dreiecksplatz ist etwas sehr Altertümliches.
Seit 670 sind solche Dreiecksplätze als „Altsiedlungskerne" festzustellen. Hier scheint der älteste Wiener Marktplatz gewesen zu sein. In Salzburg datiert ein derartiger Platz von 830, in Krems von 995, höchstwahrscheinlich ist in Wien bereits vor dem Jahre 1000 hier gekauft und verkauft worden. Daß bis 1325 hier die Schranne war, das Justizzentrum der frühmittelalterlichen Stadt, weist ebenfalls auf das hohe Alter dieser Gegend hin. 1314 heißt es in einer Urkunde: „an Petersfreithof an der ecken gen die Schrannen über..."
Es wird manchen überraschen, daß die Tuchlauben erst seit etwas über 90 Jahren so heißen, früher haben sie alle möglichen Namen gehabt. Nur der Teil beim Hohen Markt hieß seit grauen Zeiten „Tuchlauben". 1293 hieß der Teil der Straße, wo die aus Deutschland eingewanderten Tuchmacher wohnten, „Unter den Lauben". Im 15. und 16. Jahrhundert wurde die Gegend bei der Mündung der Schultergasse „Unter den Tuchscherern" genannt, der Raum um das Achterhaus, das „Schönbrunnerhaus", „Unter den Sattlern", bei der Steindlgasse „Bei der Hollerstauden", der Teil bis zur Bognergasse (die ungeraden Nummern von heute) 1311 „Unter den buchvelern" (Pergamentenmacher), 1355 hieß es wieder „Unter den sporern", 1357 „Mezzerer Strazze", 1368 bis 1394 und 1475 bis 1488 „Unter den spenglern", später „Verlängerte Tuchlauben" und schließlich „Spenglergasse", bis 1863 dekretiert wurde, daß von nun an der ganze Straßenzug

„Tuchlauben" heiße. Aus diesem Pallawatsch, der hier genau angeführt wurde, kann man den chaotischen Zustand aller mittelalterlichen Straßen und Gassen erkennen, bei denen nichts feststand und von Nummern überhaupt keine Rede war. Es war ein schwieriges Unternehmen, jemanden zu besuchen, dessen Adresse man nicht genau kannte.

Die Tuchhändler boten ihre Ware in Laubengängen feil, eine Sitte, die aus Italien gekommen war. Schon zu Beginn des 13. Jahrhunderts lassen sich hier solche Lauben nachweisen, im 15. Jahrhundert wurden sie manchmal verglast, gegen Ende des 16. Jahrhunderts sind sie abgekommen, bildliche Darstellungen davon haben sich nicht erhalten. Die deutschen Tuchhändler und ihre Nachkommen galten als feine Leute, seit 1153 saßen sie in Wien und führten den pompösen Titel „Laubenherren". Ihre Zunft war sehr vornehm, sie hatten schon Freiheiten von den Babenbergern, nur sie selbst entschieden, ob einer das „Laubenrecht" bekommen könne. Das war nur durch Erbschaft oder Heirat möglich, nicht durch Kauf oder Übergabe. Ertappten sie jemanden beim Einschleichen in ihre Zunft, mußte er 20 Mark „lötnigen Goldes" zahlen, ein enormer Betrag. Mit einem Wort, diese Laubenherren waren eine sehr exklusive Gesellschaft, die noch unter Maria Theresia als „Gremium der Tuchlauben Verwandten" existierte.

Auf Nummer 8 stand einst das Schönbrunnerhaus, ein schöner Barockbau, der nach einem Brunnen so genannt wurde, der davor stand, und in ein Wunderwerk von schmiedeeisernem Gitter gehüllt war, ungefähr dort, wo sich heute der fragwürdige Tuchschererbrunnen erhebt, der in der ersten Republik als Nachfolger des Schönen Brunnens errichtet wurde. Das Haus, das zu gotischen Zeiten hier stand, gehörte einst Ramperstorffer, der in einem Gassennamen weiterlebt. Kein Mensch verbindet mehr eine wirkliche Vorstellung mit diesem Namen, und doch war dieser Ramperstorffer ein verwegener Politiker, der in den Bürgerkriegen der Spätgotik seinen Kopf verlor. Er und der Vorlauf wurden am 11. Juli 1408 hingerichtet.

Das Schönbrunnerhaus ist eng mit der österreichischen Kunst verbunden. Die erste Kunstakademie, die Strudel von Strudelhof — Kaiser Leopold I. hat ihn zum Baron gemacht — Anno 1692 gründete, wohnte hier von 1715 bis 1741. Im Nachmärz, im 19. Jahrhundert, veranstaltete hier der „Österreichische Kunstverein" seine berühmten Ausstellungen. Das ganze damalige künstlerische Leben konzentrierte sich auf den Tuchlauben.

Ende des 19. Jahrhunderts demolierte man das entzückende alte Haus und setzte das Gebäude hin, an dem wir noch heute schaudernd vorübergehen. Daß man von dem alten Haus das entzückende Relief mit dem Jesulein in der Höhe des dritten Stockes einsetzte, half auch nichts. Die unglücklichen Proportionen des enormen Kastens waren und sind bis heute ein Greuel. Bis 1912 war hier eine Reihe von Kanzleien des k. u. k. Kriegsministeriums untergebracht. Auf Nummer 10, in einem breit und behäbig hingelagerten Haus, war seit 1713 das berühmte Gasthaus „Zum Kühfuß". Das Haus trug auf einer Tafel aus rotem Marmor die rätselhafte Inschrift:

O Mensch, thue Buß,
Denn hier ist der Kühfuß!

Fast zwei Jahrhunderte lang gingen die Wiener dorthin, es gab eine Menge Stammtische, an denen sich oft bedeutende Leute trafen. Als das schöne Haus 1906 demoliert, die Brandstätte zu den Tuchlauben durchgebrochen wurde, erhob sich ein allgemeines Jammergeschrei. Nur die „Freunde des Fortschritts" frohlockten.

Auch das Haus Tuchlauben 12 ist schon lange verschwunden. Man hat den vornehm-einfachen Biedermeierbau Lößls, der in der Musik- und Theatergeschichte Wiens eine große Rolle spielte, 1886 abgerissen. Hier fanden die berühmten Konzerte der 1814 gegründeten „Gesellschaft der Musikfreunde“ statt. Sie war aus der in der Rokokozeit entstandenen „Tonkünstlersozietät“ hervorgegangen und gewann in der großen musikalischen Zeit Wiens enorme Bedeutung. Schubert gab in dem alten Haus am 26. Mai 1828 ein Konzert, und wie feierlich es bei der Grundsteinlegung des neuen Hauses zuging, hat uns eine Lithographie von 1830 überliefert. Der Konzertsaal faßte sechshundert Personen, was Umfang und Zahl des geistigen Wien von damals erkennen läßt. Ab 1842 fanden hier die philharmonischen Konzerte statt, freilich auch Bälle und Redouten. Der berüchtigte „Sicherheitsausschuß“ der Revolution von 1848 hat vom 27. Mai bis zum 24. August jenes Jahres hier getagt, was bezeichnend für den skurril-tragischen Charakter dieser sonderbaren Revolution ist. Mit Beginn der Gründerzeit erwies sich die Zahl der 600 Sitze als zu gering, und Theophil Hansen, der Erbauer des Parlamentsgebäudes, baute von 1867 bis 1869 das Musikvereinsgebäude, das am 6. Januar 1870 eröffnet wurde. In das Haus auf den Tuchlauben zogen dann alle möglichen Theaterdirektoren ein. Strampfer war der bekannteste, und in diesem „Strampfertheater“ trat am 18. September 1870 Girardi als Lorenz in „Nur zwei Gläschen“ zum erstenmal in Wien auf. Das liebe, stille Haus, das recht heruntergekommen war, wurde 1886 niedergerissen, und Architekt Koronpay baute für Herrn von Mattoni, den Mineralwasserkönig, eine amorettengeschmückte Monströsität hin. Leider ist in dieser bösen Zeit der größte Teil der Tuchlauben neu gebaut worden. Immerhin sind einige wenige Barockhäuser bis auf den heutigen Tag stehengeblieben, so Nummer 23, Nummer 19 und das „Sommerhaus“ Nummer 5, ein wahres Juwel eines vornehmen Wiener Bürgerhauses aus der ersten Hälfte des 18. Jahrhunderts. Die Doppelfenster tragen originelle, sehr abwechslungsreiche Verdachungen. Ein ungemein dekoratives Portal mit verjüngten Pfeilern entzückt uns noch immer. Geschwungenes Gebälk, Vasen, Kartuschen und Girlanden sind mit sicherem Geschmack über die Front verteilt. Zarte Ornamente an der Brüstung heben das Haus noch schärfer aus seiner modernen Umgebung heraus. Eine hinreißend schöne Madonna in der Nische läßt erkennen, was die Barockbaumeister unter architektonischer Plastik verstanden, mit welch nachtwandlerischer Sicherheit sie sie zu placieren wußten. In der Gotik stand hier der „lange Keller". Im Jahr 1334 wird er zum erstenmal erwähnt, und es gibt das Testament eines Hausherrn von 1408, des Hans von Zyernast, das in seiner langweiligen Umständlichkeit ebenso wie die vorher erwähnte Entscheidung von Bürgermeister und Rat ein anschauliches Bild von dem Durcheinander mittelalterlicher Erbteilungen und mittelalterlichen Wohnens gibt. Er vererbte das Haus sozusagen „zizerlweis" seinen Kindern. „Der erst tail", lesen wir in dem alten Pergament, „an dem haus gelegen unter den spenglern ze Wienn genannt der Langkeller, geht an die Tochter Agnes, dazu gehört der Langkeller durchlangs aus und die alt stubn darob mitsambt der Kemenat und dem gewölb neben dem hindern Tor zunechst der stieg und das alt zuheusl hinden daran und auch alle die gemech von den alten stuben uncz an das vorder tor mitsambt den tueren ob dem tor von grunt auf uncz uber das dach... die zwey newnheusel an der gassen, da die gürtler inne sind, auch mit allen den gemechen die darczu gehörent von grunt auf." Dem Sohn Siegmund fällt zu: „Das ander tail aus dem vorgenanten haus genant der langkeller... der hinder gros keller under dem newn [neuen] stockch und das gros gewelb darob under der newnstuben die in dem newnstockch verslozzen sind und das wenig stubel und das gemechel darob... das newzymer in dem hof, da der gross stale innstet mit allen den gemechen darob uncz über das dach..." Beiden gemeinsam ist „in demselben haus vonerst baide torr mitsambt der infart der hof baid prezz [Weinpresse] der prun und der priuet [Abtritt] in den hof und die steinene stieg im hof...", woraus die gotische Senkgrube neben dem Hausbrunnen ebenso ersichtlich wird wie der Komfort des „priuet" in eisiger Dezembernacht und im Januarschnee.

Es war schon von ganz besonderer Art, das Leben in diesen alten Wiener Häusern. Ein kräftiges Naturell gehörte dazu, diese hygienischen Verhältnisse zu überstehen; kein Wunder, daß das Durchschnittsalter unter Dreißig lag.
Dem obenerwähnten „Sommerhaus" lag auf Nummer 20 das „Winterhaus" gegenüber. Zum Leidwesen aller Wiener „Biersumper" wurde es 1901 demoliert. Dort war das „Winterbierhaus". Es war ein altes Haus mit einer langen Geschichte. Maximilian I., der „letzte Ritter", entzog 1490 dem Hausherrn Ruprecht Ennser und seiner Hausfrau Elsbeth wegen „Majestätsbeleidigung" das Besitzrecht und schenkte das Haus dem Wiener Bürgermeister Paul Keckh für „treue Dienste". An diesem Haus war zwischen den Eckfenstern des ersten Stocks eine Steinfigur angebracht, über deren Deutung sich die Lokalhistoriker nicht einigen können. Ein dicker Kerl in einer Gugel und zugeknöpftem Tappert wärmt sich die Füße über einer Art „Gluthäferl". Das Männchen dürfte aus der Gotik stammen, und die Legende wollte wissen, daß es die Marktleute am Hohen Markt den Fischverkäufern zum Hohn errichteten, denn diese mußten nach altem Brauch im Winter ihre Fische ohne Mantel und Kopfbedeckung feilbieten. Jedenfalls hieß das Haus schon 1421 „Winterhaus". Den Tuchlauben wandte es die Schmal-

front zu, es war das Eckhaus zum „Wintergassel“, das später in die Landskrongasse einbezogen wurde. Das Winterbierhaus im Erdgeschoß ist eine Erinnerung, von der heute nur noch die ältesten „Wirtshaussumper“ tränenden Auges singen und sagen. Als das Haus vor mehr als sechzig Jahren demoliert wurde, stand folgendes im „Fremdenblatt“: „Nach dem Stephanskeller und der Restauration ‚Zu den drei Raben‘ wird nun in Bälde wieder ein seit Jahrhunderten bestehendes, allen Wienern wohlbekanntes Gasthaus, das Bierhaus ‚Zum Winter‘, dem Regulierungsplan zum Opfer fallen. Mögen auch im Lauf der Jahre an allen Orten und Enden Restaurants mit mehr oder weniger Komfort entstanden und wohl auch wieder verschwunden sein, dem Winterbierhaus sind seine Stammgäste immer treu geblieben. Die primitiven, durch die jahrelange Benutzung spiegelblank gescheuerten Holzbänke, die ungedeckten Tische und der Mangel jeglicher Eleganz wurden nicht störend empfunden. Wer weiß, ob den Jungen und Alten der braune Stoff so gut munden würde, säßen sie auf Samtfauteuils vor säuberlich gedeckten Tafeln und blickten durch Spiegelscheiben hinaus auf die Straße. Speidel, Robert, Daniel, Spitzer, Krastel, Reimers, Grenng, Bildhauer Natter, Professor Joseph Bayer, Vizepräsident Ritter von Zwölf, Hofrat Adamek, Hofrat Schiedet, die Historiker Huber, Mühlbacher, Rangl und Redlich, Maler Schönn, Bildhauer Cassinn, Bohrn, Hans Hopfen, Beiersdorfer, Freiherr von Berger, Oberlandesgerichtsrat von Cischini, Dr. Paumgartner und zahlreiche andere Schriftsteller, Advokaten, Mediziner, Schauspieler, Musiker, Künstler, Professoren und hohe Offiziere saßen an der Tafelrunde. Dieser Stammtisch wurde durch ein glänzendes Feuilleton von Ludwig Speidel verewigt. Jetzt sind die Stunden des ‚dritten Zimmers‘ gezählt, und bald wird es der Vergangenheit angehören...“

Seit 1869 betrieb der bekannte Wirt Obermayer das „Winterbierhaus", seine Tochter war Rosa Mayreder, eine der bedeutendsten Wienerinnen des 19. Jahrhunderts, deren unermüdlicher Arbeit die österreichischen Frauen die Befreiung aus der männerrechtlichen Sklaverei verdanken. Sie hat uns in ihren Erinnerungen eine anschauliche Beschreibung des Lebens im „Winterbierhaus" hinterlassen, eine Beschreibung, die eine Ahnung davon gibt, wie man in den Alt-Wiener Häusern existierte. „Mein Vaterhaus", schrieb sie, „ein langgestrecktes, fünfstöckiges Gebäude, das an den schmalen Seitenfronten nur drei Fenster hatte, war vor die Straßenflucht vorgebaut und bildete so die Verengung der Landskrongasse. In jedem Stockwerk gab es nur vier lichte Räume — zwei gegen die Tuchlauben an einem Ende des Hauses und zwei gegen den breiten Teil der Landskrongasse am andern. Die übrigen Zimmer, die in einer langen Flucht hintereinander lagen, waren in den unteren Geschossen so finster, daß man auch beim Fenster nicht Tageslicht genug fand, um zu lesen oder zu arbeiten. Die Wand gegenüber, die Hinterseite des sogenannten Schrannegebäudes am Hohen Markt, wurde während meiner ganzen Jugend nicht frisch getüncht. Ein schmutziges rötliches Grau, mit dicht verstaubten Spinnweben ornamentiert, spannte sich in immer gleicher Düsterkeit vor den Fenstern statt des Himmels, den man nur sehen konnte, wenn man sich weit hinausbeugte. Wir bewohnten, solange ich Kind war, den ersten und zweiten Stock des gegen die breite Landskrongasse gelegenen Teiles. Eine hölzerne Wendeltreppe verband im Innern die beiden Geschosse. Auf ihr war den ganzen Tag ein ununterbrochener Verkehr, sie diente uns Kindern auch als beliebter Spielplatz zum Herunterfahren über das glattpolierte Geländer, wobei die Füße mit Gepolter über die Stufen nachschleiften. Das Haus selbst stammte aus der Zeit Karls VI. Seine Fassade trug alle Merkmale des edlen Barockstiles, der diese Epoche in Wien auszeichnete... Im Innern zeichnete

tattgefunden habe. Auf dem Platz der Kirche soll der cheiterhaufen errichtet gewesen sein... Jedenfalls ist das ler größte Augenblick in der Geschichte der kleinen Garnison gewesen. Im einstigen Palais Sina dem pseudo-klassi- chen Bau Hansens,

sich das alte Haus durch eine ganz vornehme Pfeilertreppe und gewölbte Treppengänge aus, auch hatten die Eckzimmer profilierte Stuckdecken, die einen wohlhabenden Erbauer vermuten ließen, aber mit Licht und Luft war es schlecht bestellt. Zwei winzige Höfchen begrenzten zu beiden Seiten das Treppenhaus, das erst im fünften Stockwerk genügend Helligkeit von ihnen empfing, während man sich in den unteren Gebieten nur durch Tappen zurechtfinden konnte. Noch schlechter als der Gesichtssinn kam der Geruchssinn dabei weg. Da vermischten sich beständig die unnennbarsten Gerüche, auf der einen Seite drang aus einem Magazin, das zur Buchhandlung unter der Tuchlauben gehörte, jene Ausdünstung von verschimmelndem Stroh und modrigem Papier herein, die man in Wien mit dem Ausdruck ‚miachteln‘ bezeichnet, und auf der anderen Seite, wo die Gasthausküche die Quelle für noch zudringlichere Geruchsbildungen, namentlich jene nach verbranntem Fett, die man in Wien ‚schmirkeln‘ nennt, war. In der stillen Finsternis der Gewölbe spielte sich ein Kampf unsichtbarer Mächte um die Vorherrschaft ab: bald siegte das Miachteln, bald siegte das Schmirkeln, zu denen sich nach Umständen noch ‚Grabeln‘ oder ein ‚Räukeln‘ gesellte. Wenn aus Rücksicht für einen leidenden alten Herrn, der im Hause wohnte, die Fenster geschlossen blieben, vereinigten sie sich zu einem noch weniger angenehmen Bündnis und schlängelten sich unaufhaltsam bis in das Innere der Wohnungen. Denn die Vorzimmer empfingen Licht und Luft nur aus einem der beiden Höfchen und nur durch ein einziges schmales Fenster. Da bei uns nun im Vorzimmer auch die Wäsche für das Gasthaus verwahrt und ausgetauscht wurde, wobei die reine aus einem mächtigen Schrank kam, die schmutzige in eine gegenüberstehende Truhe, war dieses Vorzimmer der Tummelplatz für eine Vielfalt von Gerüchen... In diesem Vorzimmer befand sich auch ein gänzlich unbeleuchteter und ungelüfteter Einbau, der eine bei der irdischen Gebundenheit der menschlichen Gattung unentbehrliche Einrichtung barg. Da sie keine Verbindung mit der für solche Zwecke üblichen Kanalisation hatte, mußte durch den Hausmeister täglich früh diese Verbindung mittels Hinaustragens hergestellt werden... Das Lüften bei kaltem Wetter galt als eine überflüssige Vergeudung der Wärme. Wenn die Luft in den Kinderzimmern durch Kohl oder Sauerkraut nach den Mahlzeiten oder durch Begebenheiten des kindlichen Lebens, die sich unfallweise ereignen, allzusehr verstänkert war, zündete man ein ‚Franzischkerl' an — ein schwarzes Häuflein, das unter Verbreitung eines weihrauchartigen Geruches verbrannte... Es versteht sich von selbst, daß die Einrichtung eines Badezimmers, wie damals in allen alten Häusern, auch in dem unsrigen, fehlte. Wenn gebadet werden sollte, wurde ein Bad ‚geführt', das heißt, es kam ein Wagen angefahren, hochbeladen mit kleinen Fässern, in denen heißes und kaltes Wasser war, und gekrönt von einer hölzernen Badewanne. Inmitten eines eigens geheizten Zimmers wurde die Badewanne aufgestellt und mit einem Leintuch überbreitet. Zwei Männer gingen geschäftig auf und ab und leerten das Wasser in die Wanne, bis sie gefüllt war. Jubelnd und aufgeregt standen die Kinder herum, des Augenblicks gewärtig, da sie eins nach dem andern in die Wanne gesteckt wurden. Dieses außerordentliche Ereignis vollzog sich höchstens einmal im Winter ... im Sommer ersetzte das Schwimmbad jede umfassende Reinigungsmethode..."

„Bühne" über römische Ruinen

Wie alle Plätze in der Inneren Stadt, ist der Hohe Markt ebenfalls gewaltige Schaubühne wienerischen Lebens durch die Jahrhunderte gewesen, und wie es eben der Rhythmus des Wiener Lebens mit sich brachte, wechselte immer Alltäglich-Gemütliches in furchtbarer Folge mit unvorstellbarer Tragik ab. Die Wiener sahen sich beides gern an.

Der Hohe Markt ist ein geheimnisvoller Winkel der Stadt. Hier hat es schon in der Römerzeit eine Anzahl wichtiger Bauten gegeben, aber ein Platz war er damals nicht. Möglicherweise ist hier Kaiser Marcus Aurelius am 17. März des Jahres 180 gestorben, jener Philosoph, dessen Zeilen noch heute ergreifen. Wir können uns schwer vorstellen, was es damals bedeutete, den römischen Kaiser in den Mauern Vindobonas zu haben, Mittelpunkt und Regent der ganzen zivilisierten Menschheit, *général en chef* einer operierenden Feldarmee. Denn der Krieg gegen die Barbaren im nördlichen Niederösterreich, in der Slowakei, in Mähren schleppte sich schon jahrelang dahin. Was es da an Hauptquartieren, Intendanzen, Militärrechnungskanzleien, Quartiermeisterbüros, Etappenkommandos, Artillerieparks — jede Legion hatte ihre Batterie leichter Wurfgeschütze —, Pferdespitälern und solchen für Menschen im militärischen Vindobona und dem Vindobona der Zivilisten, das an der Landstraße lag, gegeben haben wird! Und was für eine „Militärleich" das Begräbnis des „göttlichen" Kaisers gewesen sein wird, von dem eine Lokalsage raunt, daß es — in St. Ulrich zie... ...nerzeit eine lehrhafte Tafel a... ...acht, die allerhand über die römische Vergangenheit des Hohen Marktes dozierte. Auch an dem modernen Neubau, der an Stelle des zerbombten Palais errichtet wurde, zählt wieder eine Tafel die wichtigsten Daten auf. Heute ist so gut wie nichts mehr von alten Steinen oder Bauten auf dem Hohen Markt zu sehen; ganz abgesehen vom Wüten des letzten Krieges haben die Hacken der Demolierer schon im Verlauf des 19. Jahrhunderts gründliche Arbeit getan, und der massige Block des Ankergebäudes, das 1913—1914 an Stelle einer entzückend-verträumten Spitzwegfassade entstand, hat dem Hohen Markt als intim geschlossenem architektonischen Wunderwerk, wie es noch der junge Alt gemalt hat, den endgültigen Todesstoß gegeben.

Nummer 1 am Hohen Markt gehörte zu den ältesten Bauten, von denen wir an dieser Stelle Kunde haben. Am 5. März 1360 machte der damalige Hausherr, Jans der Vogel, eine Meßstiftung von „vier phunt gelts auf dem Turm gelegen in dem gässlein an dem Hunerpühel am Hohen Markt, zunächst Jansen Haus des Rothen". Und damit eröffnet sich ein Blick auf eine trotzig-mißtrauische Stadtwelt, in der das besser zu verteidigende Turmhaus Garantie für Sicherheit war. Eine Darstellung aus dem 17. Jahrhundert, die den noch ganz gotischen Hohen Markt zeigt, läßt ein derartiges Turmhaus erkennen. Diese Wohntürme sind bereits in der gotischen Zeit größtenteils aus dem Stadtbild verschwunden. Das Leben darin war unbequem, finster, eng und feucht. Die Fenster waren schmal wie Schießscharten, das Haustor niedrig, die Treppe gewunden, so daß nur mit Mühe ein Mann eindringen, aber kaum das Schwert ziehen konnte.

Das Haus Nummer 1 war in der Form auf uns gekommen, die ihm 1791 der Herr von Natrop, der damalige Besitzer, geben ließ. Eine anmutig gemächlich hingelagerte Zweckarchitektur der anhebenden Empirezeit, in delikaten und klaren Verhältnissen gehalten, welche die drei Stockwerke gegenseitig akzentuierten. Das Ganze atmete gesichertes Lebensgefühl, dem Schönheit allenthalben immanente Selbstverständlichkeit war. In diesem Hause hat Fanny Arnstein gewohnt.

In der Porträtsammlung des Historischen Museums der Stadt Wien kann man die zarten, geistig betonten Züge dieser Frau von unverkennbar jüdischer Prägung studieren, die in dem intellektuellen Leben der beginnenden Großstadt eine so bedeutende Rolle spielte. Sie war die Gattin Adam von Arnsteins, der später baronisiert wurde und dessen Bankhaus lange vor dem Rothschilds ein Finanzinstitut von internationaler Bedeutung war. Fanny von Arnstein, eine geborene Itzig, schuf einen der ersten geistigen Salons, die es in Wien gegeben hat, das gesellschaftlich von der „ersten Gesellschaft", der Hocharistokratie, beherrscht wurde, die sich streng gegen jedermann abschloß. Mit Fanny Arnsteins Salon auf dem Hohen Markt begann jene Reihe berühmter geistiger Zentren Wiens, in der die Wiener Judenschaft ihren historischen Beitrag zur Entwicklung der Wiener Kultur des 19. und 20. Jahrhunderts geleistet hat. Bei Fanny von Arnstein begann zur Zeit des Wiener Kongresses etwas wie eine kosmopolitische Gesellschaft. Friedrich von Gentz gibt ein anschauliches Bild von Leben und Treiben im Hause Nummer 1 am Hohen Markt zu jener Zeit: „Das Arnstein-Haus ist der größte und gewissermaßen einzige gesellschaftliche Sammelpunkt aller hier ankommenden Fremden. Fanny Arnstein verpflanzt hier Berliner Salonleben. Ihr Haus dient der Demokratisierung der Gesellschaft, Prinzen, Kardinäle, Staatsmänner und Dichter verkehren dort. Die schöne Fanny erobert die Herzen der Wiener im Fluge." Und der Graf de la Garde schrieb in seinen berühmten Notizen über den Wiener Kongreß: „Baron Arnstein hat sich selbst übertroffen, die seltensten Blumen, allen Klimaten entlehnt, schmücken die Treppen, Salons und Tanzsäle mit herrlichstem Farbenglanz und süßesten Düften. Tausende Kerzen, Spiegel, Gold und Seide gleißen überall. Beschwingte Musik, wie man sie nur in Wien hört, bezaubert das Ohr. Auf das Konzert folgte ein Ball und auf den Ball ein Souper, bei welchem sich der Baron ein Vergnügen daraus machte, alle Jahreszeiten und alle Entfernungen als nicht vorhanden zu zeigen."

Metternich, Hardenberg, Wellington, die Narischkina, alle großen Namen des Gotha, Schlegel, Humboldt, Thorwaldsen, Meyerbeer, Vernhagen, Theodor Körner und später Grillparzer gehörten zu den Gästen des Salons Arnstein, der im Sommer am Braunhirschengrund in Fünfhaus florierte, wo der Baron Arnstein das einstige Sommerpalais der Erzherzogin Marie Christine, einer Schwester Josephs II., gekauft hatte. Die Soiréen, die es dort gab, waren Generationen hindurch im Munde der Wiener, die sich von der Baronin Fanny aber auch erzählten, daß sie an jedem 20. Dezember, in schwarze Seide gehüllt, tränenüberströmt durch die Salons wankte, während in bronzenen Dreifüßen große Flammen brannten, es nach Weihrauch roch und eine Äolsharfe ihr Klagelied ertönen lassen mußte, wenn auch kein Wind ging. Es war der Tag, an dem vor vielen Jahren ihr Cicisbeo, ein Liechtenstein, im Duell gefallen war. Das war interessant und romantisch, und die Wiener waren nicht wenig stolz auf die Baronin, die sich solche Extravaganzen erlaubte.

Im April 1945 ist das Einserhaus ausgebrannt. Es ist spurlos verschwunden. Heute steht ein Neubau an seiner Stelle.

„Gerechtigkeit — du Donnerwort", stand als drohende Flammenschrift unsichtbar viele Jahrhunderte lang über dem Hohen Markt, denn hier wurde die wienerische Gerechtigkeit ausgeteilt. Am Hohen Markt Nummer 5 stand nämlich seit dem Jahr 1437 die „Schranne", das Gerichtsgebäude der Stadt Wien, ein hoher, scheunenartiger Kasten, die Front nur durch zwei hohe gotische Fenster in der Art von Kirchenfenstern und einer Tür unterbrochen, vor der sich ein breiter Söller in der Höhe des ersten Stockwerks erstreckte, darunter gab es gemütliche Lauben. Auf diesen Söller pflegte der Richter der Stadt Wien zu treten und jeweils das Urteil zu verlesen, während einer das nackte Schwert neben ihm hielt — und das war das einzige Öffentliche, das es durch Jahrhunderte im Gerichtsverfahren gegeben hat...

Während der oft langen Untersuchungen faulten die Delinquenten lebendigen Leibes im „Malefizspitzbubenhaus" in der Rauhensteingasse; man brachte sie jeweils zum Verhör auf den Hohen Markt, wo man sie, wenn sie „halsstarrig" und „verstockt" waren, „peinlich befragte", das heißt, folterte, denn die Folter war ja ein gesetzlicher Bestandteil des Untersuchungsverfahrens. Man kann annehmen, daß durch Jahrhunderte hindurch das Jammergeschrei der Gemarterten auf den Hohen Markt hinausdrang, wo sich der Schranne gegenüber der Fischmarkt befand, auf dem es immer hoch herging, denn der Fisch spielte auf dem Wiener Speisezettel von Anno dazumal eine viel größere Rolle als heute, gab es doch eine lange Reihe von gebotenen Fasttagen, an denen sich der Wiener den Bauch nur mit Karpfen, Hechten, Barschen, Welsen und den einst sehr beliebten riesigen Hausen füllte.

In der Schranne gab es auch eine eigene Kapelle, die bezeichnenderweise „Zur Todesangst Christi" hieß; das Armesünderglöckchen wurde dort geläutet, wenn es ans Sterben ging.

Gegenüber der Schranne auf dem Hohen Markt stand das

„Narrenkötterl", eine Art Menagerie mit Käfigen, in denen Trunkenbolde, „schamlose Dirnen", auch „Zauberer" und Wahrsager eingesperrt gehalten wurden. In Käfigen wie Tiere, damit das Publikum sie öffentlich verspotten konnte. Es läßt sich denken, was für ein Hallo es da jedesmal mitten im Marktgetriebe gegeben hat. Ganz schauerlich ging es aber 1348 zu, als die Schranne noch nicht stand, sondern eine Zeile von Innungshäusern den Hohen Markt umspannte. Herzog Albrecht der Lahme fiel damals beinahe einer Vergiftung zum Opfer. Die Ärzte hängten ihn an den Beinen auf, um das Gift „abfließen" zu lassen, und von der barbarischen Behandlung trug er eine Lähmung fürs Leben davon. Sein Küchenmeister wurde des Vergiftungsversuches beschuldigt, aber ein Zufall brachte seine Unschuld ans Licht. Der Denunziant wurde hierauf vierzehn Tage lang in einem Käfig am Hohen Markt zur Schau gestellt. Welch furchtbares Bild hemmungsloser Verzweiflung der elegante Hofmann in dem engen Brokatwams, dem parfümierten Spitzbart, den langen Seidenlocken wohl geboten haben muß! Wie er in seinem eigenen Unrat verkam, bis man ihn aus dem Käfig hinausstieß und nach St. Stephan führte, um ihn in der Mauer des Domes lebendig einzumauern! Weiß Gott, in welcher Höhe heute noch sein zerfallenes Skelett über dem emsigen Getriebe des Stephansplatzes steckt.

Einige hunderte Jahre später, zur Zeit des Barock, wurde Franz Engelsberger, der bei der Kommunion die Hostie verunehrt hatte, nachdem er vorher in die Schatzkammer der Burg eingebrochen war, auf dem Hohen Markt so barbarisch hingerichtet, daß es selbst in jener Zeit auffiel. Bei lebendigem Leib schnitt ihm der Freimann aus seinem Rücken zwei Riemen, eine Hand wurde ihm abgehauen, die Zunge ausgerissen, worauf man ihn an den Füßen aufhängte und lebendig verbrannte. Der Begriff Gerechtigkeit hat auf dem Wiener Boden manchmal seltsame Formen angenommen — ist ja

auch in jener Zeit ein Kind lebendig verbrannt worden, weil 12652 Teufel in ihm wohnten!
Und das alles vollzog sich zwischen Marktbuden von allerlei Art. Neben Fischen hat man bald auch Krebse hier statt Am Hof verkauft, venezianisches Glas durfte eine Zeitlang nur auf dem Hohen Markt angeboten werden, die Häringer und die Ganster (Herings- und Gänseverkäufer) hatten ihre Stände hier, und in den vielen kleinen Häusern, die meist nur eine Dreifensterfront hatten, saßen Kürschner, Seifensieder und Tuchscherer. Am Abend des St.-Johannis-Tages aber flammten viele Generationen lang die Feuer des Sonnwendfestes auf, und Bürgermeister und Ratsherrn hielten hoch zu Roß in schimmerndem Harnisch, den Streithammer in der Hand, den Umzug zwischen den Feuern, um die, sehr spärlich bekleidet, die „Hübschlerinnen" aus „der Stadt Wien Frauenhaus" sprangen, Blumen und Kränze ins Gedränge warfen, aus den dargebotenen Kannen Wein in erstaunlichen Mengen die zarten Kehlen hinabrinnen ließen.

Auf diesem seltsamen Platz erstand das zweite öffentliche große Barockdenkmal, das es in Wien gibt, der zauberhafte Traum aus Marmor und Erz, den Fischer von Erlach für die glückliche Heimkehr Josephs I. von der Belagerung Landaus erträumt hat. Es geht auf ein Gelöbnis des Kaisers zurück, und im Geist der demütigen Frömmigkeit, die das Haus Österreich beseelte, wurde es eine Verherrlichung der Gottesmutter, der „patrona Austriae", ihre Vermählung mit dem heiligen Joseph. Zwischen vier Säulen, die die luftige Andeutung eines Zeltdaches aus Bronze krönt, vollzieht sich die heilige Handlung, flankiert von edlen Engelsgestalten, umplätschert von springenden Brunnen. Großartiger Aufbau des ewigen Welttheaters, das für den Barockmenschen sehnsuchtsvolle Erfüllung war. An dieser Stelle stand einst die schauerliche „Bühne“, auf der man die armen Sünder vom Leben zum Tod gebracht hat, und Karl VI., unter dem dieses Denkmal vollendet wurde, verwies die Vollziehung der Todesstrafe aus dem Gebiet der Inneren Stadt.

Ein sorgfältig gestochenes Blatt hat uns die Front der damaligen Häuser hinter dem Denkmal bewahrt. Noch ist ihre gotische Form durch die einfachen Renaissance- und Frühbarockfronten zu erkennen. Auf einem spitzen Giebel schwankt noch ein gewaltiges Hirschgeweih, magischer Schutz gegen Blitzschlag. Und man bemerkt deutlich, wie zwei oder drei schmale Häuser des Mittelalters zu einem zusammengezogen sind. Laden reiht sich an Laden, und vor jedem Haus schützt ein durchlaufendes Wetterdach die vielfach ausgehängten Waren vor Regen. Ein anderer Stich aus derselben Zeit hat uns einen Blick auf die übrigen Fronten des Hohen Marktes von damals überliefert. Es ist, als blickten wir auf Details von Dürerschen Blättern. Der Hohe Markt war ein Platz vom Charakter Rothenburgs ob der Tauber, ein architektonisches Juwel, das durch die längst in barockem Geschmack umgebaute Schranne den ganzen Pomp der Perückenzeit hinzukomponiert erhält. Nach wie vor ragt der Söller, aber er ist überdacht, auf ihm steht nun eine steinerne Justitia, während zwei große steinerne Doppeladler auf dem Dachfirst ihre strengen Schwingen entfalten; kokett, ja zierlich ragt zwischen ihnen das Türmchen mit der Armensünderglocke, die bis 1839 so vielen die letzte Stunde geläutet hat, dem Räuber Grasel wie dem „Grafen“ Jaroszinsky der Demoiselle Krones...

Rudolf von Alt hat die Schranne noch gemalt, hat uns einen hinreißenden Märchentraum vom Platz überliefert, auf dem sich Haus an Haus, aus verschiedenen Epochen stammend, in einer Fülle entzückend schlichter architektonischer Phantasie zu einer Stadtvedute von seltener Vollendung erhebt.

Wie eh und je schwirrt das Marktgetriebe weiter, und schon

stehen beim Brunnen der „Vermählung Mariae“ die „vazierenden“ Dienstmädchen und Bedienerinnen, die hier bis weit ins 20. Jahrhundert hinein auf eine „Herrschaft“ gewartet haben. Mit Eimer und Scheuerbürste konnte man sie dort lange in den Nachmittag hinein stehen sehen.

Der Hohe Markt ist kein Platz des großen Lebens gewesen. Im 19. Jahrhundert füllte ihn eine Reihe von soliden alten Firmen. Die Fiaker hatten auch hier ihren Standplatz, er war nie so schick und elegant wie der Graben. Kaffeehäuser haben auf dem Hohen Markt kaum floriert, nur auf Nummer 9 hat es um 1830 herum ein gut besuchtes Kaffeehaus gegeben, das Café Roßmann. Ein Café am Hohen Markt sollte allerdings weltweit bekannt werden, in allen Kontinenten dieses Planeten, das Café „Marc Aurel“ — das es nie gegeben hat, sondern nur für die Schauernacht des Films „Der dritte Mann“ erbaut wurde und das Harry Limes tragisches Ende bedeutete. Ein Ende, das das melancholische Harry-Lime-Thema mit der ganzen Düsterkeit andeutet, die über die Jahrhunderte hinweg immer über dem Hohen Markt gebrütet hat. Es mutet wie ein Symbol an, daß unter diesem von den Zeitläuften so hart mitgenommenen Hohen Markt in einem kleinen, aber eindrucksvollen Museum seine Urform neu erschlossen wurde — Reste Vindobonas: uralte Mauern, Ziegel, Brandschichten, Göttersymbole und der Stempel von Legionären in einem fremden Land, das man gern das Land und die Stadt der Phäaken nennt...

Eine seltsame Welt für sich

JUDENGASSE

Seltsam ungleichmäßig ist die Judengasse. Bald schmal, bald breit läuft sie vom Hohen Markt zum Ruprechtsplatz, an dessen Fuß — tief unten — einst das „Wiener Wasser“ floß, wie in alten Zeiten der Donaukanal genannt wurde. Ursprünglich hieß sie „Gasse an dem Kyenmarkt“, aber schon 1391 Judengasse, was annehmen läßt, daß zu jener Zeit das Ghetto um den Judenplatz herum zu eng geworden war und sich in dieser Gasse Juden unter den Christen ansiedelten. Keine leichte Sache. Die Juden im Mittelalter hatten es in Wien ungefähr so angenehm wie im Hitler-Wien des 20. Jahrhunderts, 1421 gingen sie auf der Gänsweid in Rauch und Flammen auf. Dreißig Jahre lang kamen sie langsam wieder zurück. Kaiser Friedrich III. brauchte sie dringend in seinen ewigen Geldnöten, und so sind sie mit kurzer Unterbrechung bis 1938 in der Judengasse geblieben, in der sie den Alt-Kleiderhandel in der Art orientalischer Basare führten und nun wieder führen. Wenn man bei sinkender Dämmerung durch die Judengasse schlendert, glaubt man sich mit einem Schlag in eine andere Zeit, in eine andere Welt versetzt.
Heute reiht sich in den alten Biedermeierhäusern wieder Alt-Kleidergeschäft an Alt-Kleidergeschäft. Nichts erinnert mehr an die vielen alten Wiener Bürgerfamilien, die einst hier gesessen sind. Hat doch das Siebenerhaus einmal dem berühmten Pestarzt Dr. Sorbait gehört, der 1683 die Wiener Studentenkompanie kommandierte. Eine wilde Gesellschaft, von der einer einst von einem Ausfall mit einem auf die Helle-

barde gespießten Janitscharenkopf in die Stadt zurückkehrte, mit dem er von Weinkeller zu Weinkeller zog, was selbst damals als ein bißchen zu arg empfunden wurde. Man muß sich das nur so richtig vorstellen, den Janitscharenkopf mit den Blutfäden an den Mundwinkeln, den gebrochenen Augen, und dazu das Brausen, Singen und Händeklatschen der Zechenden ringsumher, übertönt vom Gesang des lieben Augustin. Bis Dr. Sorbait in gespornten Reitstiefeln und schimmerndem Brustküraß hereinstolperte und den Unfug abstellte.

Das Elferhaus hat im 17. Jahrhundert dem vielbeschäftigten italienischen Architekten Johann Baptist Carlon gehört, der 1657 starb und ein Testament hinterließ, aus dem ein ganzes bürgerliches Leben jener Zeit sichtbar wird, dem die Tragödie nicht fehlt und das so interessant ist, daß nachfolgend einiges daraus wiedergegeben sei: „... 80 Seelenmessen: in St. Stephan 25, bei St. Hieronymo 25, bei den P. P. Augustinern bey unserer Lieben Frauen Lauretha in der Todten Kapellen 25, die übrigen fünf bei Michaelen... legire und verschaff meiner ältesten Tochter Francisca Rethackin Wittib außer ihrer mütterlichen portion der 1250 Gulden sowie sich außer der von mir allbereith empfangenen Heiratsgueth so sich über die 700 Gulden erstreckht, noch absonderlich 700 Gulden Rheinisch und will daß sie von erstgemelt sowohl Vatter als mütterlich Erbgueth den halben Teil auf meinem in der Statt liegendem Haus, den grienen wilden Mann genannt, und den andern halben Thail auf meinem Garten in der Kottgassen haben soll. — Mehr verschaffe ich obgedachter Tochter Francisca aus dem Mobiliar, oder Varendthab Ain Dutzend Zinnschüsseln von dem größten samt meinem grosen zum Khandl. Item meinem großen Nusbaumen Credenztisch samt der Nusbaumen Tafel und daraufliegenden Debich im undtern Saal, und vier rotlederne Sesseln, wie sie derzeit in meiner undteren Stuben stehen.

Item auch ein zuegerichtes Peth sammt Pethstatt. Meine rotseidene Deckbeth... mehr verschaffe ich ihr auch sechs bahr Leilachen, vier Tischtücher, zwey Duzet Tisch Salvet und vier Handttücher, so daß sie jeder Gattung die Helfft von denen besten und die Helfft von den Mittleren bekomhe..." Zinngeschirr vertrat im Bürgerhaus die Stelle des Silbers, das damals nur in adeligen Haushalten zu finden war, wenn auch sonst die Möblierung des Carlonschen Hauses elegant gewesen sein muß. „... legire und verschaff meiner jüngsten Tochter Prudentia weill sie noch sehr klein 1500 Gulden Rheinisch... und weillem meine liebe hausfrau aus Blödigkeit des Geschlechts desselbigen allein nit vorstehen kann, als habe ich zu Gerhaben erbetten den Woledlen und gestrengen Herrn Valentin Stampa der verwittibten römischen Kayserin Eeleonora Schaazmeister und Herrn Dominicum Longon, bürgerlicher Handelsmann... Ob ich zwar meinen Sohn Martin Carlon nicht nur aus einer, sondern aus mehren deren in Rechten vorgesehenen Ursachen (als nemblich wegen Ungehorsamb, Undanckbarkeit und Übelverhalten so er nit nur an einem Orth oder in ainer Statt, sondern in villen Ländern verybet und erpracticirt indem er sein Ehegebenes Weib verlassen, sein mütterliches Erbguett schändlich verschwendet und dilapidirt, mir auch nach Leib und Leben zu trachten, sowohl schrifft- als mündlich betrohet und was dergleichen mehrers, welche Laster ich mich desz Orts alle zu specificiren schäme) gänzlichen enterben khönnte, so verschaff ich doch zur Verhiethung weiteren Unglückh oder genzlichen Verzweiflung dessen, ihme ausser des gegebenen Heyratsguets 300 Gulden... wann er aber wie abgehört außer Landts todts verfahren thätte, soll dessen legat der 300 Gulden unter der obbenannten Herr Gerhaben disposition ad pias causas verwendet werden..."

Welche Tragödie spricht doch aus diesen Zeilen!

„... vershaff und legire ich meinem lieben Vetter Carl Martin Carlon Maurermeister allhie meinen Reißtisch samt der Canzeley, all mein Reißzeug, Instrumenten, Abrissen und Püchern. Item mein Disch so aniezo negst neben dem Reißdisch stehet samt zween Lahnstühl, sechs Zinnen Schüsseln von der Mitteren, 6 Zinndeller, 6 Disch Salvet, 2 Dischtücher... mehr verschaff ich ihme auch dasieneige Peth, wo er derzeit ligt samt der Pethstatt und eine lehre Truhe zu seinen Claidern. In simili verschaff ich ihm auch alle meine Püxen und Pistollen samt allen meinen Hemmetern und Leibskhleidern..."
Solche Bemerkungen werfen ein interessantes Licht auf den Alltag jener Zeit, die noch recht unruhig war, und in der es weder Polizei noch Gendarmerie gegeben hat. „Alle meine Püxen und Pistollen", die ein Architekt, der häufig über Land fuhr, haben mußte, machen das klar.

Der obere Teil der Judengasse verbreitert sich bekanntlich. Hier war einst der Kienmarkt, der schon 1204 erwähnt wird, auf dem die einzigen Beleuchtungsmöglichkeiten jener Zeit für die breiten Schichten verkauft wurden, nämlich die mit Harz durchtränkten Kienhölzer, die in handgeschmiedeten Haltern ein unruhig zuckendes, rötliches Licht verbreiteten, bei dem man nicht lesen konnte. Aber damals konnte ja fast niemand lesen.
Hier in der Judengasse stand einst der berühmte Lazenhof, ein Haus aus ganz alter Zeit. Der erste Hausherr, von dem wir wissen, lebte hier 1345. In der Renaissance aber gehörte der ganze Komplex dem Dr. Laz. Er war ein Mann von großer Bildung, wußte alles, hielt humanistische und medizinische Vorlesungen, auch anatomische Demonstrationen, war zweimal Rektor der Wiener Universität, wurde zum Ritter geschlagen, wurde geheimer Rat, Hofhistoriograph,

Leibarzt Ferdinands I., Direktor des Münzkabinetts, und schrieb 1546 die erste richtige Geschichte der Stadt Wien. Er ist der erste Viennensiaforscher. Als man nämlich nach der ersten Türkenbelagerung die alte gotische Stadtbefestigung in eine moderne Anlage umbaute, fand man in der Erde eine Menge römischer Steine und Inschriften, die Laz eifrig sammelte und im Hof seines Hauses einmauern ließ. Die meisten wurden nach seinem Tod — er starb 1565 im Alter von 51 Jahren an einer akuten Lues-Infektion — wieder zerschlagen und als Bausteine verwendet. Seine Frau war ein geistig anspruchsloses Ding, ein richtiger „Trampel", und verstand nichts davon, so wurde alles wieder verstreut. Laz muß eine Fülle römischen Materials besessen haben, das sich mit dem dürftigen Besitz von heute kaum vergleichen läßt, und es ist ein bestrickender Gedanke, sich den Renaissancegelehrten in seinem weiten Fuchspelz vorzustellen, der in seinem schönen Garten, den er, wie man weiß, hier hatte, lustwandelt.

Ganz in der Nähe stand der 1910 demolierte Dreifaltigkeitshof. Berühmt war seine uralte Kapelle, die 1204 erbaut wurde, sehr reich ausgestattet war und noch im 18. Jahrhundert existierte. Ihre Ordensleute, es waren zwölf an der Zahl, mußten allabendlich vor der Dreifaltigkeitssäule am Graben eine Predigt halten. Wie wunderlich nahe kommt doch längst verrauschtes Wiener Leben durch solch eine Nachricht! Die josephinische Aufklärung profanisierte die Kapelle 1782 und richtete darin ein Wirtshaus ein. Düster und schmutzig soll es hier gewesen sein, an den Wänden sollen halb erloschene Fresken zu erkennen gewesen sein — und was mag wohl aus den Kunstschätzen der einst so reichen Kapelle geworden sein? Vom Dreifaltigkeitshof gingen in der Biedermeierzeit zweimal wöchentlich die Stellwagen nach Preßburg ab; die Tour kostete zwei Gulden.

Auf Nummer 14 strebt ganz hinten der „Kornhäuselturm"

empor, den sich Kornhäusel, der berühmte Architekt des Wiener Vormärz, gebaut hat, um von seiner Frau und der Welt ungestört leben und schaffen zu können — ein genialer Neurastheniker.

Das Haus ist ebenfalls uralt. 1402 hat es sein damaliger Hausherr im Testament dem Bürgerspital vor dem Kärntnertor vermacht, mit der Bestimmung, daß daraus ein „Seelgerät" errichtet werde, das heißt, daß das Haus verkauft und aus dem Erlös eine Stiftung errichtet werde, die alljährlich den Armen ein „Seelbad" verabreichte. Nach dem Gratisbad hatte der beteilte Arme, der auch eine auskömmliche Mahlzeit erhielt, für den Stifter eine Anzahl von Gebeten zu verrichten. Im Vormärz wohnte hier sechs Jahre lang Adalbert Stifter.

Die Judengasse mündet auf einen kleinen Platz, den Ruprechtsplatz, auf dem die älteste Wiener Kirche steht, die Ruprechtskirche, von der man wenig Exaktes weiß, dafür einen Wust von Legenden, der sie in die Awarenzeit verpflanzt. Man weiß, daß der Turm von St. Ruprecht das älteste aufrechtstehende christliche Baudenkmal von Wien ist. Ungefüg und konfus steht die kleine Kirche, die höchstens dreihundert Personen faßt, ganz hoch oben am Steilrand. Aus der karolingischen Zeit stamme die Kirche, raunten einst die alten Herren, aber die erhaltenen Bauformen weisen in die Mitte des 12. Jahrhunderts. Die Kirche war einschiffig und besaß eine halbkreisförmige Apsis, die später dem jetzigen gotischen Chor wich. Unter ihm zieht sich römisches Mauerwerk dahin. Ein genaues Studium ihrer Maße ergab, daß sie in gewissem Sinn ein Palimpsest ist, auf dem zwei verschiedene Pläne übereinander geschrieben sind. Auf den Fundamenten eines Baues, dessen Maßeinheit ein Fuß von 29,9 cm Länge ist, dürfte ein Baumeister, der einen Fuß von 30,5 cm Länge benützte, weitergebaut haben, unter Beibehaltung der Nord- und Südkante des Turmes und der

Westkante des Schiffes. Der heutige mit der Maßeinheit von 30,5 cm errichtete Bau steht also auf einem Fundament, für das ein Fuß von 29,9 cm Länge zählt, und es lassen sich deutlich zwei Baupläne voneinander unterscheiden. Durch eine weitere Überlegung läßt sich noch eine dritte und frühere Bauperiode erahnen. Also ein sehr mysteriöses Gebäude, diese Ruprechtskirche, die einmal die Kirche der Salzerzeche war, bis im 16. Jahrhundert die Schiffer, die das Salz nach Wien brachten, lutherisch wurden. Und damit wurde die Geschichte von St. Ruprecht immer armseliger und trauriger. Im Jahr 1826 wollte sie der Abt von Seitenstetten gar demolieren und an ihrer Stelle ein Zinshaus errichten lassen, aber immer wieder fanden sich fromme Seelen, die sie gerettet haben. Was für wundervolle Kunstschätze die Ruprechtskirche einmal enthalten haben mag! Ein romanisches Kruzifix, das hier hing, wurde 1765 an die Kapelle des Melkerhofs verkauft, ein wahres Juwel intensiver Ausdruckskunst. Wieviel aber mag verkommen und verschleudert worden sein! Das Haus Ruprechtsplatz 1 nimmt einen Teil des uralten „Praghauses" ein. Heute steht dort ein nüchterner, vormärzlicher Bau, der nichts von dem einstigen Prunk ahnen läßt, nichts davon, daß hier in der Gotik die Herzoge und Erzherzoge wohnten, mit dem Blick auf die weiten silbergrünen Auwälder, die in der Leopoldstadt rauschten. Herzog Wilhelm der Freundliche starb hier nach einem Sturz vom Pferd, und sein junger Löwe härmte sich an seiner Leiche zu Tode. Es muß in seiner Art ein großartig prächtiges Gebäude gewesen sein, das Haus eines Millionärs, das die Herzoge 1397 kauften und in dem 1403 der problematische König Wenzel von Böhmen als Gefangener seines Bruders, des späteren römischen Königs, saß, bis

Der Hohe Markt um 1780

MO
1.25

er am 11. November desselben Jahres auf romantische Weise entfloh, wahrscheinlich mit Wissen Herzog Wilhelms.
Große Haupt- und Staatsaktionen haben sich wiederholt hier vollzogen. Nach wenigen Jahrzehnten aber war der Zauber vorbei. Kaiser Friedrich III. verordnete 1471 an Bürgermeister und Rat: „Daß Hans Wilderstorfer, Wirth im Praghaus, in Ausschank seines Bauweines nicht geirrt werden soll.“ Und 1543 heißt es bei einer Aufzählung der „Freihäuser“: „... einer ehrsamen Landschaft Haus, das Praghaus, jetzt Salzamt genannt.“ 1834 wurde der Komplex abgerissen.

Die Judengasse um 1900

Das Alte Rathaus und die Böhmische Hofkanzlei

WIPPLINGERSTRASSE

Die Wipplingerstraße liegt etwas abseits. Hier gibt es keine großartigen Geschäfte und eleganten Auslagenarrangements. Die Menschen, die in dieser sachlichen Straße ihren Geschäften nachgehen, kennen ihr Antlitz kaum. Es ist im großen und ganzen ein sehr banales Antlitz, denn die entzückenden alten Häuser, die einst hier standen, sind fast alle verschwunden. In den achtziger und neunziger Jahren des 19. Jahrhunderts wurden sie durch „Prachtbauten" ersetzt, deren Grundriß keineswegs besser ist als der der alten Häuser, die einst hier standen. Finstere Zimmer, lichtlose Kabinette, dunkle Gänge gibt es hier so wie einst im Überfluß, aber die vollbärtigen Bauräte der Makartzeit konstruierten auf ihren Reißbrettern mehr Räume und damit größere Zinserträgnisse. Damit ließen sie jede schöne Proportion fallen und schufen die Wiener Zinskaserne als den charakteristischen Bau ihrer Zeit. Aus einer der ältesten Straßen Wiens wurde eine architektonisch langweilige Zeile.
Ein Kupferstich von 1730, der das damals neu erbaute Rathaus in der Wipplingerstraße darstellt, läßt einige der Nebenhäuser erkennen. Durchschnittliche Zweckbauten des Barock, aber von ausgezeichneten Proportionen. Das eine gemütlich, breit und zweistöckig, einfach gehalten, ohne Ornamentik, der Dekor begnügt sich mit der Betonung der Fensterumrahmungen, der Stoßkanten, während das andere, dreistöckig, in reicherer Unterstreichung seines Höhenschubes schwelgt. Aufs feinste sind die verschieden großen Fensteröffnungen

der drei Stockwerke miteinander ins Verhältnis gebracht. Leichte Rustikagliederung betont das Erdgeschoß. Mit einem Wort, überall Einfallsreichtum und Phantasie. Von all dem ist in den Bauten der heutigen Wipplingerstraße nichts zu finden.

Die Wipplingerstraße war ganz zu Anfang eine Römerstraße, die durch die „Porta sinistra" bei der Hohen Brücke in die Festung Vindobona hineinlief, über die Kreuzung der Kramer- und Ertlgasse in die heutige Wollzeile führte und dann über die Landstraßer Hauptstraße ins weite Land enteilte. Das frühe Mittelalter legte die Wipplingerstraße neben diese alte „via principalis", weil die Trümmer Vindobonas wahrscheinlich ein ineinandergestürztes Ruinenfeld waren, in dem die Städtebauer des zehnten Jahrhunderts nicht mehr die Straßenzüge von einst zu erkennen vermochten.

Ein Teil der Wipplingerstraße war mehrere Jahrhunderte lang die Hauptstraße der Judenstadt, die sich auf dem Areal zwischen Hof und Maria am Gestade befand, sozusagen im Schatten der Herzogsburg Am Hof. Wipplingerstraße hieß sie damals noch nicht, sie besaß mehrere Namen; vom Hohen Markt bis zur Jordangasse hieß sie „Buelbingerstraße" (nach einem alten Patriziergeschlecht), von dort zur Fütterergasse „Unter den Wildwerchern" (nach den hier sitzenden Kürschnern und Pelzhändlern), von der Fütterergasse bis zur Renngasse „Unter den Felbern" (Weidenbäumen, was ein einstiges idyllisches Ufergelände des durch den Tiefen Graben fließenden Ottakringer Bachs erkennen läßt), von hier bis zur Stadtmauer hieß sie „Unter den Barchentern". Ein Gewirr kleiner Häuser auf dem Gebiet, das sich bis zum heutigen Börsenpark erstreckte. Von der Mitte des 16. Jahrhunderts an erhob sich hier der ungefüge Kolossalbau des „Neuen Arschinals", des Arsenals der gegen die Türken operierenden Donauflottille, von der heute niemand mehr weiß, ebensowenig wie von den Barchentern, obwohl

das Arsenal erst in den siebziger Jahren des 19. Jahrhunderts demoliert wurde.
Promeniert man jetzt durch die Wipplingerstraße, so will es einem gar nicht in den Sinn, daß diese Ansammlung altdeutscher Erker, Kuppeln, Architrave und Säulen, die nichts zu tragen haben, je eine Geschichte gehabt hat. Und doch ist es so. Gleich vom Haus Nummer 5 kann man in alten Folianten lesen, daß Anno 1679 der Hausherr Ferdinand von Radegg, der einen wichtigen Beruf hatte — er war „Zapfenmaß- und Ungelteinnehmer" —, den Kaiser Leopold um „Hofquartierfreiheit" bat. (Das heißt um die Befreiung vom lästigen Zwang, Untermieter, die Hofangestellte waren, zu einer lächerlich niedrigen Miete aufnehmen zu müssen.) Er bot hierfür dem Kaiser einen Weingarten auf dem Kahlenberg an, der der erste Weingarten in Österreich gewesen sei und „daraus der heilige Leopold seinen Mundtrunk gehabt habe", außerdem einen Wein trüge, dergleichen man in der ganzen Gegend nicht finde. Worauf Leopold I. das Gesuch bewilligte.
An der Stelle von Nummer 11 stand einst das rituelle jüdische Frauenbad, das „Tukhaus" (Tauchbad), an Stelle von Nummer 15 das älteste jüdische Haus Wiens, das schon in einer Urkunde vom 12. September 1294 erwähnt wird. Im Haus, das auf dem Platz der heutigen Nummer 19 stand, war der „Sabelkeller", in dem der „liebe Augustin" seine „höchsten Tanz" hören ließ. Im selben Haus wohnte Generationen später das Virtuosenkind Mozart und komponierte die komische Oper „La finta simplice", deren Aufführung Papa Mozarts Feinde verhinderten, worauf das Kind Mozart, zwölf Jahre alt, in diesem Haus eine Messe für die Kirche des Waisenhauses von P. Parhammer am Rennweg komponierte, worüber der Papa in einem Brief vom 14. Dezember 1768 berichtet: „Die Messe, die am 7. von Wolfgang bei P. Parhammer in Gegenwart des kaiserlichen Hofes aufge-

führt worden ist und wobei er selbst den Takt geschlagen, hat wieder gut gemacht, was die Feinde durch die Verhinderung der Oper zu verderben gedacht hatten und hat den Hof und das Publikum, da der Zulauf erstaunlich war, die Bosheit unserer Widersacher überführt. Von ihrer Majestät der Kaiserin ist ein schönes Präsent erfolgt."

In der Wipplingerstraße ist im Lauf der Jahrhunderte viel gebaut worden, und immer wieder kamen dabei römische Mauern zum Vorschein, die früher freilich meist demoliert und weggeführt wurden. Erst von der Mitte des 19. Jahrhunderts an schenkte man ihnen größere Aufmerksamkeit. Als man zum Beispiel 1896 Wipplingerstraße 25 — das Eckhaus Wipplingerstraße—Renngasse — abbrach, zeigte die Grundaushebung auf dem Boden des ganzen Baublocks fast gleichmäßig über den gewachsenen Lehm und Schotter, der nur 4 Meter tief lag, ausgebreitet eine Schicht aus kleinen, mit Eisenoxyd überzogenen Kieselsteinen, darüber lag eine Kohlenschicht von 5 bis 15 Zentimeter Dicke, auf dieser endlich Erde, reichlich durchsetzt mit den Bruchstücken einer Bedachung aus Leisten- und Hohlziegeln nebst zweiarmigen Eisenhaken, mittels welcher die die Zimmerdecke bildenden Ziegel schwebend an den Holzdielen befestigt waren. Auf zwei Bruchstücken der Ziegeldecke gewahrte man den Anfang des Stempels der 10. Legion in einer Fußsohle und in viereckiger Umrahmung, auf anderen jenen der 14. Legion. Ferner wurden Bronzestückchen, zahlreiche Knochen und Gefäßtrümmer ausgehoben, darunter ein Bodenstück von 25 cm Durchmesser einer sehr weiten Tonschüssel von etwa 15 cm Wandhöhe, das Fragment einer zweiten ähnlichen Schüssel, Bruchstücke von Terra sigillata, Schalen mit den eingeritzten Buchstaben M. G. und S, Wandstücke von solchen mit Kämpfern, andere mit laufenden und liegenden Hasen, Fragmente von Gefäßen, Tonkrüge mit kannelierten Griffen. Endlich Stücke eines Bodenbelages, der aus grobem Mosaik bestanden haben mochte, rautenförmige graue Steinchen von 6 cm Länge, 25 cm größter Breite, 2 cm Dicke. Auch war der Schutt von sehr vielen größeren und kleineren Bewurfstücken durchsetzt. Im Hof des Hauses fand man nahe der westlich anschließenden Bauparzelle in eine spätere Mauer verbaut Fragmente von Skulpturen, den Torso einer Knabenfigur, auf deren rechter Schulter eine große Hand ruhte, eine zweite große Hand, die ein kanneliertes Gefäß hielt. Welch ewig unlösbares Rätsel von Mord, Feuer und Brand, heulenden, keulenschwingenden germanischen Wilden, aus jäher Nacht auftauchend, Feuerbrände schleudernd, gellenden Kriegsruf brüllend, sich hinter diesem Kohlen- und Scherbenhaufen verbirgt! Ist doch das römische Wien zweimal durch Feuer vergangen.

Über diesem Zeugnis schauervoller Nacht und Zerstörung ist viele Jahrhunderte lang ein mittelalterliches Haus gestanden, in dem zahlreiche Generationen hindurch ein Geschäft florierte. Es hatte die älteste und längste Geschichte einer Wiener Firma, die wir kennen. Sie existierte von 1303 bis 1750 und war — eine Badeanstalt.

Im Jahr 1303 gehörte die „Badstube" Agnes, der Witwe Konrad des Urbetsch, zwischen 1326 und 1350 wurde das Bad von dem jüdischen Bader Laubmann verwaltet, am 14. Mai 1385 hat „Kchaydin der jud von Dresschirichen [Traiskirchen] in ain verpot gelegt die padtstuben mitsambt ire czugehoerung nichts ausgenommen".

1387 wird Hans der Pader als Eigentümer der Badstube erwähnt, 1437 Michel Paumgartner, 1545 kauften der Bader Hans Rossmüllner und dessen Frau Dorothea die Badstube von den Erben des Baders Gandolf Perger. Nach Rossmüllners Tod wurde der Bader Hans Sterneckh als Leiter bestellt, 1564 erscheint Hans Pozeller als Eigentümer, dessen Gattin Dorothea 1574 eine „Seelbadstiftung" macht, lautend auf ein jährliches Freibad für 31 Personen, mit einer „Kollation" im Wert von drei Gulden. Mit großer Genauigkeit führt uns der alte Foliant weiter durch die Jahrhunderte der Badeanstalt in der Wipplingerstraße, immer wieder zeigend, wie lustige Witwen die Badeanstalt an ihre neuen, jungen Männer vererben, die, nachdem die zum alten zahnlosen Drachen gewordene lustige Witwe gestorben, ihrerseits wieder junge fesche Frauen nehmen, sie alsbald zu lustigen Witwen machend, und so geht es von Generation zu Generation fort, wobei man an den Verkaufspreisen die Veränderung des Geldwertes anschaulich studieren kann. So verkauft die Frau Margarete, Witwe nach dem Hans Portenschlag, 1615 das Bad um 2300 Gulden an Georg Seifried. 1657 bekommt aber eine andere lustige Witwe, Anna Elisabeth Holdthin, von Michael Heinrich Tannenberger 6300 Gulden für das Bad. Um die Mitte des 18. Jahrhunderts endlich ist die „Badstube" eingegangen.

Von den alten Häusern der Wipplingerstraße stehen heute nur noch zwei, das alte Rathaus und die Böhmische Hofkanzlei, beide wahre Perlen der Barockarchitektur. Die böhmische Hofkanzlei, später k. k. Ministerium des Inneren, ist auch heute noch der Tempel des heiligen Bürokratius. Der Verwaltungsgerichtshof residiert hier. Ein klassischer Ort unsterblicher Amts-Überlieferung. Johann Bernhard Fischer von Erlach erbaute die Böhmische Hofkanzlei von 1700 bis 1714; nach deren Auflösung wurde das Gebäude dem Direktorium „in publicis et cameralibus" zugewiesen. Matthias Gerl der Jüngere hat den Bau 1752 bis 1754 gegen Westen zu verdoppelt.

Die Enge der Gasse hat Fischer von Erlach die Arbeit nicht leicht gemacht. Er konnte nicht frei mit der Front disponieren, er vermochte den dreiachsigen Mittelrisalit nicht vorzuziehen, aber er stürzte sich mit aller Energie auf das Problem und schuf mit einer Fülle plastischer Bereicherung bezaubernde Wirkung an dem Vorgelege, das oben von straffen Riesenpilastern gegliedert und von einem Dreieckgiebel gekrönt wird. Wuchtig riß er die Gebälkverkröpfungen vor, das Balkongitter wölbt sich, die Körper der Atlanten und allegorischen Statuen bewegen sich von der Mauer weg, und in den Aufsätzen der drei Hauptfenster wogt die aufgeregte Welt des Barock. Die beiden dreiachsigen Seitenflügel sind zurückhaltend geformt, Riesenpilaster verbinden sie mit der dynamischen Mitte. Alle Profile sind von erlesener Schönheit. In der Gesamtkomposition herrscht vielfach das Gesetz des Goldenen Schnitts, des Quadrats und des gleichseitigen Dreiecks, woraus die erhabene Monumentalität des Baues resultiert. Unfaßbar, daß dieser herrliche Palast immer nur Bürozwecken gedient hat, aber letzten Endes gehört auch das zur rätselhaften Problematik des österreichischen Lebens. Das französische Bombardement von 1809 hat hier großen Schaden angerichtet, mehr aber noch der jeweilige Zeitgeschmack, der in der klassizistischen Ära das Stiegenhaus veränderte. Die Innenräume sind ebenfalls weitgehend umgestaltet.

Fast die Hälfte der Häuser, die später das Rathaus bildeten, gehörte einst zur Judenstadt, denn der ganze, für seine Zeit gewaltige Baukomplex erwuchs aus winzigen Anfängen in der Salvatorgasse, aus dem Besitz und dem Reichtum einer mächtigen Wiener Gewaltfamilie, der Haymos, die ein altes Ministerialengeschlecht waren. In grauen Zeiten sind sie ausgestorben. Vor fast achthundert Jahren aber erscheint bereits ein „Heimo de Vienna“ in einer Urkunde. Die Haymos haben in ihrem Haus „denen von Wien“ eine Kanzlei eingeräumt, man ermesse daraus, wie selbstherrlich sie zu dieser Zeit über Leben und Treiben der Wiener verfügt haben müssen. Das damalige Rathaus füllte das linke Schiff der Salvatorkapelle aus, und darin wurde wohl nur das beschlossen, was die Haymos anzuschaffen beliebten. Wir wissen wenig von diesen Zeiten Wiens, aber man kann sich vorstellen,

daß die Haymos in dem wohl hauptsächlich aus Holz erbauten Wien so gewaltet haben, wie wir es in den Wildwestfilmen vom Leben an der „Grenze" und vom Tun und Treiben der großen „bosses" erfahren. Wien war damals eine Pionierstadt, erster und letzter Posten des Abendlandes.
Die Haymos bauten sich ihre Kapelle im Haus, lebten wie große Seigneurs und vergingen vor Galle, als die Habsburger, diese schäbigen Schweizer Grafen, ins Land kamen. Zähneknirschend warteten sie ab. Erst als Friedrich der Schöne mit seinem Bruder Leopold zum Empfang der Lehen durch Heinrich von Luxemburg ins Reich reiste, schlugen sie los. Aber die Sache ging daneben, und sie verloren alles, nur nicht das Leben, denn die Haymos machten sich rechtzeitig davon, als das „große Wiener Blutgericht" drohte. Am 12. Mai 1316 schenkte Friedrich der Schöne das weite, geräumige, große Haus der Haymos in der Salvatorgasse mit der Marienkapelle und allen seinen Stiftungen seinen „getreuen Bürgern, dem Rat und der Gemeinde Wien".
Die Stadt wuchs und glänzte bald weithin über das Land. Siehe da, bald war das Haus des großen, gewaltigen Haymo zu klein, immer wieder wurden anrainende Häuser gekauft, und im zweiten Viertel des 15. Jahrhunderts war ein großer Neubau geplant. Hans Puchsbaum, der Dombaumeister von St. Stephan, zeichnete einen gewaltigen Entwurf. Zwei Grundrisse und einen turmgekrönten Aufriß hat uns ein gütiges Geschick auf rätselhafte Weise erhalten. Diese Entwürfe bedeuten im Schaffen des großen Architekten etwas Besonderes. Grundriß und Fassadenbild lassen erkennen, daß die großen Zeichnungen auf Pergament nicht für einen neuen Bau bestimmt waren, sondern ein älteres Bauwerk neu gestalteten. Der zinnengekrönte Turm über der freistehenden Ecke des Gebäudes weist auf die repräsentative Erscheinung eines Rathauses hin, ebenso wie die ungewöhnlich reiche Dekoration der dreigeschossigen Fassade. Puchsbaums Pläne

sind höchstwahrscheinlich um das Jahr 1450 für den Umbau des Wiener Rathauses entstanden. Wie großartig dieses Rathaus gedacht war, hat Grimschitz anschaulich geschildert: „Das fast quadratische Viereck des Grundrisses wird von zwei starken Mauern durchlaufen, zwischen denen die eingezogenen Unterabteilungen nicht mit den Fensterachsen übereinstimmen. Dem achteckigen viergeschossigen Turm ist in der gegenüberliegenden Gebäudeecke ein sechseckig ummauertes Treppentürmchen entgegengestellt. Er wächst über die durchlaufende Maßwerkgalerie unvermittelt empor und schließt, sich schwach verjüngend, mit einem waagrechten Zinnenkranz ab. In der Fassadengliederung faßt Puchsbaum die immer wieder verwendeten Motive der Blendarkaturen, der krabben- und kreuzblumenbesetzten Kielbogenrahmen um Tore und Fenster, der übereck gestellten Statuentabernakel mit hohen Baldachinen, der Maßwerkfelder und Fialen zu dem reichsten, kaum mehr übersteigbaren Prunk zusammen. Das gesamte Fassadenfeld, in ein plastisch-dekoratives Relief verwandelt, funkelt von bewegten Bildungen, die nach der Höhe kleinteiliger werden und die ungleichen Breiten der einzelnen Achsen übersehen lassen... Der Rathausentwurf ist nicht ausgeführt worden — wohl wegen der hohen Kosten für das ungewöhnlich aufwendige, die Fassaden völlig überdeckende Steinbildwerk —, seine Erscheinung aber eröffnet einen einmaligen Einblick in die spätgotische Profanbaukunst auf dem Boden Wiens."
Ein wahrer Jammer, daß die Stadt Wien es damals vorgezogen hat, ihr Geld für Kanonen und Ritterrüstungen auszugeben, statt für dieses Wunderwerk. Bescheidene Reste des alten gotischen Rathauses sind in einigen zum Teil rippengewölbten Stuben des heute noch stehenden Barockbaues erhalten geblieben. Unzählige Schicksale und Geschehnisse sind mit dem Gemäuer des „alten" Rathauses verbunden. Heute, da alle möglichen Büros und Amtsstellen geringerer

Bedeutung die uralten, so vielfach veränderten Räume füllen, ist der Wiener, aus dessen Bewußtsein die Bedeutung des „Alten“ Rathauses längst entschwunden ist, für den sich alles, was „Gemeinde Wien“ bedeutet, mit dem pseudogotischen Bau Friedrich von Schmidts auf dem ehemaligen Josephstädter Exerzierplatz verbindet, ganz außerstande, sich eine Stadtverwaltung in der Wipplingerstraße vorzustellen.

Im Souterrain, 20 Stufen tief, lag das „Verhörzimmer“, von diesem gelangte man durch eine Falltür weitere 35 Stufen tief in einen mit Türbogen und Steinfüllung versehenen Raum, der mit einem gleichfalls so tief liegenden (unterhalb der beiden Tore in der Wipplingerstraße) riesigen Saal nicht in direkter Verbindung stand. Jetzt sind diese beiden Räume, die niemals fachgemäß durchforscht wurden und längst verschüttet sind, unzugänglich. Was für haarsträubende Szenen mögen sich hier bei Kerzenschein oder Blendlaternenlicht ereignet haben!

Wissen wir doch, daß am 26. Mai 1635 in der „Bürgerstube“ der schwedische Feldmarschall Philipp Kratz von Scharffenstein geköpft wurde, weil er einst bei den Kaiserlichen gedient und dann zu den Schweden desertiert war. In derselben „Bürgerstube“ hat sich sechsunddreißig Jahre später das Schicksal des ungarischen Grafen Nadasdy, des „ungarischen Krösus“, erfüllt. Er war in die große Verschwörung der ungarischen Adeligen verwickelt, die Ungarn von Österreich trennen und es zu einem Wahlreich wie Polen machen wollten, das unter türkischem und französischem Schutz stehen sollte. Da die Ehefrauen dieser Grafen alle möglichen Liebesverhältnisse hatten — auch „unter ihrem Stand“ —, wurde alles verraten. Nur Rakoczy konnte entkommen. Den andern kostete es den Kopf. Man richtete sie in Graz, Wiener-Neustadt und Wien hin. Den Nadasdy ereilte sein Geschick, wie gesagt, in der Wipplingerstraße. Das Urteil hatte auf Verlust der rechten Hand und des Kopfes gelautet, aus

„übergroßer Gnad" begnadigte ihn Kaiser Leopold I. zum Verlust des Kopfes, des Adels und sämtlicher Güter, die Hand durfte er behalten.
Die Hinrichtung vollzog sich mit dem ganzen Pomp einer großen romantischen Oper. Am 27. April 1671 wurde Nadasdy aus dem Landhaus in der Herrengasse abgeholt. Zweihundertfünfzig Musketiere mit brennenden Lunten und dröhnenden Trommeln nahmen ihn in die Mitte. Man stelle sich diesen Todesmarsch über Kohlmarkt und Tuchlauben vor! Noch gab es keine Straßenbeleuchtung. Dieser Marschblock, wo überall am linken Arm die Lunten glühten, in schauerlichem Gleichschritt des Weges ziehend, das unaufhörliche Trommeln — oh, wie viele dämonisch-erschütternde Aufzüge hat es doch in den alten Straßen dieser Stadt gegeben! Am 29. April legte der Hochverräter — ein nach erhaltenen Stichen etwas beschränkt aussehender Trunkenbold — die Generalbeichte ab, am 30. April erhielt er, eine brennende Kerze in der Hand, die Generalabsolution. Nachdem er sich von allen verabschiedet hatte — in der feudalen Welt nahm ein Graf sein ganzes Gefolge ins Gefängnis mit —, wurde er von Priester und Wachen in die „Bürgerstube" geführt. Dort war ein kleiner, schwarz verhangener Altar aufgestellt, auf einem schwarzen Teppich stand ein mit schwarzem Tuch überzogener Lehnstuhl. Auf diesem sitzend vernahm der hochgeborne Graf noch einmal sein Urteil, sowie ein „Pardon" bezüglich seiner rechten Hand. Dann ließ er sich von seinem Lieblingspagen Franz Dorffy den Rock aufknöpfen, die Haare ordnen und die Augen verbinden, worauf er mit gefalteten Händen laut „Jesus Maria" zu rufen begann. Beim siebenten Ruf hieb ihm der Wiener Scharfrichter mit einem Streich den Kopf ab. Der blutüberströmte Rumpf wurde sogleich von drei Vermummten in den Sarg gelegt und im schwarz behangenen Rathaushof ausgestellt, nachdem man den Kopf, dessen Augen offenstanden, auf die Brust gesetzt.

Die Wiener drängten sich zu Tausenden in den Hof, wo heute das bezaubernde Relief der Andromeda glänzt. Man sah nicht oft einen geköpften Grafen — es war eine wunderbare Sensation...

Die vielen Jammerschreie, das erstickte Todesröcheln, das nur zu oft in den Rathausgewölben verhallt ist, haben uns die Flugblätter nicht überliefert. Man kann sich die düstere Geschichte der politischen Stadtjustiz, die hier vollzogen wurde, nicht blutig genug vorstellen, war doch die Stadt Wien das Justizinstrument, das nur zu oft die „letzte Gerechtigkeit" der römisch-kaiserlichen Majestät zu vollziehen hatte.

Als nach der Türkenzeit die großen Herren in Wien einen herrlichen Palast nach dem anderen bauten, mußten auch die Bürger für ihr altes Rathaus etwas tun. Die Gotik und die Anbauten der Renaissance verschwanden, der Ratssaal erhielt zu Beginn des 18. Jahrhunderts ein neues „Make-up", die Fassade in der Wipplingerstraße wurde unter der Leitung des Stadt-Unterkämmerers Georg Altschaffer ins Barocke umgewandelt und bekam ein pikant unregelmäßiges Gesicht; 1741 ließ der Magistrat den bezaubernden Andromeda-Brunnen von Donner errichten. In der betörenden Anmut seiner Linien, der lieblichen Geziertheit seiner Bühnen-Andromeda erfreut er uns bis auf den heutigen Tag. Im Nachmärz hat man viele Räume im Geschmack dieser Zeit ausgestattet. Alles in allem ist das Rathaus in der Wipplingerstraße ein ungefüger Torso, in dem edelste Form mit banalstem Kanzleistil ein Symbol für so viel wienerisches Geschick darstellt: großartige Anläufe, die in Sackgassen enden.

Der Haus- und Hofjuden Residenz

JUDENPLATZ

Er ist einer der ältesten Plätze Wiens, der Judenplatz, merkwürdig verzogen, asymmetrisch in der Form. Und immer herrscht eine stille Melancholie auf dem Judenplatz, denn zu groß ist die Schuld der Stadt, die Erinnerung daran hängt über dem Platz. In dem Winkel beim Neunerhaus stand die alte Synagoge, in der 1421 der Rabbiner die Juden, die sich nicht bei den Weisgerbern verbrennen lassen wollten, mit dem Messer umbrachte, als letzten sich selbst. Sonderbar, wie die unsichtbare Wolke der Schuld nicht von diesem Platz weicht. „Alle Jüdischait allenthalben in seinem lanndt auf heutigem tag geschafft zu richten mit dem prannt" hatte seine Gnaden der Herzog Albrecht verlauten lassen, 18000 Pfund Wiener Pfennig hat ihm der Judenbrand eingebracht, das waren 180000 Goldkronen von 1914.
In dem fundamentalen Buch Karl Öttingers, „Das Werden Wiens", finden sich Ausführungen über den Judenplatz, die ihn in einem neuen Licht zeigen. Der Autor ist der Überzeugung, daß hier die zweite Wiener Burg — nach dem Berghof — stand, von den frühen Babenbergern errichtet. Mit dem ganzen Areal von der Steindlgasse bis zur Stadtmauer von 1050 als Burghofgelände den Herzogen im 12. Jahrhundert gehörend, hätten sie im späten 12. oder frühen 13. Jahrhundert alles ihren Kammerknechten, den Juden, geschenkt. Diese Gegend war das Herz der alten Judenstadt und wurde durch die Wipplingerstraße und den Tiefen Graben ergänzt. Es war wahrscheinlich eine auf dem Boden

des römischen Prätoriums und des Legatenpalastes, vielleicht sogar eine mit römischen Steinen errichtete Schutzanlage der neuen Westmauer von 1050. „Diese Burg", schreibt Öttinger, „zwischen Tuchlauben und Judenplatz muß also einerseits vor 1150 entstanden sein, denn sie hat ja mit der neuerlichen Hinausschiebung der Stadtmauer bis zum Tiefen Graben und mit der Errichtung der Curie Heinrich Jasomirgotts ihre Aufgabe verloren. Andrerseits ist es nicht wahrscheinlich, daß sie vor der Erweiterung von zirka 1040 bis 1050 als frei vor der Stadtmauer liegende Außenburg errichtet wurde. Sie ist vielmehr mit dieser Stadterweiterung selbst und mit der Anlage der Tuchlauben als Hauptstraße zusammen zu denken und hat demnach durch etwa ein Jahrhundert die gleiche Rolle gespielt, die ab 1150—60 die Babenberger Curie (nur wenige hundert Schritte südwestlich) erhielt. Am natürlichsten erscheint die Annahme, daß diese Burg als die mittlere der drei mit ihr gegebenen Residenzfesten anzusetzen sei, die um oder nach 1050 den Berghof so abgelöst hatte, wie es seit zirka 1050 durch die Tuchlaubenburg und seit 1150 durch die Pfalz Am Hof geschah."

Alt, sehr alt ist also der Judenplatz und alles, was hier steht, zumindest in seinen Fundamenten. Mozart hat hier gewohnt, ebenso Grillparzer. Zu ihren Zeiten aber war der ganze Platz noch viel „altvatterischer". „Ebenso hatte", berichtete Grillparzer im Bruchstück seiner Autobiographie, „als ich an den Argonauten schrieb, die turmartige Wendeltreppe in dem Hof eines uralten Nachbarhauses, in den eines der Fenster unserer damaligen Wohnung ging, meiner Phantasie zu einem willkommenen Stützpunkt gedient." Es war das Haus „Zum großen Jordan", das alte, geheimnisvollschemenhafte, das heute noch steht. Arges sollte der Poet hier erleben, wohin er mit der Mutter aus dem Schottenhof gezogen war, wo sie bittere Zeiten ärgster Not zusammen verlebt hatten. Von 1818 auf 1819 wohnte er hier, nach dem Erfolg der „Ahnfrau“ und der „Sappho“ ein berühmter Mann, nach dem man sich schon auf der Gasse umdrehte. Im Schottenhof hatte sein jüngerer Bruder Adolf als Siebzehnjähriger den erschütternden Zettel geschrieben, bevor er ins Wasser gegangen war, den Zettel, dessen Zeilen einem heute noch das Blut gerinnen machen: „Da ich immer mehr und mehr in das stellen hineingekommen wäre, so habe ich den Entschluss gefasst mir selbst das Leben zu nehmen ... vill gelogen und betrogen haben ich die Mama und den Franz, doch bitte ich um Verzeihung und mir nicht fluchen... O Gott! noch viel läuden müssen ... und wenn einstenz der Franz sich verheurathen sollte, und Kinder bekommt, so soll er ihnen warnen, dasz sie nicht mir gleich werden...“

Im Einserhaus hat sich die Mutter dann umgebracht. Der arme Grillparzer! Kein Wunder, daß er solch ein Sonderling geworden ist. Außer den Literarhistorikern wissen nur wenige, was er erlitten hat. Von der Mutter kam das verhängnisvolle Erbteil. Sie war offenbar eine unglückliche, hysterische Frau. Man weiß, daß die Musik gewissermaßen eine tyrannische Macht über ihre geistigen Kräfte ausgeübt hat. Ein Brief Camillo Grillparzers an seinen Bruder Franz läßt ahnen, wie das Leben mit ihr gewesen sein muß. „Einen Aufschluß kann ich dir übers Wachen unserer Mutter bei Nacht geben“, schreibt er. „Ich selbst bin unwillkürlich, gleich ihr, draufgekommen, mir platterdings den Schlaf zu rauben, und wirklich schlafe ich selten mehr als drei Stunden und zwar unter steten Schmerzen, die ich mir geflissentlich am ganzen Körper zuzog, um mich für Leiden, die ich

Gotik in Häusergewirr, dem alten Passauerhof und der Kirche „Maria am Gestade“ (etwa 1830)

Prospectus FORI IUDÆORUM. a. Templu S. Mariæ PP. Soc: JESU in dom. Professa. b. Forum aulæ antiquæ. c. Turris S. Stephani. d. Domicilium Comitum a Sternberg.

Prospect deß Juden Plahes. a. St. Maria am Hoff, PP. Soc: Iesu Profeß Hauß. b. der Hoff. c. St. Stephans Thurn. d. Hochgräffl. Sternbergische Behausung.

mir durch vorsätzliche Unterlassungen oder Handlungen zu meinem Unglück bereitete, zu bestraffen, und zugleich auch Buße zu tun.“ Die Linie ist deutlich. Religiöse Wahnvorstellungen bemächtigen sich der Fünfzigerin, die früher von dem Indifferentismus ihres Mannes wenig abwich. In einer Art religiösen Wahnsinns machte sie am 23. Januar 1819 ihrem Leben ein Ende. Grillparzer hat in seiner Autobiographie ihren Selbstmord durch Erhängen unterschlagen, aber seine Schilderung der schrecklichen Nacht im Einserhaus ist erschütternd genug. „Nach Mitternacht gegen Morgen wurde ich durch ein Klopfen an meiner Tür aufgeweckt. Es war die Magd, die neben der Köchin zur Pflege der Kranken eigens aufgenommen war. Sie bat mich, um Gottes willen hinüberzukommen, da die gnädige Frau durchaus nicht ins Bett zurückgehen wolle. Ich eilte ins Zimmer meiner Mutter und fand diese halbangekleidet an der Wand zu Häupten ihres Bettes stehend. Ich beschwor sie, sich keiner Verkältung auszusetzen und sich wieder niederzulegen, erhielt aber keine Antwort. Ich faßte sie an, um allenfalls ihrer Schwäche nachzuhelfen. Da, beim Schein des von der Magd gehaltenen Lichtes, sehe ich ihre Züge starr und leblos. Ich hielt meine Mutter tot in meinen Armen. Wahrscheinlich war ihr während der Nacht der Gedanke wiedergekommen, in die Kirche zur Kommunion zu gehen. Während sie sich ankleidete, traf sie ein Schlagfluß, wobei ihr Rücken gegen die Mauer lehnte, während ihre Knie sich gegen den vor ihr stehenden Nachttisch stützten, so daß sie aufrecht den Tod fand ...“

Franz war ihr Lieblingskind gewesen, auf ihn konzentrierte sich nach dem Tode ihres Mannes ihr Leben. Rührend der ungelenke Satz an ihren Sohn Franz, der von ihr erhalten

Judenplatz um 1730

geblieben ist: „Ich denke des Tags gewiß tausend Mal auf dich, weil ich in der Welt nichts mehr habe als dich, denke doch auch manchmal an mich."
Grillparzer, der sehr an seiner Familie hing, hat viel mit ihr auszustehen gehabt. Camillo, der ihm sehr ähnlich sah, wurde nicht mehr als ein kleiner Beamter. Manche Züge von ihm finden sich im „Armen Spielmann". Karl Grillparzer hat ein abenteuerliches Leben gelebt, war Soldat, laborierte an einem „Kopfübel", beschuldigte sich fälschlich des Mordes, verdiente niemals mehr als 300 Gulden im Jahr und hinterließ vier Kinder, die alle versagten. Das verhängnisvolle Erbteil der Mutter Grillparzers ging noch auf die dritte Generation über, ein Großneffe des Dichters, ein unehelicher Sohn einer Tochter Karls, Ludwig Grillparzer, beging unter Umständen, die auf eine Geistesstörung hindeuten, ebenfalls Selbstmord. So vollendete sich in einem Jahrhundert düster das Schicksal einer Wiener Familie, die Grillparzer selbst in diesen Versen geschildert hat:

Und fort und fort ging Sturm in ihrem Hause
Mein Vater wollte, was kein Andrer wollte,
Und drängte mich und zürnte ohne Grund. Die Mutter
duldete und schwieg...

Neben dem Einserhaus der „Große Jordan"! Ein poetischer Name. Im Hof sieht es gespenstig aus. Mitten auf der Front des Hauses das spätgotische Relief von der Taufe Christi mit der Unterschrift, die das einzige Denkmal der schrecklichen Judenschlächterei von 1421 ist. Irgendein Humanist muß sie geschrieben haben: „...die Welt ist nun gereinigt durch die deukalionischen Überschwemmungsfluten, und so büßen sie durch das wütende Feuer ihre Sünden ab."
„Hocz, der Jud" war der letzte jüdische Hausherr. Im Einserhaus war es „Schaul, der Jud".

Im Jahr 1499 besaß das Haus Georg Jordan, später dessen Sohn, daher der Name. Dann saßen die Jesuiten drin, aber die Glaubensraserei des damals protestantischen Magistrats war so wild, daß die frommen Väter aus dem Haus getrieben wurden. Welche Leidenschaften! Welche Unduldsamkeit! Was waren doch diese alten Wiener für Leute! Von all dem erzählt der stille Judenplatz. Aber er war auch für lange Zeit ein Rummelplatz, auf dem es hoch herging, so daß „auf beschwährung der Nachbarschaft“ die Behörden — ganz in Schwarz und mit langen Perücken — einschritten.
Im letzten Drittel des 17. Jahrhunderts mußten die Spektakel- und Seiltänzerhütten von der Freyung auf den Judenplatz übersiedeln. Im Jahr 1669 hören wir von einem Stephan Landolphi, „einem Pulzinella Spiller den Fasching hindurch und Joris Hilferding, auch Pulzinella Spiller“. Was für obszöne welsche Tollheiten da wohl dem grölenden Publikum voragiert worden sind! Stiche Callots haben uns Stil und Art dieser Unterhaltung überliefert. Im Jahr 1674 vermerkte man: Johann Dom, „Saildanzer“, ferner Jorius Hilverding „lesst ain Pherdt mit acht Füssen in ainer Hütte sehen“, 1678 präsentierte sich Louis Devanais, spanisch-niederländischer „Feuerfresser“, und 1679 zeigte Anton von Dewitz eine „Jungfrau ohne Hänndt und Füß“, 1687 wird „durch neun Täge ein Hodtendodt ausgestellt, der unterschiedliche Exerzitien vollbringt“. Anno 1689 hat „Christian Lorenz durch drei Wochen eine große Frau vorgestellt, Antonio Verayen einen Elephanten, Wilhelm Thusino ein Balsthier [?]“.
Im Jahr 1716 mußten all die „Sailldanzer und Feuerfresser“ ihre Hütten abbrechen, die „beschwährung der Nachbarschaft“ war zu groß geworden. Welch ein exotisches Bild, die frühe Schausteller- und Artistenwelt auf dem noch ganz mittelalterlichen Judenplatz! Wie mag es da zugegangen sein, wenn der „Hodtendodt“ Speer und Kiri schwang, die „Jung-

frau ohne Hänndt und Füß", die erste Dame ohne Unterleib, ihr süßes Lächeln zeigte, mit einem Wort, ein Wurstelprater in der Inneren Stadt los war. Wie malerisch, wie grotesk diese Bilder wohl waren! Was sich da in den Hütten und Zelten Schauerliches, Lächerliches, Fürchterliches abgespielt haben mag! Wie oft ist da wohl ein armer „Seilldanzer" abgestürzt, hat sich die Knochen zerbrochen und ist verröchelt, ehe er Reu' und Leid bekennen konnte, der Elefant daneben wild auftrompetete, Dudelsäcke und Handleiern eine rauhe Musik zwischen dem Dröhnen der Gauklertrommeln machten. Wilde, weite Welt aus allen vier Windrichtungen auf dem Judenplatz.

Der Judenplatz ist verhältnismäßig geschlossen erhalten geblieben. Aus dem Mittelalter steht wohl nur das Jordanhaus, aber aus der Barockzeit und aus dem Vormärz gibt es noch Überreste. Die „neue Zeit" wütete zwar auch hier, zerstörte jedoch nur die südwestliche Front. Dort entstanden um die Jahrhundertwende Neubauten. Wie vornehm hat man doch noch im Nachmärz „modernisiert"! Man sehe sich nur das Haus der Schneidergenossenschaft an, das sich diese 1838 an Stelle des bereits 1548 erwähnten „der bürgerlichen Schneider Zöch-Haus" erbaute. Ein Zweckbau, aber schlicht sachlich, klar in den Verhältnissen. Einen Schritt weiter, und ein großer Traum steht noch wie eh und je da, die Rückfront der böhmischen Hofkanzlei Fischer von Erlachs. Noch bläst Fama die Ruhmestrompete am Dachfirst, stehen Libussa und Przemysl in koketter Theaterhaltung daneben, sprüht die Palastfront mit ihren Muscheln, ihren Wappen versunkener Herzogtümer, der Göttin Minerva und irgendeinem Numen in großartigem Faltenwurf empor wie der letzte Gischt einer barocken Brandung, jählings durch den Zauberspruch des Künstlers zu Stein erstarrt. Noch opali-

sieren die farbigen Grautöne wie der verblichene Glanz einer exotischen Riesenmuschel.
Hier standen einst die Häuser Kolmans, der Jüdin, Perlas, der Jüdin, Schedls von Tulln, Knofflachs und Lesirs, der Juden von Znaim, Euerleins von Krems und Hystern, des Juden. „Von sunder gnaden“ hat der Herzog Albrecht die Häuser der Verbrannten verschenkt, und wahrscheinlich standen die Bauten wenig verändert bis 1708, als man alles demolierte, um die Böhmische Hofkanzlei zu errichten.

Eine merkwürdige Hausherrin

KURRENTGASSE

Die Gassen zwischen Hof und Hohem Markt liegen abseits und tragen ein „z'wideres" Gesicht. In ihnen ist die Zeit stehengeblieben, und seltsam verhalten nistet das Leben in ihnen. Es sind die Gassen mit den meisten alten Häusern, mit Häusern aus der Barockzeit. Hier und da steht ein „Neubau" aus der Zopfzeit oder dem frühen Biedermeier dazwischen. Die Gassen sind meist sehr eng, man kann vom Fenster aus dem Gegenüber in den Magen sehen, und es ist finster in den Stiegenhäusern.

Die meisten Häuser gehörten einst ebenfalls zu der Wiener Judenstadt, auch hier wissen wir die Namen der jüdischen Hausherren und kennen die Namen derer, die nach ihnen gekommen sind, von Gewissensbissen unbeschwert die Judenhäuser kauften und weiterverkauften. Um 40 Wiener Pfund die kleinen, ebenerdigen, um 120 Pfund die einstöckigen.

Die Kurrentgasse beginnt ganz schmal mit dem Einserhaus, darin das Uhrenmuseum Kaftans untergebracht ist, ein barockes Giebelhaus aus dem Ende des 17. Jahrhunderts. Eng ist es hier. Wie unbequem muß doch einst das Wohnen darin gewesen sein! Ferdinand, Marchese von Obizzi, Oberstleutnant der Stadtguardia, hat es sich um das Jahr 1690 erbaut; 1543 ist es noch ebenerdig. Und dann wurde es ein wichtiges Haus, solange der Herr Marchese gelebt hat, denn in der Hand des Kommandanten der Stadtguardia lag die ganze Sicherheit der damaligen Stadt. Er war Polizeipräsident und Bezirkshauptmann in einem.

Gegenüber steht das schöne alte Barockhaus Nummer 2 der Kurrentgasse und Nummer 6 der Steindlgasse. Im ersten Stock flattern steinerne Engel um ein großes Fenster. Das ist ein Kapellenfenster, das Fenster der Kapelle des heiligen Stanislaus Kostka, die man nur einmal im Jahr betreten darf, am 13. November. An diesem Tag kann man dank einer Bulle Papst Pius IX. durch den Besuch dieser Kapelle einen vollkommenen Ablaß gewinnen.
Heute ist der Raum eine reiche Barockkapelle, in der Renaissance aber war er das schlichte Wohnzimmer eines adeligen polnischen Brüderpaares, das bei den Jesuiten in der Nähe studierte. Der eine Bruder war anscheinend ein großer Hallodri und hat den frommen Stanislaus recht gequält. Ja, als der einmal krank war und bat, versehen zu werden, hat er den Fiebernden allein liegen gelassen, und der protestantische Hausherr hat einen großen Krawall geschlagen bei dem Gedanken, daß ein „römischer Priester" mit dem Allerheiligsten in sein Haus käme. So beschaffen war nämlich die Toleranz bei den damaligen Protestanten in Wien. Und es kam kein Priester, der junge Stanislaus aber hatte eine Vision, in der die heilige Barbara erschien und ihm die Hostie brachte. Der Jüngling starb bald, 1569, aber schon 1583 machte man aus seinem Zimmer eine einfache Kapelle. 1726 wurde er heiliggesprochen. Er ist einer jener Heiligen der Gegenreformation, die als seltsam leuchtende Idealgestalten über die Zeiten hinweg bis in unsere Tage wirken, keine mittalterliche Menschen mehr, schon Menschen einer neuen Zeit. Der letzte österreichische Kaiser, Karl, hat in seinen glücklichen Kindertagen, als er das Schottengymnasium besuchte, hier ministriert. Der heilige Clemens Maria Hofbauer hat hier in der Biedermeierzeit oft Messe gelesen. Dieses Haus besaß jedoch in grauen Zeiten eine merkwürdige Hausfrau. In der Spätgotik, 1451, gehörte es Helene Kottanerin, einer Kammerfrau der Königin Elisabeth, der

Witwe nach Albrecht II. und Mutter des Ladislaus Posthumus. Das war zu jener Zeit, da sich die österreichisch-ungarische Monarchie hundert Jahre vor ihrer Verwirklichung am politischen Horizont abzuzeichnen begann, die aber durch die merkwürdigen, jähen Todesfälle der betreffenden Habsburger immer wieder hinausgeschoben wurde.
Königin Elisabeth, die Tochter des letzten luxemburgischen römischen Kaisers, war hochschwanger, als ihr Gatte starb. Sie wollte dem Kinde, das sie gebären würde — es war Ladislaus Posthumus —, die ungarische Krone sichern und ließ deshalb durch die Kottanerin die Stephanskrone aus der Burg, in der sie verwahrt wurde, stehlen. Dafür bekam die Kottanerin dann zwei Häuser in Wien geschenkt, denn sie war eine Wienerin, scheint eine geborene Wolfram gewesen zu sein, und der Kottaner war ihr zweiter Mann. Sie hat nun — etwas Unerhörtes für eine Frau jener Zeit — einen Bericht über ihr tollkühnes Unternehmen geschrieben, der auf uns gekommen ist. Sie ist damit die erste Wienerin, die zur Feder griff, um ein Stück ihres Lebens zu beschreiben. Man muß sich vorstellen, was das für eine Frau des Mittelalters bedeutete. Diese Schilderung ist Zeugnis einer ungewöhnlichen Persönlichkeit, die energisch, zielbewußt und klar handelte. Sie wagte das Unternehmen, das ihr den Hals hätte kosten können, mit einem unbekannten Ritter zusammen, den sie nur den nennt, „der mit mir in Nöten war".
Der Bericht über den Raub der Krone sei in der altertümlichen Sprache der Kottanerin hergesetzt, die eine Ahnung von dem Deutsch vermittelt, das die Wiener um das Jahr 1440 sprachen: „Do wir nu komen auf die Plintenburg", schreibt sie in ihrem Manuskript, das erst zu Beginn des 19. Jahrhunderts wiederentdeckt wurde, „die junkchfrawen waren frolich daz sie zu meiner frawn gnaden solten faren, und richteten sich zue, und lieszen ain truhen machen zu

ihren gewant... und der mit mir was, der kam auch in das frawnczimmer, und trieb sein kurczwail mit junkchfrawen. Nu lag ain wenig holcz vor dem ofen, damit man in solt haiczen, da parig [barg] er die fail under. Nu haten die knecht die den junkchfrawen dienten das ersehen under dem holcz, und wuerden mit einander rawnen, das erhort ich und sagt im das zu hant, do erschrackcht er hart... und nahm sie wieder naher. Und parig sie anders wohin. Und sprach zu mir: ‚fraw besecht daz wir liecht haben‘ und ich pat ain alte frawn, daz sie mir ettliche kerczen geb, wenn ich viel zu petten hiet... und do die junckchfrawen und jedermann slaffen was, do belaib ich in der klain stuben, und die alt frau die mit mir gefuert het... lag da und slief vast... do sein nue zseit was, do kam der do mit mir was in den noeten durch die kapellen an die tuer und klokchet an do tet ich im auf, und slos nach im wieder zue... nun hat er ainen knecht mit im genommen... der hot im gesworn... und gab im auch die slos, die man wieder an solt slahen, und gab im auch meiner genedigen frawen Klainsigel, damit man wieder zu solt sigeln, und gab mir such die drey sluessel die zu der voderen tuer gehorten. da nam er das tuech mit dem pedschard ab dem slos, das der purggrave darauf hit gelegt und sperrat auf und ging hin... und arbeitat vast an den andern slozzen, das das slahen und failen ueberlaut war und waren die wachter und des purggraven volkch dieselbig nacht gar munter... dennoch hat got der almechtig aller oren verschopt, daz sein ir kainer nicht hoerat... und pat got... do ich also pat do kam ein grosser ludem und gerumpel, als vil mit harnasch an der tuer weren... do hub mich auf und wolt die gewarnit haben, daz sie von der arbeit liessen.

do kam mir in den sin, ich solt an die tuer gen, und das tet ich, do ich an die tuer kam, do war das geruempel dahin und hort nyemand mer... und verhiess unser lieben frawen

ain fart gen Zell mit parfiessen fiessen, un dieweil ich die fast nicht leistet, dieweil wolt ich am sambstag nacht nicht auf vedern liegen... do kam mir der entgegen, ich solt mich wol gehaben... und heten an der tuer das slos abgefeilt, aber an der letzten waren die slos als fest, daz man sie nicht mecht abfailen, und man muesst es aufsprengen und was ein gross gesmach davon, daz ich in sorgen was, man wurd dem gesmachen nachfragen... do nu die heilig kron ganz ledig was, do tet wir die tuer wieder zu uebral und sliegen ander slos wieder an der slos stat die man hat geprochen und trukchten meiner gnedigen frawen sigel wieder auf, und die ausser tuer sperrat wir wieder zue, und legaten das tuehel wieder mit dem petschard hin an, als wir es heten funden... und ich warf die feil in das secret, das in dem frawnczimer ist... und ie heiligen kron trug man durch die kapellen aus... do nam mein helfer ainen rot samedeinen polster, und trennt den auf, und tet die heilig kron in den polster, und neyat in wieder zu do was es nun schier tog... do nun die junkchfrawen und das hofgesind berait waren, daz wir von dannen solten farn, und der do mit mir was, der nam den polster darin die heilig kron vernet was, und emphal die seinem diener, der mir geholfen hiet, das er den polster solt aus dem haws auf den sliten tragen, do nam der gut gesell den polster auf die achsel und ain alt Kuhhaut darzu, die het ainen langen swancz, der ging ihm hinten nach, und begunden wir zu lachen..."
Glücklich kam die Gesellschaft aus dem Schloß und fuhr in einem Schlittenzug durch die Winterlandschaft Komorn zu, wo Königin Elisabeth in Wehen lag, „und fuhren wir dahin in vinstrer nacht, do kam wir an die Tuenaw, die was geflossen mit eis, aber es war an ettlicher stat duenn worden, do wir nue auf das eis komen, und wol inmitten auf der Tuenaw, da brach der schlidden mit junkchfrawen ein...
do ich gedacht wir musten mit sambt der heiligen kron in

der Tuenaw bleiben, aber got war unser helfer, daz kein mensch under das Eis nicht kam ... aber ander Ding, das auf dem slitten was, daz viel ettlicher in daz wasser under das eis, do nam ich die herczogin von Slesy, und die pesten junkchfrawen zu mir auf den slitten, und kamen mit der huelf Gottes ueber das eis, und auch die andern all, und da wir nue dahin komen gen Guerman [Komorn] in das haws, do nam der, der da mit mir kam, aus den slitten den polster mit der heilig kron und trueg in an die stat, da sie wohl behalten was ..."

Ja — wenn man noch mehr von den Menschen und Schicksalen in diesen alten Häusern um die Kurrentgasse herum wüßte! Aber meist sind nur Rechnungen und Verträge auf uns gekommen, die Lächerlichkeiten des Alltags überliefern, wie der Revers des Hausherrn vom Schulhof Nummer 6, des Wenczlach, des Zimmermanns, vom 2. Oktober 1422, in dem das längst entschwundene Karmeliterkloster ihm bis auf Widerruf gestattet, aus seinem Hause eine Tür auf den Karmeliterfriedhof ausbrechen zu dürfen und eine Wasserrinne vom Dach dorthin zu leiten.

Und so stehen die alten, uralten Häuser und Gemächer vor unseren Augen, abbröckelnde Zeichen einer Vergangenheit, die uns nichts von ihr lesen, nur so vieles von ihr ahnen lassen. Von ihren Dramen und Tragödien, ihren erhabenen wie niedrigen Schicksalen. Von Liebe, Leid und böswilligem Versagen. Vom Schicksal der Frauen, die oft ihr Leben lang nicht aus ihrer Gasse, ihrer Kirche herausgekommen sind, und vom Schicksal der Männer, die nur ihre Werkstatt, die Weinschenke, den Weg zur Sonntagsmesse und hie und da einen Weg ins Grüne, einen Weg ins Freie vor der Stadt gekannt haben.

Verzeichnis der Namen

In der Reihe „Eine Stadt erzählt“

JOHANNES KOREN

Graz – Funkelnder Talisman

Graz – das ist eines der größten geschlossenen Altstadtgebiete Europas, das sind traditionsreiche Paläste und bezaubernde Innenhöfe, legendäre Lokale und der südliche Zauber der Märkte dieser alten Residenzstadt, verquickt mit lebendiger, aktiver Gegenwart.

„Wer noch kein Graz-Fan ist, kann es bei der Lektüre dieses Buches werden.“ *Salzburger Volksblatt*

„Koren gelingt es, aus der Geschichte der Stadt die Wirkung als ‚funkelnder Talisman‘ verständlich zu machen. Er vermittelt Hunderte und Aberhunderte von Details, sie ergeben zusammen die Kulturlandschaft von Graz.“ *ORF Ex Libris*

„Der Verfasser vermittelt in dem schön ausgestatteten, reich illustrierten Band ein anschauliches Bild der wechselvollen Geschichte der Stadt, die eines der größten geschlossenen Altstadtgebiete Europas aufweist und reizvolle Spaziergänge in die Vergangenheit ermöglicht.“ *Neue Zürcher Zeitung*

TRUDE POLLEY

Klagenfurt – Vom Zollfeld bis zum Wörthersee

Einst der Mittelpunkt des österreichischen Geschehens, Schmelztopf und einzigartiges Kulturzentrum, ist Klagenfurt heute die südlichste Hauptstadt Österreichs. Die türmereiche Renaissanceschönheit in der Ebene vor den Karawanken hat ein bewegtes Schicksal hinter sich, das in diesem klugen Buch in seiner ganzen Buntheit geschildert wird.

„Ein Buch für Kärntner, wie auch ein Buch für Sommergäste, für Freunde des Landes. Ein Sachbuch von Format, ein Lesebuch für Anspruchsvolle.“ *ORF-Studio Kärnten*

„Die glückliche Verbindung von Geschichtsschreibung, Feuilleton, Reportage und abgewogenem politischen Essay ist ganz besonders gut gelungen.“ *Arbeiter-Zeitung, Wien*

paul zsolnay